本书受到海南师范大学中国语言文学省级 A 类重点学科、中国语言文学一级学科博士点资助

满语
构词法研究

杜佳烜　　唐千航　　著

中国出版集团　东方出版中心

图书在版编目（CIP）数据

满语构词法研究 / 杜佳烜,唐千航著. 一上海:
东方出版中心, 2023.10
ISBN 978－7－5473－2273－4

Ⅰ.①满… Ⅱ.①杜… ②唐… Ⅲ.①满语—构词法
－研究 Ⅳ.①H221.4

中国国家版本馆 CIP 数据核字(2023)第 180925 号

满语构词法研究

著　　者　杜佳烜　唐千航
责任编辑　潘灵剑
封面设计　钟　颖

出 版 人　陈义望
出版发行　东方出版中心
地　　址　上海市仙霞路 345 号
邮政编码　200336
电　　话　021－62417400
印 刷 者　山东韵杰文化科技有限公司

开　　本　890mm×1240mm　1/32
印　　张　18.625
字　　数　455 千字
版　　次　2023 年 11 月第 1 版
印　　次　2023 年 11 月第 1 次印刷
定　　价　88.00 元

目　　录

第一章　绪　　论

一般意义上所说的满语是指后金至清朝时期满族人所使用的民族语言。满语的归属自阿尔泰语系的概念提出以来便伴随着许多质疑,但许多学者依然沿袭兰司铁的观念,认为满语属于阿尔泰语系之下的满—通古斯语族①。对满—通古斯语族的分类也较为多样,例如,清奇乌斯(Vera Cincius)将满—通古斯语族分为北方语群和南方语群两类,其中满语属于南方语群;阿夫罗林(Avrorin)提出将满—通古斯语族分成南方派、北方派、西方派三类,其中满语属于西方派,此外西方派还包括锡伯语和女真语。本书在满—通古斯语族的分类上参照力提甫·托乎提(2004:220)②中提出的分类,综合参照满—通古斯语族各语言的音系、词法、句法特征,将满—通古斯语族分成满语支和通古斯语支,通古斯语支又进一步划分为通古斯南语支和通古斯北语支,满语属于满语支,满语支同

---

① 阿尔泰语系假说从20世纪至今一直受到许多学者的质疑。比如力提甫·托乎提(2004:14)中曾指出:"对阿尔泰学理论持怀疑态度的代表人物有李盖提(L. Ligeti)、格伦伯赫(K. Grønbech)、本青(J. Benzing)、匈牙利学者罗纳-塔司(Róna-Tas)等。他们并不反对阿尔泰学理论,只是认为这方面的研究不够深入,所发现的共同成分还不足以证明这些语言源自一个共同语,即原始阿尔泰语。"而同时支持阿尔泰学假说的学者也从来没有停止努力,其中斯塔罗斯金(S. A. Starostin)、戴博(A. V. Dybo)、穆德拉克(O. A. Mudrak)所著的《阿尔泰语词源辞典》(*An Etymological Dictionary of Altaic Languages*)可以认为是近些年支持阿尔泰语系假说的代表性著作。但同时以武阿勒(Alexander Vovin)为代表的一些学者也努力著文以反对将突厥语族、蒙古语族、满通古斯语族的这些语言看作是属于一个语系。鉴于本书的研究范围所限,暂时不表明支持或反对阿尔泰语系假说。
② 该章节为朝克撰写。

时还包括锡伯语和女真语。

满语是清代的官方语言之一,在中国以及其他国家有大量的满文文献留存至今。这些文献资料不管是在文献学、历史学还是在语言学研究等方面,都有着非常丰富的科研价值,国内外学者也对留存至今的诸多满语相关资料展开了许多研究,均取得了很有价值的成果,研究至今仍然进行着。基于前人的研究,本书将对满语的构词方法展开进一步研究,以构词法作为研究对象主要基于以下三个方面的考虑:

第一,满语作为黏着语,词法特征丰富,词法方面可研究空间巨大。如果要从描写主义角度对满语展开研究,那么围绕构词法的研究是至关重要的一环,也是非常基础的一环。第二,构词法在体现一种语言词法特性的同时,也能体现出这种语言的句法特性,构词法研究也是句法研究的重要基础,是探索语言句法体系的重要基石。第三,对构词法的研究有助于深入了解满语和其他语言的接触过程以及对满语产生的影响,有助于进一步了解满语的历时发展。

自西方学者对满语开展研究至今,已有大量的海内外学者对满语的构词法展开了研究。其中比较有代表性的包括德国学者郝爱礼(Erich Hauer)编撰的《满德词典》(*Handwörterbuch der Mandschusprache*),日本学者上原久撰写的《满文满洲实录研究》,韩国学者朴恩用撰写的《满洲语文语研究》,俄国学者郭罗洛娃(Gorelova)撰写的《满语语法》(*Manchu Grammar*),季永海、刘景宪、屈六生撰写的《满语语法》,刘景宪、赵阿平、赵金纯撰写的《满语研究通论》等。本书诚然不能使满语构词法的研究水平有大跨步的提升,但如果能够实现对前人研究的补充或完善,亦是本书的价值所在。本书希望能够在以下几方面,对满语构词法的研究作出些许贡献:其一,尽可能地提升构词法研究的覆盖面,使更多的满语词汇进入构词法的讨论范围;其二,提升满语构词法研究的系统性,统计各词缀、词根的关联单词,使满语的语素体系更为清晰;其三,结合近年来的构词法研究,扩大构词法讨论的范围,将词汇化等概念也纳入满语构词法研究。

自 20 世纪起,结构主义兴起,生成语法诞生并更迭,功能主义的研究百花齐放,我们不难感受到语言学发展的日新月异,但如果按照托马斯·库恩在《科学革命的结构》中所提出的研究范式理论来看,很难说在当今的语言学研究中存在一个统一的范式。与此同时,近些年计算机领域人工智能的发展迅速,诞生了像 Bing AI、chatGPT 等人工智能系统,计算机技术的进步在未来会对语言学产生哪些影响也是一个未知数。

而对于满语这种更容易被划入古典语言研究范围的语言来说,学者日后如何去研究它,基于什么方法去研究,也是个难题。我们认为,在涉及史学、文献学的研究时要充分尊重这些领域的研究传统和侧重点,在对满语进行语言学的探索时,大可接纳更多的研究方法,当然不管使用什么方法研究,都要抱着忠实语料、忠实逻辑的态度。本书也是基于这样的考虑,尝试再次探索满语构词法的世界,以期能够对满语的研究添砖加瓦。

1.1 研究目标和范围

本书整体上以梳理满语的构词法系统为目标,这个研究目标可以进一步展开为以下几个更为具体的方面:

第一,本书在梳理满语构词法系统时,着重讨论词法领域的一些基础问题,比如什么是"语素",或者如何定义"词"。诚然,讨论这些问题似乎是老生常谈,但对基本词法问题的讨论是进一步讨论构词法的重要前提。比如,满语中的"abka na(天地)",如果我们认为这是一个单词,那对它结构的讨论就是一个构词法的问题,而满文标记中两个满文词中间的空格,也成了词形内部的一部分;但如果我们认为这不是一个词,而是一个词组,那么这个词组的结构就不再单单是构词法的问题,则需另行讨论。

第二,本书在梳理满语构词法系统的同时,着重对更大范围单词词法结构的分析。加大词法结构分析对象的范围,在构词法研究方面有着非常重要的作用。首先,对词法结构的分析是构词法研究的基础和依托,只有当我们对一个单词的结构有了一定程度的分析之后,才能进一步对其构词方式进行具体的分类;其次,对大量的单词进行词法结构分析,能进一步挖掘满语中潜在的构词方式,分析的同时也能加深对各种构词法的理解。

第三,本书在讨论满语构词法时,还将考虑一些原本不属于构词法范围的词法问题,比如词组搭配和词汇化。构词法在概念上不完全等同于单词的形成方式,更不同于词组的形成方式,因此严格来说词组搭配不属于构词法,而词汇化可以看作是构词法的边缘问题。但因为构词法一定程度上来说是单词(或词组)形成方式的一部分,因而对这些单词(或词组)形成方式的讨论,能够加深对构词法的理解,有助于明晰满语构词法的系统。

如前所述,本书的研究范围包含满语中常规的构词法(如派生、合成、截搭、交替),也包含构词法的边缘领域或非构词法的词组形成方式(如词汇化、词组搭配)。对这些构词法和单词(词组)形成方式的讨论,则依托对大量的满语基础词汇的结构分析。本书在分析单词的词法结构时主要以清代官修辞书《御制增订清文鉴》为主要研究对象,其他满语文书籍仅作为参考。选择《御制增订清文鉴》的单词作为分析对象主要出于以下考虑。

《御制增订清文鉴》是清代满语文规范化的代表性书籍。刊行于清乾隆年间的《御制增订清文鉴》以《御制清文鉴》为蓝本,在其原有内容上进行了增订、修补。这部书由皇帝敕修,包含多达18 654项词条,其刊行标志着清代满语文规范化的发展和成熟。

比较之下,《大清全书》虽然也包含了大量的词条,但其仅由作者沈启亮独自完成,成书时间也早于《御制清文鉴》以及《御制增订清文鉴》。因此,本书对清代满语构词法的研究选取相对规范化的《御制增订清文鉴》,在对《御制增订清文鉴》词汇进行研究的基础上,进而扩展到《大清全书》以及其他文献或语言材料上。

《御制增订清文鉴》的词汇量巨大,并且每个词条都有对应的满语词条解析。满语词条解析对单词的结构分析帮助颇多。书中的满语词条解析皆为当时精通满语文的官员所撰写,这些词条解析具有非常高的参考价值。

《御制增订清文鉴》较《御制清文鉴》进行了一定的增补和修改,这些增补和修改的词条一定程度上能反映清代满语文使用者对满语构词的理解。比如《御制增订清文鉴》中加入了许多由截搭构词法形成的单词,为什么这个时期会加入大量的截搭构词,其产生的动机自然也是讨论满语构词法系统时需要考虑的一部分。

1.2 满语构词法的研究背景

清代的语言环境,造就了丰富的语言类文献,如大型官修辞书《御制清文鉴》《御制增订清文鉴》《御制五体清文鉴》等,又如《大清全书》《无圈点字书》《清文典要》《清文总汇》《西域同文志》《六部成语》及《清文启蒙》《清文虚字指南编》《清文指要》《清文接字》《清语易言》等多种辞书和教科书。国外对满语词书的研究,以欧洲和日韩为主,欧洲最初的研究与清代传教士的活动有关,研究内容主要以词汇和编写词典为主;日韩研究虽然起步较晚,但研究成果颇丰,研究内容体现了词书的宏观与微观特征及词汇的基本特征。国外满文词典主要有日本的《满和词典》《五体清文鉴译解》,韩国的《同文类解》《汉清文鉴》《满洲语大辞典》及美国的《简明满英辞典》等。近年来,国内出版的满文词典有《满汉大辞典》《新满汉大词典》《汉满大词典》等。国内外满语辞书和文献为满语构词法的收集、整理和研究提供了丰富的资料来源,具有一定的参考和借鉴价值。接下来从国内和国外两部分来回顾满语构词法的相关研究。

国内研究论著如乌拉熙春的《满语语法》(1983),这本书探讨并举例说明了名词、形容词和动词的派生词缀;季永海、刘景宪、屈六生合著的《满语语法》(1986)分别从名词、形容词、副词和动词讨论了派生词缀;刘景宪、赵阿平、赵金纯合著的《满语研究通论》(1997)也对名词、形容词、副词和动词的派生词缀系统做了深入的探讨。

这些书在对派生词缀的讨论上存在很多细节上的差异。其中,季永海等著《满语语法》中列举的名词派生名词词缀有 17 个,形容词派生名词词缀有 5 个,数词派生名词词缀有 3 个,动词类生名词词缀有 19 个。乌拉熙春著《满语语法》中名词派生名词词缀有 14 个,形容词派生名词词缀有 6 个,该书未提到数词派生名词的词缀,动词类派生名词词缀有 12 个。刘景宪等合著的《满语研究通论》中名词派生名词词缀有 12 个,形容词派生名词词缀有 7 个,数词派生名词词缀有 2 个,动词类派生名词词缀有 14 个。参考季永海著《满语语法》、刘景宪等合著《满语研究通论》、乌拉熙春著《满语语法》,形容词派生的动词构词词缀有 12 个。

在满语词汇方面的研究成果里,对满语构词形式和构词方式、构词词缀等相关研究不是很多。首先应该提到的是赵阿平教授的论著,她从词汇学、词用学、词义学以及文化语言学角度对满语有关词汇的特点、意义结构、使用形式以及社会文化含义进行了十分有意义的探讨。如:《满语词汇语义及文化研究》(2022)该书对满语词的构成、满语词汇特点、满语词汇语义辨析、满语文化语等进行了全面的考察;论文《满语词汇语义研究》(2015)指出满语词汇语义研究是满语基础理论研究的重要组成部分,作为满语基础理论与应用研究的重难点课题,相对于研究系统深入的满语语音、语法而言,至今研究成果甚少,并对满语派生词和合成词的语义结构进行了分析研究;论文《论满语词汇的特点》(1990)对满语词汇基本结构特征进行了概括性阐述。

江桥(2009、2017)结合语言学研究的理论和方法对《御制清文鉴》和《御制五体清文鉴》进行了研究。长山(2010)对《五体清文鉴》中满语词汇特点进行了研究,该辞书收录的满语词汇全面系统,而且包含了较多的借词。胡凝(2017)讨论了《御制增订清文鉴》中分类格局、汉语借词及其演变过程,还阐述了我国辞书域外传播影响。晓春(2018)分析了《大清全书》中满语名词的构词方法,《大清全书》是清代早期编写的满汉合璧词典,能反映比较早期的满语特点,该论文认为满语名词的构词方法包括根词和合成词,合成词可以分为派生词和复合词。

赵阿平(1989a、1989b、1990)分别分析了名词、动词、形容词的构词附加成分,合成词的结构及满语词特点。敖特根其其格(2005)对满语复合名词的构词特点进行了研究,认为满语的构词法主要有两种:在词根上附加词缀的派生法,词干与词干结合的复合法,前者构成派生词,后者构成复合词。季永海(2008)通过清朝前期文学作品语言的研究指出,满语有极其丰富的合成词,根据构成形式可分为简单合成词和复杂合成词两种结构类型。戴光宇(2012)对元辅音屈折途径构词的现象进行了分析,认为研究满语的词族找出哪些词之间具有音义关联是满语语音学和词汇学研究的重要内容。长山、季永海(2017)指出元音交替是清代满语一种派生新词的方法,根据发音部位和发音方法,可将元音交替构词分为不同类型,而语音对称、语义相关是元音交替构词的显著特点。文旁(2017)从形态学构词法、句法构词法和元音屈折构词法三个方面分析了满语的构词法等。

还有一些论文探讨了满语的个别词缀。双山（1997）对满语构词附加成分"-rgi"进行了探源。波·索德（2008）认为满语构词附加成分-tu 很可能来源于蒙古书面语，是在满蒙书面语的相互接触和影响过程中由蒙古语借入满语的。长山（2008）对满语方位词词缀"-la/-le/-lo"进行了研究，确定它与满—通古斯语族语言的位置格词缀"-la/-le/-lo/-lo"有同源关系，都从原始阿尔泰共同语方向格词缀"*-ru/*-rü"演变而来。哈斯巴特尔（2012）认为满语动词词缀"-bu"除了表达动词态的意义外，还表达构词意义、动词祈使意义，"-bu"是从构词词缀向语法范畴—动词态方向发展的词缀。陆晨（2018）从构词和构形两个方面对满语动词附加成分"-bu"的语义及句法进行了研究，除能够表达使动、被动、使被动含义外，还可以作用于词库或句法推导过程等。

德国学者郝爱礼（Erich Hauer）编撰的《满德词典》（*Handwörterbuch der Mandschusprache*）当中标注了许多满语单词的结构，尤其是对大量《御制增订清文鉴》里的截搭词的结构进行了标注。朴恩用《满洲语文语研究》（1969）是韩国方面对满语构词法深入研究的代表性书籍，他着重研究满语的单词结构，该书对当时亚洲以及欧洲已经进行的满语相关研究做了充分的参考，讨论的词缀范围较广，对每一个词缀都进行了细致的分析描写。崔鹤根《满语构词法研究》（1973）以"满语的造语法研究"为主题对满语的构词法进行研究。此外，崔鹤根（1975）结合满语的屈折词尾，对满语的一部分动词词干的特殊形态特性进行了分析。安双成《满语构词法》（1999）对满语书面语的构词手段和构词原理进行了讨论。金亮镇（2016）以《御制增订清文鉴》的词汇为研究对象，将满语的构词法分为派生、合成、重叠、音韵交替、截断（clipping），其中在合成部分，文章强调满语当中的合成词多为句法性的合成词，而非词法性的合成词。上原久（1960）是日本方面对满语构词法研究的代表性书籍。该书以《满洲实录》为研究对象，对满语的词法系统进行了深入而系统的研究,他将词缀分为"干末接尾词"和"语末接尾词",其中"干末接尾词"表示接在动词词干后面,但不位于词尾的词缀,而"语末接尾词"表示各种词类当中词末尾的词缀。书中在对各种词法特性分析的时候充分结合了对《满洲实录》内容的统计,是结合具体书籍对满语的词法系统进行研究的典范。郭罗洛娃的《满语语法》(2002)是近些年来满语研究领域的代表性书籍之一。该书虽以句法为重,但其中同时也包含了数量不小的音系、词法相关内容,该书的"词法(Morphology)"章节将满语按照词类进行划分后,分别对各词类的基本词法特性进行了详细的阐述,同时对各词类的词汇构词也进行了全面的分析。

以上简要概述了部分国内外满语构词法的前人研究。这些研究无论是在量的方面还是质的方面整体上都达到了很高的程度,通过这些论著,我们可以一定程度上了解和掌握满语书面语的基本构词手段和构词方法。但对满语构词法的研究还有许多需要进一步探讨的地方,这正是本研究展开的出发点,本研究认为满语的构词法至少在以下几个方面还需要进一步的讨论:

首先,在许多研究中"词(word)"的概念不是很明确,对词概念的明晰是划分构词法和屈折界限的重要前提。因此本研究强调在研究构词法时,需要对词概念进行深入的讨论。基于此问题,相关的便是派生和屈折的界限模糊问题。许多研究中虽然对这两个概念进行了区分,并且明确了哪些词缀是派生词缀,哪些词缀是屈折词缀,但在解释相应处理方式时或有少许欠缺,即没有深入地讨论为什么认为某些词缀是派生词缀,某些词缀是屈折词缀。诚然,清代满语是历时资料,判断清代满语的某个形态是归于派生还是归于屈折会有困难,但即使如此,本书认为如何对语素进行归类还需要进一步明确。

前人的研究中对构词法范围的讨论略有不足。本书认为在讨论构词法时,首先要明确构词法的范围,不单要提出哪些问题属于构词法,还要考虑哪些问题疑似属于构词法,以及哪些问题和构词法相关,但在分类上又不属于构词法。本书对词汇化、词组搭配的讨论,多出于这方面的考虑。

1.3 研究方法与内容结构

词的构成研究在各种语言的研究中都占有极其重要的地位,各种语言的词的构成方法有各自的特点。对满语词汇构成及特点的研究,是满语词汇语义研究的首要任务。通过对满语构词法的分析,可以挖掘其特有的语言特点。本研究在继承已有研究的基础上,主要从以下几个角度出发确立本书的研究方法:

首先是本书所采取的词法讨论态度。本研究主要结合哈斯普马特(Haspelmath)所著《认识形态学》(*Understanding Morphology*)中提供的词法理论框架,确立在讨论满语时的主要词法概念,在此基础上展开对满语构词法的研究。本研究将从词法、句法、音系、语义等多重视角对词的概念进行明晰,具体包括词(word)和短语(phrase)概念,独立形式(free form)和依存形式(bound form)概念,接附词(clitics)和词缀(suffix)概念,屈折(inflection)和派生(derivation)概念等。其中,能够限定构词法范围概念的词的定义尤为重要。

其次是对构词方法的细化。在前人研究的基础上,结合满语的构词实际,本研究提出更为细化的构词方法,深入探讨各种构词法之间的相关性,明确构词法之间的差异。关于构词法的研究范围,本研究包括派生(derivation)、合成(compound)、语音交替(phonetic alternation)、叠词(reduplication)等传统构词法,此外,还增加了截搭(blending)和词汇化等构词方法,以及词组搭配等和构词法相关的边缘概念。

　　再者是本研究在研究构词法时，在进行共时分析的基础上还参考一定的历时信息。拜比（1985）、哈斯普马特（2010）、卡坦巴（1993）等都对词法理论中历时和共时的相互作用进行了深入的探讨。依照吉翁（2001）的观点，共时的词法就是历时的句法。本书在对构词法分析的过程中除去共时角度外，还从历时的角度进行观察，并对满语构词法研究与语法化、词汇化、屈折和派生的连续统等主题进行充分的讨论与研究。当然，在结合共时和历时两个角度时，主要以共时的角度为主，历时方面的内容则主要作为参考。

　　本书共分为八章。第二章集中讨论了满语各类构词方法的词法特性。第三章至第六章则针对构词法相关的一些问题展开了较为具体的探讨。第七章和第八章分别对满语中的词缀和词根进行了分析和整理。其中，第四、五、六章内容是对作者之前已刊载论文内容的收录和整理，其对应的刊载信息将在各章节处予以注明。

第二章　满语构词法的基本类型及其词法特性

本章节集中讨论了满语中几种构词法（包括构词法的边缘问题），即"派生""截搭""交替""词组搭配""词汇化""合成"的词法特性。

2.1　派生词的词法特性

"派生"在满语里是一种非常重要的构词法，以往研究中"派生"也是最常被探讨的构词法。在满语里，名词、动词、形容词和副词等四个主要词类当中的许多词汇都是经由派生的方式形成的。如果要对满语整体展开系统性的语素分析，毫无疑问，其间大量的工作都会集中在对派生语素（词基和词缀）的辨析上。因此本章节将派生构词法放在最前面来分析讨论。

正如绪论中所说，本书在探讨构词法的过程当中，在着重对满语整体的构词法体系进行梳理的同时，还将尽可能地提供对一些词汇的构词分析，以供他人在进行相关研究时参考。因此，在探讨派生构词法的过程中将从这两个角度出发：一方面将着重明确本书对派生构词法的定义，明确本书判断派生构词法的标准，本节将集中围绕这方面内容展开；另一方面着重于对具体的词基词缀进行分析,通过对大量语素的分析使满语派生构词法的体系更为明晰,这部分内容将在第七章和第八章中进行讨论。

谈及"派生"的同时往往要谈到另一个概念"屈折",这两个概念的使用在针对不同语言的研究、不同学派之间以及不同语境下的研究可能都会有或多或少的区别,如绪论中所说。本书关于词法的概念主要基于哈斯普马特(2002)的内容。

哈斯普马特(2002：90)当中对"派生"和"屈折"之间的区别整理如表1：

表1 "派生"和"屈折"之间的区别

序号	屈　　折	派　　生
1	与句法相关	与句法不相关
2	对特性的表达是义务性的	不进行义务性的表达
3	适用不受限	适用受限
4	词基的概念是相同的	新的概念
5	相对抽象的意义	相对具体的意义
6	组合式的意义	可能是非组合式的意义
7	在单词的边缘表达	表达接近于词基
8	词基较少产生变体	更多的词基变体
9	没有词类变化	或有词类变化
10	或存在积累性的表达	没有积累性的表达
11	不可迭代	可迭代

在哈斯普马特(2002)当中,派生和屈折之间没有绝对的界限,相对来说两者之间存在一个复杂的连续统。因此如果按照哈斯普马特(2002)的标准来看,满语中的一些词缀也处于派生和屈折之间的模糊界限,难以做出决定性的判断。但另一方面从描写的层

面来看,本书依旧要对一些词缀的身份进行判断,即是派生还是屈折,还是其他的类型。如果一些屈折词缀在某些层面上具有派生词缀的特性的话,书中将通过补充的方式予以说明。综合以上内容,本书将基于以下标准对派生词缀进行判断。

(1) 派生词缀的判定方法

a. 词根(或词基)经词缀的接附之后是否形成了新的单词(即表达稳定的新语义或具有新的词类);

b. 词缀是否具有一定的语义派生特征;

c. 词缀接附后派生的词汇是否具有一定的词法特征(如词类等);

d. 词缀是否具备一定的能产性。

下面将通过对词缀"-tun"的分析,来示范如何应用上述的判定标准。

(2) 词缀-tun

amtun:am(amsun)-tun"俎"

ejetun:eje-tun"志"

eritun:eri(erihe)-tun"无患子"

fisitun:fisi(fisihe)-tun"箅"

guhūtun:guhū[瑚]-tun"瑚"

handutun:handu-tun"篙"

hūsitun:hūsi-tun"男裹脚"

mahatun:maha-tun"冠"

mucitun:muci(muciha)-tun"莲"

olhotun:olho-tun"三焦"

šabtun:šab-tun"遮耳"

tetun:te-tun"棺"

ulhitun:ulhi-tun"甲袖"

yehetun:yehe-tun"磁器"

bonitun:boni(bonio)-tun"盅"

elbitun:elbi(elbihe)-tun"麈"

fergetun:ferge-tun"扳指"

galaktun:galak(galaka)-tun"亮袖"

guliyatun:gu·liya[链]-tun"链"

hiyatun:hiya-tun"旱兽"

jušutun:jušu(jušun)-tun"醋林子"

mamutun:mamu(mamuke)-tun"崗狗"

nimatun:nima(niman)-tun"羬羊"

sabitun:sabi-tun"麒"

tetun:te-tun"器"

tugitun:tugi-tun"朵云"

ulhitun:ulhi-tun"套袖"

以上列出了《御制增订清文鉴》当中包含名词派生词缀"-tun"的词汇。相较于"-tun"接附前的词基来说,这些复杂词毫无疑问都形成了表达新的语义的新单词。例如,"fergetun"里词基"ferge"的原本语义是"拇指",而派生后"fergetun"的语义则是属于工具的"扳指"。接附"-tun"的词汇的词性都是名词,因此接附"-tun"的词缀具有较稳定的词法特征。此外上面列举了27例,表明词缀"-tun"具备一定的能产性。基于以上判断,可以将"-tun"看成一个名词派生词缀。

本研究依照类似的方式,对分析后的满语词缀进行了全面的分析和整理,其中大部分识别出的词缀整理在第七章内容当中。

2.2　截搭词的词法特性

第四章将对截搭词构词法展开较为全面的讨论,这里仅对截搭词的词法特性做简单的介绍。本书所说的"截搭"对应英语术语中的"blending",依照哈斯普马特(2002),截搭是指两个词汇词干的一部分结合,形成另一个词汇词干的过程。以英语单词 smog"烟雾"为例,其由"smoke"和"fog"两个词经由截搭构词而形成,作为形成"smog"原料的"smo"和"g"并不是原词"smoke"和"fog"当中存在的语素,而只是这两个词的片段(splinter)(Fandrych, I. 2008)。本书将这种片段称为"形态片段(morphological splinter)",一个形态片段只对应相应的某个形态,但该形态在其语言中并无已经确立的语素地位,也就是说,截搭并不是一种基于语素的构词方法,并且针对经由截搭构词法形成的词,至少要在其中能够分析出一个形态片段。以满语词汇"jodorgan usiha(织女星)"为例,"jodorgan"一词的形成源于汉语词汇"织女",它的语义与汉语"织女"对应,"jodo-"为"jodombi"的动词词干,对应"织","rgan"为

"sargan（女）"的截取片段，可见，"jodorgan"包含了两个形态"jodo"和"rgan"，"jodombi"和"sargan"成了"jodorgan"构词的材料原词，在该词中，形态片段"jodo"具有语素地位，因为其本身是动词词干，而"rgan"不具有语素地位，因为"rgan"仅仅是源自"sargan"的形态片段，在"sargan"中并不具有语素地位，因此"jodorgan"可以被判断为经由截搭构词法形成的。

因此可以说截搭词并不是一种基于语素的构词法，而是一种基于词形的构词法。此外，一些词当中截搭可以混合其他的构词方法。比如上文提到的"amtun（姐）"一词中，"am"源于对原词"amsun"的截断，但"-tun"则是一个派生词缀。这样这个词的形成实际上可以看成截搭和派生的混合。

2.3　交替的词法特性

交替常被作为清代满语的一种构词方法来讨论。前人研究认为满语中存在"元音交替"和"辅音交替"，元音交替即通过替换原词的元音形成新的单词，辅音交替指通过替换原词的辅音形成新的单词。

但围绕交替实际上存在很多问题。如果认为某些词是通过交替形成的，那么意味着需要选定某个词为基本型，但这种选择经常是困难的，以"haha（男人）"和"hehe（女人）"为例，很难断言"hehe"是以"haha"为参照经过元音交替形成的，或许可以折中地认为，仅从描写主义的角度来看这两个词互为交替。本书在很多时候采取这种态度。

存在交替关系的单词之间，不存在与某个语素结合的过程，它们在形态上的相关性是基于它们语素整体间的相关性，或是辅音相同而元音不同，或是词首部分不同但其余部分相同，例如"baita"

和"sita"都表示"事情","jaka"和"gaka"都表示"缝隙",如果从描写的角度来看,这些词的关系也可以描述为交替关系。

戴光宇《满语的语音屈折构词和词组》一文中指出:"满语中常有的交替构词现象有以下几种:音节之间添加鼻音 m、n、ng,音节之间添加边音 l,音节之间添加颤音或闪音 r,音节之间添加促音 b、k,音节之间添加以 h 起首的音节或辅音字母发生送气与不送气的交替,辅音的颚化(如 d、t 变为 j、c)、弱化(如 b、d 变为 m、n)等。在口语语流中,上述语音现象常常根据音节数量和重音等发生缩略,这样的变化让一些词汇的意义发生了细微的差异。"

参考 2.1 节的内容,本书不认为"交替"和"屈折"这一术语有关。无论是从构词的角度还是从描写的角度来看,交替的变化都是一种基于词形的变化,纵然一些语言里屈折是通过词形变化实现的,但词形变化本身并不能看成屈折现象。

本书基于对《御制增订清文鉴》的考察,认为满语中的交替主要存在以下词法特性。

由于历时上的语音分化,一些词汇之间存在辅音上的交替。比如"šokšohon(尖峰)"和"cokcohon(直竖)"可以认为是辅音交替。同样一些元音的交替实际上也可能是历时上的变化导致的,比如"anggūta(笊嘴)"和"anggatu(笊嘴)",它们的语义相同,元音"u"和"a"发生了倒置现象,从描写的角度来看,可以将其描写为元音交替。

一些词汇的语义高度相关,除词首辅音之外其他形态相同。比如"baji"和"maji"、"aji"等词根语义相似,仅有辅音上的区别,但其历时上是如何发展的尚不明晰,只能从描写的角度认为这些词之间存在辅音交替关系。类似的词还有"baita(事)"和"sita(事)"、"elbimbi(招)"和"melbimbi(划船)"、"selbimbi(划船)"等。

满语中交替主要基于词根,即发生在语素层面,而不发生在词的层面。词根"bekte"和词根"bakta"存在元音交替关系。"bekte"

是不完整词根，语义为"伓"，这两个词根组成摹拟词短语"bekte bakta（愣怔样）"。许多摹拟词短语中两个不完整词根之间都存在元音交替或辅音交替现象。

词根"še"与词根"ša"存在元音交替关系，它们都表达"白色"的基本语义。基于词根"še"和"ša"又分别形成了更为多样的词汇，比如："šehun（厂亮）"、"šahūn（淡白）"、"šerekebi（白净）"、"šarakabi（须发全白了）"、"šerembi（烧红）"、"šarimbi（化铁）"、"šerembumbi（使烧红）"、"šaribumbi（使化铁）"、"šeringgiyembi（断练）"、"šaringgiyambi（打磨见新）"、"šeyeken（略白）"、"šanyakan（微白）"、"šeyen（雪白）"、"šanyan（白）"。可见，我们从描写角度所说的交替构词法，实际上和满语在历时上的发展密切相关。

2.4　词组搭配的词法特性

一些外国学者的研究默认满文中一个包含词头词尾的文字单词是满语的一个单词（word）①，持此观点的有穆麟德夫（Möllendorff，1892）、郭罗洛娃（2002）、朴恩用（1969）等，那么如果一个在语法单位上相当于一个单词，但实际上包含两个或两个以上单词的复合结构，便可以看作一个词组。依这种观点，包含两个单词的词组便不是构词法需要讨论的问题，文字上表现出来的空格（space）是单词和单词的界限。

我国的一些研究中将一些包含空格的两个单词单位也看作词，比如刘景宪等（1997）将类似"ambalinggū alin"的单位也看作词。这种词法处理方式主要源于我国汉语研究的大背景。许多文

---

① 一些情况比如表示属格的 i 的写法不符合这个描述。

字上包含空格的满语单位对应的汉语译文可以被判断为词，相应地对应的满语单位自然也被判断为词。当然以上的两种处理方式没有对错之分，属于基于不同研究背景下方式上的差异。不同于以上两种处理方式，韩国学者金亮镇（2016）将包含空格的两个单词构成的词组称作"句法性的合成词"，比如他认为"alin jakaraha"是由名词和动词构成的合成词，他指出满语中的合成词多数都属于这类句法性的合成词。

如前文所讨论的，本书将满文中的空格（space）看作音系词和音系词的间隔标记，因此包含两个以上满文单词的单位在本书中将被判断为词组而非单词。因此严格来说，词组的形成将不属于构词法的讨论范围。但正如金亮镇（2016）指出的，满语中的许多词组获得了一个整体上的惯用语义，和单词具有一定的相似性。鉴于满语中一部分词组和词的相似性，本书将从词组搭配（collocation）的视角对这部分词组进行讨论。

唐千航（2017）明确提出需要对满语的词和词组进行区分，并且他将其中一部分词组定性为词组搭配。该研究以满语"体词＋谓词"类型的词组为对象，对词组搭配进行定义，并明确了如何判断满语中的"体词＋谓词"型词组搭配。他参考梅里楚克（1995，1998）等当中提出的词汇函数（lexical function）的概念，认为词组搭配的本质是一个词汇对另一个词汇的特定选择。即假定词汇 A 和词汇 B 在特定环境下结合后表现为语义"C"，语义"C"并不是词汇 A 和词汇 B 语义的结合，如果词汇 A 和词汇 B 的这种结合是约定俗成的，便认为词组"AB"是一个词组搭配。这里可以借助汉语词汇来简单理解，我们说"看电视"，并不是"看"的语义和"电视"语义的简单组合，而是代表了我们认知为"看电视"代表的一个固定的事件。这样便可以说"看电视"是词组搭配而不是自由结合的词组。但设想这样一个场景，A 和 B 所在的屋子里电视在着火，A 对 B 说"你快看电视！"，这时的"看"和"电视"分别表达基本动作语义的动词"看"和表达"电视"这一物体的名词语义,"看电视"则是两个语义的组合。

本书延续唐千航(2017)所提出的词组搭配的定义,认为词汇A和词汇B约定俗成地表达不同于"A+B"的语义"C"时,词组"AB"是一个词组搭配。反之表达"A+B"语义的词组"AB"是一个自由结合的词组。唐千航(2017:20)认为判断"体词+谓词"的词组是词组搭配还是自由结合时的重要标准是"动词和名词的搭配是否按照一定的语义限制条件"。如果名词是依照动词的语义限制条件而被动词选择,那么这个词组就是自由结合的,如果名词不是依照动词的语义限制条件,而是由于其他原因(比如说为了表达一类特定的事件),那么这个词组就是词组搭配。例如,唐千航(2017)认为《同文类解》中列举的多数满语词组都可以看作词组搭配,只有少数词组可以认为是自由结合的词组。他认为"sabuetumbi"可以看作自由结合,"sabu(鞋)"和"etumbi(穿)"的结合符合两个词本身的语义限制条件,而词组的语义则是两者依照语义限制而表现的结果,因此它们的结合可以看作是自由结合。但收录在清代辞书中的多数词组则并不是自由结合,比如他认为《同文类解》里收录的满语词组"budajembi"是一个词组搭配,而不是一个自由组合,"budajembi"的语义不是两者["buda(饭)"、"jembi(吃)"]的语义依照限制条件结合后形成的结果,而是表达人吃饭这样一个特定的事件。我们对"吃饭"的认知甚至还包括使用工具,有特定需要的场所,等等。基于以上讨论,我们也可以假定《御制增订清文鉴》中收录的满语词组,多数也应是词组搭配。

基于以上原因,本书并没有将大量的词组纳入研究范围,在对《御制增订清文鉴》的词汇进行整理时,主要集中在单词的范围。诚然,词组也是由词组成的,本书在排除对词组的讨论同时,也缩小了构词法研究的覆盖范围。

2.5　词汇化的词法特性

　　如上所述,一般认为满语的构词法包含派生、截搭等形式,严格意义上来说,词汇化并不是一种构词方式。比如,本书认为"absi"的结构可以分析为"a(ai)＋ba＋si",其中"ai"是修饰成分,"ba"是名词,"si"被分析为一个可能在清代共时满语中已经失去助词资格的助词。如果依照这种分析,最开始的"aibasi"是由三个词所组成的短语,是一个句法结构,但是"absi"在形态上呈现为一个单词。如果要给予这类单词的形成方式一个名称的话,我们认为,词汇化或许是较为恰当的选择。

　　词汇化(lexicalization)一词在西方学界的使用很复杂,像莱曼(Lehmann,2002)将词汇化看作"成为词汇的过程"。如果依据他的这种观点,很多单词的形成过程都可以看作词汇化的过程。另一种对词汇化的看法着重于一个形式不能再通过常规的语法规则来解释(Brinton & Traugott,2005:21)。比如安提拉[1989(1972):151]认为"当一个语言形式脱离了能产的语法规则时,它就变得词汇化了",鲍尔(Bauer,1983:48)认为词汇化是"一个词汇具有一种形式,这个形式无法通过能产的规则来形成"。

　　希梅尔曼(Himmelmann,2004:27)当中将词汇化的常用概念概括成了五种,分别是:(1)来源于两个或更多的存在的词汇,这些单词可能还继续存在。(2)以前具备能产性的成分被重新解析为一个词根的一部分。(3)创造一个构成要素,这个构成要素能够能产地参与新词汇的形成。(4)从一个单独存在的个体上派生出一个新的词汇,它可以继续独立存在。(5)系统性地编码到词库的语义特性方式。

　　以上简单介绍了词汇化概念多样的使用方法,本书中所使用的词汇化概念接近希梅尔曼(2004)整理的五类用法当中的第一种,即单词化(univerbation),但是依照他的定义,词汇化还可以包括合成和截搭。本书在讨论词汇化时将把合成和截搭排除在外。为了实现这样的分类,本书所讨论的词汇化的范围明确如下:

词汇化的判定条件:

(1)单词的形成在历时上至少包含两个以上非派生词缀的语素;

(2)形成单词的语素不能是相同类型的词根(比如名词词根和名词词根,动词词根和动词词根)。

判定条件(1)区分了词汇化和派生构词法,判定条件(2)区分了词汇化和合成构词法以及词组搭配,截搭构词法不是依托语素而形成的,因此判定条件(1)排除在外。

在明确了这样的判定条件之后,便可以结合《御制增订清文鉴》当中的满语单词展开具体的分析讨论。首先可以对《御制增订清文鉴》中由词汇化方式形成的单词进行分类,分类的方式可以依据单词在历时上形成成分的类型。比如上面提到的"absi"的形成成分是"修饰词＋名词＋助词",综合《御制增订清文鉴》的单词,我们将满语中词法化的单词分为以下几类:

a. "实意词汇＋助词"的词汇化

例：minde(min＋de),mimbe(min＋be),weci(we＋ci),webe(we＋be),dubentele(duben＋tAlA),embici(emu＋bi＋ci),emdubei(emu＋dube＋i)。

b. "词干＋屈折词尾"的词汇化

例：adarame,enteheme,gaitai,lashatai。

c. "实意词汇＋实意词汇"的词汇化

例：aba(ai＋ba),derakū(dere＋akū),daljakū(dalji＋akū)。

a类为"实意词汇＋助词"的词汇化,比如"emdubei"的结构可以分析为"emu＋dube＋i",分析后的结构在形式上是一个短语,因此"emdubei"的形成可以认为是短语向单词的转化。这个类型的词汇化在满语的词汇化中占大多数。

b类是"词干＋屈折词尾"的词汇化,这样分类的原因是例子中的"me"或"tAi"在满语中可以看作屈折词尾,而参照我们的分析前提,屈折词尾需要接附于动词词干上,因此这一类词的结构被分析为"词干＋屈折词尾"。但需要注意的是,即使将"adara-"看作动词词干,我们也很难在满文书籍中看到它和其他屈折词尾的结合,即它的屈折是非常不完整的。该类型的词汇化最终形成的多为副词。

c类是"实意词汇＋实意词汇"的词汇化,这类词汇化的本质也是短语向单词的转化,比如"daljakū"的结构可以分析为"dalji＋akū",分析后的结构实际上是"名词＋动词"结构的短语。

满语中许多副词是通过词汇化的方式形成的,本书将在第三章对副词的词汇化进行更为具体的分析讨论。

2.6　合成的词法特性

上文提到,如果认为满文中的空格起到的是分隔音系词和音系词的功能,那么像"bektebakta(愣怔样)"只能看作词组,不能看作合成词。依照本书的观点,那么清代满语中合成词的数量变得非常少。

参考2.5节的内容可知,满语里的合成词本质上可以看作短语的词汇化。比如"abkana(天地、多)"本质上是名词短语"abkana(天地)"的词汇化,"elbenfembi(语无伦次)"本质上是"名词＋动词"短语"elbenfembi(割草)"的词汇化。

词汇化在本质上是一个从短语单位到词的单位的转化,因此,这类通过合成形成的词在满语中还要遵循满语音系词的基本规则，即遵守元音和谐。这样满语中为数不多的合成词的词汇内部多数依旧要维持元音和谐。比如"abka（天）"和"na（地）"本身就不违背元音和谐，"elben（茅草）"和"fembi（割草）"本身也不违背元音和谐。

　　需要再次补充说明的是，本书并不排斥其他满语相关研究中对"合成"一词的使用，只不过由于理论背景或研究出发点的区别，对术语的使用相应地会产生差异。

第三章　副词的构词法

满语中多数具有复合结构的名词、形容词、动词都通过派生的方式形成,但副词并不具备这一特点。根据对《御制增订清文鉴》中副词词汇的整理,清代满语副词可以通过多种方式形成,派生只是其中一种手段,并不是最主要的手段。因此,本书将副词的构词法单独作为一个章节列出,而在对派生词缀的整理部分中则主要整理名词、形容词、动词的派生词缀。

在讨论副词的构词法之前,需要进行一些准备性的整理。首先是如何判定一个词在满语中为副词。参照亨格维尔德(Hengeveld,1992)从类型学视角提出的观点,作为词类,副词的主要功能是在述谓短语中承担修饰功能。从句法成分上来说,副词一般可以在句中作状语。依照这种定义,判断满语中副词的第一个难点就是,很多动词的屈折形式可以在句子中作状语,那么这些动词的屈折词形是不是副词呢? 比如"dasame"实际上是动词"dasa-"的屈折词形,那么能否将"dasame"看作副词呢? 如果能看作副词的话,要根据什么标准呢? 对于这些范畴的边界问题,下面整理了本书的处理方法。

其次是如何判断副词结构的问题。在对副词的结构分析上,本书依旧按照分析其他词的结构时的方式处理,也就是,在适当考虑历时因素的同时,从结构主义视角全面对共时满语单词进行最大限度的结构分析。比如考虑到"canggi"和"cangkai"在形态、语义上的相似性,本书从结构主义的视角出发分析判断它们共享词基"cang",其结构分别为"cang+gi"和"cang+kai(hai)"。此外,本书没有对副词的构词方式做过多的分类、归并,而是尽可能地描述各构词方式的类型,争取最大限度地展现清代满语副词在构词方式上的多样性。

结合上述两个方面的问题,本章将全面地列出满语中副词形成的诸多方式,依照"单语素""派生""屈折词形的词汇化""重叠""短语的词汇化"的顺序进行讨论。

3.1 单语素的副词

在分析过程中,一些副词被判断为由单一语素形成的副词。当然结果都基于我们的分析过程,有些词是不是单语素词还有进一步讨论的空间。可能有一些词能够进一步分析,但出于一些考虑,本书将其判断为单一结构。抑或有一些词可以分析为单一结构,但本书却进行了过度分析,将其判断为复合结构。下面将判断为单语素的副词整理如下[整理依旧是围绕《御制增订清文鉴》的词条进行,因此有一些词(比如"umesi")会重复出现]:

abu"未拿及"	aifini"早已"	ambula"广"
arkan"将将的"	asuru"甚"	baibi"白白地"
baibi"只是"	cibtui"再三"	cingkai"迥然"
cobto"跑脱了"	damu"但只"	dang"唯止"
ele"益发"	enggici"背后"	esi"自然"
fita"拴结实"	fondo"穿透"	fondo"直透"
geli"又"	gemu"俱"	hasa"急速"
himci"齐权两截"	hiri"睡熟"	hiri"全然忘了"
hode"想是"	hon"甚"	hono"尚且"

imata"都是"   jaci"太"   jakan"新近"

jakan"适才"   jiduji"到底"   jing"常常"

jing"正然"   kebse"很少"   kemuni"常"

lali"爽利"   leksei"普里"   lifa"深中"

lifa"探入"   majige"略"   maka"莫不是"

mekele"枉然"   mene"诚然"   mila"大开"

mokso"齐权折"   niša"着实地"   sasa"齐"

seibeni"昔"   sibša"价很落"   sibša"很落后"

taka"暂且"   te"今"   teni"才"

udu"虽然"   uksa"顿然"   umai"全然"

umesi"着实"   umesi"很"

　　这些副词中的许多词作为词根，能进一步参与其他词的形成。比如，副词"dang（唯止）"可以进一步形成副词"danggi（就是那个）"，副词"mokso（齐权折）"可以进一步形成动词"moksolombi（撅折）"，副词"ele（益发）"可以进一步形成形容词"elehun（自如）"。

3.2 派生

　　本书中所判定的副词派生词共四类，分别是：词基接附"1A""li""ri""si"后形成的副词派生词。这部分将分别介绍几个派生词缀的词法特性，以及对相关词汇的整理。

3.2.1 "1A"

　　词缀"1A"接附于"ama""de"等表示方位的不完整词根后，形成的副词可在句中直接引导地点状语。词缀"1A"存在元音和谐现象，可实现为"la""le""lo"形态。下面为《御制增订清文鉴》中通过接附词缀"1A"形成的副词：

amala：ama-la"后" andala：anda-la"半路"

andala：anda-la"半途" cala：ca-la"那边"

dele：de-le"上" ebele：ebe-le"这边"

dolo：do-lo"内" tule：tu-le"外"

fejile：feji-le"下" wala：wa-la"下首"

3.2.2 "li"

词缀"li"接附于表达物理行为的动词词干或不完整词根后,形成的副词表达较为抽象的语义。比如,动词"daba-"表达"翻过、跨过",其接附"li"之后形成的副词"dabali"表达"过于"的程度语义。不完整词根"fuha"表达"翻转、倒置"的语义,其接附词缀"li"之后形成的副词"fuhali"表达"竟然""全然"的语义。词缀"li"不存在元音和谐现象。下面为《御制增订清文鉴》中通过接附词缀"li"形成的副词：

bengneli：bengne-li"猝然" dabali：daba-li"超越"

dabali：daba-li"越过" dabali：daba-li"僭"

fuhali：fuha-li"竟倒了" fuhali：fuha-li"全然"

jumbali：jumba-li"竟入" mudali：muda-li"当日回来"

3.2.3 "ri"

词缀"ri"多接附于"hUn"型形容词或表达某种状态的不完整词根后,形成的副词表达述谓短语的状态或方式。词缀"ri"不存在元音和谐现象。满语中许多词根尾音为"r"或"ri",这些词的尾音多数被判定为词根的一部分,没有整理到词缀"ri"的派生词当中。下面为《御制增订清文鉴》中通过接附词缀"ri"形成的副词：

lokdori：lokdo-ri"正遇着" miosiri：miosi-ri"撇嘴"

momohori：momo-ho(hon)-ri"众人静坐" mudari：muda(mudan)-ri"当日回来"

mušuhuri：mušu-hu(hun)-ri"将赶上"　　oihori：oi-ho(hon)-ri"忽略"

oihori：oi-ho(hon)-ri"何等"　　oilori：oi-lo-ri"浮面上"

sahari：saha-ri"黏手就倒"　　saksari：saksa-ri"仰面跌倒"

šakšari：šakša-ri"龇着牙笑"　　sasari：sasa-ri"一齐"

sehehuri：sehe-hu(hun)-ri"雄立状"　　sehehuri：sehe-hu(hun)-ri"巉岩"

sekseri：sekse-ri"箭钉住"　　soksohori：sokso-ho(hon)-ri"众人安坐"

soksori：sokso-ri"忽站忽出"　　untuhuri：untu-hu(hun)-ri"徒然"

3.2.4　"si"

　　词缀"si"的词法特性与上面提到的"lA"相似，它们接附的词根也有部分是重叠的。较为特殊的是，"tulesi"当中的"si"接附在了词缀"lA"之后。部分接附"si"的副词发展出了表达时间相关的语义。部分词汇（比如"absi""ebsi""yabsi"）中"si"接附在了名词短语"X＋ba"结构上。词缀"si"不存在元音和谐现象。下面为《御制增订清文鉴》中通过接附词缀"si"形成的副词：

absi：a(ai)·b(ba)-si"那里"　　absi：a(ai)·b(ba)-si"怎么说"

absi：a(ai)·b(ba)-si"何其"　　aldasi：alda-si"半途"

amasi：ama-si"往后"　　casi：ca-si"往那边些"

dosi：do-si"向内"　　ebsi：e·b(ba)-si"往这里些"

gūwabsi：gūwa·b(ba)-si"向别处"　　julesi：jule-si"往前"

tulesi：tu-le-si"向外"　　tuttusi：tut-tu-si"往那边些"

uttusi：ut-tu-si"往这里些"　　yabsi：ya·b(ba)-si"怎么说"

3.3　屈折词形的词汇化

　　副词的主要功能是在句中作状语，同样名词在结合助词后、动词以某种词尾的形式屈折后也可在句中引导状语。因此，一些名词的助词结合型和一些动词的屈折词形在词汇化之后实际也可看作副词，满语中的部分副词可以认为是这样形成的。本书将此类副词的形成方式称为"屈折词形的词汇化"。

根据屈折词形的组成可以将其继续分为："名词＋助词"类词汇化副词和"动词＋词尾"类词汇化副词。其中，"名词＋助词"类词汇化副词中的助词可实现为"ci""dari""de""deri""i/ni"。下面将《御制增订清文鉴》中属于此类的副词整理如下：

ci：

aibaci：ai·ba·ci"从何处" aibici：ai·bi(ba)·ci"从何处"

ereci：e-re·ci"从此" manggici：manggi·ci"至很"

dari：

aniyadari：aniya·dari"每年" biyadari：biya·dari"每月"

cimaridari：cima-ri·dari"每日早晨" erindari：erin·dari"时时"

inenggidari：inenggi·dari"每日" yamjidari：yamji·dari"每晚"

de：

aibide：ai·bi(ba)·de"何处" aide：ai·de"何处"

aide：ai·de"因什么" aikabade：ai-ka·ba·de"设若"

bade：ba·de"处" dade：da·de"起根"

doigonde：doigon·de"预先" ede：e·de"因此"

emde：em(emu)·de"一同"

emembihede：em(emu)·em(emu)·bi_he·de"或有一时"

holkonde：holkon·de"忽然间" ishunde：ishun·de"彼此"

deri：

dorgideri：do-rgi·deri"暗暗地"

i：

dembei：dem(den)·be(ba)·i"着实" balai：bala·i"妄"

cihai：ciha • i"任意"　　　　　　elei：ele • i"几乎"

ereni：ere • ni"以此"　　　　　　emdubei：em(emu) • dube • i"只管"

šuntuhuni：šun • tuhu(tuhe) • ni"整日"　　urui：uru • i"每每地"

urui：uru • i"尽着"　　　　　　　yooni：yoon • i"全"

naranggi：narang(naran) • gi"毕竟"

　　整体上来看，这些词都属于"名词＋助词"类词汇化副词，但它们在结构上还存在一些差异。一些词单纯由"名词＋助词"结合，还有一些副词的结构更为复杂，可以概括为"名词词组＋助词"，比如"aikabade"的结构为"aika＋ba＋de"，各语素对应的成分为"修饰词＋名词＋助词"。此外，还有一些词如"šuntuhuni"和"emembihede"当中甚至还包含了动词词干。

　　屈折词形的词汇化副词的另一类是"动词＋词尾"类词汇化副词，满语中的这类副词词尾主要可实现为"hAi""me""nggaAlA""tAi""tAlA"，还有极少数词里词尾实现为"fi""ci""cibe"。下面将《御制增订清文鉴》中属于此类的副词整理如下：

ci：

ainci：ain_ci"想是"　　　　　　eici：ei_ci"或者"

cibe：

eicibe：ei_cibe"总得"　　　　　eiterecibe：eite(eiten)-re_cibe"总说了罢"

fi：

ainambahafi：ai-na_m(me) • baha_fi"怎能得"

mekcerefi：mekcere_fi"拱肩站着"

hAi：

hadahai：hada_hai"注目看"　　　nisihai：nisi_hai"一并"

uthai：ut_hai"即刻"   hadahai：hada_hai"带着箭"

daruhai：daru_hai"常常地"   cangkai：cang_kai"只管"

me：

adarame：ada-ra_me"怎么"   adarame：ada-ra_me"如何"

ailime：aili_me"躲着正路走"   alarame：ala-ra_me"走平矮山"

alirame：ali(alin)-ra_me"走山"   aniyalame：aniya-la_me"经年"

bigarame：biga(bigan)-ra_me"出外"

bireme：bire_me"一概"   biturame：bitu-ra_me"沿山走"

biyalame：biya-la_me"累月"   bodomime：bodo-mi_me"自言自语"

butereme：bute(buten)-re_me"走山根"

buyarame：buya-ra_me"零碎"   cikirame：ciki(cikin)-ra_me"沿河涯"

cimarilame：cima-ri-la_me"傍早"

cimkišame：cim(cimi)-ki-ša_me"带吃不吃"

cingkašame：cingka-ša_me"盛实着"

cumcume：cumcu_me"抱膝坐"   dalbarame：dal·ba-ra_me"从旁边"

dalirame：dali(dalin)-ra_me"沿河岸"

ebcileme：ebci-le_me"走山肋"   eitereme：eite(eiten)-re_me"尽着"

enteheme：entehe_me"长远"   erileme：eri(erin)-le_me"按时"

gojime：goji_me"但只口气"   golorome：golo-ro_me"外省去"

gunggume：gunggu(gunggun)_me"圭腰坐"

haharame：haha-ra_me"汉子样"

haiharame：hai-ha-ra_me"走山腰"   hehereme：hehe-re_me"女人行景"

hejiheleme：hejihe-le_me"走山肋险处"

hekdereme：hekde-re_me"走山肋险坡"

judurame：judu(judun)-ra_me"走山脊"

kalumime：kalu-mi_me"箭透皮"   keikeljeme：kei-ke-l-je_me"侧身摇晃"

kobsoljome：kobso-l-jo_me"胡夸张"

monggorome：monggo(monggon)-ro_me"单腿跪坐"

niyereme：niye-re_me"单寒"   orgilame：o-rgi-la_me"箭铁半边剑着"

sememe：seme_me"荫开"   senggime：senggi_me"友爱"

senggime：senggi_me"亲睦"　　　seseme：sese_me"少许"

šobkošome：šobko-šo_me"很没体面"

šobkošome：šobko-šo_me"抓着吃"　šokšolime：šokšo-li_me"尖量"

šukume：šuku_me"伸腿坐"　　　tanggime：tanggi_me"借词遮饰"

toksorome：tokso-ro_me"下屯去"　tonggime：tonggi_me"举要告诉"

torhome：torho_me"围坐"

nggAlA：

afanggala：a·fa_nggala"未见怎么样"

anggala：a_nggala"与其"　　　wajinggala：waji_nggala"话语将完"

tAi：

biretei：bire_tei"普遍"　　　bucetei：buce_tei"拼命"

bucetei：buce_tei"拼命"　　　burtei：bur(bire)_tei"普遍"

cohotoi：coho_toi"特意"　　　dartai：dar_tai"暂时"

faršatai：farša_tai"奋力"　　gaitai：gai_tai"忽然"

gargitai：gargi_tai"舍死"　　hasutai：hasu_tai"左手射"

hasutai：hasu_tai"左性"　　　icitai：ici_tai"右手射"

jortai：jor(jori)_tai"故意"　lashatai：lasha_tai"决然"

šanggatai：šangga_tai"竟然"　tomortai：tomor(tomoro)_tai"正中"

yaksitai：yaksi_tai"决意"

tAlA：

dabatala：daba_tala"太过"　　　damjatala：damja[担子]_tala"箭穿透横"

dubentele：duben_tele"直到末尾"　eletele：ele_tele"够够的"

ertele：er(ere)_tele"至今"　　　fikatala：fika_tala"绕得极远"

fiyaratala：fiyara_tala"狠狠地打"　fiyaratala：fiyara_tala"很多"

tetele：te_tele"迄今"　　　　　　wajitala：waji_tala"直到完"

yamjitala：yamji_tala"直至晚"

可以看出，以上整理的词汇并不是所有词尾前的成分都具有独立的词干资格，一些词干只在结合特定的屈折词尾时出现。比如，"alirame"当中词干"alira-"只和词尾"me"结合，我们在清代文献中难以发现"alirambi""alirafi""alirara"等词形。虽然上述结构都被描述为"动词＋词尾"类词汇化副词，但实际上一些和词尾结合的成分较难看成词干，比如"tetele"和"ertele"实际上是名词和词尾"tAlA"的结合。

3.4 重叠

部分副词是通过"重叠"方式形成的，比如，副词"meimeni"的形成是语素"meni"重叠之后再经历词形上的变化。本书区分"重叠"和"反复"两个概念，前者指一个单词中语素的重复出现，后者指短语中一个词的反复出现。因此，通过重叠方式形成的单词其前身可能是反复形式的短语，比如副词"meimeni"的对应短语"menimeni"。下面将《御制增订清文鉴》中基于重叠方式形成的副词整理如下：

ememu：em(emu)·emu"或"

ememungge：em(emu)·emu-ngge"或者"

emembihede：em(emu)·em(emu)·bi_he·de"或有一时"

meimeni：mei(meni)·meni"各自各自地"

可以将满语中的重叠看作词汇化的一部分，因此，重叠的构词方式本质上不完全局限于副词，反复形式的短语也有可能进一步词汇化，形成依托于重叠而形成的词汇。比如，疑问形容词、代词"yaya"、疑问形容词、代词"ududu"、形容词"biyabiyahūn"等也都是通过重叠方式形成的。

3.5 短语的词汇化

　　一些副词是通过短语的词汇化形成的，实际上前面提到的"屈折词形的词汇化"和"重叠"都可以看作"短语的词汇化"的一部分。词汇化的词法特性在第二章已有所讨论，满语中通过词汇化形成的单词主要都集中在副词，一定程度上和满语中"词"的特性有关。满语中的"词"整体上需要具备内部元音和谐的特性，因此很多词之间的界限不会被打破，进而合成词的形成被严重限制，同时词汇化的形成也被严重限制。但很多短语在句中可作状语，承担了一些较为特定的语用功能，使用频率较高，一些状语就可以进一步突破词和词的界限而成为一个词，即实现了词汇化的过程。

　　前面"屈折词形的词汇化"中列举了部分词汇和助词结合以及词干和词尾结合形成的副词的例子。除了这两种类型之外，短语的词汇化还包括实词和实词结合的类型。比如可以认为，副词"elemangga"的形成过程是由副词"ele"和形容词"mangga"形成短语"elemangga"以后的词汇化的结果。结合上面提到的短语词汇化类型，下面将《御制增订清文鉴》中各类通过"短语①的词汇化"形成的副词汇总整理如下：

　　"名词＋助词"类词汇化：

aibaci：ai・ba・ci"从何处"　　　　aibici：ai・bi(ba)・ci"从何处"

aikabade：ai-ka・ba・de"设若"　　dembei：dem(den)・be(ba)・i"着实"

emembihede：em(emu)・em(emu)・bi_he・de"或有一时"

────────────

① 实际上依照一些句法理论来说，一个动词的屈折词形也可以看作动词短语。但本节所说的短语指包含一个词以上的语言单位。因此这里只列举了至少包含两个实意词汇（助词和词尾之外的词）的词汇化情况。

emdubei：em(emu)・dube・i"只管"

šuntuhuni：šun・tuhu(tuhe)・ni"整日"

"动词＋词尾"类词汇化：

ainambahafi：ai-na_m(me)・baha_fi"怎能得"

afanggala：a・fa_nggala"未见怎么样"

alimbaharakū：ali_m(me)・baha_ra_kū"不胜"

"实词＋实词"类词汇化：

aimaka：ai・maka"好像是"

aise：ai・se"或是"

elemangga：ele・mangga"反倒"

ememungge：em(emu)・emu-ngge"或者"

meimeni：mei(meni)・meni"各自各自地"

yamaka：ya・maka"好像是"

第四章 截搭词的构词法

最早注意到满语中存在截搭构词法的是俄国日耳曼裔学者施密特(Schmidt P. W.),关于截搭词的收集可见于德国满学家豪尔(Houer E.)所著的《满德词典》,共收录了 600 多个截搭词。胡增益(2004)以《满德词典》收录的 600 多个截搭词为对象,探讨了这些词在语音、语义以及词汇上的特性;金亮镇(2016)以星宿、五音为例对满语中的截搭词进行了分析。

截搭构词法在清代满语中广泛存在,是满语中比较重要的一类词。对满语截搭词的研究还有很大的空间,可拓展的研究包括对满语截搭词的目录整理,满语截搭词在词法上的特性以及满语截搭词在语音、语义等方面的特性。本章基于截搭构词法在词法上的性质,对满语中的截搭词进行判定,归纳《御制增订清文鉴》当中部分"增补"类别外的截搭词,并对这些截搭词在语音、语义上的特性展开分析。

4.1 满语截搭词的特点

截搭构词法是满语单词构词法的一种。"截搭"在以往的研究中也被称为"缩合",本书采用"截搭"(blending)的概念,着重强调"截"和"搭"的特性。"截"意味着截搭词的形成基于对原词的截断,截断有别于缩略,缩略是把一个有意义的词法单位缩略为更简短的有意义的词法单位的过程,而截断可以指一个有意义的词法单位被截断为没有意义的形态的过程。"搭"也有别于"合","搭"更适合用于描述没有词法意义的形态之间的结合。

根据哈斯普马特(2002),单词的构词主要有两种视角:一种认为单词的构词以语素为基础,单词的形成主要基于语素的结合与变化,对单词进行词法分析的重点在于对语素的识别与性质的判定;另一种认为单词的构词以单词为基础,新的单词的产生基于旧有的单词。本章采取哈斯普马特(2002)提出的折中观点,即认为单词的形成同时基于语素和单词。从语素的角度来看,单词的形成还可以进一步分成两类:一类是基于语素的构词,另一类是不完全基于语素的构词。

基于语素的构词指的是单词的形成主要通过语素的结合而成,以满语派生名词"tacikū(学校)"为例,该词由"taci-"词基(base)和"-kū"派生词缀(derivational affix)结合形成。不完全基于语素的构词其描述本身有些模糊,"不完全"是指这类构词可以部分包含语素的参与,以语音交替为例,满语中存在所谓的"元音交替"和"辅音交替",在满语中交替作为一种构词方法的适用范围还有待讨论,如果认为某些词是通过交替形成的,那么意味着选定某个词为基本型,但这种选择有时是有困难的,以"haha(男人)"和"hehe(女人)"为例,很难断言"hehe"是以"haha"为参照经过元音交替形成的,或许可以折中地认为这两个词互为交替。存在交替关系的单词之间,不存与某个语素结合的过程,它们在形态上的相关性,是基于它们单词整体间的相关性,或是辅音相同而元音不同,或是词首部分不同但其余部分相同,如"baita/sita(事情)"、"jaka/gaka(缝隙)"。

依照哈斯普马特(2002),截搭是指两个词汇词干的一部分结合,形成另一个词汇词干的过程。以英语单词"smog(烟雾)"为例,其由"smoke"和"fog"两个词经截搭构词而形成,作为形成"smog"原料的"smo"和"g"并不是原词"smoke"和"fog"当中存在的语素,而只是这两个词的片段(splinter)(Fandrych, I. 2008)。我们将这种片段称为"形态片段(morphological splinter)",一个形态片段只对应相应的某个形态,但该形态在其语言中并无已经确立的语素地位,也就是说,截搭并不是一种基于语素的构词方法,经由截搭构词法形成的词,至少要在其中能够分析出一个形态片段。以满语词汇"jodorgan usiha(织女星)"为例,"jodorgan"一词的形成源于汉语词汇"织女",它的语义与汉语"织女"对应,"jodo-"为"jodombi"的动词词干对应"织","rgan"为"sargan(女)"的截取片段,可见,"jodorgan"包含了两个形态"jodo"和"rgan","jodombi"和"sargan",成了"jodorgan"构词的材料原词。在该词中,形态片段"jodo"具有语素地位,因为其本身是动词词干,而"rgan"不具有语素地位,因为"rgan"仅仅是源自"sargan"的形态片段,在"sargan"中并不具有语素地位,因此,"jodorgan"被判断为经由截搭构词法形成。

　　截搭构词法与其他词法概念存在一定程度的相似性,其中最容易与截搭混淆的概念是合成。在哈斯普马特(2002)中,合成被描述为"两个或两个以上词汇词干组成复合词汇"的过程。这里的"词汇"是指"具有抽象语义的单词,紧密联系依托于形成词形变化表(paradigm)的单词形,表达共有核心语义的抽象概念"。首先,合成词是词,在一个语言当中界定一个形态是否为词需要多方面的判定方法。对于清代满语来说,依照书面文字之间的空格来判定是最为简洁的方法,满语中的空格所切割的语言形态大体都具备其内部是元音和谐的特点,所以内部不包含空格的单位才能在满语中视为词,空格是满语分离词和词的文字上的表现方法。在这个前提下,实际上满语中合成词的数量极其有限。合成词的组成成分需要至少两个词汇,而不是一个词汇和一个词缀,或者一个

词汇和非词汇的形态片段。满语中较具代表性的合成词如
"dulimba(中间)"和"abkana(天地)","dulimba"由"dulin"和"ba"
合成,"abkana"由"abka"和"na"合成。与上文列举的截搭词例子
"jodorgan(织女)"包含形态片段"rgan"不同,"dulimba"和
"abkana"包含的都是完整的词。

　　另外,词组搭配(collocation)的本质是由词和词组成的短语。
由于词组搭配的两个词往往具有语义上的相关性,或者两者很紧
密地结合在一起,产生了依托于两个词的共同语义,在这个角度上
词组搭配和合成具有相似性。由于满文中空格起到了分离词和词
的作用,在一定程度上保证了每个词内部尽可能的元音和谐。因
此,虽然满语中合成词的数量有限,但词组搭配数量十分庞大,在
《御制增订清文鉴》中,词条对译在很多情况下都是汉语的词汇对
应满语的词组搭配。以《御制增订清文鉴》中"地:地舆"的几个关
于"山"的词条为例,其汉语词条为合成词,对应的满语词条都是词
组搭配:

　　　　alin i bethe /山腿/　　　　alin i mudan /山湾/

　　　　alin i ebci /山肋/　　　　alin i oforo /山嘴/

　　经过分析可知,截搭词不同于派生、合成以及词组搭配,它们互相
之间或多或少共享着一些相似的性质。其中,截搭与合成、词组搭配
之间的相似之处是组成它们的原料都来自两个或两个以上词汇,但
是在组合的方式和组合的结构之间产生了差异。当然,截搭和其他
构词法之间在一些情况下是难以区分的,在满语中也同样如此。

4.2　对满语截搭词的判定

　　对满语截搭构词的判定是研究满语截搭构词法的关键。我们

将构成截搭词原料的词称为"原词"。例如：

jodorgan[＜jodombi 织＋sargan 妻子]usiha 织女星

"jodorgan"的形成需要两个原词，一个是动词"jodombi"，一个是名词"sargan"。动词词干"jodo-"以词汇语素的方式参与构词，名词"sargan"以形态片段"rgan"的方式进入截搭词"jodorgan"。基于此可总结出满语截搭词判定的基本方法：

（1）该词是否是由两个以上原词参与形成的；

（2）该词的形成方式是否为截搭的方式，即是否包含至少一个形态片段。

对于（1）来说，在分析时首先要面对的是如何找出原词，原词分析方法依托于被分析词汇及其他词汇同时在形态和语义上的相关性。例如"dulefun[＜du 度＋jalafun]"一词，该词在《御制增订清文鉴》中对应的汉语词条是"度"，《新满汉大词典》对其解释为"度（度量单位，六十分为一度）"。首先，"dulefun"的形态片段"du"和汉语"度"在语音上相似，可以推测"dulefun"的构词参照了汉语"度"；然后，"lefun"截取自"jalafun"中的"lafun"后又按照"du"的元音进而和谐为形态片段"lefun"。这里将"du"处理为形态片段是基于将"lefun"分析为形态片段的前提。如果一个汉语借词成分参与了派生词的形成，比如"giyangnambi[讲＋na＋mbi]"，这里的"giyang"视为词干更为恰当。"jalafun"成为原词的选择是由于其和汉语词汇"度"之间的语义相似，"jalafun"多用来表达"寿命"，但同时也用于表达"一家、一室、一节"等语义，这些语义来源于"jalafun"的词基"jala"，其语义是"节、间隔"，这和汉语"度"的语义是高度相关的。同时，从词源学视角对清代辞书或者对一些词汇进行的分析，也可以为原词的判断提供帮助。比如满语词汇"yenju（盘山道）"在《御制清文鉴》中的解释为"yen jugūn be inu yenju seme gisurembi"，即表明"yenju"与短语"yen jugūn"的语义是相同的。加上两者形态上的相似，可以分析出"yenju"实际上来自对短语"yen jugūn"的截搭式合并。

（2）的具体实现涉及对满语进行的词法分析。需要通过对整体满语词汇的分析，进而确定某个形态是语素还是形态片段。以"buyenin（感情）"为例，对于"buyenin"来说，存在将其分析为词干"buye-"和派生词缀"-nin"结合的可能性，但实际上这种分析是不合理的。通过检索可知，满语中以"nin"结尾的单词极其有限，"nin"无法作为词缀存在于满语之中，因此"nin"很可能是一个形态片段，即很可能截取自某个原词。经过分析可知，"buyenin"是由词干"buye-（爱）"和原词"banin（性）"形成，"banin"和"buyenin"具有高度的语义相关性（通过《御制增订清文鉴》的满语词条"banin ci tucinjirengge be buyenin sembi"也可以得知）。因此，"nin"从"banin"被截取作为形态片段并参与了"buyenin"的形成。下面将满语截搭构词的判定方法进一步明确如下：

（3）这个词是否由两个以上原词参与形成。具体可参考与其具有高度语义相关的满语固有词，或高度语义相关的可能成为满语借用对象的语言的词（如汉语、蒙语），或参考清代辞书提供的释义。

（4）这个词的形成方式是不是截搭的方式，即是否包含至少一个形态片段。具体可通过其相应形态在满语整体词汇视角上进行词法学的验证。

本章以《御制增订清文鉴》为对象进行单词筛选，列举满语当中的部分截搭词。胡增益（2004）曾指出《满德词典》当中收录了

600 多个截搭词，或有关鸟兽花木，特别是奇兽异鸟奇花异木的名称，或有关星宿、牲畜、乐器以及虫、草、货财、祭祀、布帛、古刑罚、古大臣官员、古冠冕等名称，并多源自汉语中的生僻词。笔者在前人研究的基础上，整理了除奇兽异鸟奇花异木以外的一部分截搭词。这些词根据语义简单分为天文、礼乐、器具物品、人伦四个类别，共整理了 90 个词。在对满语截搭词的分析结果上与前人的研究略有不同，有一些之前被认为是截搭词的词，在本书中被视作其他构词类型。如"nemerku"，更倾向于认为"nemer"和"ku"都是语素，"nemerku"是派生词。另外，个别词汇的分析也有所不同，如"dulefun"。以下为列举的一部分满语截搭词：

天文：

gimda 角［＜gi 角＋nimada 蛟］；kamduri 亢［＜k'a 亢＋ muduri 龙］；dilbihe 氐［＜di 氐＋ elbihe 貉］；falmahūn 房［＜fa 房＋ gūlmahūn 兔子］；sindubi 心［＜sin 心＋ dobi 狐狸］；weisha 尾［＜wei 尾＋ tasha 老虎］；girha 箕［＜gi 箕＋ yarha 豹］；demtu 斗［＜de 斗＋ tontu 獬豸］；niohan 牛［＜nio 牛＋ ihan 牛］；nirehe 女［＜ni 女＋ ferehe 蝙蝠］；hinggeri 虚［＜h 虚＋ singgeri 鼠］；weibin 危［＜wei 危＋cibin 燕子］；šilgiyan 室［＜ši 室＋ ulgiyan 猪］；bikita 壁［＜bi 壁＋ dokita 猱貐］；kuinihe 奎［＜kui＋ niohe 狼］；ludahūn 娄［＜lu 娄＋indahūn 狗］；welhūme 胃［＜we 胃＋ ulhūma 雉］；moko 昴［＜mo 昴＋ coko 鸡］；bingha 毕［＜bi 毕＋ gaha 乌鸦］；semnio 觜［＜se 觜＋ monio 猴子］；šebnio 参［＜še 参＋ bonio 猿］；jingsitun 井［＜jing 井＋ tungsitun 犴］；guini 鬼［＜gui 鬼＋ honin 羊］；lirha 柳［＜li 柳＋sirga 獐子］；simori 星［＜si 星＋ morin 马］；jabhū 张［＜ja 张＋buhū 鹿］；imhe 翼［＜i 翼＋ meihe 蛇］；jeten 轸［＜je 轸＋beten 蚯蚓］；jodorgan 织女［＜jodombi 织＋sargan 妻子］；dulefun 度［＜du 度＋ jalafun 寿命］。

礼乐：

niyengniyerikten 祀［＜ niyengniyeri 春＋ jukten 祀］；juwarikten 禴［＜juwari 夏＋jukten 祀］；bolorikten 尝［＜bolori 秋＋jukten 祀］；tuwerikten

烝[＜tuweri 冬＋jukten 祀];gunghun 宫[＜gung 宫＋boihon 土];šangsin 商[＜šang 商＋aisin 金];giyomo 角[＜giyo 角＋moo 木];jytu 征[＜jy 征＋tuwa 火];yumk'a 羽[＜yu 羽＋muke 水];jungken 钟[＜jung 钟＋tungken 鼓];kingken 磬[＜king 磬＋ tungken 鼓];longkon 锣[＜lo 锣＋ tungken 鼓];hisdakū 扑钹[＜hisha-擦＋ jaidakū 钹];tanggiri 镗[＜tang 镗＋conggiri 乐星];danggiri 铛[＜dang 铛＋conggiri 乐星];kituhan 琴[＜ki 琴＋ fituhan 乐琴];šetuhen 瑟[＜še 瑟＋ fituhan 乐琴];yatuhen 筝[＜ya 压＋ fituhan 乐琴];gituhan 押琴[＜gida-＋ fituhan 乐琴];tatuhan 提琴[＜tata-＋ fituhan 乐琴];jutuhan 筑[＜ju 筑＋ fituhan 乐琴];juwerge 二弦[＜juwe 二＋sirge 弦];kumgetu 戏竹[＜kumun 乐＋temgetu 牌];jucun 戏曲[＜julge 古＋ucun 歌];handucun 秧歌[＜handu 粳米＋ucun 歌];lujen 辂[lu 辂＋sejen 车];niyanjan 辇[niyan 辇＋ sejen 车]。

器具物品：

gejun 戈[＜ge 戈＋hajun 器械];gijun 戟[＜gi 戟＋hajun 器械];kiru 旗[＜ki 旗＋turun 大旗];fisitun 箅[＜fisihe 小黄米＋tetun 器];samaran 登[＜sa 瓷＋moro 碗];tomoron 铜[＜to 铜＋moro 碗];moositun 豆[＜moo 木＋fisitun 箅];amtun 俎[＜amsun 祭品＋tetun 器];jemgetu 关节[＜jemden 情弊＋temgetu 票];isohon 牛黄[＜ihan 牛＋sohon 葵黄];jurjun 双陆[＜juru 双＋jangju 象棋];hūwakšahan 周栏竖柱[＜hūwa 院＋mukšan 棍+-han];gintoho 镒[＜gin 斤＋hontoho 半（共 1.5 斤）];erguwejitu 规[＜erguwembi 周绕＋durbejitu 矩];meisile 蜜蜡[＜mi 蜜＋boisile 琥珀（蒙：boyisil）];cusile 水晶[cilagu 石头（蒙）＋ boisile 琥珀];lomikte(＜lo 碌＋simikte 猫睛);amihūn 雄黄[＜amila 雄＋sohon 葵黄];emursu 单层[＜emu 一＋jursu 层];jurhun 寸[juwe 二＋urhun 一指];teksilgan 打号[＜teksin 齐＋jilgan 声];junggala 灶膛[＞jun 灶门＋anggala 嘴]。

人伦：

memeniye 奶母[＜meme 嬷嬷＋eniye 母亲];memema 奶公[＜meme 嬷嬷＋ama 父亲];efu 姐夫[＜eyun 姐姐＋fu 夫];sunggiyen 睿[＜sure 聪明＋genggiyen 清];yongturu 不怯向前[＜ yong 勇＋baturu 勇];buyenin 情

[＜buyembi 爱＋banin 性]；jekdungge 贞[＞je 贞＋akdun 信实＋-ngge]；
uhume 婶母[＜uhun 弟妇＋eme 母]；šungkulu 髭须[＜šungku 唇下洼处＋
salu 胡须]；nelhe 康[＜necin 平＋elhe 安]；deocin 悌[＜deo 弟＋tacin 习]；
halbulha 窝主[＜halbumbi 容留＋hūlha 贼]。

4.3　满语截搭词的词汇特征

该部分主要从三个方面来讨论满语截搭词的特征：一是结合
以上的截搭词词汇,分析满语截搭词的具体类型,鉴于这些截搭词
内部之间还存在许多差异,进一步分类有助于对这些词汇结构的
理解。二是围绕截搭词中形态片段和原词之间的关系,具体分析
形态片段截取自原词的方式,形态和音系上的变化。三是分析截
搭词的原词选取。

4.3.1　截搭词的类型

上文提到截搭词当中至少要包含一个明确的形态片段,这个
形态片段在满语中没有语素的地位,但其形态整体来自某个满语
固有词或其他语言。基于此,满语中的截搭词可以分为：完全由
形态片段构成的"完全截搭词"；包含形态片段以及其他语素的"部
分截搭词"。

鉴于将借用汉语的部分都看作形态片段,因此,多数基于对汉
语借用的截搭词都应归类于完全截搭词,比如"gimda 角[＜gi
角＋nimada 蛟]",当然完全截搭词中也有完全基于固有词的,比
如"sunggiyen 睿[＜sure 聪明＋ genggiyen 聪明]"。

部分截搭词除了形态片段之外,还包含其他语素成分。从上
面列举的例子来看,满语中的部分截搭词可包含的语素类型很多
样。比如,"šungkulu 髭须[＜šungku 唇下洼处＋salu 胡子]"当中

包含了完整的词干"šungku;fisitun 簹[＜fisihe 稷＋tun]"当中包含了派生词缀"-tun"。

按照截搭词原词的来源,满语的截搭词还可以分为:基于固有词的截搭词和基于其他语言的截搭词。如"nelhe 康[＜necin 平＋elhe 安]"便是基于满语固有词的截搭词。

4.3.2 形态片段的截取特性

在满语的截搭词当中,形态片段相对来说更多地位于单词的前部,而组成单词的原词在语义关系上形成了"修饰词＋核心词"的关系。比如,对于"deocin 悌[＜deo 弟＋tacin 学]"来说,参与其形成的原词是"deo"和"tacin",而可以假定的对应短语"deo tacin"当中,毫无疑问,"deo"是修饰词,"tacin"是核心词。满语截搭词里的形态片段,或来自满语固有词,或来自其他语言(主要是汉语)。因此,其截取特性一定程度上也和原词的来源语言相关。

对于截取自满语固有词的形态片段来说,当形态片段位于单词的前端部分,相应地也截取原词的前端部分。以"sunggiyen 睿[＜sure 聪明＋ genggiyen 聪明]"为例,"sunggiyen"当中"su"位于"sunggiyen"的前端,同时"su"也截取自原词"sure"的前端部分。同样,如果形态片段位于单词的后端部分,相应地也就截取自原词的后端部分。比如,"sunggiyen"当中的"-nggiyen"位于单词的后端部分,同时它也截取自原词"genggiyen"的后端部分。

对满语固有词原词的截取,有许多音系上的特性。在一些截搭词当中,原词中的 cv 音节成为了片段中的一个辅音 c,比如,"gimda 角[＜gi 角＋ nimada 蛟]"当中原词的"ma"在截搭词中成为了"m";截取自原词的形态片段,在截搭词中要重新按照组合来调整其元音和谐,比如,"longkon 锣[＜lo 锣＋tungken 鼓]"当中片段"ngkon"的形成源自对前端片段"lo"的元音和谐;当被选中的原词的后两个音节是 cvccv 或 cvccvc 结构时,其往往被截取为后

端的 ccv 或 ccvc,比如,"weisha[＜wei 尾巴＋tasha 虎]"当中
"sha"截取自原词"tasha"便属于这一类;许多原词会被截到倒数
两个音节,这一定程度是为了保证构词后词汇的识别度,比如,"乐
器"部分的几个词如果只截取"tungken"的最后一个音节"ken",那
么可能会在满语中与许多已经存在的单词冲突,而截取"ngken"便
避免了这个问题。如果"jungken"当中只对原词截取到"ken"的话
"jungken"就会变成"juken",而满语本身是存在"juken"这个词的,
这样就产生了新的同音异义词,就造成了麻烦。实际上许多单词
可能确实仅截取了原词后面的一个音节,并且导致截取的一个音
节与大量的词缀同形,我们一般不将这类词划分为截搭词的分类
态度。就像我们无法确认一个以"ri"结尾的单词,其"ri"究竟是词
缀还是形态片段,贸然分析可能会导致错误。

　　对汉语原词的截取,在截取上大体可以分为两类:一类是从
音系的角度上对汉语原词的完全截取,如"giyomo 角[＜giyo 角＋
moo 木]";一类是对汉语原词部分截取,如"kituhan 琴[＜ki 琴＋
fituhan 乐器]"。使用哪种方法截取,主要还是看最后所形成的词
是否符合满语词汇里一般的音系形态特征。一些片段在截取后和
原词相比音系上有所缩减或变化,如"nirhe 女[＜ni 女＋ferehe]",
这和部分截取并不完全相同,从"女"到"ni"的变化并不是截取了
"女"的一部分,而是把汉语"女"的发音截取后在满语词汇中又进
行了调整。

4.3.3　原词选取的特征

　　胡增益(2004)对原词选取做了特别详细的论述,这里仅做简
单讨论。原词有些选择于满语固有词,有些选择于其他语言,本章
中所呈现的主要源于汉语。原词的选择基于相应词汇的形成过
程,我们提到的词汇当中有许多出现在《御制增订清文鉴》之中,这
些词汇是对《御制清文鉴》当中的许多汉语借词的修改。这些词并

没有选择满语固有词组成的短语来表达,而是选择了截搭这样一种方式,这可能考虑到要适当减少短语形式词条数量的缘故。

那么对于《御制增订清文鉴》来说,选取什么词作为原词,自然是首先取决于想创造什么词。其中最为典型的包括奇兽、异鸟、奇花、异木的名称,以及关于天文、礼乐、器具、人伦的名称。其造词目的极为明显,因此,原词的选择上也有其系统性的考虑。"二十八星宿"的原词为"星宿汉语词汇+对应图腾的满语固有词",如"gimda 角[<gi 角+nimada 蛟]"是星宿汉语词汇"角"加上对应图腾"蛟"的满语固有词"nimada"。"五音"也与此相似。

"器具"和"乐器"中的结构大体也是"汉语形态片段"+"满语固有词形态片段",但这里"满语固有词原词"则是相应截搭词语义所对应的核心词。比如,"gijun 戟[gi 戟+hajun 器械]"当中片段"jun"来自原词"hajun",而"hajun(器械)"是"gijun"的上位词也就是"gijun"的释义中的核心词。"乐器"类许多词的原词选择也是如此。

由满语固有词所形成的截搭词,其所选取的原词多源自其原本对应的短语。比如,"yenju"所选取的原词"yen"和"jugūn"本身便是"yenju"所对应的短语。"nelhe"所选取的原词来自"necin elhe"这个短语。

4.4 小结

截搭构词法是满语中重要的构词方式。与合成、派生和词组搭配等其他构词法不同,截搭词的构词核心在于至少包含一个形态片段。满语截搭词的判定方面主要基于两个方面:一方面判断截搭词是否通过两个以上的原词参与形成,另一方面看截搭词内部是否确切地包含一个形态片段。从整理的天文、礼乐、器具物品和人伦四个方面的截搭词示例来看,这些词有些基于汉语原词,一小部分基于满语固有词原词。此外,截搭词可分为完全截搭词和部分截搭词。在截取形态片段上,满语截搭词对满语固有词和汉语词汇在截取时有所不同,截搭词的形成充分反映了满语自身词汇的形态特征,片段的截取也反映了对产生同音异义词的回避。在原词的选择上,受汉语影响的满语截搭词有其凸显的造词的目的性,因此,许多词的原词选取上存在系统性的规律,而基于满语固有词的原词,其原词的选取多来自其语义对应的短语。

第五章 动词类汉语借词

　　语言接触中常发生词汇借用,在满语和汉语接触、融合的过程中,满语和汉语相互借用了不少词汇,尤其是在满族入关之后,满语中的汉语借词数量愈发增加。从借用词汇的词性来看,主要以名词为主,也涉及一些动词、形容词和副词。从已有研究成果来看,学界更多关注名词类汉语借词,而对动词类汉语借词鲜有探讨,研究内容主要涉及借词的范围、音系对应以及构词方式等。

　　基于前人的研究成果,该部分着重考察清代满语中动词类汉语借词的词法特点,所用满语词汇来源于《御制增订清文鉴》。清代满语词汇研究,以"清文鉴"系列官修辞书为代表,是百科性满文辞书,在编纂、分类、选词、释义上均留有浓重的历史痕迹,尤其是收录词条及其变化真实地反映了清代满语词汇的全貌及演变情况。相比《御制清文鉴》《御制满珠、蒙古、汉字三合切音清文鉴》《御制四体清文鉴》《御制五体清文鉴》等其他满文辞书,《御制增订清文鉴》特别增加了满语词条的解释,便于判定其是否为汉语借词,有助于对语素进行定性及相关词法分析。

5.1　满语中动词类汉语借词的基本特点与判定

　　辨别满语动词类汉语借词,首先要了解汉语和满语的一些基本情况和使用汉语借词的特点。满族是 16 世纪末 17 世纪前半叶融合其他民族成分而形成的民族共同体,顺治元年(1644)开始,清统治者为了巩固对汉族的统治,开始多层次、全方位地接触汉语和汉族文化。宽松的语言文字政策使得满语中的汉语借词不断增加,使满语成为与汉语接触最深刻、汉语借词数量最多的少数民族语言之一。整体来看,满语中使用的动词类汉语借词特点如下:

第一,借词在音系和语义对应上与汉语原词汇具有一致性。在音系上,借词的发音需在符合本族语言特征的基础上与汉语词汇保持对应关系,满语中的汉语借词不是在某一阶段集中进入的,词汇借入的不同时期体现出不同的音系差区别。当借词数量足够丰富时,满语借词的语音就同被借的汉语语音形成了对应规律,每一时期借词的对应规则均有不同;在语义上,大部分借词的语义与汉语原词汇之间保持着较高的对应关系,但语义可能并不完全相同,《御制增订清文鉴》和《大清全书》等辞书所收录的部分汉语借词和汉语原词汇的语义是有差别的。

第二,借词的形态特征比汉语原词汇更加复杂。当汉语词汇以词根的形式进入满语时,该词汇往往要经过派生才能在满语中获得动词的资格。以汉语动词"讲""赖"为例:

词根:giyang-"讲"　　　　giyang-na-mbi"讲、演讲"

词根:lai-"赖"　　　　　　lai-da-mbi"诬赖、耍赖"

上例中,"giyangna-"由汉语借词词根"giyang-"结合词缀"-na"派生而成,"laida-"由汉语借词词根"lai-"结合词缀"-da"派生而成,可见,动词类汉语借词要通过接缀等方式才能完成借入。

结合以上借入特点,我们认为判定满语中动词类汉语借词还可考虑以下两个方面:

一方面,可以将其他通古斯语的词汇作为佐证。由于历史原因,满语同锡伯语、女真语的词汇比较接近,满语中多数汉语借词同时存在于锡伯语和女真语之中,但鲜见于其他通古斯语。比如,满语动词"faidambi(排列)"可认为由汉语借词词根"fai-(排)"结合后缀"-da"派生而来。在朝克(2014)对满通古斯语相关语义词汇的比较中,满语"faida-"对应锡伯语"faida-",对应鄂温克语、鄂伦春语、赫哲语的词汇分别为"miirlə-""miirlə-""mirələ-"。在满通古斯语里,这三个词汇十分相似,除去词缀"-lə"后的词根在鄂温克语、鄂伦春语和赫哲语里都表示"肩膀",说明这三种语言中表"排列"语义的动词都是以表"肩膀"语义的词根派生而来,从侧面证实了"faidambi"为借词的可能。

另一方面,可对动词类借词进行历时性构拟。对满语中汉语借词的识别仅仅从共时角度进行分析是不充分的,一些借词在进入满语后存在历时性变化,与汉语原词形有较大差别,同一借词在不同历史时期可能形态不同,说明借用的历史层次和模式也是研究的关键。以"n 型词干"为例,满语中一部分动词词干原本以辅音"n"结尾,但这部分动词在经历平准化后被重新构拟为以元音结尾的动词词干,即辅音"n"脱落的同时词尾音韵融合致使词尾成为语素变体。如"jempi、jengke、jembumbi、jendere"中的词干"je-"可构拟为"jen-",其发音和语义都与汉语"忍"具有很高的一致性,我们将其判定为汉语借词。

5.2　派生动词类借词

派生动词类借词指与派生词缀结合而成动词的借词,该类动词在其他论文里也有探讨,如穆麟德夫(1892)列举了动词"ginggulembi(恭敬)",将其分析为"ging-gu-le-mbi",认为该词中的"ging"借用自汉语的"敬"。阿尔泰语系诸语言通过汉字词根接缀的方法派生动词是非常普遍的现象,该类派生词较容易识别,满语亦如此。满语派生动词类借词主要有两类:一类是接缀词缀"-la"派生的动词;另一类是接缀词缀"-da"派生的动词。以下将分别列举这两类动词的词汇范围,分析这两类词缀的派生特点以及词缀的语素变体等问题。

5.2.1　词缀-la-

词缀"-la-"有一个语素变体"-na-",语素变体是同一语素在特定音系环境下产生的变体,分布在词基①以鼻音或者半元音/y/结尾的音系环境中。例如 šangnambi"赏赐"中的中缀-na-是"-la-"在鼻辅音 ng 之后产生的变体,ainambi"做什么"中的中缀"-na-"是"-la-"在半元音/y/之后产生的变体。本章将满语中经由词缀"-la-"派生的动词词汇整理如下:

(1) -la-

behe[墨]-le-mbi"上墨"　　　　bofu[包袱]-la-mbi"包起"

boji[保人]-la-mbi"典"　　　　ca[差]-la-mbi"差错"

ce[测]-le-mbi"拿五尺杆量"　　coba[撬板]-la-mbi"撬起"

co[炒]-la-mbi"煎炒"　　　　　daise[代事]-la-mbi"署理"

damtu[当头]-la-mbi"当"　　　doo[倒]-la-mbi"倒水"

dui[对]-le-mbi"勘断"　　　　　dzanse[楗子]-la-mbi"楗"

fafu[法]-la-mbi"传令、禁止"　　fempi[封皮]-le-mbi"封"

fiye(fiyen[骗])-le-mbi"骗马"　 gi[祭]-le-mbi"对对莫酒"

---

① 本章对相关词法术语(词根、词干、词基)按照以下定义来区分:词根(root)指一个词形当中语义最为核心的语素,如在 tuwabunambi"使去看"一词中,其最为核心的语素由 tuwa-"看"承担,因此 tuwa-为词根。词基(base)是相较于派生词汇而言的,在一个派生词中,派生词所接缀的部分为词基,如 duilembi"校对"中的词缀-le-接缀于 dui-之后,因此对于词缀-le-来说,dui-为词基。词干(stem)是相较于词汇的屈折词形而言的,一个词汇的屈折词形里,变化某屈折词形之前的形态为词干,如相较于屈折词形 tuwabunaha 来说,其屈折词缀-ha 接缀的部分 tuwabuna-为词干。

giyaba(giyaban[夹板])-la-mbi"夹"

giya[间]-la- mbi"间隔出"

hiha[稀罕]-la-mbi"稀罕"

hiyabsa[夹板子]-la-mbi"夹捆折伤"

hiyoošu[孝顺]-la-mbi"行孝"

hūba[糊表]-la-mbi"裱糊"

jempi[煎饼]-le-mbi"摊煎饼"

jise[底子]-le-mbi"起草"

kiyangdu[强徒]-la-mbi"使强"

kui[盔]-le-mbi"揎"

longto[笼头]-lo-mbi"带笼头"

mabu[抹布]-la-mbi"用布擦抹"

mahū[抹糊]-la-mbi"涂抹"

maitu[麦头]-la-mbi"用棒打"

miyooca[鸟枪]-la-mbi"放鸟枪"

mose[磨子]-la-mbi"磨"

niye[碾]-le-mbi"轧场、碾米、上碾光"

niye[念]-le-mbi"念"

pi[批]-le-mbi"批判"

še[舍]-le-mbi"舍"

šempi[斜皮]-le-mbi"夹斜皮"

šeo[绣]-le-mbi"绣"

šo[烧]-lo-mbi"烧炙"

šu[税]-le-mbi"征收"

sui[罪]-la-mbi"艰苦"

toose[砣子]-la-mbi"砣落打线"

tuiba[推铇]-la-mbi"铇"

tui[煺]-le-mbi"煺毛"

wase[瓦子]-la-mbi"瓦"

yamu[衙门]-la-mbi"上衙门"

yoose[钥匙]-la-mbi"锁住"

ta[摊]-la-mbi"摊"

(2) -na-

cuwang[闯]-na(la)-mbi"抢掠"

dang[挡]-na(la)-mbi"替挡"

deng[戥]-ne(le)-mbi"颠均驮子、戥子称"

fang[翻]-na(la)-mbi"强是为非、翻赖"

fung(封)-ne(le)-mbi"封"

giyang[讲]-na(la)-mbi"讲、讲论"

ging[斤]-ne(le)-mbi"秤称"

ging[敬]-ne(le)-mbi"献酒、致恭"

gung[恭]-ne(le)-mbi"致恭"

hang[焊]-na(la)-mbi"锅补、焊"

jing[敬]-ne(le)-mbi"对对奠酒"

šang[赏]-na(la)-mbi"赏赐"

sim[审]-ne(le)-mbi"考"

nung[弄]-ne(le)-mbi"惹人、侵害"

本章统计了《御制增订清文鉴》中 62 例经由"-la-"和"-na-"派生的动词类借词,经由"-la-"派生的借词占大多数,共 48 例,经由语素变体"-na-"派生的借词占少数,仅 14 例,这些派生词的词基源自汉语。根据以上借词的词基所对应的汉语词性，可将这些派生动词大体分为两类：一类被借用的汉语词汇词性为动词；另一类被借用的汉语词汇词性为名词（包含形容词）。词汇分布情况具体如下：

动词类：

ca［差］-la-mbi；ce［测］-le-mbi；co［炒］-la-mbi；cuwang［闯］-na（la）-mbi；dang［挡］-na（la）-mbi；deng［戥］-ne（le）-mbi；doo［倒］-la-mbi；dui［对］-le-mbi；fang［翻］-na（la）-mbi；fiye(fiyen［骗］)-le-mbi；fung（封）-ne（le）-mbi；gi［祭］-le-mbi；giya［间］-la-mbi；ging［敬］-ne（le）-mbi；giyang［讲］-na（la）-mbi；hang［焊］-na（la）-mbi；hiha［稀罕］-la-mbi；hūba［糊表］-la-mbi；jing［敬］-ne（le）-mbi；kui［盔］-le-mbi；mahū［抹糊］-la-mbi；niye［碾］-le-mbi；niye［念］-le-mbi；pi［批］-le-mbi；šang［赏］-na（la）-mbi；še［舍］-le-mbi；šeo［绣］-le-mbi；sim［审］-ne（le）-mbi；šo［烧］-lo-mbi；tui［煺］-le-mbi；nung［弄］-ne（le）-mbi。

名词类：

behe［墨］-le-mbi；bofu(bofun［包袱］)-la-mbi；boji［保人］-la-mbi；coba［撬板］-la-mbi；daise［代事］-la-mbi；damtu［当头］-la-mbi；dzanse［楞子］-la-mbi；fafu［法］-la-mbi；fempi［封皮］-le-mbi；ging［斤］-ne（le）-mbi；giyaba［夹板］-la-mbi；gung［恭］-ne（le）-mbi；hiyabsa［夹板子］-la-mbi；hiyoošu［孝顺］-la-mbi；jempi［煎饼］-le-mbi；jise［底子］-le-mbi；kiyangdu［强徒］-la-mbi；longto［笼头］-lo-mbi；mabu［抹布］-la-mbi；maitu［麦头］-la-mbi；miyooca［鸟枪］-la-mbi；mose［磨子］-la-mbi；šempi［斜皮］-le-mbi；šu［税］-le-mbi；sui［罪］-la-mbi；toose［砣子］-la-mbi；tuiba［推铇］-la-mbi；wase［瓦子］-la-mbi；yamu［衙门］-la-mbi；yoose［钥匙］-la-mbi。

其中，借用自汉语动词的借词判断为 32 个，词基为单音节的 29 个，词基为双音节的 3 个；借用自汉语名词的借词判断为 30 个，词基为双音节的 26 个，单音节的 4 个。

在语义上，这些满语借词派生词和汉语原词汇的对应大体没有明显差别。以"duilembi"为例，该词在《御制增订清文鉴》中的汉语对译词为"勘断",满语词条释义为"yaya baita be yargiyalame beidere be duilembi sembi(对凡事辨其真假审查称为 duilembi)";在《汉语大词典》里释义的第十条"校核;对质";在文献实际用例中,如"inde duileki seme gisun femen de isinjifi(庸言知旨)"对应的原文汉语部分是"想和他校正校正"。

郭罗洛娃(2002)认为词缀"-la-"是附加在名词词干上,将名词派生为动词的词缀。"-la-"在满语中有着广泛的分布,其接附的词干既可以是借词也可以是固有词,整体来说,"-la-"是一个用于派生及物动词的词缀,在一部分特定语义范围的词汇派生中,"-la-"还会在分布上与其他用于派生不及物动词的词缀形成对立。

在满语中,有一系列表示"事物崩坏"的动词,这些动词多数都是同时享有一个词基的及物动词和不及物动词,其中,及物动词经由"-la-"派生形成,不及物动词经由词缀"-ja-"派生形成。具体对比如下:

bi-la-mbi"弄折断"	bi-ja-mbi"折断"
gar-la-mbi"弄残坏"	gar-ja-mbi"残坏"
hūwa-la-mbi"弄破"	hūwa-ja-mbi"破"
debke-le-mbi"弄散"	debke-je-mbi"散"
efu-le-mbi"弄坏"	efu-je-mbi"坏"
fiyentehe-le-mbi"弄分开"	fiyentehe-je-mbi"分开"
fuse-le-mbi"弄穿"	fuse-je-mbi"穿"

以上例子中,左侧为及物动词,右侧为不及物动词,"-la-"和"-ja-"所表示的动词呈现及物和不及物的对立。在借用汉语的过程中,经由"-la-"派生的动词表现出一定的及物性。当"-la-"接附的汉语原词汇为动词词根时,"-la-"将汉语动词原义表达实现于满语;当"-la-"接附的汉语原词汇为名词词根时,该借词表示和其名词相关联的动作。如:"daiselambi(署理)"当中"daise(代事)"是

"daiselambi"的内容；"mabulambi（用抹布擦）"当中"mabu（抹布）"是"mabulambi"的工具；"šulembi（征收）"当中的"šu（税）"是"šulembi"动词相关的对象，一些词当中词根和派生词的语义关系要更为复杂。

5.2.2　词缀-da-

在满语中有多个形态为"-da-"的词缀，需要注意的是，这些表现为"-da-"的词缀并不一定相同，在一部分接缀"-da-"的词汇中，"-da-"的添加表达了"经常体"的功能，例如，"cabsimbi（嗟叹）"和"cabsidambi（只管嗟叹）"，"cabsidambi"中的词缀"-da-"与本章讨论的"-da-"是不同的。下面将满语中接附词缀"-da-"派生的动词类借词整理如下：

ca[缠]-da-mbi"勒绽处、缠绕"　　fa[法]-da-mbi"使法术"

fai[排]-da-mbi"排开、排班、开列"　　gi(积)-da-mbi"压"

lai[赖]-da-mbi"诬赖、撒赖、赖"　　wai[歪]-da-mbi"舀东西""歪"①

yon[容]-do-mbi"容得下"

其中，"cadambi""faidambi""gidambi""laidambi""waidambi""yondombi"等词是基于动词性汉语原词派生的，词基皆是单音节，"fadambi"则是基于名词性汉语原词派生的。

经由"-da-"派生的动词对应的汉语原词汇多为动词，这些词在语义和功能上与经由"-la-"派生的动词没有明显区别。当"-da-"作用于名词或形容词词干时，表示出词干的语义内容。其中，"fadambi（法）"在汉语中作为名词使用，"fadambi"的结构与一些由"-da-"派生

---

① "歪"的语义同"舀"，是"舀水"的意思。其在今天东北方言当中发音为"wǎi"。在清代期间的朝鲜辞书《译语类解》当中，该词记为"歪"，即"歪水同舀水"（译语类解：48b）。满语的"waidambi"的词根在语义和语音上都和东北方言当中的"wǎi"具有极高的相似性，因此判定其为汉语借词。

的固有词派生动词非常相似,类似的固有词派生动词有"argadambi
(用计)"、"hanjadambi(行廉)"、"balamadambi(狂妄)"等。

这些词当中,"laidambi(赖)"呈现出较为特殊的性质。作为汉
语借词,"laidambi(赖)"具有多义词的特性,《御制清文鉴》中
"laidambi"的一则词条中对译汉语为"撒赖",即"耍赖",是不及物
动词的用法;另一则词条中对译汉语为"赖",即"责怪他人"的语
义,是及物动词的用法。可见,同一汉语词汇在借入满语之后,其
原本的多义词特性也会保留在满语借词之中。

整体上看,经由词缀"-da-"派生的动词的特性相对零散,对依
托"-da-"派生动词的形成机制还有待进一步深入的探索。从数量
分布来看,该时期派生动词类借词中,单音节词基对应的原汉语词
汇多为动词,双音节词基对应的原汉语词汇多为名词(见表1)。

表1 满语中的派生动词类汉语借词整理

派 生 词 缀		-la-	-na-	-da-	总计
词汇数量		48	14	7	69
单音节词基	原词汇为动词的词基	29		6	35
	原词汇为名词(形容词)的词基	4		1	5
双音节及以上词基	原词汇为动词的词基	3		0	3
	原词汇为名词(或形容词)的词基	26		0	26

5.3 非派生动词类借词

满语里有一类通过借用汉语而产生的动词很特别,这些动词

词干（词形里没有任何词尾的部分）与原汉语词形基本一致，由于
这些词没有派生词缀，前人研究一般没有将这一类词划为借词。
正因如此，对这些词的判断也比较困难，在论述中，我们尽可能给
出了可以将这些词判断为汉语借词的参考原因。根据词法上的特
征，可将满语中非派生动词类借词分为两类：一类是以"n"或"ng"
辅音结尾，一类是其词干以元音结尾的，这样区分是因为词干以
"n"或"ng"辅音结尾的词汇在满语中伴随了一系列的特殊词法表
现。下面将围绕这两类借词展开说明。

　　崔鹤根（1975）对部分以"n"辅音结尾的动词词干进行了探
讨①，并以词干"san-"为例进行了讲解，"san-"的词形变化"sampi"
"sangka""sandara"应该分别分析为"san＋pi""san＋ha""san＋
da＋ra"。他将"san"称作"sampi""sangka""sandara"等词的词源
型词干。

　　在历时上，满语中有一部分动词的词干曾以鼻辅音结尾，这类
词干引发了一系列语素变体的产生，虽然在清代满语书面语中，并
不是每个曾以 n 作为词干结尾的动词都表现出和语素变体的组
合，但通过观察依旧可以看到很强的倾向性，即词干可构拟为以辅
音 n 结尾的动词，在这些词的相关词形里，许多屈折词缀和派生词
缀会表现出语素变体。本章将这类动词称为"n 型词干动词"。
"n 型词干动词"整体上享有一套比较相似的词形变化，根据词干
是单音节还是多音节，其内部之间还存在一些差异。

　　在对满语"n 型词干动词"进行构拟的过程中发现一部分词干
与汉语保持非常高的形态语义一致性，通过与其他通古斯语的对
比，发现这些词很难认为是存留在满语（以及锡伯语和女真语）中
而在其他通古斯语里消失了的固有词，其最有说服力的来源为
汉语。

---

① 相关最早研究为甲伯连孜（1864），论文中通过例证详细探讨了"-mbu""-kA/
-ngkA""-mpi/-pi""-ndArA"等一系列的异语素。

下面将列出一部分经分析判断为源自汉语的 n 型词干动词，构拟出这些动词的基本形态与某些汉语词汇在语义和形态上具有高度一致性。以下进行列举并分析讨论：

(1) 词干：jen-对应汉语"忍"

词形变化：jempi(jen- + -*pi)　　　　jendere(jen- + -de- + -re)

jengke(jen- + -he)

(2) 词干：juwang-对应汉语"张(嘴)"

词形变化：juwangka(juwang- + -ha)　juwampi(juwang- + -*pi)

juwara(juwa- + -ra)　　　　juwambi(juwa- + -mbi)

juwabumbi(juwa- + -bu- + -mbi)

juwame(juwa- + -me)

(3) 词干：yung-／yong- 对应汉语"容／融"

词形变化：yumbumbi(yung- + -bu- + -mbi)

yumpi(yung- + -*pi)　　　yungke(yung- + -he)

yumbi(yu- + -mbi)　　　　yume(yu- + -me)

yondorakū(yong- + -do- + -rakū)

yondoro(yong- + -do- + -ro)

yongkiyambi(yong- + -hiya- + -mbi)

yunderakū(yung- + -de - + -rakū)

以上是构拟后的词干和这些词在清代词书中常出现的词形变化，这里以"jen-"的构拟为例进行词形变化分析。"jempi"是语素"jen-"和"-pi"的结合，其中"jen-"的尾音"n"在其后续辅音"p"的影响下同化为唇鼻音"m"。因此，"-mpi"成为了 n 型词干中"-fi"的语素变体。"jendere"可分析为语素"je-"和"-ndArA"的结合，"-ndArA"是"rA"在 n 型词干中的特殊语素变体，其成因至今还没

有很有说服力的分析。词形"jengke"从历时上看是语素"jen-"和
"-he"的结合，这里"n"和"h"相邻之后发生了双向同化，"n"在"h"
的影响下发音部位变为"ng"，"h"在"n"的影响下发音方法变为
"k"。因此，"-kA(A＝a/e/o)"成了语素"-hA(A＝a/e/o)"在 n 型
词干中的固定语素变体。通过对这些语素变体成因的了解，就可
以推定出哪些词根原本是 n 型词干。

　　"jen-"推测其借自汉语词"忍"①，这里出现的是满语辅音"j"和
日母的对应。在满语中有几个语义与"忍"类似的词汇，分别是
"kirimbi（忍受）"、"tebcimbi（忍心）"、"dosombi（忍得住）"。
"tebcimbi"在《五体清文鉴》中对应的蒙语词为"tebcimui"，其词干
部分与满语完全相同；"kirimbi"在《五体清文鉴》中对应的蒙语词
为"kulicemui"和"kirasumui"，其词干部分也与满语有些相似；
"dosombi"在《御制增订清文鉴》和《大清全书》里其对译汉语为"忍
耐"，《满通古斯语族语言词汇比较》中列举的几种表示"忍耐"义的
词汇都与"dosombi"同源。实际上"jen-"在满通古斯语族或邻近
的阿尔泰语中并没有同源词，而"jen-"各种词形的对译汉语几乎都
是"忍"字，说明对于清代的满汉词书编撰者来说，"jen-"和"忍"的
语义具有极高的相似性。综合以上分析，我们认为满语动词词干
"jen-"借自汉语词"忍"。

　　"juwang-"②，推测其借自汉语词"张"。词干"juwang-"意为

---

① "忍"字属日母字。满语的"j"，朝克在《满通古斯语族语言词汇研究》中将其拟定
　　为/dʒ/，穆麟德夫(1892)中认为其发音与"judge"同即为/dʒ/。虽然日母经历了
　　从/nʐ/到/ʐ/的一系列变化(参考王力《汉语史稿》)，但其变化的范围内，在满语中
　　发音位置和发音方法上，最为接近的辅音都是"j"。因此，即使考虑到各时期日母
　　字的发音变化，如果满语将"忍"字借入，都会很大概率借用为"jen"。
② 　juwang-和"张"的音系对应上存在一定的问题，判断其为借词基于以下原因。参照
　　《满通古斯语族语言词汇比较》一书，其他通古斯语中表示相同语义并不使用与
　　"juwang-"相似的词汇，同时《女真译语》当中也没有出现相似词汇。虽然 juwang
　　和"张"的音系对应存在问题，但类似的问题还存在于满语的其他借词之中。比如
　　"研"借入满语后成为了 yuwan，这说明一部分元音/a/在被借入到满语之后，由于
　　某种原因导致其成为了/uwa/，当然其背后的原因还不是很明朗。

"张开、打开",但具有极强的词汇制约,即主要用于表达"嘴"的张开。这是借词一个常见的表现,某种词被借入本语言后,不取代本语言中表达类似语义的词,但在与某些具体词汇的搭配中将本语言的词取代了。当然,这种借用可能的前提为"张嘴"在汉语中是一个非常高频的词组搭配(collocation)。朝克(2014:392)中记录鄂温克语、鄂伦春语和赫哲语中表示"张嘴"语义的动词皆为"aŋge-"这个动词词干和通古斯语中表示嘴的"aŋge-"是同形的。这一点也从侧面暗示"juwang-"是借词的可能。

"yung-/yong-"推测其源自汉语"容"或"融"。考虑到满语中很多汉语借词较大可能是通过口语接触完成的,"yung-/yong-"有可能同时源自这两个汉字,相对来说,以"yung-"为词基的词形可表达"染""溺""容"等多个语义,而以"yong-"为词基的词形多表达"容"的语义,但看字典释义的话,这两个词干的语义表达并没有很大区别。在《御制增订清文鉴》当中,"yumbi"的词条解释为"uthai yondombi sere gisun"。在《御制增订清文鉴》中"uthai A sere gisun"(A 代指可以出现在这类词条这个位置上的所有词)的表达可以看作一种对同义词的解释,表明"yumbi"和"yondombi"的语义具有高度的相似性。我们认为"yung-"和"yong-"的词形分离源于"yondo-"被再分析为一个新的词形,在 n 型词干里,词干为单音节时其"-ra"型多数实现为"-ndara",如"ban-"的"-ra"型实现为"bandara"。因此,借入的"yung-"和"yong-"当接附语素"-ra"时分别实现为"yundere"和"yondoro",但是"yondoro"中的"-ro"被分析为规则的语素后,"yondo-"就成了再分析后新的词干。同时经观察可知,没有对应"yondo-"的使被动态派生词,因为"yumbu-"作为"yung-"词干的使被动态的使用,使再分析后的"yondo-"没形成稳固使用下来的使被动态。

满语 n 型词干在历时发展过程中,失去了其原本词干的稳定性,词尾辅音 n 成为各种语素变体中的化石形态,导致了这些词干和词尾整体上形态的融合。以"jengke（融化了的）"为例，虽然可以将它的形态分析为"je-"和"-ngke"的结合，但这只是一种语素上的划分，不代表当时满语说话人对这个词的实际分析。同时，n 型词干导致的语素变体多集中于体词尾"-ha""-ra"和使被动的态词尾"-bu"上。根据拜比（1985），n 型词干导致产生的语素变体，其语义上都和词基或词干的相关性比较大，即语素和动词的语义相关性越大，两者间越容易产生融合。

　　下面讨论满语中词干以元音结尾的非派生类动词借词。"giohambi（叫化，见《大清全书》）"被认为借自于汉语词汇"叫化（另见：叫花）"，"叫化"应为"叫"和"化"形成的合成动词，满语中"giohambi"的词干"gioha"在语义和形态上都与"叫化"高度对应。而"giohambi"在进一步的许多关联词汇（如 giohošombi"四处乞讨"、giohoto"乞丐"等）中，词干"gioha"产生了内部更为元音和谐的语素变体"gioho"。"叫化"被借用为"gioha"而不是"giohūwa"，可能是因为满语动词词干要求第二音节的元音只能为单元音的限制。

　　"jabumbi"被认为可能借自于汉语词汇"答"，词干"jabu"与"答"的中古汉语构拟音"tɒp"（王力：《汉字古今音表》）较为接近。从女真语到满语，许多词首的辅音"d"系统性地变化为"j"，词首"d：j"的对应可见于许多女真语和满语词汇的对应中。因此可以推测"jabu-"的古型为"dabu-"，其借用也发生于清朝之前某个时期的女真语中，这样也可以解释为什么该动词的借用保留了"答"的入声。满语中只有极少部分词汇的借用保留了汉语的入声，上文提到的"fafun［法］"也可以算作一例。另外，对应"jabumbi"的锡伯语外的其他通古斯语词汇也与"jabumbi"不同，从侧面暗示了"jabumbi"是借词的可能性。

　　非派生动词类借词由于数量较少，单音节词基和双音节词基并没有表现出显著差异，目前还没有发现汉语原词汇为名词或形容词的该类借词。

5.4 满语动词借用的汉语词汇特点

众所周知,满语借自汉语不同类型的动词整体上反映了一定的词汇特性,下面从语域(register)、词汇来源和形态特征三个角度出发,分析它们在词汇角度上的特点。

词汇的借用与生产生活、文化的接触密切相关。许多词汇的借用实际上发生于人们对这些词汇使用的环境之中。因此一个语言对另一个语言的借用,往往有集中在某些语域上的特点,满语对汉语词汇的借用亦是如此。本章参考《御制增订清文鉴》中的分类,分析满语中动词类汉语借词在语域上的分布特点①。依照这些借词在所属部类中所占的数量,动词类借词分布较多的部类分别为"人"部 23 例、"营造"部 11 例、"武功"部 10 例、"食物"部 8 例、"产业"部 8 例、"政"部 8 例、"礼"部 7 例,等等。可见,从语域的角度来看,满语中动词类借词与语言使用者的生产生活密切相关。这些借词的产生,也源自满语使用者在生活中对汉语的不断接触,同时也反映了满族在各方面受到以汉族文化为代表的中原文化的影响。

以"食物"部为例,其中动词类汉语借词包括:"tui[煺]-le-mbi(煺毛)","doo[倒]-la-mbi(倒水)","co[炒]-la-mbi(煎炒)","jempi[煎饼]-le-mbi(摊煎饼)","šo[烧]-lo-mbi(烧炙)","ta[摊]-la-mbi(摊)","wai[歪]-da-mbi(舀东西、歪)",等等。这些词汇几乎都表示与食物相关的方式(或烹饪方式,或移动方式),在语义表达上具有极高的凝聚性(cohesion),再次从侧面印证了这些词汇的借用主要是通过口语的接触实现的。

---

① 本章在统计时未计入基于动词类汉语借词进一步形成的派生词。

从词汇来源上看,许多词汇明显借自于北方方言,如"waidambi"对应表示"舀水"义的"歪"、"hihalambi"对应的"稀罕"、"mahūlambi"对应的"抹糊"、"hūbalambi"对应的"糊表"等。一些词汇虽然是汉语在各方言中的通用词,但满语借词表现出的语义特性则与相应词汇在北方(尤其是东北)方言中的使用方式更为接近,如"nungnembi""laidambi"等。另如"kuilembi"一词对应的汉语词汇"盔",在文献中鲜见动词用法。但清代辞书中"kuilembi"对应的汉语词条中却可见"盔了""与其盔"等动词用法,侧面反映了"kuilembi"的语义与清代满语母语者所接触的汉语方言环境密切相关。

满语中的动词类汉语借词在形态上也表现出了非常鲜明的特点。整体分布情况见表 2。

表 2 满语中的动词类汉语借词分布

词基音节数量	词基原词汇的词性	数 量	总 计
单音节	动词	38	43
	名词(或形容词)	5	
双音节及以上	动词	5	31
	名词(或形容词)	26	

在本章讨论的 74 个动词类汉语借词,基于原动词性汉语的借词有 43 个,其中对应汉语词汇为单音节的共 38 个,双音节的仅有 5 个(mahūlambi、hihalambi、hūbalambi、giohambi、jabumbi[①])。四个词干为双音节的词汇中,推测有三个词汇与现代东北话中存在

---

① 依本章内容,jabumbi 被分析可能借自汉语原词"答",汉语的"答"实际应为单音节,但满语中 jabumbi 的词干为双音节,因此在表中计算为双音节词基。

关联,而且这三个词在东北方言中第二个音节皆发音为轻声。基于名词性汉语的借词有 32 个,其中对应汉语词汇为双音节的有 26 个,单音节的仅有 5 个(fadambi、gingnembi、gungnembi、šulembi、suilembi)。

根据刘丹青(1993)汉语"动单名双"的说法,汉语单音词在同类词中的比例总是动词远高于名词,动词中各类形态严重地向单音词倾斜,单音节比双音节更适合汉语的句法节律。在汉语口语中,单音节动词仍占有优势地位,满语在借用汉语动词时也以单音节动词为主,这也符合汉语动词的音节特点。在满汉语共同使用的语言环境中,这些词逐渐被借用到了满语当中,这与朝鲜语主要通过书面形式借用大量的双音节汉语词汇形成了鲜明对比[①]。

另外在形态方面,当借词的原汉语词汇为双音节时,如果其第二个音节的元音不是单元音,在借入满语时要简化为单元音。如"tuiba[推铇]-la-mbi""gioha[叫化]-mbi"等。这是因为满语动词整体上不允许在第二音节上出现复合元音,可以认为这是词法上的限制,当然也不排除这些词第二音节的元音在汉语方言中已单元音化的可能。除此之外,满语借词和汉语原词在元音对应上的差异则应看作是音系问题。

5.5 小结

语言学里的借词一直是语言学家关注的问题。本章通过考察满语中以动词为中心的汉语借词,归纳出了两种动词类借词。第一种派生动词类借词,是借用汉语形态后再接附派生词缀形成的;

---

① 当然在朝鲜语当中也存在部分通过口语形成的借词,但这类汉语借词在朝鲜语整体的汉语借词中的比例不高。如"가뜸"被分析为是借用汉语"夹缝",这个词大概率是通过口语传播的。

第二种非派生动词类借词，是借用汉语形态直接成为词干后形成的。其中，派生动词类借词在相关研究中有过讨论，本章主要围绕词缀"-la"和词缀"-da"展开论述；非派生动词类借词的相关研究较少，我们在列举分析这类动词时发现一部分以辅音"n"或"ng"结尾的词干（文中称之为 n 型词干）属于非派生动词类借词，这类由 n 型词干产生的语素变体，源自满语动词词干历时上的系统性变化。

拜比（1985）认为屈折语素和动词语义越近，它的表现单位就离动词词干越近。可见，词缀和词干的相关性越强，也就越容易产生语素变体，相关性假说预测表现出和动词更相关语义的语素，与表现出和动词较为不相关的语素相比，更容易和动词融合，如词缀"hA（A＝a/e/o）"实际上直接影响了词汇自身的体貌表达，产生了直接的语义影响。本章通过对 n 型词干的历时构拟，明确了其在满语当中的基本词法特性，即携带一系列具有相关特性的语素变体"-mbu""-ngka/ka""-dara"等，通过这些分析，进一步明晰了满语中动词类汉语借词的体系及特点，丰富了满语中动词类汉语借词的结构。

满语中动词类汉语借词的词汇借入主要来源于生活文化、社会制度、生产生活以及人与人之间的抽象行为等语义范围，且借用的词汇多为汉语单音节动词，这也体现了这些动词类借词大概率是通过口语实现传播的特性的。

第六章 满语 n 型词干的词法特性①

6.1 引言

满语作为黏着语有着十分丰富的词法特征,该特点自满语研究伊始便受到了高度重视。满语具有的诸多词法特征之一便是动词词干基本上都是以元音结尾,该特点与动词词干允许以辅音结尾的其他通古斯语(尤其是北通古斯语)形成了鲜明对比,在具有如此差异的情况下,满语动词不允许音节末尾为辅音的特性自然是一个非常有趣的现象。

但正如一些研究中所指出,有痕迹表明满语的动词在历时上曾经允许音节以辅音"n"结尾。本章将这类音节末尾是辅音"n"的动词词干称作 n 型词干,并将讨论 n 型词干在满语中留下了哪些历时性的痕迹。最早对 n 型词干进行讨论的应该是 19 世纪德国语言学家甲伯连孜(Hans Conon von der Gabelentz,1807—1874)。

甲伯连孜(Gabelentz,1864)很早就通过很多单词的词形中的语位变体证明了音节末尾辅音"n"的残存,并将这类动词视为中性

---

① 该部分内容基于本书作者之一唐千航在韩国《阿尔泰学报》上刊登的期刊论文,原论文为韩文,题目是"만주어 'n 형어간'에 대한형태론적연구",本书中将这篇论文的内容译为汉语,翻译过程中在原文的基础上做了少许修改。

动词或是反身动词。上原久(1960)和朴恩用(1969)提及并认同了甲伯连孜的观点。崔鹤根(1975)关注语位变体"-mpi",并将其关联到对 n 型词干的讨论当中,尤其是他指出部分 n 型词干和名词在形态上出现的一致现象,针对这些词,崔鹤根认为应该将 n 型词干看作"词源性词干"。

该章第二节将讨论 n 型词干和很多语素结合时表现出的诸多词法问题,第三节将分析 n 型词干在词汇类型上的特性。此外,除了综述当中提及过的"-hA/-kA/-ngkA""-mpi/-pi""-rA/-ndArA""-mbu/bu",该部分还将追加讨论"-hiyA/-kiyA/-nggiyA""-niyA"等语素。第三节中将指出一部分 n 型词干的单词实际上是依托"-rAn""-cun""-liyan""-šan"等词缀而形成,并将讨论部分 n 型词干的单词是汉语借词的可能。

6.2 "n 型词干＋X"结构中的词法特性

对于满语在历时上曾存在过以辅音"n"作为音节结尾的动词词干的问题,自甲伯连孜开始,经上原久(1960)、朴恩用(1973a)、朴恩用(1973b)、崔鹤根(1975)等已有大量研究。崔鹤根(1975:112)对动词"sa-"的一些屈折词形进行分析,将该动词的词源性词干构拟为"*san-"。他认为"sampi""sangka""sandara"这些词形的形成分别可以分析为"san＋pi""san＋ha""san＋da＋ra"。崔鹤根(1975)中列举了可以用同样方式构拟出的一些属于 n 型词干的动词词干,即"san""jen""hafun""jon""bon""juran""colgoron""gūwaliyan""juwan""wen""jalun""yun"等。另外,他在构拟词干的同时,还说明了一些和"-hA/-kA/-ngkA""-mpi/-pi""-rA/-ndArA""-mbu/bu"这些语位变体相关的问题。崔鹤根(1975)的内容可以概括为例(1)。

(1) 崔鹤根(1975)的内容概要

-kA/-ngkA：san ＋ ha ＞ sanka ＞ sangka

-pi/-mpi：san ＋ pi ＞ sampi

-ndArA：san ＋"dA(插入型)"＋ rA ＞ sandara

-mbi：bon ＋ bi ＞ bonbi ＞ bombi 或 bonme ＋ bi ＞ bonmbi ＞ bombi

例(1)中所列举的语法性语素都和 n 型词干相关。同时列举的还包括"-hA/-kA/-ngkA""-mpi/-pi""-rA/-ndArA""-mbu/bu"中语位变体的导出过程。本节的剩余部分将逐一讨论和 n 型词干相关的语法性语素，如上文所说，除去(1)当中提及的语素之外，还将加入对"-hiyA/-kiyA/-nggiyA"以及"-niyA"等语素的讨论。

6.2.1　-bu/-mbu

许多学者认为满语词缀"-bu/-mbu"接附于动词词干之上是单词增添使役或被动的功能(如：郭罗洛娃 2002：-46-247；朴恩用 1969：_73；최계영 2016：45)。本节将着重描述词缀"-mbu"是词缀"-bu"接附于 n 型词干时形成的语位变体。

(2) 出现"-bu"的语位变体"-mbu"的单词形

a：algimbumbi＜ *algin(宣扬) ＋ -bu ；　　baktambumbi＜ *baktan(容得) ＋ -bu；

　　dosimbumbi＜ *dosin(进) ＋ -bu；　　dulembumbi＜ *dulen(过去) ＋ -bu；

　　ekiyembumbi＜ *ekiyen(缺) ＋ -bu；　　eldembumbi＜*elden(光耀) ＋ -bu；

　　ergembumbi＜*ergen(安歇) ＋ -bu；　firgembumbi＜ *firgen(泄露) ＋ -bu；

　　hafumbumbi ＜ *hafun(通彻) ＋ -bu；　jalumbumbi ＜ *jalun(满盈) ＋ -bu；

　　wembumbi＜*wen(化) ＋ -bu；　　　yumbumbi＜*yun(容) ＋ -bu

b：jombumbi ＜ *jon(提) ＋ -bu

(2a)至(2b)中列举的是《御制增订清文鉴》和《大清全书》中出现的形态"-mbu"的动词词形。正如很多综述研究中所指出的，形态"-mbu"是形态"-bu"和 n 型词干结合后形成的语位变体①。即词干尾音是"n"的词干在和使被动词缀"-bu"结合时会不可避免地发生逆向同化(唇音化),辅音"n"被同化为"m",进而词缀"-bu"实现为语位变体"-mbu"。

　　和使被动词缀"-bu"结合的 n 型词干,大部分都像(2a)中所列举的单词一样,属于不及物动词。比如,分析"algimbu-"是词干"*algin-"和词缀"-bu"结合形成的,动词词干"*algin-(有名)"具备不及物动词的词类特性。由于这些动词词干的词类限制,和这些词干结合的"-bu"在单词中表现出的都是使动的功能。但也有(2b)中列举的像"jombi(提起)"一样的例外情况。"jombi"作为及物动词在句中可以搭配宾语,在这点上区别于(2a)中列举的单词②。

　　但是,当词缀"-bu"接附在 n 型词干上时,清代共时满语中的"-mbu"并非规则地出现。一方面,很多 n 型词干的动词上实现的是语位变体"-bu";另一方面,一些含 n 型词干的单词中可以同时看到词干和"-bu"或"-mbu"结合的情况。如在《御制清文鉴》古代词典或在《新满汉大辞典》现代词典里,"wesimbu-"和"wesibu-"都是作为不同的词条同时收录的。

　　郭罗洛娃(2002:249)援引扎哈罗夫(1879:160)的观点,指出"wesimbu-"和"wesibu-"、"wasimbu-"和"wasibu-"之间存在语义差异,认为"-mbu"和"-bu"是具有"语义差异(a different shade of meaning)"的不同语素。但认为由两对单词中表现出的语义差异归结到"-bu"和"-mbu"词法上的差异是困难的。如果认为"-bu"和

① 语位变体"-mbu"的实现和 n 型词干相关的表述在近代的一些文献资料中就已经存在。比如《同文类解》"语录解"里就说:"mbu 用语句中,亦是使之如此之意也,必因上文系'ra、re、ro、ru'而又以'an、en、in'之音叶之,如拓开曰'badarambumbi',解慰曰'surumbumbi'。"通过这里所说的"以 an、en、in 之音叶之",就可以知道音节尾音"n"是"-mbu"实现的条件了。

② "jombumbi"在《御制清文鉴》中汉语释义为"提""提拔""提白"。

"-mbu"是不同的语素,那么像"wasimbu-/wasibu-"一样,在相同的动词词干上接附两个语素,并且形成的单词之间语义有差别的现象应该是大量存在的。然而事实上,同"wasimbu-/wasibu-"一样的情况是非常少见的,大多数动词词干同时接附"-bu"和"-mbu"时,两者的语义之间都没有明显差别。

再者,"wasimbu-"和"wasibu-"的语义并不是完全区别开的。依清代时期满语的使用情况来看,"wasimbu-"相对被使用的更多一些,"wasibu-"被使用的要少一些。"wasibu-"在《御制增订清文鉴》中其对应汉语释义为"降",表达"降职"的语义。这个语义还见于《大清全书》中"wasimbu-"的释义。满语文献也可以看到像"hesewasibu-"和"hesewasimbu-"一样,两个词形同时和"hese"结合,其用法语义也没有差别。通过这些证据可知,"wasimbu-"和"wasibu-"语义上的差异并不是由"-bu"和"-mbu"的形态差异所导致的。

部分动词词形中出现的"-mbu>-bu"的变化可以看作语素变体经历的校平(levelling)过程。按照哈斯普马特(2002:507)的定义,校平(levelling)指"某个词干的可选词形,向词形表中的其他词形扩张,消除词形间词法·音系交替的过程"。此外,校平(levelling)的扩张具有从频度高的词形向频度低的词形扩张的倾向。因此,可以认为在满语中更为基本的、高频度的"-bu"不停地向和 n 型词干结合的"-mbu"扩张,即"-bu"具有不停替换、取代"-mbu"的趋势。

可以设想,在提出校平(levelling)过程进行的同时,"wesimbu-"和"wesibu-"可能分别表达了不同的语义。如果这时"wesimbu-"和"wesibu-"在语义表达上表现出了明显的差异,它们可能就能实现词汇上的分离。崔桂英(2016:61)也曾指出"-mbu"词形要经历更多的词汇化过程。

6.2.2 -hA/-kA/-ngkA

一般认为满语词尾"-hA/-kA/-ngkA"用于表达过去时制或者

完整体(perfective)的语义①。三个语素变体当中，一般"-hA"被判定为语素的基本型。甲伯连孜和崔鹤根(1975)都曾指出，形态"-kA"是词尾"-hA"和词干尾音"n"结合后产生的语位变体。这个过程涉及的音系变化还可以在通古斯语族的其他语言当中观察到。比如，鄂温克语使动词缀词形"-hAŋ"和"kAŋ"的交替条件便是词干的尾音是否为鼻音(朝克 2017：8-12)。

　　上原久(1960：266)在讨论"-hA""-kA"和"-ngkA"的交替时认为接附于"n"之后的"k"实际上具有鼻音性。即"k"是在先行词干"n"的鼻音特性同化后的产物。但包括上原久(1960：54)的内容在内，很多研究中并没有在音系层面将"k"描写为携带鼻音性的辅音，一般都记作/k/、/q/等(郭罗洛娃，2002：87)。如果依照这种音系描写，很难认为"h＞k"的变化是"k"携带了鼻音特性。这个变化的实质是从"h"对应的擦音向"k"对应的爆发音的变化，词干尾音"n"在发音时口腔呈闭合状态，这时相较于擦音"h"来说爆发音"k"的发音要更为省力②。

(3) "-hA"的变体"-ngkA"、"-kA"实现的单词形

a：bangka＜*ban(倦)- ＋ -hA；　　　cangka＜*can(扛)- ＋ -hA；
　fungke＜*fun(麻)- ＋ -hA；　　　guwengke＜*guwen(响)- ＋ -hA；
　jengke＜*jen(忍)- ＋ -hA；　　　jongko＜*jon(提)- ＋ -hA；
　jungke＜*jun(牙关紧)- ＋ -hA；　juwangka＜*juwan(张开口)- ＋ -hA；
　sangka＜*san(伸)- ＋ -hA；　　　šungke＜*šun(通)- ＋ -hA；
　wengke＜*wen(化)- ＋ -hA；　　　yungke＜*yun(客)- ＋ -hA。
b. algika＜*algin(宣扬)- ＋ -hA；　aksaka＜*aksan(惊)- ＋ -hA；

---

① 朴相澈(2017：31-68)当中对包括"-hA"在内的一众时体相关词尾的综述研究做了非常全面的整理。
② 相关的还有本青(1956：132)对戈尔德语中语素"-ci"的分析，它认为这个语素的形成在历时上可以追溯为"-n ＋ -si"。如果认为他的分析是恰当的，那么这个语素发展过程里的"s＞c"的变化和辅音"n"后发生的"h＞k"的变化相同，都是擦音像爆发音的变化。

colgoroko<*colgoron(超出)-+-hA；dereke<*deseren(大水汪洋)- + -hA；
dosika<*dosin(进)- + -hA；　　　　gereke<*geren(天亮)- + -hA；
jaluka<*jalun(满盈)- + -hA。

（3a）中列出了《御制清文鉴》和《大清全书》中语位变体"-ngkA"
实现的全部词形。（3b）中列出了《御制清文鉴》和《大清全书》中语
位变体"-kA"实现的全部词形。显而易见，同"-ngkA"结合的词干
几乎都是单音节（上原久，1960：266）。

上原久（1960：266）曾指出和"-mbu"结合的词基多数也同时
可以和语位变体"-kA/-ngkA"结合。当然这并不是必然出现的现
象，需要考虑出现语位变体的单词在经历校平（levelling）过程时的
两种可能性。第一种是像"*dosin-"变化为"dosi-"的过程一样，动
词词干经历校平过程原本是辅音的音节尾音变更为元音尾音，这
是动词词干经历的校平过程；第二种是语法语素向一个形态合并
的趋势，像"-mbu"向"-bu"合并一样，"-kA"同样也具有向"-hA"合
并的趋势。比如，《御制清文鉴》当中没有发现任何可能揭示动词
"eyembi"是 n 型词干的痕迹，但是在《大清全书》中却可以看到词
形"eyeke"，这个词形证明"eyembi"是 n 型词干的可能[1]。这一点
上可以理解为《御制清文鉴》在收录单词上相对来说更加规范，而
《大清全书》中收录了一定比例的更为早期的词形[2]。

此外，词形"jeke"中出现的语位变体"ke"是否为"-hA"的语位
变体"-kA"也需要考虑。动词"je-（吃）"命令型实现为"jefu"，词干
在和词尾"-rA"结合时实现为"jetere"。朝克（2014：393）中收录
的诸通古斯语族语言在表达"吃"的语义时，动词词干为"dʒib-"

---

[1] 这个单词是 n 型词干的结论还可以在满语的同族语乌德盖语中找到证据。乌德盖
语表达"流淌"的有"eyen-"，疑似对应满语动词"eye-"。这个词在历史比较层面也
可以追溯为 n 型词干，这是个很有趣的问题。满语动词"*eyen-"是 n 型词干最早
可能是甲伯连孜（1864：212）所提出的。

[2] 《御制清文鉴》和《御制增订清文鉴》是出于对满语进行标准化、御制编纂而成的，而
《大清全书》则是出于实用需要，由个人编纂而成的，它们之间存在很多层面的差异。

"dʒəb-""dʒəfu"。词形"dʒəfu"见于南通古斯语支,并且和满语"je-"的命令型"jefu"相对应。尤其考虑到满语中动词的命令型基本上都和动词词干在形态上保持一致性,有很大可能满语动词"je-"的动词词干曾经经历过"*jefu< *jebu"的变化。上面提及"-hA"接附于"-n"之后实现为"-kA"是因为辅音"k"所具有的闭合特性,同样,"jeke"的形成也可以理解为经历了"*jebu + he> *jebhe> *jebke>jeke"的过程。在构拟词形"*jebhe"的过程中,"h"受到前面音节尾音"b"的影响,同化为了具备闭合特性的"k"。

6.2.3 -hiyA/-kiyA/-nggiyA

形态"-hiyA"、"-kiyA"、"-nggiyA"接附于词干之上表达使动的语义①。该部分主要着重讨论"-kiyA"和"-nggiyA"的实现是形态"-hiyA"和 n 型词干结合后产生的语位变体。一些单词虽然不表达使动含义,但形态上包含"-hiyA"、"-kiyA"、"-nggiyA",这些单词不在该部分的讨论范围内。

(4) 实现"-hiyA"、"-kiyA"、"-nggiyA"的单词形

a:hacihiyambi(上紧)< haji(亲近)- + -hiyA;icihiyambi(整顿)<ici(右)- + -hiyA;tacihiyambi(教训)< taci(学习)- + -hiyA;wacihiyambi(完结)<waji(完毕)- + -hiyA;necihiyembi(平抚)<neci(n)(平)- + -hiyA。

b:huwekiyembi(奋兴)<*huwen- + -hiyA;jalukiyambi(满足)<*jalun(满盈)- + -hiyA;hafukiyambi(使通晓)<*hafun(通彻)- + -hiyA。

c:acinggiyambi(摇动)< *acin(微动)- + -hiyA。

(4a)中列举的"hacihiyambi"、"icihiyambi"、"necihiyembi"等

① 词缀"-hiyA"、"-kiyA"、"-nggiyA"只与一小部分的词基相结合,和"-bu/mbu"相比能产性更低,更具有派生词缀的特性。

词都是词缀"-hiyA"接附于形容词性词根所派生的词,"tacihiyambi"、"wacihiyambi"等词都是词缀"-hiyA"接附于动词性词根所派生的词。可以确认的是,(4a)中"-hiyA"表达"使动"的语义。如"tacihiyambi"的语义表达是"使某人学习某事物",相较于动词"tacimbi"的语义来说附加了"使动"的语义①。

(4b)中列举的是形态"-kiyA"实现的词形。对于"huwekiyembi"一词来说,在满语中虽无法找到和"-hiyA"结合的构拟型词干"*huwen"的证据,但通过女真语文献中的词干"*xuwən-"②可以确认"*huwen"的存在。"jalukiyambi"、"hafukiyambi"等依托语位变体"-kiyA"派生的单词,相较于其原本的构拟型词干"*jalun"、"*hafun",附加了"使动"的语义。形态"-kiyA"在表达"使动"语义方面与"-hiyA"相同,考虑前文所揭示的词干尾音"n"后发生的"h>k"的音系变化,可以认为"-kiyA"是"-hiyA"接附于尾音为"n"的词基后形成的语位变体。

朴恩用(1969)将(4b)中列举的实现"-kiyA"形态的单词,同"afakiyambi"、"aliyakiyambi"等单词放在了一起讨论。他认为这些单词当中出现的"-kiyA"同属一个语素。但从以上的分析来看,有必要将这两类单词中出现的"-kiyA"区别对待。首先,"afakiyambi"、"aliyakiyambi"等单词中"-kiyA"表达的语义和(4b)中"-kiyA"的语义表达是不同的。(4b)中"-kiyA"表达"使动"的语义,但"afakiyambi"、"aliyakiyambi"等单词中"-kiyA"表达"边走边

---

① 作为参考"tacihiyambi"在《御制增订清文鉴》中的满文词条释义是"yaya jorire tacibure be tacihiyambi sembi",可以理解为"所有指示的、教学的都可以称为tacihiyambi"。通过释义中的"tacibure"可知"tacihiyambi"和"tacibumbi"的语义类似,两者可以看作近义词。

② 在《得胜陀颂碑:24行》中记录有"xuwənbu(转写参考金启宗《女真文辞典》)",其对译的汉语为"勉"。这里女真语的"bu"和满语中的使被动词缀"bu"相同,因此词基"xuwən"的语义可以理解为"有勇气","有动力",这样"xuwənbu"的语义是"使之有勇气","使之有动力",也就是"勉"的意思。这个词从语义或者形态上来看都与满语的"huwekiyembi"有关,因此推测认为,女真语的"xuwən"和满语的"huwe-"为同源词。进而女真语的"xuwən"也可以看作满语"huwe-"曾是 n 型词干的佐证。

做某事",而非"使动"。"aliyakiyambi"的语义表达是"边走边等",和词基"aliya-(等待)"的语义相比增添了"边走"的语义,"afakiyambi"的语义表达是"行走打奔",和"aliyakiyambi"中"-kiyA"的语义表达相同,也是表达"边走边做某事",与(4b)中"-kiyA"的"使动"表达相异。此外,可以确认的是在"afakiyambi"、"aliyakiyambi"等单词里,形态"-kiyA"是接附于元音结尾的词基上,在历时的角度上,这些词基也无法构拟为辅音结尾的形态。因此,两类单词当中的"-kiyA"在词法层面上互为区别。

(4c)中列举了"-nggiyA"表达"使动"语义的单词。和"acinggiyambi[①]"对应的动词是"acimbi",通过它的屈折形式"acika"可以将其构拟为"*acin"的 n 型词干。因此,可以认为语位变体"-nggiyA"的形成也和词基的尾音"n"相关,但为什么在这个单词中将语位变体实现为"-nggiyA"而不是"-kA",目前尚无法说明。鉴于包含"-nggiyA"的单词较少,目前只能认为它和词基的尾音"n"相关,对它的形成还无法基于具体的推测或解释。

6.2.4 -niyA

"-niyA"也是和 n 型词干相关的形态。朴恩用(1969:119)当中认为形态"-niyA"接附于不及物动词词根上增加及物动词功能。他对"-niyA"功能的说明和(4)中列举的"-hiyA"形态的功能很相似。

包含表达及物性的形态"-niyA"的单词不是很多,在《御制清文

---

① "acinggiyambi"的"-nggiya"表达"使动"的语义可以通过和"aššabumbi"的平行关系来确认。"acinggiyambi"的基本型"acika"在《御制增订清文鉴》中的满文释义为"uthai aššalaha sere gisun",即"就是表达 aššalaha 的话"。而"aššalaha"的语义为"heni aššambi",即"轻微移动",可知"acika"和"ašša-"是近义关系。此外"acinggiyambi"在《御制增订清文鉴》中的满文释义为"yaya ekisaka bihengge be aššabure be acinggiyambi sembi",即"将所有安静存在的事物移动都称作 acinggiyambi",可知"acinggiyambi"和"aššabu-"也是近义关系。这样"*aci-"、"acinggiya-"和"ašša-"、"aššabu-"之间就形成了一组平行关系。进一步可以认为,在"acinggiyambi"当中"-nggiya"和"-bu"增添使动的功能相似。

鉴》当中能看到的有"ebeniyembi"、"ekiyeniyembi"、"weniyembi"以及"saniyambi"四个单词。这些单词对应的动词词基都可以被证明属于 n 型词干。"-niyA"在音系上是如何实现的还有待进一步的分析,但毫无疑问"-niyA"的辅音"n"和 n 型词干直接相关。

6.2.5   -pi/-mpi

形态"-pi/-mpi"一般认为和词尾"-fi"相关。在对"-pi/-mpi"的讨论当中,崔鹤根(1975:112-113)认为"-pi/-mpi"和"-fi"的起源相同,"-mpi"是"-pi"和词干的尾音"n"结合时形成的融合型形态。

可以认为,词干以元音结尾时"*-pi"变化为"-fi"的过程和历时上满语辅音"f"都源自"p"的音系变化过程相关①。朴恩用(1973:158)指出,《旧满洲档》里"-fi"以文字上的"-bi"出现,但《旧满洲档》里记录的这些"bi"对应的音值是什么还有待进一步的研究。通古斯语族中存在"*p>f"的历时音系变化过程,参考这点,《旧满洲档》中记录的"-bi"的音值可能是/pi/。

(5) 形态"-mpi"、"-pi"实现的单词形

a: farampi < *faran（昏）- + -pi; fumpi/fompi < *fun（麻）- + -pi; guwempi < *guwen(响)- + -pi; jempi < *jen(忍)- + -pi; jompi < *jon（提）- + -pi; jumpi < *jun（牙关紧）- + -pi; juwampi < *juwan（开口）- + -pi; sampi < *san（伸）- + -pi; šumpi < *šun（通）- + -pi;

---

① 历时变化"p>f"通过属于南通古斯语支的满语、那乃语、乌德盖语的词汇可以观察到。满语中"f"对应那乃语的"p",对应乌德盖语的"p"或/x/,下面例示中的词汇变能够反映出这组对应。

满语	那乃语	乌德盖语
falanggū	paɪŋa	xaŋa
fa	pāwa	pa：
fara	para	
femen	pəmun	xəmə

[列举的单词参考自 KO Dongho 等(2011)和 Nikolaeva 等(2001)。]

wempi＜＊wen(化)- ＋ -pi；yumpi/yompi＜＊yun(客)- ＋ -pi①。

b：colgoropi＜＊colgoron(超出)- ＋ -pi；deserepi＜＊deseren(大水汪

洋)- ＋ -pi；hafupi＜＊hafun(通彻)- ＋ -pi；jalapi＜＊jalan(间隔)- ＋

-pi；jurapi＜＊juran(起行)- ＋ -pi；wasipi＜＊wasin(降)- ＋ -pi。

(5a)里列举了《御制清文鉴》和《大清全书》当中收录的包含
"-mpi"的单词形,(5b)中则列举了部分包含"-pi"的单词形。这些
词形里和"-mpi"、"-pi"结合的词干都可以进一步确认为 n 型词干。
此外(5a)中只有"farampi"的词干是双音节,其余词形的词干都为
单音节,(5b)中列举的单词词干都是双音节或三音节以上。

如果认为"-mpi"是词干尾音"n"和词尾"＊pi"结合后融合而成
的形态,那么就需要进一步讨论语位变体"-pi"为什么同时也存在。
崔鹤根(1975：114)指出,当词汇由双音节以上形成,且词汇表达
的语义较为单一时,"-mpi"的"m"一般会脱落仅保留"pi"。他的看
法比较合理。因为"-mpi"和"-pi"都和 n 型词干结合,并且"-pi"没
有进一步变化成"-fi",将"-pi"的存在解释为"-mpi"中"m"脱落是
合理的。词形"farampi"恰巧展现了双音节词干结合"-mpi"后"m"
没有脱落的情况。词干单音节的条件可以看作是阻碍"-mpi"里
"m"进一步脱落的条件。

6.2.6　-rA/-ndArA

前人研究一般都将词尾"-rA"看作表达时制或是情态语义
的②。语位变体"-ndArA"的实现也很早就为人所重视。甲伯连孜
(1864)和崔鹤根(1975)都曾指出形态"-ndArA"是形态"-rA"在 n

---

① 这些实现了"-mpi"形态的单词基本上都在甲伯连孜(1864：12-14)中有详细的
说明。
② 박상철(2017：206)当中根据"-rA"的分布情况将其分为了分词词尾和终结型词
尾,并且将分词词尾的"-rA"的功能看作过去时制,将终结型词尾"-rA"的功能看
为"约定",一种情态表达。

型词干后实现的语位变体。如"bandara"、"jendere"、"sandara"、"wendere"、"algindara"都是语位变体"ndArA"实现的词形,这些动词的词干毫无例外地都能被其他词形证明属于 n 型词干。在《御制清文鉴》和《大清全书》当中可以确认实现"-ndArA"的词形共 27 个,这些词干里有单音节词干 7 个。

(6) 形态"-ndArA"实现的单词形

algindara<*algin(宣扬)- + -dArA;baktandara<*baktan(容得)- + -dArA;bandara<*ban(倦)- + -dArA;bayandara<*bayan(富)- + -dArA;ekiyendere<*ekiyen(缺)- + -dArA;jalundara<*jalun(满盈)- + -dArA;jendere<*jen(忍)- + -dArA;jondoro<*jon(提)- + -dArA;sandara<*san(伸)- + -dArA;wendere<*wen(化)- + -dArA;yundere<*yun(容)- + -dArA。

例(6)当中列举了《御制清文鉴》和《大清全书》当中出现"-ndArA"形态的词形。通过列举的单词可知"-ndArA"形态既可以在单音节词干的动词上实现,也可以在双音节或三音节以上的词干之上实现。"-ndArA"的实现和词干音节数没有相关性。下面讨论"-ndArA"的形态结构以及其形成过程。

如果说将"-ndArA"分析为 n 型词干尾音"n"和助词"dArA"结合的这一观点是恰当的话,那么"dArA"中除掉和时体词尾"-rA"相同的部分之后,剩下的形态"dA"是什么就成了一个问题。崔鹤根(1975:113)认为"dA"的插入是为了避免"n+rA"这种满语中不允许的音系结构产生。如果考虑满语中确实不存在"nrA"这种音系连续的话,崔鹤根的分析有一定的道理。甲伯连孜(1864:208)则将"-ndArA"中的"nda"和"bisire"、"jetere"、"jidere"、"ojoro"中的形态"si"、"te"、"de"、"jo"一同看作词干和"-rA"中间插入的元素。但是考虑到动词"bi-"、"je-"、"ji-"、"o-"等词干并不属于 n 型词干,"si"、"te"、"de"、"jo"等形态自然也和 n

型词干无关。因此,是否能将"-ndArA"中的"ndA"和"si"、"te"、"de"、"jo"等形态联系在一起是存疑的。

语位变体"-ndArA"在词典的编纂过程中也导致了不少的问题。比如,在《新满汉大辞典》等一些现代满语词典中"bayandara"和"bayaka"等词形被处理为了不同的词汇。前者被识别为词干"bayanda"的屈折词形,而后者则被识别为了词干"baya-"的屈折词形。但是如果参照文献的话,词干"bayada-"可以和"rA"结合,但"baya-"则不能直接和"-rA"结合。实际上"bayandara"和"bayaka"所表达的动词词干的语义也无区别。毋庸置疑,应该将"bayandara"看作词干"baya-(*bayan)"和词尾"-rA"结合的屈折词形。如果依照这种分析,在词典中"bayandara"和"bayaka"放在一个词项之下来处理更为适合。

关于"-ndArA"中的"-dA",《清文虚字指南编》中记录到:"ta、da、te、de、ša、še、šo、ca、ce、co 与 ja、je、jo 此等字样皆一意,频频常常连连说"。比如例(6)中列举的词形"jondoro"在《御制清文鉴》中被收录并且其汉语释义为"常提"。笔者认为,汉语释义为"常提"的"jondombi"的词干"jondo-"和(6)里列举的"jondoro"形态的前面部分"jondo-"并不一定相同。因为表示"常常"语义的词缀"-dA"可以和很多词基结合,在词典中有很多相关的词条,表示"常常"语义的"-dA"和词基结合之后,新形成的词干不仅可以和"-rA"结合,还可以实现为接附"-mbi"等词尾的屈折词形。基于这些特点,表示"常常"语义的派生词缀"-dA"和一些动词词形中"-ndArA"当中的"-dA"还是先需要区别处理。

需要补充的是,一些实现"-ndArA"且为双音节词基的单词,"-ndArA"形态有向"-rA"校平的趋势。如"ekiyere"和"ekiyendere","hairandara"和"hairara"等词形的共存都证明了这一点。

6.2.7　-me、-ci、-ki

屈折词尾"-me"、"-ci"、"-ki"非常有限地表现出一些 n 型词干存在的痕迹。词形"bonme"在《御制增订清文鉴》当中以短语词条"bonmegabtambi(往下射)"、"bonmewasika(从险处下来)"被收录。"bonme"作为副词可以看作表达"向下"的语义。崔鹤根(1975：114)中将这个词形和表达"用锥子钻洞"语义的"bombi"联系在了一起。扎哈罗夫(1875：518)中同样将"bonme"和"bombi"置于同一词项之下。如果认为"bonme"是动词"bombi"的屈折词形，那么"bonme"的结构可以分析成"bon- + -me"。如果依据《御制增订清文鉴》等辞典所列举的例示来看，词形"bonme"已经词汇化，很难再继续看作动词"bombi"的屈折词形。

"jonci"是 n 型词干和词尾"-ci"结合的词形。此外，"jongki"是 n 型词干和词尾"-ki"结合的词形。包含两个词尾的词形中展现 n 型词干痕迹的情况非常有限，但特殊的是，这两个词形里动词词干"*jon-"都是属于 n 型词干。这些词形的存在与词汇"*jon-"表示"提起"的语义，能够频繁地作为谈话标记来使用的特性相关。

6.2.8　对"n 型词干＋X"结构词法特性的整理和分析

上文梳理了 n 型词干和多种词尾或者词缀结合时表现出的词法特性。该部分将从词法视角对"n 型词干＋X"结构进行更为综合性的分析。

根据在"n 型词干＋X"结构中是否表现出 n 型词干存在的痕迹，可以对满语中的词缀、词尾尝试分类。表现出 n 型词干残存的痕迹可以从两个角度来理解。一方面是在词形上可以看到完整的 n 型词干的情况，词形"bonme"、"jongki"[①]、"jonci"等属于这一类；另一方面是词缀或者词尾受 n 型词干影响实现为语位变体的情况，"-kA/-ngkA"、"-mbu"、"-pi/mpi"等语位变体的实现属于这一类。像"-ngkA"、"-ndArA"等语位变体实现的情况可视作属于上述两种情况。

---

① 词形"jongki"被收录在《大清全书》中，在 Zaxarov(1875：996)被放在了"jombi"的词条之下。

　　较为普遍地反映 n 型词干存在的语素有"-hA"、"-bu"、"-hiyA"、
"-rA"、"-pi"、"-niyA"等。这些语素能高频率地反映出 n 型词干残
存的痕迹。

　　另一方面,非常有限地反映 n 型词干残存情况的屈折词尾有
"-me"、"-ci"、"-ki",派生词缀有"-tAlA"、"-cukA"、"-hun"等。包含
词缀"-tAlA"的词形非常有限地反映了 n 型词干的残存痕迹。如
词形"sakdantala"①的结构可以分析为 n 型词干"sakdan"和词缀
"-tAlA"的结合。派生词缀"-cukA"的情形也相似。"bancuka"一词
的结构可以分析为属于 n 型词干的"ban-"和词缀"-cukA"的结合。
对于派生词缀"-hun"来说,"banuhun"一词的结构可以分析为 n 型词
干"*ban"和派生词缀"-hun"的结合,元音"u"可以视作插入的元音。

　　最后一类是完全无法反映 n 型词干残存痕迹的语素。在满语
中,除以上列举的语素之外,对于其他语素来说,它们参与的词形
未被发现反映 n 型词干的残存。这类词缀或词尾包括"-mbi"、
"-cA"、"-nA"、"-nji"、"-ndu"、"-nu"。

　　根据"n 型词干＋X"结构反映 n 型词干残存痕迹的程度,可以
对以上提及的词缀、词尾进行分类,其结果整理如表 1。下面中将
对这些语素如此分布的原因作简单分析。

表 1　依对 n 型词干痕迹反映程度的语法语素分类

n 型词干的 反映程度	相 应 语 法 语 素
普遍	"-hA"、"-bu/mbu"、"-hiyA"、"-rA"、"-fi/pi/mpi"、"-niyA"
限制	"-me"、"-ci"、"-ki"、"-tAlA"、"-cukA"、"-hun"
不反映	"-mbi"、"-cA"、"-nA"、"-nji"、"-ndu"、"-nu"

---

① 　"sakdantala"在《大清全书》中记为"sakdandala",本章认为是辅音"t"在辅音"n"之
　　后音变为"d"。

"-hA""-bu""-hiyA""-rA""-pi""-niyA"词形对 n 型词干残存的反映可以通过拜比(1985：35－38)中所说的相关性原理来说明。这些词尾和动词词干之间存在较大的语义相关性,因此,这些词尾和词干在形态上的关系也就更加密切。这些词尾当中"-hA""-rA""-pi"与体貌(aspect)范畴相关,能决定事件的体貌表达,"-bu/mbu""-hiyA""-niyA"与态范畴相关,影响事件的论元结构,这些词尾对事件的语义有直接影响,它们的形态更早地和词干进行融合,融合后的形态自然保留了很多之前形态的痕迹。

属于"不反映"类型的"-nji"和"-nA"同样影响动词的词汇结构,并且和动词词干存在一定的语义相关性。因此有必要说明为什么"-nji"和"-nA"无法反映 n 型词干的存在。许多关于"-nji"和"-nA"形成的研究认为,它们的前身分别是"-məji"①和"-mə ŋənə"②。假设这个形成分析是正确的,并且考虑在清代满语文献中和"-me"结合的词形,能看到 n 型词干痕迹的只有"bonme",那么"-nji"和"-nA"前词干以元音结尾的特性就可以看作是从"-me"

---

① "-nji"源于"-me＋ji"的观点可以参考向柏霖等(2018：16)。

② 向柏霖等(2018：17)当中对"-nA"的形成列举了两种不同的观点,本章将其整理如下:

    (1) *V-ŋənə- ＞ *V-ŋnə- ＞ *V-nə-;

    (2) *-nə。

    观点(1)当中将"-nA"的古型构拟为"*ŋənə"或"-mə ŋənə"。观点(2)认为"*-nə"在历时中一直存在,动词"*ŋənə"则是"*ŋə"和"*-nə"结合的结果。此外向柏霖等(2018：17)还指出在如何说明那乃语的"-nda"或者鄂罗克语和格林那乃语的"-ŋda-"上存在一定的问题。

    本章认为为了说明那乃语的"-nda"或鄂罗克语和格林那乃语的"-ŋda-",还存在构拟南通古斯语表达"去"语义的单词为"*ŋədə-"的方法。这个构拟和向柏霖等(2018)提出的观点(1)的构拟略微不同。可以拟定动词"*ŋədə-"经历了"*ŋədə- ＞ ŋəndə＞ ŋənə"的历时变化。这个变化过程里词中出现的"Vd ＞ Vnd ＞ Vn"可以在东北亚的许多历时语言变化里观察到。满语的"nadan"、高句丽语的"*nanïn(难隐)"、日语的"nana"便属于这种关系。对于南通古斯语"去"动词的构拟,还能得到的一个文献上的支持是《女真译语》中所记录的"革登(gədən)：往"一词。如果按照这种构拟的思路上述的观点(2)的可能性大大降低。拟定历时上存在"*-nə"较为困难。而观点(1)更契合笔者上述的讨论,更为合理。即词缀"-nA"源自南通古斯语支表达"去"的动词,而区别于向柏霖等(2018),本章将其构拟为"*ŋədə-"。

的特性继承而来。因为"-nji"和"-nA"又不和词干"bon"结合，从词干的词法特性来说这个假设是没有问题的。

词尾"-mbi"作为满语的定式词尾，和"-hA""-rA"相比可以看成是更为无标的（unmarked）。有许多学者认为"-mbi"发源于结构"-mebi"，从词干的词法特性来看，认为"-mbi"源自"-mebi"是没有问题的，因为和"-mbi"结合的词干也都是元音结尾。

剩余的"-cA""-ndu""nu"等语素和动词词干结合时需要句子的主语为复数。因此，这些语素和事件的论元相关性大，和动词词干本身语义相关性小。从语义相关性的角度来看，由于"-cA""-ndu""nu"和词干的相关性低，它们和词干形态融合的可能性都低，词形里的词干更容易更新为之后的元音词干。

此外值得注意的是，这些词尾中的一部分"-mbi""-nji""-ndu"在音系上是"辅音-辅音-元音（CCV）"结构。部分词尾或词缀具有"CCV"音节结构可能关系到 n 型词干的消失。这里将简单讨论这个可能性。

对这个推测可以从两个方向进行思考。一方面，在不考虑这些词尾的形成可能和"-me"有关的前提下，n 型词干的尾音"n"在和"-mbi""-nji""ndu"等词尾结合后会形成"CCCV"音节结构，而三辅音连锁的结构在满语的音系结构里是不允许的。因此词干和这些词尾结合时，或者尾音"n"被强制脱落，或者尾音"n"融合在词尾的辅音"m"或"n"当中。

另一方面，如果认为"-mbi""-nji""ndu""-nA"等语素的形成和词尾"-me"有关，那么位于词形中的"-me"有趋势弱化为单辅音"m"或"n"，即可以认为，这些词尾在和 n 型词干结合时，词干的尾音"n"或者和弱化的"m"或"n"融合或者脱落。如果这个假设是正确的，n 型词干被重构为开音节词干的过程或满语的动词词干整体统一为开音节结构的过程，都和"-me"参与众多语素形成的历时过程相关。目前尚无法对这个问题给以相对合理的结论，该部分仅仅是根据观察到的语料情况,对可能的假设做了些许的进一步思考。

6.3　n型词干词汇组成上的词法特性

第二节分析了 n 型词干和一些词尾或词缀结合时表现出的词法特性。下面讨论 n 型词干词汇的组成问题。本节将分别分析单一结构的 n 型词干以及复合结构的 n 型词干,还将讨论 n 型词干当中的外来词。

6.3.1　单一结构 n 型词干词汇组成上的词法特性

一部分 n 型词干由单一语素构成。从词法的角度对单一结构的 n 型词干进行讨论主要可以从两个方面展开。一方面,可以通过 n 型词干对零派生的问题进行讨论;另一方面,可以对 n 型词干不完全屈折的特性进行讨论。

首先,通过 n 型词干来讨论零派生的问题。满语里一般被看作零派生的词干是开音节,如"aga(雨)-agambi(下雨)",而 n 型词干的情况往往被排除在外。崔鹤根(1975)曾指出"＊san""＊bon""＊juran""＊colhoron"等为词源型词干,参考他的意见,通过对 n 型词干的分析,可以判别出更多词汇的关系属于零派生。

(7) a：aga(下雨)-：aga(雨)　　　　　　bono(下雹)-：bono(雹)

　　b：＊akjan(雷鸣)-：akjan(雷)　　　＊talman(下雾)-：talman(雾)

　　　＊ulden(晨光现出)-：ulden(晨光)

(7)中列举了一些和气象相关的词汇。(7a)中列举的词汇是一般被看作零派生关系的词汇。(7b)中列举的词汇,在清代共时层面词干和词干对应的名词形态上不一致。但根据前文的方法，这些动词的词干可以被判断为 n 型词干。这些动词词干和名词形态上一致，它们的关系也可以看作零派生。虽然(7a)和(7b)的词汇在共时层面上有区别，但在历时的层面上它们的关系是相同的。

(8) akūmbumbi(尽心)：*akūn～akū(没有)
　　burgambumbi(香烟上达)：*burgan～burga(柳条)
　　šambuha(使之闻之也)：*šan～šan(耳)

崔桂英(2016：61)针对(8)里列举的单词指出，部分结合"-mbu"的单词并不是从典型的具有"-mbi"词尾的能动态词干派生而来的。也就是说，这些单词不能和很多屈折词尾结合，仅能和非常有限的屈折词尾或词缀结合。比如，通过"šambuha(使之闻之也)"可构拟出词干"*šan"，形态上和"šan(耳朵)"相同，如果认为"-bu/-mbu"必须接附于动词词干上的话，那么就要把"*šan"分析为动词词干了。但是，它作为动词词干却并不能与任何其他屈折词尾结合。这时可以将"šambuha(使之闻之也)"中的"*šan"看作屈折不完整动词词干。这类词干在满语中极为特殊，有待进一步深入研究。

6.3.2　复合词 n 型词干组成上的词法特性

首先需要考虑 n 型词干是否具有内部的词法结构。部分 n 型词干的词法结构可以分析为词基与其他派生词缀的结合。与此相关的词缀有"-rAn(A 可能实现的元音有 a、e、o、u)"、"-cun""-liyan""šan"，下面将对部分由词基与这些词缀结合的 n 型词干的问题加以说明。

参考前文内容可知，词形"badarambumbi"和"badaraka"的词干可以分析为"*badaran"。词干"badaran"当中的一部分形态

"bada"可以被分析为有对应独立单词的语素。因此,"*badaran"的结构可以进一步分析为"bada- + -ran"或者"bada- + -ra + -n"。两种分析方式的区别在于:将"rAn"看作一个独立的语素,还是看作是"rA"和"n"的结合。参考前文对 n 型词干的讨论,将"-rAn"分析为一个词缀是更为恰当的。其原因如下。

很显然,在解释上将"-rAn"分析为"-rA + -n"存在问题。首先,需要分别设定"-rA"和"-n"的功能是什么。依照一些传统的观点,"-n"可以看作是从动词向名词派生的派生词缀,那么就要将"-rA"看作动词派生词缀,或者说形成动词词干的词缀。但是,如果"-rA"作为派生词缀参与形成了动词词干的话,形成的以"-rA"结尾的词干理应能和"-bu""-hA""-rA"等词尾结合,形成"-rAbu""-rAhA""-rArA"等形态,但事实上这些形态没有出现。

如果将"-rAn"看作一个词缀的话很多问题将能够得到合理的解释。这一类词汇可以看作词基和词缀"-rAn"结合而成的,这些复合结构在和一些屈折词尾的结合中起到词干的功能,即成为 n 型词干。从单词形成的角度来说,设定词缀"-rAn"还能解决很多语位变体相关的问题。

(9) "-rAn"参与结合的 n 型词干及其词法结构

a:先行成分是不完整词基的情况

　　*šaran(须发全白):± ša- + -ran;*soron(须发黄):± so- + -ron;*niyangniyaran(咧着嘴):± niyangniya- + -ran;*fularan(脸红):± fula- + -ran;*geren(天亮):ge- + -ren

b:先行成分是副词(摹拟词)的情况

　　*badaran(开广,充裕):bada + -ran;*bekteren(怔):bekte + -ren;*genggeren(衰弱栽腔):gengge + -ren;*lekderen(蓬头垢面):lekde + -ren;*lukduren(疣毛):lukdu + -ren;*milaran(张):mila + -ran

c:先行成分是形容词的情况

      *feren(旧)：fe ＋ -ran；*meneren(傻)：mene(n) ＋ -ren；*nitaran(气平)：nita(n) ＋ -ran

  d：先行成分是动词的情况

      *fudaran(倒枪)：fuda- ＋ -ran；*fulhuren(发生)：fulhu- ＋ -ren；*fuseren(殖)：fuse(n) ＋ -ren；*hūwaitaran①(缚)：hūwaita- ＋ -ran；*surun(解)：su- ＋ -run；*werun(冻肉化)：we(n) ＋ -run

    例(9)依"-rAn"的先行成分范畴对"-rAn"参与派生的 n 型词干进行了分类。这些词干里,先行于"-rAn"的成分都在满语的词汇中进行了确认。和"-rAn"结合最多的词基类型是(9a)里列举的不完整词基。这类词基同"*šaran"里的"±ša"一样,还以依存性语素的方式存在于类似"šahūn"等其他单词中,但不能单独使用。此外像(9b)里列举的内容一样,"-rAn"还和很多副词(或模拟词)类的词基大量结合。其中像"bekte""gengge"等词基还见于"bektebakta""genggegangga"等摹拟词短语中。像"bada"和"mila"词基可以作为副词直接在句子里使用。和"-rAn"结合的其他类型(形容词、动词)词基虽然词汇数量较少,但是也都得到了确认。

    (9a)至(9d)中先行于"-rAn"的词基共同享有[＋状态]或[＋属性]的语义特性。朴恩用(1969：103)中曾对词缀"-rAn"的功能描述为:"连接于名词、形容词词干之下形成动词的同时,词干的内容或者是成为行动的对象,或者是成为行动的内容。"②这个看法也具有一定的合理性。"-rAn"的功能可以理解为是先行成分词基语义内容的实现。

    但问题是像(9d)中列举的单词,部分 n 型词干词汇里"-rAn"

---

① 通过《大清全书》里收录的词形"hūwaitarambumbi"可以确认词干"*hūwaitaran"。但是没有办法找到更多的用例,无法确认"*hūwaitaran"和词干"*hūwaita-"之间有什么差别。

② 但是朴恩用(1969：103)没有承认包含"n"的词缀"-rAn",他是将其视作"ra、re、ro"来描述的。

看起来接附在了动词词干上。首先，"*surun"和"*werun"当中实现的"-run"不符合"rAn"在其他情况表现出的元音和谐特性，暂时不讨论这两个单词。而其他的如"*fudaran""*fulhuren""*fuseren"等词干，其先行成分"fuda-""fulhu-""fuse-"都可以被确认是以动词词干的身份存在。但是，这些形态对应的动词词干和先行于"-rAn"的同形态词基的对应并不是非常的直接。比如，"-rAn"参与形成的"*fudaran"一词的语义为"叛逆"或"毛倒竖"，而同形的动词词干"fuda-"的语义是"吐"。可见，动词词干"fuda-"和先行于"-rAn"的"fuda-"在语义上是无法直接对应的。为了解释这个问题，可以商定具有[＋状态性]的词根"*fuda-"。具有[＋状态性]的词根"*fuda-"表达"某种事物方向逆转的状态"的语义。动词词干"fuda-"表达的语义，以及先行于"-rAn"的词基"fuda-"的语义，都可以看作是从这个语义派生出的语义。

综上所述，可以认为在满语中词缀"*-rAn"参与了许多 n 型词干的形成，"*-rAn"和具有[＋状态][＋属性]语义特性的词基结合，表达词基语义内容的实现。

可以从分析"-rAn"的视角来分析词缀"-cun"。依托词缀"-cun"而形成的单词在句子里主要表现为名词，因此，可以认为"-cun"是接附于动词词干上形成名词的词缀。有趣的是，许多"-cun"参与结合的单词和"-cukA"结合单词的词基是相同的。这样的单词在《御制增订清文鉴》以及《大清全书》等书中可以确认为下面例(10)里的 17 例。

(10) "-cun"结合型单词和"-cukA"结合型单词

"akacun(伤感)"-"akacuka(可伤)"；"akdacun(可靠处)"-"akdacuka(可靠)"；"buyecun(爱欲)"-"buyecuke(可爱)"；"eimecun(厌)"-"eimecuke(可厌)"；"erecun(人望)"-"erecuke(可望)"；"ferguwecun(瑞)"-"furguwecuke(奇)"；"gungnecun(恭)"-"gungnecuke(恭)"；"hairacun(可惜处)"-"hairacuka

（可惜）"；"jobocun（忧）"-"jobocuka（可忧）"；"korsocun（恨）"-"korsocuka（可愧恨）"；"naracun（系恋）"-"naracuka（可贪恋）"；"nasacun（叹）"-"nasacuka（可叹）"；"olhocun（畏）"-"olhocuka（可畏）"；"suilacun（劳苦）"-"suilacuka（可劳苦的）"；"ubiyacun（可恶）"-"ubiyacuka（可恶的）"；"usacun（伤）"-"usacuka（可伤）"；"yertecun（惭愧）"-"yertecuka（可愧）"

郭罗洛娃（2002：151）认为"-cukA"源自"-cu"和"-kA"的结合。并且，她认为拟定的词缀"-cu"是在满语中已经消亡了的词缀。但本章认为她的说明有一定的不足之处。首先，无论是语素"-cu"还是语素"-ka"，在清代共时满语里都无法得到确认。纵然"-kA"可以看作"-hA"的语位变体，但它实现的条件也无法得到说明。郭罗洛娃（2002：151）认为"-cu"是一个表达使役词缀的观点也缺少证据支持。而且使役词缀为何只与"-kA"结合也缺少理由。

结合本章讨论的 n 型词干导致的一系列语位变体"-kA""-ngkA""-kiyA"的产生，可以认为"-cukA"有非常大的可能形成于"-cun"和"-hA"的结合。这样分析的话，（10）里列举的单词对应，都可以从它们形成的角度给予说明，也没有必要再假设已经消失了的词缀。当然如果按照这种结构分析，可以说依"-cun"而形成的 n 型词干也具有很强的不完全屈折的特性。

如果将"-cukA"分析为"-cun"和"-hA"的结合，那就需要解释为什么像"-cukA"结合型单词缺少对应的"-cun"结合型单词。比如，"kenehunjecuke"就缺少对应的"*kenehunjecun"。可以认为，历时上"-cukA"作为由"-cun ＋ -hA"发展而来的复合形态，之后发展为了一个单独的语素。

形态"liyan"参与 n 型词干的形成可以在"*bebeliyen""*gūwaliyan""*ubaliyan"等单词里观察到。"bebeliyen"的词基"bebe-"可在单词"beberen"中确认，单词"beberen"也是由词基"bebe-"和词缀"-rAn"组成的 n 型词干。"*gūwaliyan"的词基

"*gūwa-"可在单词"gūwašan"中确认到,"*ubaliyan"的词基
"*uba-"可在单词"*ubaša"中确认到。仅仅通过三个单词很难确
认形态"liyan"起什么样的功能,表达什么样的语义,因此很难将其
看作词缀。考虑到"liyan"参与动词词干形成,并且在语素识别层
面可以作为语素识别出来,因此将它称作词干形成元素。

形态"šan"与"liyan"相似,其存在可以在"*gūwašan""*ubašan"
等 n 型词干结构里被观察到。值得注意的是,"*gūwašan"
"*ubašan"与上一段提到的"*gūwaliyan""ubaliyan"享有相同的词
基。基于和讨论"liyan"时相同的原因,因此将"šan"也看作词干形
成元素。

6.3.3　源于借词的 n 型词干组成上的词法特性

上面讨论了 n 型词干中是否包含一些复合结构。此外,颇为
有趣的是满语中的一部分 n 型词干很有可能源自汉语借词。比
如,通过"jengke""jempi""jendere"等屈折词形可以分析出属于 n
型词干的动词词干"*jen-"。形态"jen"和汉语单词"忍"在音系和
语义上十分相似。"忍"字的辅音属于"日母",依照一些汉语音韵
的构拟,"忍"的词首辅音从中古汉语的"nʑ"发展为现代汉语的
"ʐ",可以推测满语借用了中古汉语或者近代汉语时期的单词
"忍",并且之后固定为形态"jen"。在满语辅音中,和"nʑ"和"ʐ"在
发音位置、发音方法上最为接近的大致就是"j"了。

这样在单词形成的视角下,"jempi"的结构可以分析为
"je(<*jen[忍])- ＋ -mpi(*pi)","jengke"的结构可以分析为
"je(<*jen[忍])- ＋ -ngke(hA)","jendere"的结构可以分析为
"je(<*jen[忍])- ＋ -dere(rA)"。这些词形可以像上述这样分
析,展现了汉语借词可以直接成为满语动词词干的可能性。和
"jen(忍)"在语义上对应的其他通古斯语单词,在音系方面和
"jen(忍)"没有相似性,这也从侧面反映了"jen(忍)"是汉语借词

的可能①。

　　构拟的动词词干"*juwang-"在音系和语义上与汉语单词"张"十分相似。词干"*juwang-"的构拟可以通过"juwangka""juwandara""juwampi"等词形得到确认。"*juwang"虽然是表达"打开/张开"的语义,但实际上具有非常强的词组搭配限制,即只能和"angga(嘴)"搭配使用。汉语单词"张"当然表达"打开/张开"的语义可以和对应"angga"的汉语词汇"嘴"高频搭配使用。考虑到和"张"的相关性,将词干"*juwang-"构拟为以辅音"ng"结尾的话,它在 n 型词干当中变成为了一个较为特殊的存在。

　　与此相关,女真语单词屈折形"bawaŋ-mai(金启孮,1984:236)"也可以通过相同的方式来分析。词形"bawaŋ-mai"表达"帮助"的语义,其结构可以分析为词干"*bawaŋ"和屈折词尾"mai"的结合。这样,"*bawaŋ"在音系和语义上都和汉语单词"帮"十分相似,可以判断它有可能是汉语借词。通过以上讨论可知,n 型词干词汇中可能包含了一部分的汉语借词。

6.4　结论

　　本章在词法的视角下,对满语在历时过程中存在过的 n 型词干的现象展开了分析讨论。语言无时无刻不在经历着历时变化,并且伴随着大量的形态变化。作为黏着语的满语,其词干和词尾自然也在历时的过程里经历了许多次的重构。n 型词干便是满语里这类过程的一个代表。

　　随着历时研究的充分展开,对词汇形态和语法形态的分析也能够更加清楚。该章从词法视角对 n 型词干展开研究,从外部结

---

① 满语里还有和"*jen"语义相似的动词"kirimbi""dosombi",这两个词在其他通古斯语或者蒙古语中都能得到确认。

构讨论了 n 型词干和其他语法形态结合过程中出现的问题,从内部结构讨论了 n 型词干的词法问题,并从这两个方面对 n 型词干的词法特性进行了综合的讨论。

此外,对 n 型词干讨论也为日后的进一步研究留下了许多的空间。比如满语 n 型词干的目录需要得到更精准地确认。为了实现这样的目的,还有必要充分参考其他通古斯语的资料,以及对满语进行更为系统的构拟。对 n 型词干目录的确认,也能为满语和其他语言之间进行历史比较语言学研究提供参考。

第七章 基于构词法词法特性的派生词缀整理与分析

如第二章所说,派生构词法是满语中最为重要的构词方式。因此,在对满语语素进行梳理时,派生词缀自然要占据非常重要的位置。此部分集中对满语中的派生词缀进行整理,在整理每个派生词缀时,我们将分析派生词缀的词法、语义、音系特性,并通过穷尽的方法对相应词缀所派生的词汇进行整理,词汇主要以《御制增订清文鉴》的词条为准。为了使词缀在单词中的位置更为清晰,我们同时还标注了每个单词的词法结构,并通过简单的符号来区分不同性质的语素。其中,"-X"表示"X"是派生词缀,如果是形成词干的派生词缀标注为"-X-","_X"表示"X"是屈折词缀,其他类型的语素没有使用符号标注。一些语素后面标注了括号"( )",括号内的语素一般为代表型语素,和括号外语素属于同一语素。比如在"ucu(ucun)-lebu_mbi"这一结构的分析当中,括号里的"ucun"是代表型语素,表示和"ucu"属于同一语素。一些源自汉语的语素在方括号"[ ]"内标注了其对应的汉语词汇(使用汉字标记)。词条的汉语释义为《御制增订清文鉴》中对应的汉语对译词条,其中的繁体字调整成了对应的简体字。

7.1 名词派生词缀

本节内容分析并整理满语中的名词派生词缀。在对名词派生词缀进行整理时,将按照各词缀的能产性由高到低展开。整体来说,满语中"-n""-kU""-ri""-hA""-tu""-si""-hAn"等名词派生词缀的能产性较强。对名词派生词缀特性的整理将从词法特性、语义特性和音系特性三个角度进行。

7.1.1 -n

词缀"-n"接附于词基后形成名词。词缀"-n"主要接附于动词词干,此外也接附于名词性词基或不完整词根。词基接附"-n"之后形成的词汇用于表达与词基语义相关的名物化概念,由于词缀"-n"主要接附于动词词干,因此,词缀"-n"也是满语中动词名物化的主要方式之一。词缀"-n"接附于名词时形成与词基语义相关的其他名词。词缀"-n"不存在元音和谐现象。词缀"-n"的特性(见表1)以及基于它而形成的词汇整理如下:

表 1 词缀"-n"的特性

词缀特性	内　　　　容
词法特性	主要接附于动词词干,此外也接附于名词性词基或不完整词根。
语义特性	表达与词基语义相关的名物化概念。
音系特性	不存在元音和谐现象。

acabun:aca-bu-n"效验"　　　　　acan:aca-n"合"

acan:aca-n"会"　　　　　　　　acinggiyan:aci(acin)-nggiya-n"咸"

akdan:akda-n"靠头"　　　　　　alhūdan:alhū-da-n"法则"

alibun:ali-bu-n"呈"　　　　　　aliyan:aliya-n"需"

ashūn:ashū-n"夬"　　　　　　　aššan:ašša-n"行动"

aššan:ašša-n"动"　　　　　　　aššan:ašša-n"震"

baitalan:baita-la-n"用度"　　　　baktambun:bak-ta(tan)-mbu(bu)-n"包容"

banjibun：banji-bu-n"编"

banjin：banji-n"生计"

becen：bece-n"办嘴"

belhen：belhe-n"备"

bodon：bodo-n"韬略"

bongkon：bongko-n"粧纩"

bulun：bulu-n"草垛"

buyen：buye-n"欲"

cibsen：cib-se-n"静"

cihalan：ciha-la-n"嗜欲"

coohan：cooha-n"师"

dahalan：daha-la-n"随"

dahasun：daha-su-n"坤"

dalibun：dali-bu-n"遮掩"

dasan：dasa-n"政"

dedun：dedu-n"宿处"

deribun：deri-bu-n"始"

donjin：donji-n"听见的"

duibulen：dui[对]-bu-le-n"比"

dundan：dunda-n"猪食"

ebubun：ebu-bu-n"下程"

efujen：efu-je-n"盡"

ejen：eje-n"主"

emken：em(emu)-ke-n"一个"

enggelen：enggele-n"临"

entehen：entehe-n"恒"

fakcan：fak-ca-n"开"

faššan：fašša-n"功业"

fehun：fehu-n"履"

fican：fica-n"品吹"

fiyakiyan：fiya-kiya-n"旸"

banjin：banji-n"生相"

banjin：banji-n"生"

beiden：beide-n"审"

bengsen：bengse[本事]-n"本事"

bodon：bodo-n"策"

borhon：borho-n"秫秸攒"

burgin：burgi-n"时会"

calabun：ca[差]-la-bu-n"舛错"

cibsin：cib-si-n"叹"

cikin：ciki-n"河厓"

culgan：culga-n"阅兵"

dahasun：daha-su-n"坤"

dailan：dai(dain)-la-n"伐"

damtun：damtu[当头]-n"当头"

dašuran：dašu-ra-n"祸害"

delhen：delhe-n"块数"

doholon：doho-lo-n"瘸子"

dorolon：do[道]-ro-lo-n"礼"

duilen：dui[对]-le-n"勘"

dzusen：dzuse[足尝]-n"足尝"

efin：efi-n"顽艺"

ejebun：eje-bu-n"记"

ekiyeniyen：ekiye(ekiyen)-niye-n"损"

endurin：enduri-n"神仙"

eniyen：eniye-n"母堪达汉"

ertun：ertu-n"倚仗"

faksalan：fak-sa-la-n"判"

fayabun：faya-bu-n"费用"

fejilen：feji-le-n"打雀鸟马尾套子"

fifan：fifa[琵琶]-n"琵琶"

fiyelen：fiye[篇]-le-n"章"

fiyenten：fiyente-n"司"

fonjin：fonji-n"问语"

foron：foro-n"头发旋窝"

foron：foro-n"毛旋窝"

foyodon：foyo-do-n"占"

fufun：fufu-n"锯"

fulhuren：fulhu-re-n"萌芽"

gabtan：gabta-n"射"

gaisilan：gaisi-la-n"牵累"

gaman：ga-ma-n"办法"

gashūn：gashū-n"盟誓"

geoden：geode-n"局骗"

geyen：geye-n"刻儿"

giban：giba[隔背]-n"隔背"

giljan：gilja-n"恕"

gisuren：gisu(gisun)-re-n"语"

gisuren：gisu(gisun)-re-n"语"

giyalabun：giya[间]-la-bu-n"间隔"

golderen：gol • dere-n"大案"

gosin：gosi-n"仁"

gūnin：gūni-n"意"

gūwaššan：gūwašša-n"肉片"

habšan：habša-n"词讼"

habšan：habša-n"讼"

hafun：hafu-n"泰"

hajilan：haji la n"亲爱"

hajin：haji-n"比"

halan：hala-n"革"

hangnan：hang[焊]-na-n"焊药"

hargašan：harga-ša-n"朝"

hašan：haša-n"帏幕"

helen：hele-n"所擒活口"

hesebun：hese-bu-n"命"

heturen：hetu-re-n"山柽"

hiyadan：hiyada-n"柜隔子"

holbon：holbo-n"配偶"

hūlibun：hūli(hūlin)-bu-n"惑"

huwejen：huweje-n"拦鱼簿子"

huwejen：huweje-n"牌插"

huwekiyen：huwe(huwen)-kiye-n"兴"

ibeden：ibe-de-n"晋"

ibiyon：ibiyo(ibiya)-n"可恶"

icebun：ice-bu-n"沾染"

ikūn：ikū-n"屈"

iletun：iletu-n"表"

ilgabun：ilga-bu-n"有辨别"

ilin：ili-n"止"

imiyan：imiya-n"萃"

irgebun：irgebu-n"诗"

isan：isa-n"集处"

isebun：ise-bu-n"惩"

jabun：jabu-n"口供"

jafan：jafa-n"聘礼"

jijun：jiju-n"字画"

jijun：jiju-n"爻"

jobon：jobo-n"屯"

jodon：jodo-n"葛布"

jofohon：jofoho-n"柚子"

juduran：judu(judun)-ra-n"布帛档子"

jufeliyen：jufeliye-n"干粮"

jukten：jukte-n"祀"

julen：jule-n"古词"

jurcen：jurce-n"违"

kadalan：kadala-n"关防"

kaican：kaica-n"上风呐喊射狍"

kalfin：kalfi-n"一挑箭"

kamtun：kamtu-n"帻"

karan：kara-n"远瞭望"

karman：karma-n"保护的"

karulan：karu(karun)-la-n"报应"

karun：karu-n"哨探"

kemnen：kem(kemun)-ne-n"节"

kesiken：kesike-n"类"

kicen：kice-n"功夫"

kimcin：kimci-n"考"

kokiran：kokira-n"损"

kulun：kulu-n"千"

kūrcan：kūrca-n"灰鹤"

kūwaran：kūwara-n"墙圈"

kūwaran：kūwara-n"局厂"

lakcan：lakca-n"断绝"

lakcan：lakca-n"读"

lashalan：lasha-la-n"断"

lekerhin：lekerhi-n"海驴"

leolen：leole-n"论"

lifan：lifa-n"坎"

lifan：lifa-n"坎"

maksin：maksi-n"舞"

mampin：mampi-n"拴的挌搭"

marin：mari-n"归回"

miyamin：miyami-n"贡"

mohon：moho-n"尽头"

mohon：moho-n"困"

mudalin：muda(mudan)-li-n"湾子"

mudun：mudu-n"木磋"

muhaliyan：muha-liya-n"铅子"

muhaliyan：muha-liya-n"数珠子"

muhaliyan：muha-liya-n"球"

mujin：muji-n"志"

muran：mura-n"哨鹿围"

muten：mute-n"艺"

mutun：mutu-n"身料"

neilebun：nei-le-bu-n"发"

neilen：nei-le-n"启"

nenden：nende-n"首先"

niken：nike-n"倚靠"

niyamniyan：niyamniya-n"马箭"

niyancan：niyanca-n"糠粉"

niyaniyun：niyaniyu-n"槟榔"

niyecen：niyece-n"补丁"

nonggibun：nonggi-bu-n"益"

noran：nora-n"木垛"

okson：okso-n"步"

okson：okso-n"脚步"

orhon：orho-n"飘翎"

oyonggon：oyo(oyon)-nggo-n"要"

sabdan：sab-da-n"雨点"

sabdan：sab-da-n"水点"

sahan：saha-n"各站下马儿"

sahan：saha-n"一硌"

salgabun：salga-bu-n"禀赋"

samsin：samsi-n"涣"

šanggan：šangga-n"成"

sarašan：sara-ša-n"游"

sarkiyan：sarkiya-n"录"

selgiyen：selgiye-n"令"

serebun：sere-bu-n"觉"

sijin：siji-n"钓鱼线"

silin：sili-n"精锐"

sirebun：sire-bu-n"行"

šošon：šošo-n"匝髻"

šugin：šugi-n"漆水"

suran：sura-n"泔水"

šusin：šusi-n"凿子"

tacihiyan：taci-hiya-n"教"

tacin：taci-n"学"

tacinun：taci-nu-n"风气"

takūran：takūra-n"差使"

targabun：targa-bu-n"箴"

tatan：tata-n"下处"

teheren：tehere-n"相等"

temšen：temše-n"争"

terkin：terki-n"台阶"

tomon：tomo-n"穴"

tucibun：tuci-bu-n"跋"

tuhebun：tuhe-bu-n"剥"

tuwabun：tuwa-bu-n"景致"

ucarabun：ucara-bu-n"际遇"

ucaran：ucara-n"姤"

uilen：uile-n"事奉"

ujin：uji-n"家生子"

ukecin：ukeci-n"赞"

ulhibun：ulhi-bu-n"诰"

uran：ura-n"韵"

urgunjen：urgun-je-n"兑"

selabun：sela-bu-n"豫"

seolen：seole-n"虑"

serkin：serki-n"报"

sijin：siji-n"脚线"

simelen：sime-le-n"泽"

šolon：šolo-n"叉子"

subun：su-bu-n"辨"

suhen：su-he-n"疏"

šurhūn：šurhū-n"涟"

tacihiyan：taci-hiya-n"训"

tacin：taci-n"习俗"

tacinun：taci-nu-n"风"

tafulan：tafula-n"谏"

talkiyan：talkiya-n"电"

targabun：targa-bu-n"规戒"

tebeliyen：tebe-liye-n"抱"

teheren：tehere-n"相等"

terkin：terki-n"台阶"

toksin：tok-si-n"枳"

torhon：torho-n"锈打木"

tufun：tufu(tafu)-n"镫"

tulbin：tulbi-n"揆"

tuwakūn：tuwa-kū-n"观"

ucaran：ucara-n"遇"

uculen：ucu(ucun)-le-n"词"

ujibun：uji-bu-n"颐"

ujin：uji-n"家生驹"

ulabun：ula-bu-n"传"

unun：unu-n"一负"

uran：ura-n"山谷应声"

ušabun：uša-bu-n"连累"

ušabun：uša-bu-n"累"

wakalan：waka-la-n"过错"

wecen：wece-n"祭"

wesibun：we-si(sin)-bu-n"升"

yarhūdan：yar(yaru)-hū-da-n"导"

yarun：yaru-n"引"

yohibun：yohi-bu-n"略"

wajin：waji-n"完"

waliyan：wa-liya-n"弃"

weilen：weile-n"工程"

yaksin：yaksi-n"否"

yarkiyan：yar(yaru)-kiya-n"诱"

yendebun：yende-bu-n"兴"

yongkiyan：yong(yon)-kiya-n"全"

7.1.2 -kU

季永海等(1986)以及刘景宪等(1997)将词缀"-kU"描述为由动词词根形成名词的名词派生词缀。词缀"-kU"接附于词基之后形成名词，它主要接附于动词词干，此外也接附于不完整词根。动词词干接附"-kU"后形成的词汇用于表达和词基语义相关的某种工具。此外也表达"内容种类""消耗品""场所""职业"等其他名物化概念。虽然与词缀"-n"的能产性相似(见表2)，但词缀"-kU"的语义表达要更为具体得多。词缀"-kU"存在元音和谐现象，可实现为"-ku"和"-kū"等形态，它和一些词基结合时会导致词基的尾辅音或尾元音脱落。

表2　词缀"-kU"的特性

词缀特性	内　　　容
词法特性	主要接附于动词词干，此外也接附于不完整词根。
语义特性	表达和词基语义相关的某种工具。此外也表达"内容种类""消耗品""场所""职业"等其他名物化概念。
音系特性	存在元音和谐现象，会导致词基的尾辅音或尾元音脱落。

aisilabukū：aisi-la-bu-kū"相"

aldakū：alda-kū"箭挡子"

alikū：ali-kū"盘子"

anakū：ana-kū"钥匙"

anjikū：anji-kū"小锛子"

ashabukū：asha-bu-kū"皮虾蟆"

berileku：beri-le-ku"钻弓"

bingsiku：bing-si-ku"秋凉儿"

bireku：bire-ku"擀面杖"

bodokū：bodo-kū"算盘"

bolikū：boli-kū"谎皮"

bordokū：bordo-kū"料"

bucileku：buci-le-ku"女脑包"

busereku：buse-re-ku"混账人"

cacaraku：cacara-ku"灰色蚱蜢"

cargilakū：cargi-la-kū"花筒"

celeku：ce[测]-le-ku"五尺杆"

cilikū：cili-kū"嗌膈"

cinggilakū：cinggi-la-kū"坠铃"

cirku：cir（ciru）-ku"枕头"

congkišakū：congki-ša-kū"杵"

dabakū：daba-kū"踏垛"

dabcikū：dabci-kū"剑"

daldakū：dal（dali）-da-kū"街帐"

dasikū：dasi-kū"罩子"

debsiku：debsi-ku"翎扇"

dengneku：deng[戥]-ne-ku"戥子"

dobtolokū：dobto（dobton）-lo-kū"套子"

doko1：do-ko"衣里"

efiku：efi-ku"顽戏"

elbeku：elbe-ku"船棚子"

enggeleku：enggele-ku"悬崖"

eršeku：erše-ku"门子"

alikū：ali-kū"盘"

anggakū：angga-kū"糫"

arfukū：arfu-kū"麈尾"

baktakū：bak-ta（tan）-kū"脏"

betheleku：bethe-le-ku"打鹞鹰的囤子"

bireku：bire-ku"米荡子"

biyangsikū：biyang-si-kū"蛄蝼"

bohikū：bohi-kū"女裹脚"

bolikū：boli-kū"幌子"

bošokū：bošo-kū"领催"

bumbuku：bumbu-ku"柳艾梃上结的包"

bušuku：bušu-ku"狐魅"

caksikū：cak-si-kū"锐"

cejeleku：ceje（cejen）-le-ku"领衣"

cifeleku：cife-le-ku"吐沫盒"

cimikū：cimi-kū"唖的假乳"

cirgeku：cirge-ku"夯"

colikū：coli-kū"剮刀"

corbokū：corbo-kū"擅鼻"

dabašakū：daba-ša-kū"越分的"

dabcilakū：dabci-la-kū"攘子"

dasihiyakū：dasihiya-kū"襌子"

debsibuku：debsi-bu-ku"蠹旗幅"

deijiku：deiji-ku"烧柴"

dobtokū：dobto（dobton）-kū"套儿"

dobukū：do-bu-kū"鹰架子"

doko：do-ko"抄道"

ejeku：eje-ku"知事"

endebuku：ende-bu-ku"过"

eriku：eri-ku"笤帚"

etuku：etu-ku"衣"

faitakū：faita-kū "小锯"

fangkakū：fangka-kū "碛"

fangšakū：fangša-kū "熏狐穴器"

fangsikū：fangsi-kū "熏架"

fekceku：fekce-ku "毒鱼药"

feksiku：fek（feku）-si-ku "跑钩子"

feleku：fele-ku "搭脑"

fengseku：fengse[盆子]-ku "小盆子"

fetereku：fete-re-ku "惯会苛求"

fetheku：fethe-ku "櫓"

ficakū：fica-kū "簫"

fileku：file-ku "火盆"

fiseku：fise-ku "飞檐"

fiyanarakū：fiyanara-kū "熨斗"

fiyatarakū：fiyatara-kū "爆木"

fiyelebuku：fiye（fiyen[骗]）-le-bu-ku "骦架"

fiyotokū：fiyoto-kū "屁板虫"

foifokū：foifo-kū "钖刀布"

forikū：fori-kū "梆子"

fuifukū：fuifu-kū "铫子"

furukū：furu-kū "擦床"

fusheku：fushe-ku "扇子"

fusuku：fusu-ku "喷壶"

gidakū：gida-kū "钢轧子"

gidakū：gida-kū "额箍"

gidakū：gida-kū "镇尺"

girakū：gira-kū "猾"

girikū：giri-kū "裁刀"

giyalakū：giya[间]-la-kū "隔子"

gocikū：goci（gocin）-kū "护膝"

gocikū：goci（gocin）-kū "套裤"

gūlakū：gūla-kū "峭崖"

guweleku：guwele-ku "妾"

hafirakū：hafira-kū "镊子"

hafirakū：hafira-kū "螃蟹夹子"

hafumbukū：hafu（hafun）-mbu（bu）-kū "通事"

hagabukū：haga-bu-kū "打鱼嘴撑"

halukū：halu-kū "厚棉裤"

harikū：hari-kū "砑刀"

hašakū：haša-kū "刷幂"

hasalakū：hasa-la-kū "夹剪"

hedereku：hedere-ku "爬子"

henceku：hence-ku "石铁白子"

hengkileku：hengki-le-ku "锅子"

hereku：here-ku "笊篱"

hidakū：hida-kū "雨搭"

hishakū：hisha-kū "刷子"

hiyabulakū：hiyabu[霞绷]-la-kū "糠灯架子"

hiyaseku：hiyase[匣子]-ku "斗级"

hohodokū：hohodo-kū "耳顺风"

horgikū：horgi-kū "胯骨轴"

horgikū：horgi-kū "门上镶"

hujuku：huju-ku "风箱"

hujureku：hujure-ku "拐磨子"

hūrgikū：hūrgi-kū "漩窝"

huwešeku：huweše-ku "烙铁"

ilbakū：ilba-kū "抹子"

injeku：inje-ku "笑话"

jafakū：jafa-kū“弓弝”
jafakū：jafa-kū“欛子”
jaidakū：jaida-kū“钹”
jalakū：jala-kū“鸟媒子”
jeku：je-ku“谷”
jirgeku：jirge-ku“挤桶”
joksikū：joksi-kū“弯锛子”
jokū：jo-kū“铡刀”
joolikū：joo[棹]-li-kū“棹”
jusukū：jusu-kū“铅饼”
kakū：ka-kū“闸”
kalbikū：kalbi-kū“快箭”
karkakū：karka-kū“敔”
keksebuku：kek-se-bu-ku“如意”
kimcikū：kimci-kū“详细人”
kuileku：kui[盔]-le-ku“楦头”
laidakū：lai[赖]-da-kū“打谷鸟”
laidakū：lai[赖]-da-kū“肯撒赖”
lasihikū：lasihi-kū“鼓坠”
lasihikū：lasihi-kū“梢子棍”
latubukū：latu-bu-kū“黏杆子”
lifakū：lifa-kū“陷泥”
longsikū：long-si-kū“妄谈人”
mabulakū：mabu[抹布]-la-kū“抹扒”
maltakū：malta-kū“推扒”
masakū：masa-kū“柁上秋千”
mašalakū：maša-la-kū“窗上横鏁”
maselakū：mase-la-kū“打禽鸟的套子”
matarakū：matara-kū“头上顶物圈子”
melbiku：melbi-ku“桨”
mengseku：mengse[幔子]-ku“门帘”
mishalakū：misha(mishan)-la-kū“墨斗”
monggolikū：monggo(monggon)-li-kū“项圈”
moselakū：mose[磨子]-la-kū“磨”
mudurikū：muduri-kū“吻”
murakū：mura-kū“鹿哨子”
murcakū：mur(muri)-ca-kū“螺蛳转”
murikū：muri-kū“轴子”
nemerku：neme-r(re)-ku“雨衣”
nereku：ne-re-ku“斗蓬”
nijarakū：nijara-kū“擂钵”
nikeku：nike-ku“倚靠处”
nilakū：nila-kū“轧子”
nimašakū：nimaša(nimašan)-kū“快船”
nimeku：nime-ku“未完心病”
nimeku：nime-ku“病”
nimeku：nime-ku“疵病”
nisukū：nisu-kū“溜冰鞋”
niyancakū：niyanca-kū“棒锤”
niyeleku：niye[碾]-le-ku“碾子”
obokū：obo-kū“洗脸盆”
sacikū：saci-kū“钢錾”
sacikū：saci-kū“镢头”
saikū：sai-kū“酒菜”
saksalikū：saksa-li-kū“盒子灯架子”
šanggiyakū：šanggiya(šanggiyan)-kū“狼烟”
sebderileku：sebde(sebden)-ri-le-ku“轿上飞檐”
sekiyeku：sekiye-ku“草帽”
semiku：semi-ku“纫头”

senceheleku：sencehe-le-ku"兜口"

sesuku：sesu-ku"骰子"

sidereku：sidere-ku"铁拉扯"

sihakū：siha(sihan)-kū"管"

sihiyakū：sihiya-kū"夹碓木镶"

siseku：sise-ku"筛罗"

šokū：šo-kū"刨"

suitakū：suita-kū"蓂池"

suksureku：suksu-re-ku"扇车"

šurdebuku：šurde-bu-ku"滑车"

šurdeku：šurde-ku"带圈"

šūrgeku：šūrge-ku"缮车"

šurukū：šuru-kū"旋床"

šusebuku：šuse-bu-ku"走水"

tacibukū：taci-bu-kū"教习"

tafukū：tafu-kū"阶级"

talgikū：talgi-kū"熟皮木铡刀"

tanggilakū：tanggi-la-kū"弹弓"

tatakū：tata-kū"柳罐"

tebku：teb-ku"胎胞"

teherebuku：tehere-bu-ku"天平"

teliyeku：teliye-ku"蒸笼"

tohorokū：toho-ro-kū"墩毂辂"

tonggolikū：tonggoli-kū"筋斗"

tonikū：toni(tonio)-kū"棋盘"

tuhebuku：tuhe-bu-ku"坠角"

tuhebuku：tuhe-bu-ku"垂旒"

tuku：tu-ku"衣面"

tūku：tū-ku"木榔头"

tuwakū：tuwa-kū"榜样"

tuyeku：tuye-ku"铳子"

senciku：senci-ku"靰子鞋的耳"

sibiyalakū：sibiya-la-kū"书别子"

sifikū：sifi-kū"簪子"

sihiyakū：sihiya-kū"门下镶"

sirakū：sira-kū"假发"

šodokū：šodo-kū"鱼笼子"

šošokū：šošo-kū"毿髻"

sujakū：suja-kū"支棍"

surakū：sura-kū"猪槽"

šurdeku：šurde-ku"转轴"

šurdeku：šurde-ku"大水漩处"

šurteku：šurte-ku"铜锡饼子"

šurukū：šuru-kū"篙"

tabukū：tabu-kū"小铲子"

tacikū：taci-kū"学"

takūrakū：takūra-kū"大使"

tanggikū：tanggi-kū"弓拿子"

tatakū：tata-kū"抽屉"

tebeliyeku：tebe-liye-ku"刀鞘中束"

tebku：teb-ku"胎包"

teku：te-ku"座位"

tengneku：tengne-ku"爬山虎"

toksikū：tok-si-kū"小锤子"

tongkišakū：tongki-ša-kū"点子"

torgikū：tor(tori)-gi-kū"托罗"

tuhebuku：tuhe-bu-ku"千斤栈"

tuibalakū：tuiba[推刨]-la-kū"推刨"

tūku1：tū-ku"连枷"

turakū：tura-kū"瀑布"

tuwancihiyakū：tuwan-ci-hiya-kū"庶子"

ubašakū：uba(uban)-ša-kū"麻花"

uhūkū：uhū-ku"剃刀"

useku：use-ku"耧斗"

wašakū：waša-kū"刮皮刨子"

welmiyeku：welmiye-ku"钓鱼竿"

yaksikū：yaksi-kū"门闩"

unggilakū：unggi-la-kū"猪肾包"

waitukū：wai[歪]-tu-kū"把桶"

weceku：wece-ku"神祇"

wesiku：we-si(sin)-ku"仙桥"

yatarakū：yatara-kū"火燫"

7.1.3 -ri

词缀"-ri"接附于词基后形成名词。词缀"-ri"主要接附于名词性词基，此外也接附于不完整词根、动词词干等。词基接附"-ri"之后形成的词汇主要用于表达和词基语义相关的其他名物化概念。"-ri"派生词常见于"植物""水果""服饰""动物"等语义范围。"-ri"的使用也多见于《御制增订清文鉴》中的新增满语词汇。在《御制增订清文鉴》的增补词汇中，词缀"-ri"多见于个体较小的名物概念，对应的汉语释义词汇中常见"子"词缀。此外表达"时间"概念和表达"复数"概念的"-ri"也一并归类于此，虽然它们在词源上可能是相异的。词缀"-ri"不存在元音和谐现象，和一些词基结合时会导致词基的尾辅音脱落。词缀"-ri"的特性（见表3）以及基于它形成的词汇整理如下：

表 3　词缀"-ri"的特性

词缀特性	内　　　容
词法特性	主要接附于名词性词基，此外也接附于不完整词根、动词词干等。
语义特性	表达和词基语义相关的其他名物化概念，常见于"植物""水果""服饰""动物"等语义范围。
音系特性	不存在元音和谐现象，会导致词基的尾辅音脱落。

afahari：afaha-ri"签子"

aisuri：aisu(aisin)-ri"金眼"

bileri：bile-ri"唢呐"

bolori：bolo-ri"秋"

bukari：buka-ri"土蝼"

bukdari：bukda-ri"折子"

bukūri：bukū(bukun)-ri"驿"

bulari：bula-ri"居曁"

buleri：bule(buren)-ri"喇叭"

buyeri：buye-ri"不周山果"

ceceri：cece-ri"绢"

celheri：celhe(celehen)-ri"月台"

cimari：cima-ri"明日"

conggiri：conggi-ri"星"

dobiri：dobi(dobin)-ri"射干"

dobori：dobo(dobon)-ri"夜"

dorgori：dorgo(dorgon)-ri"短猪"

dubeheri：dube-he(hen)-ri"末尾"

eiheri：eihe(eihen)-ri"棕色"

fahari：faha-ri"五都子"

falgari：falga-ri"署"

fekcuri：fekcu-ri"槎檫子"

fekuri：feku-ri"爬力柱上横撑"

ficari：fica-ri"簏"

fifari：fifa[琵琶]-ri"虎拍"

fiyengseri：fiyengse[粉子]-ri"粉骨子"

fuseri：fuse(fusen)-ri"花椒"

geošeri：geoše(geošen)-ri"般第狗"

gosihori：gosi-ho(hon)-ri"猴阔子"

gūlduri：gūldu(gūldun)-ri"涵洞"

halfiri：halfi(halfiyan)-ri"塔骨子"

halhūri：hal-hū(hūn)-ri"胡椒"

hamgiyari：hamgiya-ri"蒿猪"

hengkeri：hengke-ri"趓"

hithari：hit(hita)-ha-ri"櫼罟子"

hiyalhūwari：hiyalhūwa-ri"取灯"

hiyatari：hiyata(hiyatan)-ri"栅栏"

hohori：hoho-ri"耳门"

honggori：honggo(honggon)-ri"秋风子"

hoseri：hose[盒子]-ri"盒子"

hujuri：huju-ri"风筒"

ilgari：ilga-ri"柳枝上纸条"

inderi：inde-ri"隔年下驹"

inggari：ingga-ri"柳絮"

ingtori：ingto[樱桃]-ri"樱桃"

ituri：itu-ri"鹊雀"

jaidari：jaida-ri"锅子"

jangturi：jangtu(庄头)-ri"庄头"

jukturi：juktu-ri"两岁熊"

jušuhuri：jušu-hu(hun)-ri"关桃子"

jušuri：jušu(jušun)-ri"乌梅"

juwari：juwa-ri"夏"

kakiri：kaki-ri"秦椒"

katuri：katu(katun)-ri"螃蟹"

kerkeri：kerke-ri"麻子"

kitari：kita-ri"毫羓"

kuthūri：kūt-hū(hūn)-ri"云头"

kūburi：kūbu-ri"仙树实"

lampari：lampa-ri"浑沌兽"

mafari：mafa-ri"众祖"

mamari：mama-ri"众祖母"

masiri：masi(mase)-ri"白缘子"

merseri：merse(mersen)-ri"槟子"　　miyori：miyo[秒]-ri"秒"

muhari：muha-ri"无石子"

mukdehuri：mukde(mukden)-hu(hun)-ri"王坛子"

mukeri：muke-ri"面茶清"　　　　　mulhūri：mulhū-ri"无角乳牛"

muyari：muya-ri"龙眼"　　　　　　namuri：namu-ri"黑麻皮"

ninuri：ninu[女奴]-ri"女奴"　　　　nioheri：niohe-ri"狈"

nisuri：nisu-ri"箭溜子"　　　　　　niyamari：niyama(niyalma)-ri"猾襄"

niyamciri：niyamci(niyanci)-ri"卸牲口铺的草叶"

niyancari：niyanca-ri"腾远"　　　　niyari：niya-ri"陷泥地"

niyengniyeri：niyengniye-ri"春"　　nothori：notho-ri"壳子"

nunggari：nungga-ri"氄毛"　　　　　nunggari：nungga-ri"毹毛"

olihari：oliha-ri"幽颊"　　　　　　paltari：palta-ri"金纲钻"

pingguri：pinggu[苹果]-ri"苹果"　　polori：polo[簸箩]-ri"大簸箩"

šanggiyari：šanggiya(šanggiyan)-ri"熏蚊烟"

sasuri：sasu-ri"马吊牌"　　　　　　sebderi：sebde(sebden)-ri"阴凉"

sebseheri：sebsehe-ri"蝗虫"　　　　sikari：sika-ri"帚獖"

sikseri：sikse-ri"将晚"　　　　　　simhuri：simhu(simhun)-ri"阙泄"

simhuri：simhu(simhun)-ri"前树子"　sirgeri：sirge-ri"纺丝"

sisiri：sisi-ri"胡榛子"　　　　　　suberi：sube-ri"绫子"

subkeri：subke-ri"拖边孝衣"　　　　suburi：su-bu-ri"侯骚子"

šufari：šufa-ri"包头"　　　　　　　šulheri：šulhe-ri"刘子"

surseri：sur·se-ri"佛手"　　　　　　šušuri：šušu-ri"多南子"

tashari：tasha-ri"皂雕"　　　　　　temeri：teme(temen)-ri"驼色"

tuleri：tu-le-ri"外边"　　　　　　　tungkeri：tungke(tungken)-ri"异兽"

tuweri：tuwe-ri"冬"　　　　　　　　ucuri：ucu-ri"一向"

uluri：ulu-ri"羊桃"　　　　　　　　useri：use-ri"石榴"

wemburi：wembu[榅桲]-ri"榅桲"　　yahari：yaha-ri"狻猊"

yenggeheri：yengge[鹦哥]-he-ri"鹦哥绿"

yonggari：yongga(yonggan)-ri"沙果"

7.1.4 -tu

词缀"-tu"接附于词基后形成形容词。词缀"-tu"可接附于不完整词根、动词词干、名词性词基以及形容词性词基。词基接附"-tu"之后形成的词汇用于表达具有词基语义特性的相关事物。"-tu"的使用多见于《御制增订清文鉴》中的新增满语词汇，尤其是在增补的"异兽"类词汇中。词缀"-tu"不存在元音和谐现象，但可实现为"-tu""-ntu"两种形态，"-ntu"形态主要见于《御制增订清文鉴》新增补的"异兽"类词汇。词缀"-tu"的特性（见表4）以及基于它形成的词汇整理如下：

表 4 词缀"-tu"的特性

词缀特性	内　　　容
词法特性	可接附于不完整词根、动词词干、名词性词基以及形容词性词基。
语义特性	表达具有词基语义特性的相关事物。
音系特性	不存在元音和谐现象，可实现为"-tu""-ntu"形态。

anggatu：angga-tu"笼嘴"

baksatu：bak-sa(san)-tu"把总"

belhetu：belhe-tu"储将"

biyantu：biyan[鞭]-tu"鞭"

durbejitu：durbe-ji-tu"矩"

ehetu：ehe-tu"獍"

elbetu：elbe-tu"㝷"

encutu：encu-tu"貉"

fengtu：feng[封]-tu"封"

foritu：fori-tu"击子"

artu：ar-tu"三岁马"

becuntu：becun-tu"梼杌"

bisantu：bisa-ntu"合廲"

deretu：dere-tu"案"

eduntu：edun-tu"闻獜"

elbetu：elbe(elben)-tu"东西慊"

eldentu：elde-ntu"嗷月"

fahartu：fahar(fahara)-tu"举父"

feretu：fere-tu"中军"

fulgiyentu：fulgiye-ntu"噢石"

fulhutu：fulhu-tu"委貌"

fusutu：fusu-tu"马见愁"

geritu：geri-tu"蜚"

giyantu：giyan［铜］-tu"铜"

golmitu：gol-mi(min)-tu"獌"

gūrgitu：gūrgi(gūrgin)-tu"厌火兽"

gurgutu：gurgu-tu"兽头"

gūwahiyatu：gūwahiya(gūwahiyan)-tu"獭"

hadatu：hada-tu"时"

haratu：hara-tu"属下人"

hergitu：hergi-tu"整缋"

hoilantu：hoila-ntu"玃父"

holontu：holo-ntu"讹兽"

hubtu：hub(kubun)-tu"棉袍"

ijintu：iji-ntu"娄"

imiyantu：imiya-ntu"收"

junggitu：junggi(junggin)-tu"竖鸡"

jurgantu：jur(jura)-gan-tu"骀虞"

jušutu：jušu(jušun)-tu"梅桃"

kakitu：kaki-tu"紧身"

kalfintu：kalfin-tu"趺踢"

kandatu：kanda-tu"领胡"

kekutu：keku［可姑］-tu"刺毛鹰"

lobitu：lobi-tu"狍鸮"

mahatu：maha-tu"冕"

mahūntu：mahū［马化］-ntu"马化"

makitu：maki-tu"旄"

meihetu：meihe-tu"鳝鱼"

meiretu：meire(meiren)-tu"护肩"

melketu：melke-tu"蜃"

menggitu：menggi［盂极］-tu"盂极"

midaltu：midal-tu"蝘蜒"

minggatu：mingga(minggan)-tu"千总"

narintu：nari-ntu"绸顺"

nirhūwatu：nirhūwa［泥滑］-tu"泥滑滑"

pilutu：pilu［毗卢］-tu"毗卢帽"

sabintu：sabi-ntu"麟"

saifatu：saifa-tu"四岁马"

sencetu：sence-tu"山茵子"

senggetu：sengge-tu"猴"

šenggintu：šenggin-tu"幞头"

sirgatu：sirga-tu"麋"

sofintu：sofin-tu"罢"

šolontu：šolon-tu"虬"

songgotu：songgo-tu"肯哭"

sorotu：soro-tu"天枣"

sucutu：sucu(sucun)-tu"二岁马"

šufatu：šufa-tu"巾"

sumaltu：sumal(sumala)-tu"狸猴"

tafitu：tafi(taifin)-tu"一角兽"

takintu：taki(takiya)-ntu"臃疏"

toksitu：tok-si-tu"木鱼"

tugitu：tugi-tu"凭霄"

turgatu：turga-tu"瘦人"

uhutu：uhu-tu"手卷"

unurtu：unur(unure)-tu"苏兽"

urantu：ura-ntu"蒲劳"

usintu：usi-ntu"格"

weifutu：weifu(weihe)-tu"驳"

yangšantu：yangšan-tu"羊"

7.1.5　-hA

词缀"-hA"接附于词基后形成名词。词缀"-hA"多接附于不完整词根，同时也接附于形容词性词基、名词性词基以及动词词干。词基接附词缀"-hA"后可表达与词基语义相关的名物概念，多见于"器具""虫类""植物""服饰"等语义范围。

词缀"-hA"存在元音和谐现象，可实现为"-ha""-he""-ho"等形态。词缀"-hA"的特性（见表5）以及基于它形成的词汇整理如下：

表5　词缀"-hA"的特性

词缀特性	内　　　　　容
词法特性	多接附于不完整词根，同时也接附于形容词性词基、名词性词基以及动词词干。
语义特性	表达与词基语义相关的名物概念，多见于"器具""虫类""植物""服饰"等语义范围。
音系特性	存在元音和谐现象。

aciha：aci-ha"驮子"

atuha：atu-ha"公鱼"

bilha：bil(bila)-ha"咽喉处"

butha：but(buta)-ha"渔猎"

cimaha：cima-ha"明朝"

erihe：eri-he"数珠"

fiyentehe：fiyente-he"分管"

fiyentehe：fiyente-he"一披箭翎"

fontoho：fonto-ho"破通处"

funggaha：fungga-ha"身毛"

funiyehe：funiye-he"毛"

habtaha：habta-ha"男战腰"

haiha：hai-ha"丝纠子"

aihanaha：aiha-na-ha"焦烟釉子"

bilha：bil(bila)-ha"咽喉"

biyooha：biyoo-ha"蚕茧"

cakūha：cakū-ha"飞驳鸟"

durha：dur-ha"连枷齿"

fisha：fis[榫子]-ha"榫子"

fiyentehe：fiyente-he"花瓣"

folho：fol(folo)-ho"锤子"

fontoho：fonto-ho"无底物"

funiyehe：funiye-he"头发"

gofoho：gofo-ho"打树上的雀套子"

haiha：hai-ha"山腰"

halbaha：halba-ha"盔缨顶"

halbaha：halba-ha"蠹顶"　　halbaha：halba-ha"箭铁宽肩"

hasaha：hasa-ha"剪子"　　hitha：hit(hita)-ha"甲叶"

hitha：hit(hita)-ha"饰件"　　hitha：hit(hita)-ha"蜜脾"

igehe：ige(igen)-he"果子把"　　imiyaha：imiya-ha"虫"

inggaha：ingga-ha"烂觚毛"　　jushe：jus(jusu)-he"瓜藤"

kekuhe：keku[可姑]-he"可姑"　　maisha：mais(maise[麦子])-ha"枸奈子"

meifehe：meife(meifen)-he"山坡"　　midaha：mida-ha"马螫"

muciha：muci-ha"鼎"　　mumuhu：mumu-hu"行头"

niyanciha：niyanci-ha"青草"　　seksehe：sekse-he"枕骨"

seksehe：sekse-he"马脑顶骨"　　sishe：sis(sise)-he"褥"

songgiha：songgi(songgin)-ha"夹子支棍"

songgiha：songgi(songgin)-ha"蝙蝠饰件"

songgiha：songgi(songgin)-ha"鼻准"　　subehe：sube-he"背云系"

subehe：sube-he"绣的带子"　　subehe：sube-he"枝梢"

subehe：sube-he"孝带子"　　suksaha：suksa-ha"后腿"

suksaha：suksa-ha"大腿"　　suksaha：suksa-ha"马后腿根"

suksuhu：suksu-hu"鱼鹰"　　suntaha：sunta-ha"溜冰雪的木辅"

šusiha：šusi-ha"鞭子"　　šusihe：šusi-he"牌子"

tehe：te-he"竹马架"　　tehe：te-he"机"

tehe：te-he"架子"　　umiyaha：umiya-ha"虫"

umriha：um-ri-ha"嫩皮"　　yaciha：yaci(yacin[鸦青])-ha"都咸子"

yasha：yas(yasa)-ha"跌包"　　yasha：yas(yasa)-ha"檐网"

yenggehe：yengge[鹦哥]-he"鹦哥"　　yengguhe：yenggu[鹦鹉]-he"鹦鹉"

yenggūhe：yenggū[鹦鹉]-he"鹦鹉"

7.1.6　-si

词缀"-si"接附于词基后形成名词。词缀"-si"接附于动词词干、名词性词基或不完整词根。词基接附"-si"之后形成的词汇用于表达和词基语义相关的职业，在和一些词基结合时也可用于表达词基语义的复数。词缀"-si"不存在元音和谐现象，词缀"-si"和

词基结合时会导致词基尾辅音或尾元音的脱落。词缀"-si"的特性
（见表6）以及基于它形成的词汇整理如下：

表6　词缀"-si"的特性

词缀特性	内　　　　容
词法特性	接附于动词词干、名词性词基或不完整词根。
语义特性	表达和词基语义相关的职业。
音系特性	不存在元音和谐现象，和词基结合时会导致词基尾辅音或尾元音的脱落。

ahasi：aha-si"众奴仆"

anggasi：angga-si"寡"

baicasi：baica-si"检校"

baitasi：baita-si"都事"

belhesi：belhe-si"铺排"

bithesi：bithe-si"笔帖式"

dahasi：daha-si"舍人"

dosikasi：do-si(sin)_ka-si"进士"

feyesi：feye-si"仵作"

fudasi：fuda-si"悖谬"

fundesi：funde-si"放的禽兽"

giyamusi：giyamu(giyamun)-si"驿丞"

gūldusi：gūldu(gūldun)-si"奸细"

hahasi：haha-si"众男人"

hojihosi：hojiho(hojihon)-si"众女婿"

ihasi：iha(ihan)-si"犀"

jubesi：ju-be(ben)-si"说书人"

juwenusi：juwe-nu-si"水脚役"

kirusi：kiru-si"戎旗"

medesi：mede-si"送信人"

albasi：alba(alban)-si"当差人"

antahasi：antaha-si"幕宾"

bailisi：baili-si"祈祷送纸人"

beidesi：beide-si"审事人"

bilasi：bila(bil)-si"会唱人"

camsi：ca-msi"搭彩匠"

demesi：deme-si"怪样人"

faidasi：fai(排)-da-si"序班"

fonjisi：fonji-si"理问"

fulehusi：fulehu(fulehun)-si"施主"

furgisi：furgi-si"标夫"

giyarimsi：giyari-m-si"巡检"

hafasi：hafa-si"士"

hehesi：hehe-si"众女人"

icihiyasi：ici-hiya-si"吏目"

jorisi：jori-si"指挥"

juculesi：jucu(jucun)-le-si"戏子"

kimcisi：kimci-si"照磨"

kumusi：kumu(kumun)-si"乐舞生"

mucesi：muce(mucen)-si"厨子"

namusi：namu(namun)-si"库丁"　　　oktosi：okto-si"医生"

olosi：olo-si"衩夫"　　　omosi：omo(omolo)-si"众孙"

sejesi：seje(sejen)-si"车夫"　　　selgiyesi：selgiye-si"传宣"

selgiyesi：selgiye-si"道人"　　　silgasi：silga-si"贡生"

simnesi：simne-si"童生"　　　siresi：sire-si"纤手"

sonjosi：sonjo-si"贡士"　　　šudesi：šu-de-si"书吏"

tacimsi：taci-msi"监生"　　　takūrsi：takūr(takūra)-si"承差"

tukiyesi：tukiye-si"举人"　　　tuwelesi：tuwele-si"贩子"

uculesi：ucu-le-si"歌童"　　　ulandusi：ula-ndu-si"提塘"

ulebusi：ule-bu-si"牛羊吏"　　　usisi：usi-si"农夫"

yafasi：yafa(yafan)-si"园户"

7.1.7　-hAn

　　季永海等(1986)以及刘景宪等(1997)将词缀"-hAn"描述为由动词词根形成名词的派生词缀。词缀"-hAn"接附于词基之后形成名词。词缀"-hAn"主要接附于动词词干,也接附于名词性词基或不完整词根。词基接附"-hAn"之后用于表达和词基语义相关的事物,形成的词汇多见于"服饰""产业"等与生产生活密切相关的领域。

　　词缀"-hAn"存在元音和谐现象,可实现为"-han""-hen""-hon"等形态,和部分词基结合时会导致词基尾辅音或尾元音的脱落。词缀"-hAn"的特性(见表7)以及基于它形成的词汇整理如下:

表 7　词缀"-hAn"的特性

词缀特性	内　　　　　容
词法特性	主要接附于动词词干,也接附于名词性词基或不完整词根。
语义特性	表达和词基语义相关的事物,形成的词汇多见于"服饰""产业"等与生产生活密切相关的领域。
音系特性	存在元音和谐现象,会导致词基尾辅音或尾元音的脱落。

alihan：ali-han"衣贴"

asihan：asi-han"少"

cejehen：ceje(cejen)-hen"纤板"

cifahan：cifa-han"和的泥"

dahūhan：dahū-han"复"

daldahan：dalda-han"垫板"

daldahan：dalda-han"皮垫子"

dangnahan：dang[挡]-na-han"皮牙子"

doohan：doo-han"桥"

efehen：efe-hen"锛子"

ejehen：eje-hen"注"

eldehen：elde-hen"离"

encehen：ence-hen"能干"

fehuhen：fehu-hen"脚踏"

felhen：fel(fele)-hen"葡萄架"

felhen：fel(fele)-hen"牲口草棚"

fituhan：fitu-han"月琴"

fungnehen：fung(封)-ne-hen"封诰"

gingnehen：ging[斤]-ne-hen"石"

gūljarhan：gūl(gūli)-ja-r(ra)-han"挽手"

guwendehen：guwen-de-hen"唤起"

hadahan：hada-han"桩橛"

hadahan：hada-han"账房锲子"

halbahan：halba-han"戥壳子嘴"

hašahan：haša-han"墙帷子"

hašahan：haša-han"席囤"

hašahan：haša-han"帏子"

hayahan：haya-han"貂镶朝衣"

hencehen：hence-hen"铁铲子"

hetehen：hete-hen"挂钉"

heturhen：hetur(heture)-hen"拦虎兽"

hūsihan：hūsi-han"女裙"

huwejehen：huweje-hen"围屏"

iletulehen：iletu-le-hen"匾额"

ilihen：ili-han"艮"

jijuhan：jiju(jijun)-han"卦"

juktehen：jukte-hen"庙"

kandahan：kanda-han"堪达汉"

kemuhen：kemu-hen"范"

kubuhen：kubu-hen"镶的宽边"

lifahan：lifa-han"烂泥"

maishan：mais(maise[麦子])-han"枸柰子"

murihan：muri-han"转弯处"

nemehen：neme-hen"贴头"

niyahan：niya-han"狗崽"

šangnahan：šang[赏]-na-han"赏"

subuhen：su-bu-hen"解"

sujahan：suja-han"支杆"

šulehen：šu[税]-le-hen"赋"

tahan：ta-han"木屐"

tahan：ta-han"高底"

tahan：ta-han"脚踏石"

tahan：ta-han"铁蹄子"

talmahan：talma(talman)-han"游"

tehen：te-hen"高跷"

tomorhan：tomo-r(ro)-han"鹰帽子"

umhan：um-han"蛋"

7.1.8 -cun

季永海(1988)以及刘景宪等(1997)将词缀"-cun"描述为由形容词或动词词根形成名词的派生词缀。词缀"-cun"接附于词基后所派生的词的词性为名词。词缀"-cun"主要接附于动词词干,词基的语义多表达某种情感属性。实际上,通过词缀"-cun"派生的词汇也有很多作为形容词使用的情况,但较于"-cun"型词汇来说,和它相关的"-cuke"型词汇更多地作为形容词使用,考虑两者的语义和使用情况,我们将"-cun"类派生词看作名词词汇,而将"-cuke"类派生词看作形容词词汇。"-cun"类派生词在《新满汉大词典》和《满汉大辞典》中虽然没有被全部处理为名词,但被处理为名词的情况较多。词缀"-cun"没有表现出元音和谐现象。词缀"-cun"的特性(见表8)以及基于它形成的词汇整理如下:

表8 词缀"-cun"的特性

词缀特性	内　　　容
词法特性	主要接附于动词词干。
语义特性	表达人类的某种情感属性。
音系特性	无元音和谐现象。

akacun:aka-cun"伤感"　　　　akdacun:akda-cun"可靠处"

aliyacun:aliya-cun"悔"　　　　basucun:basu-cun"可笑的"

buhiyecun:buhiye-cun"嫌疑"　　buyecun:buye-cun"爱欲"

ehecun:ehe-cun"嫌隙"　　　　erecun:ere-cun"人望"

erecun:ere-cun"期望的"　　　　ergecun:erge(ergen)-cun"安息"

ferguwecun:ferguwe-cun"瑞"　　fetecun:fete-cun"可揭处"

gasacun:gasa-cun"怨"　　　　girucun:giru-cun"羞耻"

gūnicun:gūni-cun"怀"　　　　gūtucun:gūtu-cun"玷"

hairacun:haira(hairan)-cun"可惜处"　ilgacun:ilga-cun"有分别"

isecun：ise-cun"怕惧"

jabcacun：jabca-cun"吝"

jobocun：jobo-cun"忧"

korsocun：kor(koro)-so-cun"恨"

maktacun：makta-cun"赞"

naracun：nara-cun"系恋"

niyececun：niyece-cun"裨益"

sartacun：sarta-cun"误处"

targacun：targa-cun"戒"

tukiyecun：tukiye-cun"颂"

ufaracun：ufara-cun"失"

usacun：usa-cun"伤"

yertecun：yerte-cun"惭愧"

jabcacun：jabca-cun"咎"

jirgacun：jirga-cun"可安逸"

jobocun：jobo-cun"寒"

leyecun：leye-cun"谣"

maktacun：makta-cun"赞"

nasacun：nasa-cun"叹"

olhocun：olho-cun"畏"

suilacun：sui[罪]-la-cun"劳苦"

targacun：targa-cun"诫"

ubiyacun：ubiya-cun"可恶的"

ulhicun：ulhi-cun"灵性"

ushacun：usha-cun"恼"

7.1.9 -gAn

季永海等(1986)以及刘景宪等(1997)将词缀"-gAn"描述为由动词词根形成名词的派生词缀。词缀"-gAn"接附于词基后形成名词,它主要接附于动词词干,也接附于不完整词根。词基接附词缀"-gAn"之后一般用于表达与词基的行为语义相关的结果、途径或工具。

词缀"-gAn"存在元音和谐现象,可实现为"-gan""-gen""-gon"等形态,词缀"-gAn"和一些词基结合时会导致词基的尾元音或尾辅音脱落。词缀"-gAn"的特性(见表9)以及基于它形成的词汇整理如下:

表 9　词缀"-gAn"的特性

词缀特性	内　　　容
词法特性	主要接附于动词词干,也接附于不完整词根。
语义特性	表达与词基的行为语义相关的结果、途径或工具。
音系特性	存在元音和谐现象,会导致词基的尾元音或尾辅音脱落。

anagan：ana-gan"借端"

argan：ar-gan"獠牙"

birgan：bir(bira)-gan"小河沟"

dabagan：daba-gan"岭"

durugan：duru(durun)-gan"谱"

forgon：for(foro)-gon"季"

gargan：gar(gari)-gan"支"

gargan：gar(gari)-gan"河汉"

gibagan：giba[阁疤]-gan"阁疤"

hurugan：huru-gan"玳瑁"

jasigan：jasi-gan"寄的信物"

joligan：joli-gan"赎锾"

jurgan：jur(jura)-gan"部院"

kanagan：kana-gan"推故"

managan：mana-gan"裹小儿的布单"

nirugan：niru-gan"画图"

sišargan：sišar(sišari)-gan"麻雀"

umgan：um-gan"骨髓"

yandugan：yandu-gan"请托的"

argan：ar-gan"芽"

balagan：ba-la-gan"限期"

bodogon：bodo-gon"谋"

dogon：do(doo)-gon"渡口"

fadagan：fa[法]-da-gan"法术"

funiyagan：fu-niya-gan"度量"

gargan：gar(gari)-gan"枝"

gargan：gar(gari)-gan"单"

gūnigan：gūni-gan"思"

jabdugan：jab-du-gan"余暇"

jilgan：jil-gan"声"

jurgan：jur(jura)-gan"义"

jurgan：jur(jura)-gan"行"

madagan：mada-gan"利息"

miyamigan：miyami-gan"首饰"

sinagan：sina-gan"丧服"

turigen：turi-gen"租子"

yaksigan：yaksi-gan"托梁"

7.1.10　-tun

词缀"-tun"接附于词基后形成名词。词缀"-tun"主要接附于动词词干和名词性词基。词基接附词缀"-tun"之后形成的词汇用于表达与词基语义相关的工具。在《御制增订清文鉴》增补的词汇中，词缀"-tun"也见于"异兽"类名词的构词。词缀"-tun"不存在元音和谐现象，和部分词基结合时会导致词基的一部分被截断。词缀"-tun"的特性（见表 10）以及基于它形成的词汇整理如下：

表 10　词缀"-tun"的特性

词缀特性	内　　　　　容
词法特性	主要接附于动词词干和名词性词基。
语义特性	表达与词基语义相关的工具。
音系特性	不存在元音和谐现象，会导致一些词基的一部分被截断。

amtun：am(amsun)-tun"俎"

ejetun：eje-tun"志"

eritun：eri(erihe)-tun"无患子"

fisitun：fisi(fisihe)-tun"篚"

guhūtun：gu·hū[瑚]-tun"瑚"

handutun：handu-tun"簋"

hūsitun：hūsi-tun"男裹脚"

mahatun：maha-tun"冠"

mucitun：muci(muciha)-tun"筮"

olhotun：olho-tun"三焦"

šabtun：šab-tun"遮耳"

tetun：te-tun"棺"

ulhitun：ulhi-tun"甲袖"

yehetun：yehe-tun"磁器"

bonitun：boni(bonio)-tun"盅"

elbitun：elbi(elbihe)-tun"貚"

fergetun：ferge-tun"搬指"

galaktun：galak(galaka)-tun"亮袖"

guliyatun：gu·liya[链]-tun"链"

hiyatun：hiya-tun"旱兽"

jušutun：jušu(jušun)-tun"醋林子"

mamutun：mamu(mamuke)-tun"崗狗"

nimatun：nima(niman)-tun"藏羊"

sabitun：sabi-tun"麒"

tetun：te-tun"器"

tugitun：tugi-tun"朵云"

ulhitun：ulhi-tun"套袖"

7.1.11　-tA

词缀"-tA"接附于词基后形成名词。词缀"-tA"接附于名词性词基。词基接附"-tA"之后形成的词汇用于表达词基名词的复数。词缀"-tA"存在元音和谐现象，可实现为"-ta""-te"等形态，它和词基结合时会导致词基的尾辅音脱落。词缀"-tA"的特性（见表11）以及基于它形成的词汇整理如下：

表 11 词缀"-tA"的特性

词缀特性	内　　　　容
词法特性	接附于名词性词基。
语义特性	表达词基名词的复数。
音系特性	存在元音和谐现象,会导致词基的尾辅音脱落。

ahūta：ahū(ahūn)-ta"众兄"　　　　ambuta：ambu-ta"诸大姨母"

amjita：amji-ta"众伯父"　　　　amuta：amu-ta"众伯母"

ašata：aša-ta"众嫂"　　　　asihata：asi-ha(han)-ta"众少年"

dehemete：deheme-te"众姨母"　　　　deote：deo-te"众弟"

efute：efu-te"众姐夫"　　　　emete：eme-te"诸母"

ešete：eše-te"众小叔"　　　　eshete：eshe(eshen)-te"众叔父"

eyute：eyu(eyun)-te"众姐姐"　　　　gete：ge-te"众大伯"

gufute：gufu-te"众姑父"　　　　gute：gu-te"众姑"

meyete：meye-te"众妹夫"　　　　nakcuta：nakcu-ta"众舅舅"

nekcute：nekcu-te"众舅母"　　　　nota：no(non)-ta"众妹子"

okete：oke-te"众婶母"　　　　uhete：uhe(uhen)-te"众弟妇"

uhumete：uhu(uhen)·me(eme)-te"众婶母"

7.1.12　-sA

　　词缀"-sA"接附于词基后形成名词。词缀"-sA"主要接附于名词性词基。词基接附词缀"-sA"之后形成的词汇用于表达词基名词的复数。与词缀"-tA"主要接附于亲属类的名词上相比,"-sA"可接附的名词种类要更为多样。词缀"-sA"存在元音和谐现象,可实现为"-sa""-se"等形态,和部分词基结合时会导致词基尾辅音或尾元音的脱落。词缀"-sA"的特性(见表12)以及基于它形成的词汇整理如下:

表 12　词缀"-sA"的特性

词缀特性	内　　　容
词法特性	接附于名词性词基。
语义特性	表达词基名词的复数。
音系特性	存在元音和谐现象，会导致词基尾辅音或尾元音的脱落。

agese：age-se"众兄"　　　　　　　　agese：age-se"众兄长"

agusa：agu-sa"众老兄"　　　　　　　ambasa：amba(amban)-sa"大臣等"

antahasa：antaha-sa"众宾客"　　　　bayasa：baya(bayan)-sa"众富家"

dubise：dubi-se"豆粟产糕"　　　　　ecikese：eci-ke-se"众叔父"

erse：er(ere)-se"这些"　　　　　　　faksisa：faksi-sa"众匠人"

gegese：gege-se"众姐姐"　　　　　　gegese：gege-se"众姐姐"

gucuse：gucu-se"众朋友"　　　　　　hafasa：hafa(hafan)-sa"众官"

janggisa：janggi(janggin)-sa"章京等"　juse：ju(jui)-se"众子"

mergese：merge(mergen)-se"智者"　　muluse：mulu-se"杨揺子"

sadusa：sadu(sadun)-sa"众亲家"　　　saisa：sai(sain)-sa"贤者"

sakdasa：sakda-sa"众老者"

7.1.13　-dA

刘景宪等(1997)将词缀"-dA"描述为由数词词根形成名词的派生词缀。词缀"-dA"接附于词基后形成名词，而其所接附的词基多数为名词。基于词缀"-dA"派生的词汇的语义主要分为两类：一类表达与植物相关的语义，如"busumda(百合)"、"suwanda(蒜)"、"orhoda(人参)"；另一类表达与职务相关的语义，如"kumuda(司乐)"、"miyalida(花户)"。这两类语义的形成看起来都和名词"da"原本的语义相关联。词缀"-dA"存在元音和谐现象，除实现为

"-da"之外，仅发现在"weihede"一词中实现为"-de"（表 13）。

表 13　词缀"-dA"的特性

词缀特性	内　　　　容
词法特性	接附于名词性词基。
语义特性	表达植物类语义或职务类语义，表达的语义与名词"da（头、头领）"原本的语义相关联。
音系特性	存在元音和谐现象，但仅在一例单词中实现为"de"。

agada：aga-da"屏翳"　　　　　　　busumda：busu-m-da"百合"

caida：cai[茶]-da"茶卤"　　　　　　dooseda：doose[道士]-da"道官"

haisanda：hai-san[蒜]-da"野蒜"　　hijada：hija-da"炉头"

hūwašada：hūwaša(hūwašan[和尚])-da"僧官"

joktonda：jokton-da"百合"　　　　　kumuda：kumu(kumun)-da"司乐"

larsenda：lar-sen-da"山药"　　　　　miyalida：miyali-da"花户"

moodasi：moo-da-si"树户"　　　　　nimada：nima(nimaha)-da"蛟"

okjihada：okjiha-da"苍术"　　　　　orhoda：orho-da"人参"

saihūwada：saihūwa-da"笞"　　　　suwanda：suwan[蒜]-da"蒜"

wahūnda：wa-hūn-da"臭根菜"　　　　weihede：weihe-de"渣子"

7.1.14　-rhAn

词缀"-rhAn"接附于词基后形成名词。它可接附于动词词干、名词性词基、形容词性词基以及不完整词根。词基接附"-rhAn"之后形成的词汇用于表达和词基语义相关的事物，形成的词汇多见于动物或植物范围。词缀"-rhAn"存在元音和谐现象，可实现为"-rhan""-rhen"等形态，和部分词基结合时会导致词基尾辅音脱落。词缀"-rhAn"的特性（见表 14）以及基于它形成的词汇整理如下：

表 14　词缀"-rhAn"的特性

词缀特性	内　　　容
词法特性	可接附于动词词干、名词性词基、形容词性词基以及不完整词根。
语义特性	表达和词基语义相关的事物，形成的词汇多见于动物或植物范围。
音系特性	存在元音和谐现象，会导致词基尾辅音脱落。

enirhen：eni-rhen"山藤"　　　　　　guwenderhen：guwen-de-rhen"哨天雀"

hekderhen：hekde-rhen"山肋险坡"　　jabarhan：jaba-rhan"铁箍"

jorgirhen：jor-gi-rhen"叫田子"　　　jucerhen：juce-rhen"拴鞍板皮条"

kandarhan：kanda-rhan"缇胸"　　　　kelterhen：kelte-rhen"蛇燕"

kenderhen：kende-rhen"驼项下长毛"　kuburhen：kubu-rhen"葡萄藤"

kūdarhan：kūda-rhan"鞦"　　　　　　lamurhan：lamu(lamun)-rhan"青翰"

nemerhen：neme-rhen"蓑衣"

niyekserhen：niyek-se(sen)-rhen"田洞鸡"

semerhen：seme-rhen"弓棚"　　　　　siberhen：sibe-rhen"捻子"

tuktarhan：tukta(tuktan)-rhan"蜈蚣梯"

yekserhen：yekse-rhen"蝎虎子"

7.1.15　-su

词缀"-su"接附于词基后形成名词。词缀"-su"可以接附于动词词干、不完整词根、名词性词基或形容词性词基。词基接附"-su"之后形成的词汇用于表达和词基语义相关的名词，形成的部分词汇与人的记忆能力或智力相关。词缀"-su"不存在元音和谐现象，和部分词基结合时会导致词基的尾辅音脱落。词缀"-su"的特性（见表15）以及基于它形成的词汇整理如下：

表 15　词缀"-su"的特性

词缀特性	内　　　　容
词法特性	可以接附于动词词干、不完整词根、名词性词基或形容词性词基。
语义特性	表达和词基语义相关的名词,形成的部分词汇与人的记忆能力或智力相关。
音系特性	不存在元音和谐现象,和部分词基结合时会导致词基的尾辅音脱落。

bolhosu：bolho su"三辈奴"

ejesu：eje-su"记性"

falasu：fala[珐琅]-su"珐琅"

genggiyesu：ge-nggiyen-su"四辈奴"

jalasu：jala-su"节"

madasu：mada-su"引酵"

onggosu：onggo-su"忘性"

šufasu：šufa-su"网巾"

yacisu：yaci(yacin[鸦青])-su"乌鬼"

bolosu：bolo[玻璃]-su"玻璃"

elbesu：elbe-su"憨人"

furgisu：furgi(furgin)-su"姜"

heresu：here-su"盐池蒿"

karasu：kara-su"鹕鹊"

miyehusu：miyehu-su"豆腐皮"

sarasu：sa-ra-su"知"

ulhisu：ulhi-su"颖悟"

7.1.16　-sun

词缀"-sun"接附于词基后形成名词。词缀"-sun"主要接附于动词词干或不完整词根,也可接附于名词性词基。词基接附"-sun"之后形成的词汇用于表达和词基语义相关的条状事物。词缀"-sun"不存在元音和谐现象,和部分词基结合时会导致词基尾元音的脱落。词缀"-sun"的特性(见表 16)以及基于它形成的词汇整理如下:

表 16　词缀"-sun"的特性

词缀特性	内　　　容
词法特性	主要接附于动词词干或不完整词根，也可接附于名词性词基。
语义特性	表达和词基语义相关的条状事物。
音系特性	不存在元音和谐现象，会导致词基尾元音的脱落。

adasun：ada-sun"大襟"　　　　　　　　alisun：ali-sun"落籽苗"

arsun：ar-sun"根芽"　　　　　　　　　fulhūsun：fulhū-sun"搭包"

funiyesun：funiye-sun"褐子"　　　　　fursun：fur(furu)-sun"锯末"

fursun：fur-sun"秧子"　　　　　　　　hanggisun：hanggi-sun"汗巾"

hūyasun：hūya-sun"脚绊"　　　　　　ikūrsun：ikū-r(re)-sun"脊髓"

nunggasun：nungga-sun"哆啰呢"　　　suwaliyasun：suwaliya-sun"作料"

umiyesun：umiye-sun"腰带"

7.1.17　-cAn

　　季永海等(1986)以及刘景宪等(1997)将词缀"-cAn"描述为由名词词根形成名词的派生词缀。词缀"-cAn"接附于词基后形成名词，而其所接附的词基主要也以名词为主。词基接附词缀"-cAn"之后形成的词汇用于表达与词基语义相关的小工具或饰品。词缀"-cAn"存在元音和谐现象，其可能实现的形态包括"-can""-cen""-con"，和部分词基结合时会导致词基尾辅音的脱落。词缀"-cAn"的特性(见表17)以及基于它形成的单词整理如下：

表 17　词缀"-cAn"的特性

词缀特性	内　　　容
词法特性	主要接附于名词性词基。
语义特性	表达与词基语义相关的小工具或饰品。
音系特性	存在元音和谐现象，会导致词基尾辅音的脱落。

argacan：ar-ga(gan)-can"钱"

gidacan：gida-can"盔梁"

gidacan：gida-can"盔甲罩"

gidacan：gida-can"鞍笼"

gidacan：gida-can"压环饰件"

gidacan：gida-can"背云宝"

gidacan：gida-can"手巾束"

gidacan：gida-can"盖尾"

monggocon：monggo(monggon)-con"长颈瓶"

sarbacan：sarba-can"盔檐"

sarbacan：sarba-can"女凉帽帷子"

suhecen：suhe-cen"小斧子"

7.1.18 -mA

词缀"-mA"接附于词基后形成名词。词缀"-mA"主要接附于动词词干,也接附于名词性词基。词基接附词缀"-mA"之后形成的词汇用于表达和词基语义相关的事物。词缀"-mA"存在元音和谐现象,可实现为"-ma""-me"等形态。词缀"-mA"的特性(见表18)以及基于它形成的词汇整理如下:

表 18 词缀"-mA"的特性

词缀特性	内　　　　容
词法特性	主要接附于动词词干,也接附于名词性词基。
语义特性	表达和词基语义相关的事物。
音系特性	存在元音和谐现象。

banjime：banji-me"联生棋"

darama：dara-ma"腰"

gabtama：gabta-ma"蝎子草"

jargima：jar-gi-ma"叫蚂蚱"

jinjima：jinji-ma"贼豆"

kurima：kuri-ma"糨"

sacima：saci-ma"糖缠"

tohoma：toho-ma"鞯"

ujima：uji-ma"牲畜"

ulhūma：ulhū-ma"野鸡"

ulkume：ulku-me"攀胸"

wajima：waji-ma"末尾"

7.1.19　-nggA

词缀"-nggA"接附于词基后形成名词。词缀"-nggA"主要接附于动词词干或名词性词基。词基接附"-nggA"之后形成的词汇用于表达和词基语义相关的事物或职务。词缀"-nggA"存在元音和谐现象，可实现为"-ngga""-ngge"等形态。词缀"-nggA"的特性（见表19）以及基于它形成的词汇整理如下：

表 19　词缀"-nggA"的特性

词缀特性	内　　　　　容
词法特性	主要接附于动词词干或名词性词基。
语义特性	表达和词基语义相关的事物或职务。
音系特性	存在元音和谐现象。

baitangga：baita-ngga"执事人"　　baitangga：baita-ngga"事主"
dalangga：dala-ngga"坝"　　daldangga：dal(dali)-da-ngga"影壁"
joringga：jori-ngga"题目"　　karmangga：karma-ngga"卫"
omingga：omi-ngga"饮"　　sengge：se-ngge"长者"
targangga：targa-ngga"戒"　　tuwabungga：tuwa-bu-ngga"榜"
usingga：usi-ngga"孤苦人"

7.1.20　-hUn

词缀"-hUn"接附于词基后形成名词，而其所接附的词基可以是名词性词基、动词词干或形容词性词基。词基接附"-hUn"之后形成的词汇用于表达与词基语义相关的事物。

词缀"-hUn"存在元音和谐现象，可实现为"hun""hūn""hon"等形态，和部分词基结合时会导致词基尾辅音的脱落。词缀"-hUn"的特性（见表20）以及基于它形成的词汇整理如下：

表 20 词缀"-hUn"的特性

词缀特性	内　　　　容
词法特性	接附于名词性词基、动词词干或形容词性词基。
语义特性	表达与词基语义相关的事物。
音系特性	元音和谐，会导致词基尾辅音的脱落。

calihūn：cali-hūn"朱顶红"　　　　doshon：dos-hon"宠"

fiyalhūn：fiyal-hūn"遁"　　　　　fulahūn：fula-hūn"丁"

fulahūn：fula-hūn"赤地"　　　　humsuhun：humsu(humsun)-hun"膜"

kūwangtahūn：kūwang-ta-hūn"厂地"　　larhūn：lar-hūn"地瓜"

mukdehun：mukde(mukden)-hun"坛"　šošohon：šošo-hon"总数"

7.1.21 -ci

　　季永海等(1986)将词缀"-ci"描述为由名词形成名词的派生词缀，刘景宪等(1997)将词缀"-ci"描述为由名词或形容词形成名词的派生词缀。词缀"-ci"接附于词基后形成名词，它可以接附于名词性词基或动词词干。词基接附"-ci"之后用于表达从事与原词意义相关活动或生计的人。词缀"-ci"没有表现出元音和谐现象，和部分词基结合时会导致词基的尾辅音脱落。词缀"-ci"的特性（见表 21）以及基于它形成的单词整理如下：

表 21 词缀"-ci"的特性

词缀特性	内　　　　容
词法特性	接附于名词性词基或动词词干。
语义特性	表达从事原词相关活动或生计的人。
音系特性	无元音和谐现象，会导致词基的尾辅音脱落。

aduci：adu(adun)-ci"放马人"　　　　asuci：asu-ci"网户"

cagaci：caga(cagan)-ci"供事"　　　giyarici：giyari-ci"巡捕"

kuteci：kute(kutu)-ci"牵马人"　　　morici：mori(morin)-ci"小马"

sejeci：seje(sejen)-ci"车户"　　　　šuruci：šuru-ci"水手"

tergeci：terge-ci"车夫"　　　　　　undeci：unde-ci"皂隶"

7.1.22　-ki

　　季永海等(1986)以及刘景宪等(1997)将词缀"-ki"描述为由形容词词根形成名词的派生词缀。词缀"-ki"接附于词基后所派生的词的词性为名词,而其所接附的词基可以是不完整词根、形容词性词基或动词词干。词基接附"-ki"之后形成的词汇用于表示与词基语义相关的事物或位置。词缀"-ki"无元音和谐现象。词缀"-ki"的特性(见表22)以及基于它形成的单词整理如下:

表 22　词缀"-ki"的特性

词缀特性	内　　　　　容
词法特性	接附于不完整词根、形容词性词基或动词词干。
语义特性	表示与词基语义相关的事物或位置。
音系特性	无元音和谐现象。

adaki：ada-ki"邻"　　　　　　　　buraki：bura-ki"尘埃"

goroki：goro-ki"远方"　　　　　　hanciki：hanci-ki"近处"

karaki：kara-ki"青鸦"　　　　　　niyaki：niya-ki"鼻涕"

niyaki：niya-ki"脓"　　　　　　　soroki：so-ro-ki"忌较"

7.1.23　-fun

　　季永海等(1986)以及刘景宪等(1997)将词缀"-fun"描述为由

动词词根形成名词的派生词缀。词缀"-fun"接附于词基后形成名词,它主要接附于名词性词基或动词词干。词基接附"-fun"之后形成的词汇用于表达和词基语义相关的工具,所表达事物的形状一般是扁平或细长的。词缀"-fun"不存在元音和谐现象。词缀"-fun"的特性(见表23)以及基于它形成的单词整理如下:

表 23　词缀"-fun"的特性

词缀特性	内　　　容
词法特性	主要接附于名词性词基或动词词干。
语义特性	表达与词基语义相关的工具,所表达事物的形状一般是扁平或细长的。
音系特性	无元音和谐现象。

hadufun：hadu-fun"镰刀"　　　　ijifun：iji-fun"木梳"

jalafun：jala-fun"寿"　　　　　jalafun：jala-fun"寿"

sektefun：sekte-fun"坐褥"　　　suifun：sui-fun"锥子"

uldefun：ulde-fun"木杈"　　　　yarfun：yar(yaru)-fun"偏缰"

7.2　动词派生词缀

7.2.1　-lA-

季永海等(1986)将词缀"-lA-"描述为由名词、形容词、数词、副词或汉语借词成分形成动词的派生词缀。刘景宪等(1997)将词缀"-lA-"描述为由名词、形容词、数词、副词形成动词的派生词缀。大多数情况下,词缀"-lA-"接附于非动词性词基,但少数词汇中词缀"-lA-"也接附于动词性词基。词缀"-lA-"在上述两种情况下的语义表现有所区别,依照上述两种情况,下面将词缀"-lA-"区分为"-lA(1)-"和"-lA(2)-"进行处理。

(1) -lA(1)-

词缀"-lA(1)-"接附于词基后所派生词的词性为动词,其所接附的词基可以是名词、不完全词根、形容词、副词、疑问词等,如:abala-"使打围"(名词词基)、abtala-"修树枝"(名词词基)、akšula-"被人话噎"(形容词词基)、badala-"用度张大"(形容词词基)、sibšala-"开除"(副词词基)、aikana-"倘若"(疑问词词基)等。词缀"-lA(1)-"的语素变体包含"-la-""-le-""-lo-""-na-""-ne-"等形态。

词基接附词缀"-lA(1)-"后派生的词汇主要用于表达与词基语义相关的动作行为。其中"-lA(1)-"接附在名词词基后形成的派生词最多,当其接缀在名词词基后时,名词词基通常表达与动作行为有关的工具或其他动作行为相关的事物,这时"-lA(1)-"的语义表达可理解为"使用""实现"等。

词缀"-lA(1)-"的元音依词干元音而和谐,具体可实现为"-la-""-le-""-lo-""-na-""-ne-"等语素变体。n 型语素变体的产生,我们认为是"-lA(1)-"接附于疑问词词基"aikan""ain"后再经过辅音同化而形成的形态。其过程可以表达为"aikan＋-la_＞aika-na_""ain＋-la_＞ai-na_"。按照这样的解释,"-lA(1)-"为什么没有导致词干尾音"n"脱落,却实现辅音同化,还需要更进一步的探讨。此外,"-lA(1)-"在和词基接附时会导致一些词基发生词尾元音或辅音的脱落,比如"kemnembi"中的形态"kemne"源于词基"kemu"接附"-lA(1)-"后脱落元音"u","neigelembi"中的形态"neigele"源于"neigen"接附"-lA(1)-"后脱落辅音"n"。词缀"-lA(1)-"的特性(见表 24)以及基于它形成的单词整理如下:

表 24　词缀"-lA(1)-"的特性

词缀特性	内　　　　　容
词法特性	接附于名词、不完全词根、形容词、副词、疑问词词性的词基。
语义特性	表达与词基语义相关的动作行为;"使用""实现"。
音系特性	元音和谐、语素变体、词基的尾音 n 或元音脱落。

abalabumbi:aba-la-bu_mbi"使打围"

abtalambi:abta-la_mbi"修树枝"

acihilabumbi:acihi-la-bu-mbi"使伙种"

adulabumbi:adu(adun)-la-bu_mbi"使牧放"

ahūcilabumbi:ahūci-la-bu_mbi"使居长"

ahūlabumbi:ahū(ahūn)-la-bu_mbi"使为兄长"

aikanaha:aika-na_ha"倘若"

ainaha:ai-na_ha"怎样了"

aisilabumbi:aisi-la-bu_mbi"使帮助"

ajirgalambi:ajirga(ajirgan)-la_mbi"马交"

akdulabumbi:akdu(akdun)-la-bu_mbi"使保护"

akšulabumbi:akšu(akšun)-la-bu_mbi"被人话噎"

aktalambi:akta-la_mbi"骗"

aktalambi:akta-la_mbi"跨着"

albatulambi:albatu-la_mbi"言行村粗"

aldasilambi:alda-si-la_mbi"半途废事"

ambakilambi:amba-ki-la_mbi"捏大款"

amdula:amdu(amdun)-la"鳔黏"

amsulambi:amsu-la_mbi"用膳"

amtalambi:amta(amtan)-la_mbi"弹弦试弓"

anafulabumbi:anafu-la-bu_mbi"使戍守"

anggalambi:angga-la_mbi"求告着走"

asukilabumbi：asuki-la-bu_mbi"使作声气"

ayalambi：aya(ayan)-la_mbi"灌浆"

badalambi：bada-la_mbi"用度张大"

baitalabumbi：baita-la-bu_mbi"得录用"

bakcilabumbi：bakci(bakcin)-la-bu_mbi"放对"

baksalambi：baksa-la_mbi"捆把"

bardanggilambi：bardanggi-la_mbi"矜夸"

batalabumbi：bata-la-bu_mbi"使为敌"

baturulambi：baturu-la_mbi"勇往"

behelebumbi：behe[墨]-le-bu_mbi"使上墨"

bejilembi：beji-le_mbi"调市语"

bekilebumbi：beki-le-bu_mbi"使固守"

bethelembi：bethe-le-bu_mbi"捆谷立晒"

bilambi：bi-la_mbi"定限"

bithelembi：bithe-le_mbi"寄字"

bofula：bofu(bofun[包袱])-la"使包"

boigocilambi：boigoci-la_mbi"半收"

boigojilambi：boigoji-la_mbi"做主人"

bojilambi：boji[保人]-la_mbi"典"

bola：bo[煿]-la"烙"

bontoholobumbi：bontoho-lo-bu_mbi"使落空"

boohalambi：booha-la_mbi"用肴馔"

budalambi：buda-la_mbi"吃饭"

burulabumbi：buru-la-bu_mbi"使败走"

butulebumbi：butu-le-bu_mbi"使掩盖物口"

calabumbi：ca[差]-la-bu_mbi"致舛错"

cashūlabumbi：cashū(cashūn)-la-bu_mbi"使背"

cecikelembi：cecike-le_mbi"二指捏扣射"

celebumbi：ce[测]-le-bu_mbi"使拿五尺杆量"

cifelembi：cife-le_mbi"吐唾沫"

cihalambi：ciha-la_mbi"嗜好"

cikjalahabi：cikja-la_habi"土内发芽"

cinuhūlambi：cinuhū(cinuhūn)-la_mbi"点银朱扣"

ciralabumbi：cira-la-bu_mbi"使严紧"

cisulembi：cisu-le_mbi"徇私"

cobalabumbi：coba(coban[撬板])-la-bu_mbi"使撬起"

coktolombi：cokto-lo_mbi"骄傲"

cola：co[炒]-la"炒"

coohalambi：cooha-la_mbi"行兵"

cukulembi：cuku-le_mbi"嗾狗"

dabkūrilambi：dabkūri-la_mbi"重重"

dabsulabumbi：dabsu(dabsun)-la-bu-mbi"使用盐淹"

dahūlambi：dahū-la_mbi"穿皮端罩"

daicilambi：daici-la_mbi"斜排着"

dailabumbi：dai(dain)-la-bu_mbi"使征讨"

daiselabumbi：daise[代事]-la-bu_mbi"使署理"

dalabumbi：da-la-bu_mbi"使为首"

damjala：damja(damjan[担子])-la"一人挑"

damtulabumbi：damtu[当头]-la-bu_mbi"使当"

dancalambi：danca(dancan)-la_mbi"娘家去"

dangdalilambi：dangdali-la_mbi"下拦河网"

dangna：dang[挡]-na"替挡"

daniyalabumbi：daniya(daniyan)-la-bu_mbi"使掩避"

debkele：debke-le"劈绳线"

dehelembi：dehe-le_mbi"用钩钩"

demesilembi：deme-si-le_mbi"怪样"

dengne：deng[戥]-ne"比较"

deocilembi：deoci-le_mbi"行弟道"

derakūlambi：derakū-la_mbi"不留体面"

dercilembi：derci-le_mbi"停床"

deyenggulembi：deyenggu-le_mbi"讴"

dobtolombi：dobto(dobton)-lo_mbi"装套"

doholobumbi：doho-lo-bu_mbi"使用灰"

dokdolaha：dokdo-la_ha"吓一跳"

dokdoslaha：dokdos(dokdosi)-la_ha"吓一跳"

dokolombi：doko-lo_mbi"里勾子"

doola：doo[倒]-la"倒"

dorgoloho：dorgo-lo_ho"不发生"

dorolobumbi：doro-bu_mbi"使行礼"

dosholombi：dosho(doshon)-lo_mbi"宠爱"

dubesilehe：dubesi-le_he"将终"

duibulembi：dui[对]-bu-le_mbi"比并"

duilebumbi：dui[对]-le-bu-mbi"使勘断"

duranggilambi：duranggi-la_mbi"溺于酒"

dursukilembi：dursuki-le_mbi"仿效"

dursulembi：dursu(dursun)-le_mbi"体验"

dusihilebumbi：dusihi-le-bu_mbi"使兜"

dzanselabumbi：dzanse[楼子]-la-bu_mbi"使楼"

edelehebi：ede(eden)-le_hebi"残疾了"

edulehebi：edu(edun)-le_hebi"中风"

efulebumbi：efu-le-bu_mbi"使毁坏"

emgilembi：emgi-le_mbi"共同"

emhulembi：emhu(emhun)-le_mbi"独占"

enculembi：encu-le_mbi"另样行"

endeslaha：endes-la_ha"错了些"

erdelehe：erde-le_he"早了"

ergelebumbi：erge(ergen)-le-bu_mbi"被压派"

erulebumbi：eru(erun)-le-bu_mbi"使用刑"

etenggilebumbi：etenggi-le-bu_mbi"致恃强"

fadulabumbi：fadu-la-bu_mbi"使装荷包"

fafulambi：fafu(fafun[法])-la_mbi"传令"

faifuhalambi：faifuha-la_mbi"染蓝"

faishalambi：faisha-la_mbi"夹木栅"

fakjilambi：fakji(fakjin)-la_mbi"抵住"

faksalabumbi：faksa-la-bu_mbi"使分开"

fangnambi：fang[翻]-na_mbi"强是为非"

farsilabumbi：farsi-la-bu_mbi"使切成块"

fempilebumbi：fempi[封皮]-le-bu_mbi"使封"

feniyelembi：feniye(feniyen)-le_mbi"成群"

ferhelembi：ferhe-le_mbi"大指勾弦"

feshelebumbi：feshe-le-bu_mbi"被踢"

fethekulembi：fethe-ku-le_mbi"摇橹"

feyelehebi：feye-le_hebi"中伤"

fiyelembi：fiye(fiyen[骗])-le_mbi"骗马"

foihorilambi：foi-ho(hUn)-ri-la_mbi"行事疏忽"

fondolombi：fondo-lo_mbi"穿入"

fucihiyala：fucihiya-la"燎"

fudasihūlahabi：fuda-si-hū(hUn)-la_habi"疯了"

fudelebumbi：fude-le-bu_mbi"使拆缝线"

fujurula：fujuru-la"使访问"

fungnebumbi：fung(封)-ne-bu_mbi"受封"

funiyehelembi：funiye-he-le_mbi"揪头发"

funtuhulembi：funtu-hu(hUn)-le_mbi"空"

fuselembi：fuse-le_mbi"刺放脓血"

fusihūlabumbi：fusi-hū(hUn)-la-bu_mbi"被轻贱"

futalabumbi：futa-la-bu_mbi"使绳量"

gabsihiyalabumbi：gabsihiya(gabsihiyan)-la-bu_mbi"使轻骑简从"

gaisilabumbi：gaisi-la-bu_mbi"被牵夺"

gargalabumbi：garga(gargan)-la-bu_mbi"使单着"

garjabumbi：gar-ja-bu_mbi"弄烂"

gebulembi：gebu-le_mbi"呼名"

gelaha：ge-la_ha"醒过来了"

gencehelembi：gencehe(gencehen)-le_mbi"用刀背砍"

gercilebumbi：gerci-le-bu_mbi"使出首"

gerilambi：geri-la_mbi"一晃看见"

geterilaha：ge-te-ri-la_ha"眼亮了"

getukele：ge-tu-ke(ken)-le"使察明"

gibalabumbi：giba[褙褙]-la-bu_mbi"使打褙褙"

gibalambi：giba[褙褙]-la_mbi"打褙褙"

gidalambi：gida-la_mbi"用枪扎"

gilembi：gi[祭]-le_mbi"对对奠酒"

ginggulebumbi：ging[敬]-gu(gun)-le-bu_mbi"使人敬"

gingnebumbi：ging[斤]-ne-bu_mbi"使用秤称"

gingnembi：ging[敬]-ne_mbi"献酒"

giyabalabumbi：giyaba(giyaban[夹板])-la-bu_mbi"使夹"

giyalabumbi：giya[间]-la-bu_mbi"使间隔出"

giyamulambi：giyamu(giyamun)-la_mbi"驰驿"

giyangnabumbi：giyang[讲]-na-bu_mbi"使讲"

gofoholohobi：gofo-ho-lo_hobi"草木丛杂"

goholombi：goho(gohon)-lo_mbi"外勾子"

gosiholombi：gosi-ho(hUn)-lo_mbi"恸哭"

guculembi：gucu-le_mbi"交友"

gūldarkūlaha：gūlda-rkū(＜rA_kū)-la_ha"低头难"

gunggulembi：gunggu-le_mbi"向上射"

gungnembi：gung[恭]-ne_mbi"致恭"

gurehelebumbi：gurehe-le-bu_mbi"使缠筋"

gūrgilabumbi：gūrgi(gūrgin)-la-bu_mbi"被火焰熏燎"

gūsulambi：gūsu-la_mbi"煞绳套马"

gūwacihiyalambi：gūwacihiya-la_mbi"吃惊"

guwatalambi：guwata-la_mbi"平分"

habtalambi：habta-la_mbi"展眼"

hacilambi：haci(hacin)-la_mbi"条陈"

hahila：hahi-la"急着"

hajilambi：haji-la_mbi"下赶网"

hangnabumbi：hang[焊]-na-bu_mbi"使焊"

hasalabumbi：hasa-la-bu_mbi"使剪"

hashalabumbi：hasha(hashan)-la-bu_mbi"使夹篱笆"

hasurgalambi：hasur(hasuran)-ga(gan)-la_mbi"画桃皮"

hemilembi：hemi-le_mbi"搂衣"

hengkilebumbi：hengki-le_mbi"使叩头"

hihalambi：hiha(hihan)[稀罕]-la_mbi"稀罕"

hisalabumbi：hisa-la-bu_mbi"使奠酒"

hiyabsalabumbi：hiyabsa[夹板子]-la-bu_mbi"使夹捆折伤"

hiyahalabumbi：hiyaha-la-bu_mbi"被牵扯"

hiyancilaha：hiyanci-la_ha"夏鹿成群"

hoifalambi：hoifa(hoifan)-la_mbi"染青"

hoihalambi：hoiha(hoihan)-la_mbi"冬狩"

hokilambi：hoki la_mbi"结党"

hontoholombi：hontoho-lo_mbi"分给半分"

horolombi：horo(horon)-lo_mbi"作威"

hošotolobumbi：hošo-to-lo-bu_mbi"使斜包"

hūbala：hūba[糊巴]-la"糊"

hūbilabuha：hūbi(hūbin)-la-bu_ha"上当"

hūdula：hūdu(hūdun)-la"快着"

hūngniyoolambi：hūngniyoo-la_mbi"带日下雨"

hūsutulebumbi：hūsu(hūsun)-tu-le-bu_mbi"使用力"

hūwakšahalabumbi：hūwakša(hūwakšan)-la-bu_mbi"使树木栏"

huwesilembi：huwesi-le_mbi"用小刀扎"

icemlebumbi：icem(ice_me)-le-bu_mbi"使见新"

ilbarilambi：ilba-ri-la_mbi"微笑"

iletulebumbi：iletu-le-bu_mbi"使显露"

imiyelembi：imiye-le_mbi"系带"

indahūlambi：indahū(indahūn)-la_mbi"二人齐倒"

jadahalahabi：jadaha-la_habi"残疾了"

jajilambi：jaji(jajin)-la_mbi"堆长垛"

jalaktalahabi：jala-kta(ktAn)-la_habi"翎翅残缺"

jempilembi：jempi(jempin[煎饼])-le_mbi"摊煎饼"

jergilebumbi：jergi-le-bu_mbi"使相等"

jerguwelebumbi：jerguwe(jerguwen)-le-bu_mbi"使安栏杆"

jibcalambi：jibca-la_mbi"穿皮袄"

jimalambi：jima-la_mbi"上钉横钉"

jingnembi：jing[敬]-ne_mbi"对对奠酒"

jiramilabumbi：jira-mi(min)-la-bu_mbi"使人厚待"

jiselembi：jise[底子]-le_mbi"起草"

joksilambi：joksi-la_mbi"攘食包"

jucelebumbi：juce-le-bu_mbi"使坐堆子"

juculembi：jucu(jucun)-le_mbi"唱戏"

juktelebumbi：jukte-le-bu_mbi"使切小块"

jumalambi：juma-la_mbi"上钉横钉"

jursulebumbi：jur-su-le-bu_mbi"使重着"

jurulebumbi：juru-le-bu_mbi"使双着"

justalabumbi：justa(justan)-la-bu_mbi"使刺条子"

karulabumbi：karu(karun)-la-bu_mbi"使报复"

kemnebumbi：kem(kemun)-ne-bu_mbi"使节用"

kengselebumbi：kengse-le-bu_mbi"使裁断"

kerulembi：keru-le_mbi"罚"

kimulebumbi：kimu(kimun)-le-bu_mbi"使结雠"

kiyangdulabumbi：kiyangdu-la-bu_mbi"被使强"

kobkolombi：kobko-lo_mbi"揭下纸画"

kobtolombi：kobto-lo_mbi"待人敬谨"

komolobumbi：komo-lo-bu_mbi"使备骆驼"

koyorholombi：koyorho-lo_mbi"杀马楦皮焚祭"

kuilebumbi：kui[盔]-le-bu_mbi"使掐"

kukulembi：kuku-le_mbi"剖活牲胸膛熨伤"

kumdulebumbi：kumdu-le-bu_mbi"使虚着"

kundulebumbi：kundu-le-bu_mbi"使人恭敬"

kurcilembi：kurci-le_mbi"火燎箭杆"

kurelembi：kure(kuren)-le_mbi"分伍"

kušulebumbi：kušu(kušun)-le-bu_mbi"致不舒服"

kutulebumbi：kutu-le-bu_mbi"使牵牲口"

labdulambi：labdu-la_mbi"多加"

lashala：lasha-la"截断"

longtolobumbi：longto[笼头]-lo-bu_mbi"使带笼头"

luhulebuhebi：luhu-le-bu_hebi"浮伤"

mabula：mabu[抹布]-la"用布擦"

mahūlabumbi：mahū-la_mbi"被给没脸"

mahūlambi：mahū[抹糊]-la_mbi"涂抹"

maitulambi：maitu[麦头]-la_mbi"用棒打"

mampilambi：mampi-la_mbi"结搭搭"

manggalahabi：mangga-la_habi"病沉"

marulambi：maru-la_mbi"鱼成群"

matalambi：mata-la_mbi"单蹄弹"

mayalambi：maya(mayan)-la_mbi"手挎"

meile：mei-le"截开"

mejigele：meji-ge-le"使探信"

mengdelembi：mengde-le_mbi"钉结实"

meyelebumbi：meye(meyen)-le-bu_mbi"使截成段"

miosirilambi：miosi-ri-la_mbi"撇嘴笑"

mishalambi：misha(mishan)-la_mbi"打墨线"

miyasirilambi：miyasi-ri-la_mbi"撇嘴欲哭"

miyoocalabumbi：miyooca(miyoocan[鸟枪])-la-bu_mbi"使放鸟枪"

moksolombi：mokso-lo_mbi"橛折"

morilabumbi：mori(morin)-la-bu_mbi"使骑上马"

moselabumbi：mose[磨子]-la-bu_mbi"使磨"

mukšalambi：mukša(mukšan)-la_mbi"用棍打"

multule：multu-le"褪"

nahalambi：naha(na±han[炕])-la_mbi"落炕"

namalabumbi：nama(naman)-la-bu_mbi"使下针"

nashūlabuha：nashū(nashūn)-la-bu_ha"凑巧"

negelembi：nege-le_mbi"掌托站立"

neigecilebumbi：neige(neigen)-ci-le-bu_mbi"使一样均匀"

neigelembi：neige(neigen)-le_mbi"均匀"

nekulembi：neku-le_mbi"乘意"

nemselembi：nem(neme)-se-le_mbi"只管加谗"

nenggelebumbi：nengge-le-bu_mbi"支翘着"

nikacilambi：nika(nikan)-ci-la_mbi"汉人气"

nimekulehebi：nime-ku-le_hebi"成了病"

niniyarilaha：niniyari-la_mbi"腰扭了"

niohušulebumbi：nio-hu(hun)-šu-le-bu_mbi"使光着身"

nionggalabumbi：niongga-la-bu_habi"被剐破"

nišala：niša-la"重打"

niyamalambi：niyama(niyaman)-la_mbi"亲亲"

niyarhūlahabi：niya-r-hū(hūn)-la_habi"坐月子"

niyelebumbi：niye[碾]-le-bu_mbi"使轧场"

niyelembi：niye[念]-le_mbi"念"

nujalambi：nuja(nujan)-la_mbi"拳打"

nungnebumbi：nung[弄]-ne-bu_mbi"使侵害"

oihorilabumbi：oi[外]-ho(hon)-ri-la-bu_mbi"被轻忽"

oktolombi：okto-lo_mbi"用药"

oktosilabumbi：okto-si-la-bu_mbi"使人医"

oljilambi：olji-la_mbi"抢掳人口"

omiholobumbi：omi(omin)-ho(hon)-lo-bu_mbi"使挨饿"

orolombi：oro(oron)-lo_mbi"顶缺"

ošoholombi：ošo-ho-lo_mbi"用爪"

otorilambi：otori-la_mbi"春搜"

pilembi：pi[批]-le_mbi"批判"

sabkalambi：sabka-la_mbi"用箸夹"

sacalabumbi：saca-la-bu_mbi"使戴盔"

sadulambi：sadu(sadun)-la_mbi"结亲"

saifilambi：saifi-la_mbi"用匙舀"

saihūwadalambi：saihūwa-da-la_mbi"笞责"

šajilaha：šaji(šajin)-la_ha"禁约过"

šakalambi：šaka-la_mbi"横击"

šakšahalambi：šakšaha-la_mbi"从傍截杀"

šampilabumbi：šampi[斜皮]-la-bu_mbi"使带纣棍"

samsulabumbi：samsu-la-bu_mbi"使鏨花"

sandalabuha：san-da-la-bu_ha"相隔"

šangnambi：šang[赏]-na_mbi"赏赐"

sarilambi：sari(sarin)-la_mbi"筵宴"

šasihalabumbi：šasiha-bu_mbi"使掌嘴"

šayolambi：šayo-la_mbi"持斋"

sebderılebumbi：sebde(sebden)-ri-le-bu_mbi"使歇阴凉"

sebjelebumbi：sebje(sebjen)-le-bu_mbi"使快乐"

sebkelembi：sebke(sebken)-le_mbi"间或吃"

šelembi：še[舍]-le_mbi"舍"

šempilembi：šempi[斜皮]-le_mbi"夹斜皮"

sendelebumbi：sende-le-bu_mbi"使刨豁口"

šeolebumbi：šeo[绣]-le-bu_mbi"使绣"

sesilehe：sesi-le_he"夏鹿成群"

sesulambi：sesu-la_mbi"惊讶"

sibiyalambi：sibiya-la_mbi"掣签"

sibkele：sibke-le"两人抬"

sibšalambi：sibša-la_mbi"开除"

sibsikalambi：sibsi-ka-la_mbi"打毛毡"

sidehulebumbi：side(siden)-hu(hun)-le-bu_mbi"使插门"

sihelebumbi：sihe-le-bu_mbi"好事被人拦"

simenggilebumbi：sime-nggi-le-bu_mbi"使上油"

sinagalambi：sina-ga(gan)-la_mbi"丁忧"

sinahilambi：sina-hi-la_mbi"穿孝"

sirgelembi：sirge-le_mbi"劈肋条"

šolo：šo[烧]-lo"烧"

songkolobumbi：songko-lo-bu_mbi"使遵照"

sorihalambi：soriha-la_mbi"拴绸条"

subkele：subke-le"抽纸子"

sucilehebi：suci-le_hebi"兽怀胎"

šucilembi：šu-ci-le_mbi"充知道"

šugile：šugi(šugin)-le"漆"

suhelembi：suhe-le_mbi"用斧劈"

suifulembi：suifu(suifun)-le_mbi"锥"

suilabumbi：sui[罪]-la-bu_mbi"苦累"

šukilabumbi：šuki-la-bu_mbi"使拳捣"

suksalabumbi：suksa(suksan)-la-bu_mbi"使开垦"

šulebumbi：šu[税]-le-bu_mbi"使征收"

sundalabumbi：sunda-la-bu_mbi"使追袭"

šusihalabumbi：šusi-ha-la-bu_mbi"使鞭打"

šusilembi：šusi(šusin)-le_mbi"凿"

šuwarkiyalambi：šuwarkiya(šuwarkiyan)-la_mbi"杖责"

tabcilabumbi：tabci(tabcin)-la-bu_mbi"弓弦打脸打袖"

tahalabumbi：ta-ha(han)-la-bu_mbi"使钉铁蹄"

tala：ta[摊]-la"摊"

tanggilambi：tanggi-la_mbi"打弹弓"

tangsulambi：tangsu-la_mbi"娇养"

tarhūlambi：tar-hū(hūn)-la_mbi"使上膘"

tarnilambi：tarni-la_mbi"念咒"

tarsilambi：tarsi-la_mbi"姑表结亲"

tebkelembi：tebke-le_mbi"切肉钉"

teisulebumbi：teisu-le-bu_mbi"逢得着"

teksilebumbi：teksi(teksin)-le-bu_mbi"使整齐"

temgetulembi：temgetu-le_mbi"旌表"

tobgiyalambi：tobgiya-la_mbi"搬上弓"

tolholombi：tolho(tolhon)-lo_mbi"裹桦皮"

tolobumbi：to(ton)-lo-bu_mbi"使数"

tomilabumbi：tomi-la-bu_mbi"使派"

tondolombi：tondo-lo_mbi"直走"

tooselambi：toose[砣子]-la_mbi"权变"

tubilembi：tubi-le_mbi"罩鱼"

tufulembi：tufu(tufun)-le_mbi"纫镫"

tuibalabumbi：tuiba[推刨]-la-bu_mbi"使刨"

tuilebumbi：tui[煺]-le-bu_mbi"使煺毛"

tukulembi：tu-ku-le_mbi"盖面子"

tunggalabumbi：tungga-la-bu_mbi"无心撞见"

tunggulembi：tunggu-le_mbi"烧柳汁熨伤处"

turulabumbi：turu(turun)-la-bu_mbi"使倡率"

tusihiyalambi：tusihiya-la_mbi"递爪"

uculebumbi：ucu(ucun)-le-bu_mbi"使歌唱"

udelembi：ude(uden)-le_mbi"打中伙"

uhelembi：uhe-le_mbi"相共"

uherilembi：uhe-ri-le_mbi"统共"

ujelebumbi：uje(ujen)-le-bu_mbi"使人重待"

ujulabumbi：uju-la-bu_mbi"使领头"

uksala：uksa-la"解脱"

uksilebumbi：uksi(uksin)-le-bu_mbi"使穿甲"

ukulebumbi：uku-le-bu_mbi"使放帽檐"

ulhilembi：ulhi-le_mbi"袖物"

umerlehebi：umer-le_hebi"猪肥了不下崽"

umesilebumbi：umesi-le-bu_mbi"使着实的"

umiyahalambi：umiya-ha-la_mbi"打结子"

umiyelebumbi：umiye-le-bu_mbi"使系带"

undehele：undehe(undehen)-le"使打板"

unenggilembi：une-nggi-le_mbi"竭诚"

untuhulebumbi：untu-hu(hun)-le-bu_mbi"使空过"

urgalabumbi：urga(urgan)-la-bu_mbi"使套马"

urkilambi：urki(urkin)-la_mbi"作响声"

usucilembi：usu(usun)-ci-le_mbi"作厌恶事"

uyulembi：uyu(uyun)-le_mbi"罚九数"

wakalabumbi：waka-la-bu_mbi"使怪不是"

waselabumbi：wase[瓦子]-la-bu_mbi"使宾瓦"

wasihalabumbi：wasiha-la-bu_mbi"使挠"

weihukelebumbi：wei-hu(hun)-ke(ken)-le-bu_mbi"被轻慢"

wesihulebumbi：we-si-hu(hun)-le-bu_mbi"使人尊重"

yabilabumbi：yabi-la-bu_mbi"使铺望板"

yakilambi：yaki-la_mbi"罩箭罩"

yamulabumbi：yamu(yamun[衙门])-la-bu_mbi"使上衙门"

yanggilambi：yanggi-la_mbi"调戏"

yangkūnggalambi：yangkūngga-la_mbi"歌"

yangselambi：yangse-la_mbi"文饰"

yargiyala：yar-giya(giyan)-la"使验实"

yasalabumbi：yasa-la-bu_mbi"被看见"

yashalabumbi：yas(yasa)-ha-la-bu_mbi"使拴橘子眼"

yooselabumbi：yoose[钥匙]-la-bu_mbi"使锁住"

(2) -lA(2)-

词缀"-lA(2)-"接附于词基后所派生的词的词性为动词,其所接附的词基为动词词干,这点区别于"-lA(1)",如：acala-"共合"、aššala-"微动",ijila-"合群"、neile-"开示"等。词缀"-lA(2)-"的语素变体包含"-la-""-le-""-lo-"等形态。

词基接附词缀"-lA(2)-"后没有呈现一致的语义表达。比如,接附"-lA(2)"的"aššala-(微动)"和动词"ašša-(动)"相比,语义增添了"程度";而接附"-lA(2)"的"neile-(开示)"相较于动词"nei-"来说,其语义表达更加抽象化了。如果对这些词中"-lA(2)"的语义表达进行整体描述,只能说词基接附"-lA(2)"后语义较原词基的语义发生了一定的变化。

词缀"-lA(2)-"的元音依词干元音而和谐,具体可实现为"-la-""-le-""-lo-"等语素变体。如果词基是动词当中的 n 型词干,辅音"n"不见于词形,也不会导致"-lA(2)"形成其他辅音的变体。词缀"-lA(2)-"的特性(见表 25)以及基于它形成的单词整理如下:

表 25 词缀"-lA(2)-"的特性

词缀特性	内　　　容
词法特性	接附于动词词性的词基。
语义特性	在词基的语义基础上产生了一定的变化。
音系特性	元音和谐、语素变体、词基的尾音 n 或元音脱落。

acalambi：aca-la_mbi"共合"　　　　aššalaha：ašša-la_ha"微动"

bejihiyele：beji-hiye-le"解忧"　　　dahalambi：daha-la_mbi"追赶伤兽"

dahalambi：daha-la_mbi"诉告"　　　ejelembi：eje-le_mbi"霸占"

hafulambi：hafu-la_mbi"劝止"　　　ijilambi：iji-la_mbi"合群"

iselembi：ise-le_mbi"相拒"　　　　neilembi：nei-le_mbi"开示"

7.2.2　-šA-

季永海等(1986)以及刘景宪等(1997)将词缀"-šA-"描述为由名词或形容词形成动词的派生词缀。词缀(或者说形态)"-šA-"接附在动词词干上时,其语义表达区别于接附在其他类型词基的情况。因此,在讨论词缀"-šA-"时将其区分为"-šA(1)-"和"-šA(2)-"。其中,"-šA(1)-"指词基为非动词词性的情况,"-šA(2)-"指词基为动词词性的情况。

(1) -šA(1)-

词缀"-šA(1)-"接附于词基后所派生词的词性为动词,而其所接附的词基可以是名词性词基、不完整词根、词根上结合"hA""gA""ki""KU""m""r""-ri(n)""tA"以及形容词性词基。其中，"hA""gA""ki""KU""m""r""ri(n)""tA"等词缀可以看作是形成词基的语素，这些词缀中仅有一部分在其他词汇中被发现，很多词缀仅见于"-šA-"派生词的词基中。基于这些词缀的特性，在讨论派生词的过程中将这些词缀称为"词基形成语素"。

词基接附词缀"-šA(1)-"之后派生的词汇用于表达和词基语义相关的一系列运动、动作，"-šA(1)-"接在不完整词根后构成的派生动词较多，当"-šA(1)-"接在名词后构成派生动词时，一般这个名词本身也带有运动、运行性质，此时表达对原词进行"运行"或是原词的增强行为，也可用于表达通过永久性、长期或连续的动作来达成某种效果。

词缀"-šA(1)-"有元音和谐现象，包括"-ša-""-še-""-šo-"。"-šA-"接附于词基时会导致一些词基发生词尾元音或辅音的脱落，如"nujašambi"中的词形"nuja"源于"nujan"一词脱落辅音"n"。词缀"-šA(1)-"的特性（见表 26）以及基于它形成的单词整理如下：

表 26　词缀"-šA(1)-"的特性

词缀特性	内　　　　容
词法特性	动词、名词、不完全词根、词根＋"hA""gA""ki""KU""m""r""ri(n)""tA"或形容词等。
语义特性	表达和词基语义相关的一系列运动、动作，"-šA(1)-"接在不完整词根和动词词干后构成的派生动词较多，"-šA(1)-"接在名词后构成派生动词，一般该名词本身也带有运动、运行性质，此时表达对原词进行"运行"或是原词的增强行为，也可用于表达一种永久性、长期或连续的动作来达成某种效果。
音系特性	元音和谐、辅音 n 脱落。

ahūšambi：ahū(ahūn)-ša_mbi"兄礼相待"

aidahašambi：aidaha(aidahan)-ša_mbi"发豪横"

algišambi：algi(algin)-ša_mbi"张扬"

amtašambi：amta(amtan)-ša_mbi"细尝滋味"

arbušambi：arbu(arbun)-ša_mbi"动作"

bebušembi：bebu-še_mbi"连声哄睡"

bulekušembi：buleku-še_mbi"洞鉴"

burakišambi：bura-ki-ša_mbi"风扬尘"

buthašabumbi：but(buta)-ha-ša_mbi"使行渔猎"

cikešembi：cike-še_mbi"略点"

daišambi：dai(dain)-ša_mbi"乱闹"

encehešembi：ence-he(hen)-še_mbi"钻营"

ergešembi：erge(ergen)-še_mbi"吃得发喘"

fathašambi：fatha-ša_mbi"焦躁"

fiyanggūšambi：fiyanggū-ša_mbi"撒娇"

forgošobumbi：for(foro)-go(gon)-šo-bu_mbi"使调转"

gencehešembi：gencehe(gencehen)-še_mbi"用刀背乱砍"

gohošombi：goho(gohon)-šo_mbi"彼此牵扯"

habtašambi：habta-ša_mbi"扺翅飞"

hebešebumbi：hebe-še_mbi"使商议"

hitahūšambi：hitahū(hitahūn)-ša_mbi"砑箭翎"

hoktošombi：hokto(hokton)-šo_mbi"雨后高处行猎"

hūbišabumbi：hūbi(hūbin)-ša-bu_mbi"使设圈套"

hūdašabumbi：hūda-ša-bu_mbi"使做生意"

huwesišembi：huwesi-še_mbi"用小刀乱扎"

ibagašambi：ibaga(ibagan)-ša_mbi"作怪"

ibahašambi：ibaha(ibagan)-ša_mbi"作怪"

ildušambi：ildu(ildun)-ša_mbi"将机就机"

imcišambi：imci(imcin)-ša_mbi"男打手鼓"

injekušembi：inje-ku-še_mbi"耻笑"

jubešembi：ju-be(ben)-še_mbi"背后毁谤"

karušambi：karu(karun)-ša_mbi"还报"

maimašambi：maima(maiman)-ša_mbi"做买卖"

maitušambi：maitu[麦头]-ša_mbi"用棒乱打"

malašambi：mala-ša_mbi"椎冰震小鱼"

murušembi：muru-še-mbi"得其大概"

nimahašambi：nimaha-ša_mbi"打鱼"

niyahašabumbi：niya-ha(han)-ša-bu_mbi"使放犬捉牲"

nujašambi：nuja(nujan)-ša_mbi"拳乱打"

samašambi：sama(saman)-ša_mbi"跳神占吉凶"

suhešembi：suhe-še_mbi"用斧乱劈"

šusihašambi：šusi-ha-ša_mbi"用鞭乱打"

teifušembi：teifu(teifun)-še_mbi"拄杖走"

tetušembi：tetu(tetun)-še_mbi"器使"

tolgišambi：tolgi(tolgin)-ša_mbi"胡梦"

tuhašambi：tuha(tuhan)-ša_mbi"走独木桥"

undašambi：unda(undan)-ša_mbi"春雪上赶兽"

unggašambi：ungga-ša_mbi"敬长"

untušembi：untu(untun)-še_mbi"女打手鼓"

urušambi：uru(urun)-ša_mbi"妇尽孝道"

wasihašambi：wasiha-ša_mbi"乱挠"

asuršambi：asur-ša_mbi"要动手脚"

biyarišambi：biyari-ša_mbi"耀眼"

biyolokošombi：biyoloko-šo_mbi"混撒谎"

boboršombi：bobor-šo_mbi"爱不忍释手"

buburšembi：bubur-še_mbi"迟滞"

burašambi：bura-ša_mbi"风扬雪"

ceceršembi：cecer-še_mbi"拉硬弓费力貌"

cikiršambi：cikir-ša_mbi"妇女面腼"

cunggūšambi：cunggū-ša_mbi"撞头"

delišembi：deli-še_mbi"水满晃动"

dohošombi：doho-šo_mbi"瘸"

ebšembi：eb-še_mbi"忙"

ekteršembi：ekter-še_mbi"豪强"

fangšambi：fang[翻]-ša_mbi"强是为非"

fihašambi：fiha-ša_mbi"干张着口"

fuhašabumbi：fuha-ša_mbi"使倒桩"

fuhešebumbi：fuhe-še-bu_mbi"使滚"

fukjišambi：fukji-ša-bu_mbi"拘束"

gehešembi：gehe-še_mbi"点头呼唤"

gihūšambi：gihū-ša_mbi"央求"

gileršembi：giler-še_mbi"恬不知耻"

gudešembi：gude-še_mbi"用拳连捶"

gūrakūšambi：gūrakū-ša_mbi"贼眉鼠眼"

hafišambi：hafi-ša_mbi"手拍小儿"

halbišambi：halbi-ša_mbi"献媚"

hargašabumbi：harga-ša_mbi"使仰望"

hebtešembi：hebte-še_mbi"捯气"

heošembi：heo-še_mbi"迟疑"

hiyangtaršambi：hiyangtar-ša_mbi"骄纵"

hūlašabumbi：hūla-ša_mbi"使兑换"

hūyušembi：hūyu-še_mbi"换用"

ijaršambi：ijar-ša_mbi"笑盈盈"

ilbašambi：ilba-ša_mbi"抿嘴笑"

ilgašambi：ilga-ša_mbi"闲游"

irgašambi：irga-ša_mbi"眼光媚态"

jabšabumbi：jab-ša-bu_mbi"使得便宜"

jerkišembi：jerki-še_mbi"晃眼"

jileršembi：jiler-še_mbi"恬不知耻"

kabkašambi：kabka-ša_mbi"强嘴"

kangtaršambi：kangtar-ša_mbi"昂然"

kederšembi：keder-še_mbi"讥刺"

koikašabumbi：koika-ša-bu_mbi"使彼此搅打"

kudešembi：kude-še_mbi"双手捶背"

melešetembi：mele-še-te_mbi"欲逢迎又畏惧"

muharšambi：muhar-ša_mbi"眼磨着疼"

muhešembi：muhe-še_mbi"燕衔泥"

nanggišambi：nanggi-ša_mbi"卖俏"

niniyaršambi：niniyar-ša_mbi"酸物倒牙"

sanggūšabumbi：sanggū-ša-bu_mbi"被趁愿"

sarašambi：sara-ša_mbi"游玩"

sarbašambi：sarba-ša_mbi"争拿"

sargašambi：sarga-ša_mbi"游玩"

šasihašambi：šasiha-ša_mbi"连掌嘴"

sengseršembi：sengser-še_mbi"很爱"

šeteršembi：šeter-še_mbi"腰压弯了"

sibišambi：sibi-ša_mbi"呆着脸看"

sihešembi：sihe-še_mbi"摇尾"

sirbašambi：sirba-ša_mbi"摆尾"

šukišambi：šuki-ša_mbi"拳乱捣"

tafuršambi：tafur-ša_mbi"狠发奋"

tališambi：tali-ša_mbi"回光乱动"

tamišambi：tami-ša_mbi"吧嗒嘴尝"

tohišambi：tohi-ša_mbi"滥求"

toilokošombi：toiloko-šo_mbi"东张西望"

uyašambi：uya-ša_mbi"倒嚼"

uyuršembi：uyur(uyuri)-še_mbi"巧笑"

yuburšembi：yubur-še_mbi"虫拱动"

birgešembi：birge-še_mbi"动荡"

ebišembi：ebi(elbi)-še_mbi"盆水沐浴"

feshešembi：feshe-še_mbi"连踢"

hengkišembi：hengki-še_mbi"连叩头"

gejihešebumbi：geji[格支]-he-še-bu_mbi"使格支"

ibkašambi：ib(ibe)-ka(hA)-ša_mbi"徐徐前进"

bilgešembi：bil-ge-še_mbi"水满将溢"

burgašambi：bur(bura)-ga-ša_mbi"烟气缭绕"

hesihešembi：hesi-he-še_mbi"观望着走"

yojohošombi：yojo-ho-šo_mbi"很痒痒"

cimkišame：cim(cimi)-ki-ša_me"带吃不吃"

amcakūšambi：amca-kū-ša_mbi"赶着问"

bulcakūšambi：bulca-kū-ša_mbi"肯脱滑"

cendekušembi：cende-ku-še_mbi"明知故问"

gerkušembi：ger(geri)-ku-še_mbi"眼光闪烁"

giyangnakūšambi：giyang-na-kū-ša_mbi"强嘴"

dulemšeku：dulem(dulen)-še_ku"疏略"

seremšebumbi：serem(seren)-še-bu_mbi"使防护"

buyeršembi：buye-r-še_mbi"美慕"

dekderšembi：dek-de-r-še_mbi"起叛心"

dokdoršombi：dokdo-r-šo_mbi"轻佻"

eyeršebumbi：eye-r-še_mbi"使恶心"

iburšambi：ibur-ša_mbi"屈动"

ikūršambi：ikū-r-ša_mbi"像蛇行"

ikūršambi：ikū_r-ša_mbi"屈伸前走"

niyeniyeršembi：niyeniye-r-še_mbi"怕嚼"

sandaršambi：san-da-r-ša_mbi"岔腿走"

usuršebumbi：usu-r-ša_mbi"惹人憎"

waikuršambi：wai[歪]-ku-r-ša_mbi"歪着走"

yekeršembi：yeke-r-še_mbi"打趣"

funturšambi：funtu-r-ša_mbi"只是拱地"

šarišambi：ša-ri(rin)-ša_mbi"鱼翻白"

tabtašambi：tab-ta-ša_mbi"言语粗鲁"

adališambi：ada-li-ša_mbi"仿佛"

banuhūšambi：banu(ban)-hū(hūn)-ša_mbi"懒惰"

biyargiyašambi：biyar-giya(giyan)-ša_mbi"风暄"

cahūšambi：cahū-ša_mbi"妇人撒泼"

dabduršambi：dabdur-ša_mbi"发躁"

elhešebumbi：elhe-še-bu_mbi"使缓慢"

etuhušebumbi：etu-hu(hun)-še-bu_mbi"致用强"

fafuršambi：fafur(fafuri)-ša_mbi"发奋"

fusihūšabumbi：fusi-hū(hūn)-ša-bu_mbi"被轻视"

gahūšambi：gahū-ša_mbi"乞食"

giltaršambi：gil-ta-r(ri)-ša_mbi"放光"

giyangkūšambi：giyangkū-ša_mbi"只管退避"

guguršembi：gugur-še_mbi"鞠躬貌"

gūwacihiyašambi：gūwacihiya-ša_mbi"肉跳"

haiharšambi：hai-ha-r-ša_mbi"摇晃着走"

halašambi：hala-ša_mbi"撒娇"

haldabašambi：halda-ba-ša_mbi"谄媚"

icakūšambi：ica-kū-ša_mbi"不受用"

icišambi：ici-ša_mbi"就势"

jibgešembi：jibge-še_mbi"逗遛"

kiyangkiyašabumbi：kiyangkiya(kiyangkiyan)-ša_mbi"被强梁"

laihūšambi：lai[赖]-hū-ša_mbi"放刁"

lurgišembi：lurgi(lurgin)-še_mbi"倒腔"

malhūšabumbi：mal-hū(hūn)-ša-bu_mbi"使俭省"

manggašambi：mangga-ša_mbi"作难"

muwašambi：muwa-ša_mbi"推荒杆"

narhūšabumbi：nar-hū(hūn)-ša-bu_mbi"使机密"

ohoršombi：ohor-šo_mbi"只管恶心"

oncohošombi：onco-ho(hon)-šo_mbi"傲慢"

saišabumbi：sai(sain)-ša-bu_mbi"致于夸奖"

šakašabumbi：šaka-ša-bu_mbi"致拥集"

serguwešebumbi：ser-guwe(guwen)-še-bu_mbi"使乘凉"

šuburšembi：šubur(šubure)-še_mbi"恐怕怎么样了"

šuburšembi：šubur(šuburi)-še_mbi"委随"

sumburšambi：sum-bur-ša_mbi"散乱"

teheršembi：teher(teheren)-še_mbi"相等"

tulhušembi：tul-hu(hun)-še_mbi"阴了"

urušembi：uru-še_mbi"为是"

wakašabumbi：waka-ša-bu_mbi"使怪"

yadahūšambi：yada-hū(hūn)-ša_mbi"饿"

(2) -šA(2)-

"-šA(2)-"接附于词基后所派生词的词性为动词,其所接附的词基为动词词干,这点区别于"-šA(1)",如：bilušambi"不断抚育"、eiteršembi"暗暗欺哄"、tuwašambi"照管"等。"-šA(2)-"的语素变体包含"-ša-""-še-""-šo-"等形态。

词基接附词缀"-šA(2)-"之后派生的动词用于表达较原词基更为具体的语义,如"tuwašambi"较于词基"tuwambi(看)"表达更为具体的"照管"的语义。一些词基接附"-šA(2)-"之后表达"只管如何如何",如"bišumbi"表达"摩",而"bišušambi"表达"只管摩"。

词缀"-šA(2)-"的元音依词干元音而和谐,具体可实现为"-ša-""-še-""-šo-"等语素变体。如果词基是动词当中的 n 型词干时,辅音"n"不见于词形,也不会导致"-šA(2)-"形成其他辅音的变体。词缀"-šA(2)-"的特性(见表 27)以及基于它形成的单词整理如下：

表 27　词缀"-šA(2)-"的特性

词缀特性	内　　　容
词法特性	接附于动词词性的词基。
语义特性	表达较词基更为具体的语义,在一部分词汇中表达"只管如何如何"。
音系特性	元音和谐、语素变体、词基的尾音 n 或元音脱落,部分词基的尾音元音会脱落。

facihiyašabumbi：faci-hiya-ša-bu_mbi"使着急"

kengkešembi：kengke-še_mbi"渴想"

bilušambi：bilu-ša_mbi"长抚育"

bišušambi：bišu-ša_mbi"只管摩"

bukdašambi：bukda-ša_mbi"折挫"

burgišambi：burgi-ša_mbi"频惊乱"

cihalšambi：ciha-l(la)-ša_mbi"乘势"

cingkašame：cingka-ša_me"盛实着"

congkišakū：congki-ša_kū"杵"

cukūšambi：cukū-ša_mbi"乱撞"

dabašambi：daba-ša_mbi"僭越"

derkišembi：derki-še_mbi"旗飘动"

eiteršembi：eiter(eitere)-še_mbi"暗欺哄"

elbišebumbi：elbi-še_mbi"使河内洗澡"

fataršabumbi：fatar(fatara)-ša-bu_mbi"使常掐算着用"

fudešembi：fude-še_mbi"跳神送祟"

gabtašambi：gabta-ša_mbi"齐射"

gaibušambi：gai-bu-ša_mbi"露输"

gardašambi：garda-ša_mbi"大步趋行"

gidašabumbi：gida-ša-bu_mbi"被欺凌"

giohošombi：gioho(gioha[叫花])-šo_mbi"讨化"

gūwaliyašakū：gūwa-liya(liyan)-ša_kū"肯变卦的"

hafiršabumbi：hafir(hafira)-ša-bu_mbi"使撙节"

hahūršambi：hahūr(hahūra)-ša_mbi"压派"

haidaršambi：hai-da-r(ran)-ša_mbi"斜身走"

haršambi：har(hari)-ša_mbi"偏向"

hiyotoršombi：hiyoto-r(ran)-šo_mbi"弯着腰走"

ibešembi：ibe-še_mbi"渐次前进"

idaršambi：idar(idara)-ša_mbi"心口微疼"

jafašambi：jafa-ša_mbi"常在手"

jamaršambi：jama(jaman)-r(ra)-ša_mbi"只是嚷闹"

jobošombi：jobo-šo_mbi“忧愁”

jorišambi：jori-ša_mbi“常指示”

kaduršambi：kadu-r(ra)-ša_mbi“只是争强”

kanggaršambi：kanggar(kanggara)-ša_mbi“连连跐猾”

kelfišembi：kelfi-še_mbi“摇”

kurbušembi：kurbu-še_mbi“烦闷辗转”

maktašambi：makta-ša_mbi“摔掇”

memeršembi：memer(memere)-še_mbi“摸索”

momoršombi：momor(momoro)-šo_mbi“放马搭扣摸索”

monjiršambi：monji-r(ra)-ša_mbi“挫弄”

monjišambi：monji-ša_mbi“按摩”

narašambi：nara-ša_mbi“只是贪恋”

nemšeku：nem(neme)-še_ku“肯争”

nicušambi：nicu-ša_mbi“挤眼”

nikešembi：nike-še_mbi“略瘸”

olhošombi：olho-šo-mbi“致慎”

seferešembi：sefere-še_mbi“只管搭”

seheršembi：seher(sehere)-še_mbi“怒欲即斗”

sibišambi：sibi-ša_mbi“细捋箭杆”

šoforšombi：šofor(šoforo)-šo_mbi“乱抓”

tabušambi：tabu-ša_mbi“乱牵扯”

takūršabumbi：takūr(takūra)-ša-bu_mbi“被使唤”

tatašambi：tata-ša_mbi“顿”

tongkišambi：tongki-ša_mbi“连凿”

tubišembi：tubi(tulbi)-še_mbi“揣度”

tuwašambi：tuwa-ša_mbi“照管”

urhušembi：urhu-še_mbi“蹁跹”

wardašambi：warda-ša_mbi“手足急忙”

werešebumbi：were-še_mbi“使访察”

yertešembi：yerte-še_mbi“羞愧”

7.2.3 -nu-/-ndu-

词缀"-nu-/-ndu-"接附于词基后所派生的词的词性为动词,其所接附的词基是动词词性。"-nu-"型动词词干通常与"-ndu-"型动词词干处于同义关系,因此也可以认为动词派生后缀"-nu-"是从动词派生后缀"-ndu-"转变而来。"-nu-"和"-ndu-"在形态上也不呈互补分布关系。词基接附"-nu-/-ndu-"之后用于表达"一起、共同、相互或齐做某事"。也可以认为,"-nu-/-ndu-"作派生动词使用时其行为主体为复数,"-nu-/-ndu-"可以看作是复数行为主体的一致标记。

词缀"-nu-/-ndu-"接附于 n 型词干之后时,n 型词干的"n"不再显现于词的形态中,如 ergendumbi 表示"共安歇",其结构可分析为"erge(<ergen)-ndu_mbi",原词干"ergen"的辅音"n"脱落,词中的"n"只能看作是"-ndu-"的一部分。词缀"-nu-/-ndu-"的特性(见表 28)以及基于它形成的单词整理如下:

表 28　词缀"-nu-/-ndu-"的特性

词缀特性	内　　　容
词法特性	接附于动词词性的词基。
语义特性	表达一起、共同、相互或齐做某事。
音系特性	n 型词干的辅音 n 脱落。

-ndu-:

abalandumbi:aba-la-ndu_mbi"一齐打围"

acandumbi:aca-ndu_mbi"一齐会"

acindumbi:aci-ndu_mbi"齐驮"

afandumbi:afa-ndu_mbi"一齐攻伐"

aisilandumbi：aisi-la-ndu_mbi"一齐帮助"

akdulandumbi：akdu(akdun)-la-ndu_mbi"一齐保护"

arandumbi：ara-ndu_mbi"齐造作"

aššandumbi：ašša-ndu_mbi"齐动探"

baicandumbi：baica-ndu_mbi"一齐查看"

belhendumbi：belhe-ndu_mbi"一齐预备"

birendumbi：bire-ndu_mbi"一齐冲闯"

bošondumbi：bošo-ndu_mbi"一齐催追"

buhiyendumbi：buhiye-ndu_mbi"齐猜疑"

buksindumbi：buksi-ndu_mbi"各处埋伏"

bulcandumbi：bulca-ndu_mbi"齐脱滑"

burgindumbi：burgi-ndu_mbi"一齐惊乱"

burulandumbi：buru-la-ndu_mbi"一齐败走"

buyendumbi：buye-ndu_mbi"共爱"

cendendumbi：cende-ndu_mbi"一齐试看"

cibsindumbi：cib-si-ndu_mbi"一齐嗟叹"

curgindumbi：curgi-ndu_mbi"共喧哗"

dahanduhai：daha-ndu_mbi"随即"

dahandumbi：daha-ndu_mbi"一齐投降"

dayandumbi：daya-ndu_mbi"互相依附"

donjindumbi：donji-ndu-mbi"一齐听"

ebundumbi：ebu-ndu_mbi"齐下着"

ejelendumbi：eje-le-ndu_mbi"齐霸占"

ekšendumbi：ekše-ndu_mbi"一齐忙"

elbindumbi：elbi-ndu_mbi"一齐招安"

eljendumbi：elje-ndu_mbi"相抗拒"

elkindumbi：elki-ndu_mbi"一齐招呼"

ergendumbi：erge(ergen)-ndu_mbi"共安歇"

facihiyašandumbi：faci-hiya-ša-ndu_mbi"一齐着急"

faidandumbi：fai-da-ndu_mbi"一齐排开"

falindumbi：fali-ndu_mbi"互相结交"

faššandumbi：fašša-ndu_mbi"一齐奋勉"

feksindumbi：feksi-ndu_mbi"齐跑"

ferguwendumbi：ferguwe-ndu_mbi"齐惊奇"

fonjindumbi：fonji-ndu_mbi"一齐问"

fucendumbi：fu-ce-ndu_mbi"齐忿恼"

fuyendumbi：fuye-ndu_mbi"齐剥皮"

gabtandumbi：gabta-ndu_mbi"一齐射"

gaindumbi：gai-ndu_mbi"一齐取要"

gasandumbi：gasa-ndu_mbi"一齐怨"

gasihiyandumbi：gasihiya-ndu_mbi"齐糟蹋"

gelendumbi：gele-ndu_mbi"一齐怕"

gisurendumbi：gisu(gisun)-re-ndu_mbi"齐说话"

giyangnandumbi：giyang[讲]-na-ndu_mbi"一齐讲"

godondumbi：godo-ndu_mbi"齐跃"

golondumbi：golo-ndu_mbi"一齐惊"

gosindumbi：gosi-ndu_mbi"相仁爱"

gucihiyerendumbi：gucihiye-re-ndu_mbi"齐攀伴"

gūyandumbi：gūya-ndu_mbi"众兽跳舞"

habšandumbi：habša-ndu_mbi"齐告状"

hacihiyandumbi：haci-hiya-ndu_mbi"一齐上紧"

halandumbi：hala-ndu_mbi"一齐更换"

hargašandumbi：harga-ša-ndu_mbi"一齐仰望"

haršandumbi：har(hari)-ša-ndu_mbi"彼此偏向"

hengkilendumbi：hengki-le-ndu_mbi"一齐叩头"

hibcarandumbi：hibca(hibcan)-ra-ndu_mbi"一齐节俭"

huwekiyendumbi：huwe(huwen)-kiye-ndu_mbi"一齐奋兴"

hūlandumbi：hūla-ndu_mbi"一齐呼唤"

hūwaliyanduha：hūwa[和]-liya(liyAn)-ndu_ha"相合"

icihiyandumbi：ici-hiya-ndu_mbi"一齐办理"

ilgandumbi：ilga-ndu_mbi"一齐辨别"

injendumbi：inje-ndu_mbi"一齐笑"

isandumbi：isa-ndu_mbi"一同齐集"

jabcandumbi：jabca-ndu_mbi"一齐归咎"

jailandumbi：jaila-ndu_mbi"齐躲避"

jamarandumbi：jama(jaman)-ra-ndu_mbi"齐嚷闹"

jorgindumbi：jor-gi-ndu_mbi"众雀噪"

kaicandumbi：kaica-ndu_mbi"一齐呐喊"

karandumbi：kara-ndu_mbi"一齐瞭望"

karmandumbi：karma-ndu_mbi"一齐保护"

kicendumbi：kice-ndu_mbi"一齐用功"

kimcindumbi：kimci-ndu_mbi"一齐详察"

korsondumbi：korso-ndu_mbi"一齐愧恨"

lehendumbi：lehe-ndu_mbi"齐争索"

leolendumbi：leole-ndu_mbi"共论"

maktandumbi：makta-ndu_mbi"齐称赞"

malhūšandumbi：mal-hū(hūn)-ša-ndu_mbi"一齐俭省"

mamgiyandumbi：mamgiya-ndu_mbi"齐奢费"

marandumbi：mara-ndu_mbi"齐推辞"

melendumbi：mele-ndu_mbi"齐饮牲口"

miyoocalandumbi：miyooca(miyoocan)-la-ndu_mbi"一齐放鸟枪"

nemendumbi：neme-ndu_mbi"齐加"

nikendumbi：nike-ndu_mbi"相倚"

nisundumbi：nisu-ndu_mbi"一齐溜冰"

niyamniyandumbi：niyamniya-ndu_mbi"齐射马箭"

nonggindumbi：nonggi-ndu_mbi"齐添"

nuktendumbi：nukte-ndu_mbi"齐游牧"

sacalandumbi：saca-la-ndu_mbi"一齐戴盔"

sacindumbi：saci-ndu_mbi"一齐砍"

saišandumbi：sai(sain)-ša-ndu_mbi"齐夸奖"

salandumbi：sala-ndu_mbi"一齐散给"

sebjelendumbi：sebje(sebjen)-le-ndu_mbi"共快乐"

secindumbi：seci-ndu_mbi"齐开垦"

secindumbi：seci-ndu_mbi"一齐划开"

sejilendumbi：sejile-ndu_mbi"一齐叹气"

sengguwendumbi：sengguwe-ndu_mbi"一齐恐惧"

seyendumbi：seye-ndu_mbi"一齐怀恨"

simnendumbi：simne-ndu_mbi"一齐考试"

siranduhai：sira-ndu_hai"相继"

somindumbi：somi-ndu_mbi"齐藏躲"

sonjondumbi：sonjo-ndu_mbi"一齐拣选"

šorgindumbi：šorgi-ndu_mbi"一齐催"

sosandumbi：sosa-ndu_mbi"一齐抢掳"

suksalandumbi：suksala-ndu_mbi"齐开垦"

suwangkiyandumbi：suwangkiya-ndu_mbi"齐啃草"

tabcilandumbi：tabci(tabcin)-la-ndu_mbi"一齐抢"

tacindumbi：taci-ndu_mbi"一齐抢"

tafandumbi：tafa(tafan)-ndu_mbi"一齐上"

takandumbi：taka-ndu_mbi"一齐认"

takūrandumbi：takūra-ndu_mbi"互相遣人"

tatandumbi：taka-ndu_mbi"齐住"

tecendumbi：te-ce-ndu_mbi"共相坐"

temšendumbi：temše-ndu_mbi"齐争竞"

teyendumbi：teye-ndu_mbi"一齐歇息"

tomilandumbi：tomi-la-ndu_mbi"一齐分派"

tuilendumbi：tui[煺]-le-ndu_mbi"齐煺毛"

tuwakiyandumbi：tuwa-kiya-ndu_mbi"一齐看守"

ujindumbi：uji-ndu_mbi"共养"

uksilendumbi：uksi(uksin)-le-ndu_mbi"一齐穿甲"

ukundumbi：uku-ndu_mbi"一齐环拱"

ulandumbi：ula-ndu_mbi"相传"

ulandusi：ula-ndu-si"提塘"

unggindumbi：unggi-ndu_mbi"一齐差遣"

urgunjendumbi：urgun-je-ndu_mbi"共喜悦"

usandumbi：usa(usan)-ndu_mbi"一齐伤悼"

ushandumbi：usha-ndu_mbi"齐恼"

wandumbi：wa-ndu_mbi"乱杀"

wehiyendumbi：we-hiye-ndu_mbi"一齐扶助"

weilendumbi：weile-ndu_mbi"齐做工"

yabundumbi：yabu-ndu_mbi"一齐行走"

yabundumbi：yabu-ndu_mbi"彼此来往"

yalundumbi：yalu-ndu_mbi"齐骑"

yanggilandumbi：yanggi-la-ndu_mbi"彼此调戏"

yarkiyandumbi：yar(yaru)-kiya-ndu_mbi"彼此引诱"

-nu-：

abalanumbi：aba-la-nu_mbi"一齐打围"

acanumbi：aca-nu_mbi"一齐会"

adanumbi：ada-nu_mbi"齐排列行围"

afanumbi：afa-nu_mbi"一齐攻伐"

aisilanumbi：aisi-la-nu_mbi"一齐帮助"

akdulanumbi：akdu(akdun)-la-nu_mbi"一齐保护"

aranumbi：ara-nu_mbi"齐造作"

baicanumbi：baica-nu_mbi"一齐查看"

bainumbi：bai-nu_mbi"讨论"

basunumbi：basu-nu_mbi"一齐耻笑"

becunubumbi：becu-nu_mbi"使斗殴"

belhenumbi：belhe-nu_mbi"一齐预备"

bošonumbi：bošo-nu_mbi"一齐催追"

buhiyenumbi：buhiye-nu_mbi"齐猜疑"

buksinumbi：buksi-nu_mbi"各处埋伏"

burdenumbi：bur(buren)-de-nu_mbi"一齐吹海螺"

burginumbi：burgi-nu_mbi"一齐惊乱"

burulanumbi：buru-la-nu_mbi"一齐败走"

buyenumbi：buye-nu_mbi"共爱"

cendenumbi：cende-nu_mbi"一齐试看"

cibsinumbi：cib-si-nu_mbi"一齐嗟叹"

dahanumbi：daha-nu_mbi"一齐投降"

daranumbi：dara-nu_mbi"对让酒"

dendenumbi：dende-nu_mbi"同分"

donjinumbi：donji-nu_mbi"一齐听"

ebunumbi：ebu-nu_mbi"齐下着"

ejelenumbi：eje-le-nu_mbi"齐霸占"

ekšenumbi：ekše-nu_mbi"一齐忙"

elbinumbi：elbu-nu_mbi"一齐招安"

elbišenumbi：elbi-še-nu_mbi"一齐河内洗澡"

elkinumbi：elki-nu_mbi"一齐招呼"

ergenumbi：erge(ergen)-nu_mbi"共安歇"

facihiyašanumbi：faci-hiya-ša-nu_mbi"一齐着急"

faidanumbi：fai[排]-da-nu_mbi"一齐排开"

faitanumbi：faita-nu_mbi"齐割片"

faššanumbi：fašša-nu_mbi"一齐奋勉"

fatanumbi：fata-nu_mbi"一齐掐取"

ferguwenumbi：ferguwe-nu_mbi"齐惊奇"

fetenumbi：fete-nu_mbi"互相揭短"

fonjinumbi：fonji-nu_mbi"一齐问"

fucenumbi：fu-ce-nu_mbi"齐忿恼"

furunumbi：furu-nu_mbi"一齐切肉"

fuyenumbi：fuye-nu_mbi"齐剥皮"

gabtanumbi：gabta-nu_mbi"一齐射"

gainumbi：gai-nu_mbi"一齐取要"

gasanumbi：gasa-nu_mbi"一齐怨"

gasihiyanumbi：gasihiya-nu_mbi"齐糟蹋"

gelenumbi：gele-nu_mbi"一齐怕"

gisurenumbi：gisu(gisun)-re-nu_mbi"齐说话"

giyangnanumbi：giyang[讲]-na-nu_mbi"一齐讲"

godonumbi：godo-nu_mbi"齐跃"

golonumbi：golo-nu_mbi"一齐惊"

gucihiyerenumbi：gucihiye-re-nu_mbi"齐攀伴"

gurunumbi：guru-nu_mbi"一齐采"

gūwanumbi：gūwa-nu_mbi"众狗齐叫"

hacihiyanumbi：haci-hiya-nu_mbi"一齐上紧"

hadunumbi：hadu-nu_mbi"一齐割"

hafiršanumbi：hafir(hafira)-ša-nu_mbi"一齐撙节"

halanumbi：hala-nu_mbi"一齐更换"

hargašanumbi：harga-ša-nu_mbi"一齐仰望"

haršanumbi：har(hari)-ša-nu_mbi"彼此偏向"

hederenumbi：hedere-nu_mbi"齐爬草"

hengkilenumbi：hengki-le-nu_mbi"一齐叩头"

holtonumbi：hol(holo)-to-nu_mbi"相哄"

hukšenumbi：hukše-nu_mbi"齐培苗"

hūlanumbi：hūla-nu_mbi"一齐呼唤"

huwekiyenumbi：huwe(huwen)-kiye-nu_mbi"一齐奋兴"

ibenumbi：ibe-nu_mbi"一齐前进"

icihiyanumbi：ici-hiya-nu_mbi"一齐办理"

injenumbi：inje-nu_mbi"一齐笑"

isanumbi：isa-nu_mbi"一同齐集"

jabcanumbi：jabca-nu_mbi"一齐归咎"

jafunu：jafu-nu_mbi"撩跤"

jailanumbi：jailu-nu_mbi"齐躲避"

jamaranumbi：jama(jaman)-ra-nu_mbi"齐嚷闹"

jenumbi：je-nu_mbi"齐吃"

juwenusi：juwe-nu_mbi"水脚役"

kaicanumbi：kaica-nu_mbi"一齐呐喊"

karanumbi：kara-nu_mbi"一齐瞭望"

karmanumbi：karma-nu_mbi"一齐保护"

kicenumbi：kice-nu_mbi"一齐用功"

kimcinumbi：kimci-nu_mbi"一齐详察"

korsonumbi：korso-nu_mbi"一齐愧恨"

lehenumbi：lehe-nu_mbi"齐争索"

leolenumbi：leole-nu_mbi"共论"

maktanumbi：makta-nu_mbi"齐称赞"

malhūšanumbi：mal-hū(hūn)-ša-nu_mbi"一齐俭省"

mamgiyanumbi：mamgiya-nu_mbi"齐奢费"

maranumbi：mara-nu_mbi"齐推辞"

melenumbi：mele-nu_mbi"齐饮牲口"

miyoocalanumbi：miyooca(miyoocan)-la-nu_mbi"一齐放鸟枪"

niyamniyanumbi：niyamniya-nu_mbi"齐射马箭"

nuktenumbi：nukte-nu_mbi"齐游牧"

sacalanumbi：saca-la-nu_mbi"一齐戴盔"

sacinumbi：saci-nu_mbi"一齐砍"

saišanumbi：sai(sain)-ša-nu_mbi"齐夸奖"

sakdanumbi：sakda-nu_mbi"老老"

salanumbi：sala-nu_mbi"一齐散给"

šanumbi：ša-nu_mbi"同瞧"

sarkiyanumbi：sar-kiya-nu_mbi"齐分苗"

sebjelenumbi：sebje(sebjen)-le-nu_mbi"共快乐"

secinumbi：seci-nu_mbi"一齐划开"

sejilenumbi：sejile-nu_mbi"一齐叹气"

sengguwenumbi：sengguwe-nu_mbi"一齐恐惧"

seyenumbi：seye-nu_mbi"一齐怀恨"

simnenumbi：simne-nu_mbi"一齐考试"

sominumbi：somi-nu_mbi"齐藏躲"

sonjonumbi：sonjo-nu_mbi"一齐拣选"

šonumbi：šo-nu_mbi"一齐刮毛"

šorginumbi：šorgi-nu_mbi"一齐催"

sosanumbi：sosa-nu_mbi"一齐抢掳"

suksalanumbi：suksa(suksan)-la-nu_mbi"齐开垦"

surtenumbi：surte-nu_mbi"奔竞"

tabcilanumbi：tabci(tabcin)-la-nu_mbi"一齐抢"

tacinumbi：taci-nu_mbi"一齐学"

tafanumbi：tafa(tafan)-nu_mbi"一齐上"

takanumbi：taka-nu_mbi"一齐认"

tantanumbi：tanta-nu_mbi"相打"

tarinumbi：tari-nu_mbi"齐种"

tatanumbi：tata-nu_mbi"齐住"

tebunumbi：tebu-nu_mbi"齐栽"

tecenumbi：te-ce-nu_mbi"共相坐"

tenumbi：te-nu_mbi"同坐着"

teyenumbi：teye-nu_mbi"一齐歇息"

toonumbi：too-nu_mbi"相骂"

tuilenumbi：tui[煺]-le-nu_mbi"齐煺毛"

tuwakiyanumbi：tuwa-kiya-nu_mbi"一齐看守"

tuwanumbi：tuwa-nu_mbi"同看"

udanumbi：uda-nu_mbi"齐买"

ujinumbi：uji-nu_mbi"共养"

uksilenumbi：uksi(uksin)-le-nu_mbi"一齐穿甲"

uncanumbi：unca-nu_mbi"齐卖"

ungganumbi：ungga-nu_mbi"长长"

urgunjenumbi：urgun-je-nu_mbi"共喜悦"

usanumbi：usa(usan)-nu_mbi"一齐伤悼"

usenumbi：use-nu_mbi"齐下种"

ushanumbi：usha-nu_mbi"齐恼"

waidanumbi：wai[歪]-da-nu_mbi"一齐舀"

wehiyenumbi：we-hiye-nu_mbi"一齐扶助"

weilenumbi：weile-nu_mbi"齐做工"

yabunumbi：yabu-nu_mbi"一齐行走"

yalunumbi：yalu-nu_mbi"齐骑"

yangsanumbi：yangsa-nu_mbi"齐耘草"

7.2.4　-nA-

季永海等(1986)将词缀"-nA-"描述为由名词形成动词以及由汉语借词形成动词的派生词缀。刘景宪等(1997)将词缀"-nA-"描述为由名词形成动词的派生词缀。形态实现为"-nA"的词缀,依据其词法特性、语义特性可以分为"-nA(1)-""-nA(2)-""-nA(3)-"三类来讨论:"-nA(1)-"指语义表达"去做某事"的情况;"-nA(2)-"指语义上表达"某种物体或抽象事物生长、形成"的情况;"-nA(3)-"较为特别,其接附的词基和"-nA(1)-"同样也是动词词基,但其表达的语义区别于"-nA(1)"。

(1) -nA(1)-

词缀"-nA(1)-"接附于词基后所派生的词的词性为动词,而其所接附的词基是动词词性,可以是完整词根也可以是不完整词根。词缀"-nA(1)-"可实现为"-na-""-ne-""-no-"等几种形态。

词基接附词缀"-nA(1)-"之后用于表达"去做某个动作"的语义。"-nA(1)-"有元音和谐现象,包括"-na-""-ne-""-no-"等语素变体。"-nA-"接附在 n 型词干上时,n 型词干的尾音"n"脱落,如 wenehe"化动了"可分析为"we(wen)-ne_he"。词缀"-nA(1)-"的特性(见表 29)以及基于它形成的单词整理如下:

表 29　词缀"-nA(1)-"的特性

词缀特性	内　　　容
词法特性	接附于动词词性的词基。
语义特性	去做某个动作。
音系特性	元音和谐、n 型词干尾音脱落。

abalanambi：aba-la-na_mbi"去打围" acanambi：aca-na_mbi"去会见"

adanambi：ada-na_mbi"去排列行围" afanambi：afa-na_mbi"去攻伐"

akūnambi：akū-na_mbi"到对岸" alanambi：ala-na_mbi"去告诉"

amcanambi：amca-na_mbi"去追" amganambi：amga-na_mbi"去睡"

baicanambi：baica-na_mbi"去查看" baihanabumbi：bai-ha-na_mbi"使去求"

banjinambi：banji-na_mbi"去营生" belhenembi：belhe-ne_mbi"去预备"

bene：be-ne"送去" birenembi：bire-ne_mbi"去冲闯"

buksinambi：buksi-na_mbi"去埋伏"

dailanabumbi：dai(dain)-la-na-bu_mbi"使去征讨"

danambi：da-na_mbi"去管" dayanambi：daya-na_mbi"去依附"

donjinambi：donji-na_mbi"去听"

dorolonombi：do[道]-ro-lo-no_mbi"去行礼"

dosinambi：do-si(sin)-na_mbi"进得去"

ebunembi：ebu-ne_mbi"去下着" elbinembi：elbi-ne_mbi"去招安"

elbišenembi：elbi-še-ne_mbi"去河内洗澡"

farganambi：farga-na_mbi"去追赶" fatanambi：fata-na_mbi"去掐取"

fekunembi：feku(fekun)-ne_mbi"跳过去" fidenembi：fide-ne_mbi"去调兵"

fudenembi：fude-ne_mbi"去送" fihenembi：fihe-ne_mbi"去填"

fonjinambi：fonji-na_mbi"去问" gabtanambi：gabta-na_mbi"去射"

gana："ga-na"使取去" gidanambi：gida-na_mbi"去劫营"

gisurenembi：gisu(gisun)-re-ne_mbi"去说话"

giyarinambi：giyari-na_mbi"去巡察" gurinembi：guri-ne_mbi"迁移去"

gurunambi：guru-na_mbi"去采" habšanambi：habša-na_mbi"去告状"

hacihiyanambi：haci-hiya-na_mbi"去上紧"

hadunambi：hadu-na_mbi"去割" halanambi：hala-na_mbi"去更换"

halanambi：hala-na_mbi"去亲近"

hebdenembi：heb(hebe)-de-ne_mbi"去商量"

helne：hel-ne"邀请"

hūlanabumbi：hūla-na-bu_mbi"使去呼唤"

hūlhanambi：hūlha-na_mbi"去偷" ibenembi：ibe-ne_mbi"往前进"

ilinambi：ili-na_mbi"去站立" isinambi：isi-na_mbi"到去"

jekenembi：jeke-ne_mbi"去吃"　　　jolinambi：joli-na_mbi"去赎"

karanambi：kara-na_mbi"去瞭望"　　latunambi：latu-na_mbi"去侵犯"

melenembi：mele-ne_mbi"去饮牲口"　necinembi：neci-ne_mbi"去干犯"

niyamniyanambi：niyamniya-na_mbi"去射马箭"

nongginambi：nonggi-na_mbi"去添"

nuktenembi：nukte-ne_mbi"去游牧"　obonombi：obo-no_mbi"去洗濯"

okdonombi：okdo-no_mbi"去迎"　　　ominambi：omi-na_mbi"去饮"

sabunambi：sabu-na_mbi"去见"　　　salanambi：sala-na_mbi"去散给"

simnenembi：simne-ne_mbi"去考试"　solinambi：soli-na_mbi"去请"

šorginambi：šorgi-na_mbi"去催"　　sucunambi：sucu-na_mbi"去冲阵"

suksalanambi：suksa(suksan)-la-na_mbi"去开垦"

suwelenembi：suwele-ne_mbi"去搜检"

tabcilanambi：tabci(tabcin)-la-na_mbi"去抢"

tacinambi：taci-na_mbi"去学"　　　tafanambi：tafa(tafan)-na_mbi"去上高"

takanambi：taka-na_mbi"去认"　　　tarinambi：tari-na_mbi"去种"

tatanambi：tata-na_mbi"去住"　　　tebunebumbi：tebu-ne-bu_mbi"使驻防"

tenembi：te-ne_mbi"去坐"　　　　　teyenembi：teye-ne_mbi"去歇息"

tuwabunambi：tuwa-bu-na_mbi"给看去"

tuwakiyanambi：tuwa-kiya-na_mbi"去看守"

tuwanabumbi：tuwa-na-bu_mbi"使去看"

udanambi：uda-na_mbi"去买"　　　　ujinambi：uji-na_mbi"去养"

uncanambi：unca-na_mbi"去卖"　　　usenembi：use-ne_mbi"去下种"

waidanambi：wai[歪]-da-na_mbi"去舀"　wenehe：we(wen)-ne_mbi"化动了"

wesinembi：we-si(sin)-ne_mbi"升上去"　yalunambi：yalu-na_mbi"去骑"

yangsanambi：yangsa-na_mbi"去耘草"

(2) -nA(2)-

词缀"-nA(2)-"接附于词基后所派生的词的词性为动词,而其所接附的词基是名词词性或不完整词根。词基是不完整词根时,词根一般表达某种状态。"-nA(1)-"可实现为"-na-""-ne-""-no-"

等几种形态，即存在元音和谐现象。词基接附"-nA(2)-"之后用于表达"某种具体事物的出现或某种抽象事物、状态的形成"的语义。词缀"-nA(2)"的特性(见表30)以及基于它形成的单词整理如下：

表30　词缀"-nA(2)-"的特性

词缀特性	内　　　　容
词法特性	接附于名词性词基、不完整词根。
语义特性	某种具体事物的出现或某种抽象事物、状态的形成。
音系特性	元音和谐、词基的尾辅音脱落。

"-nA(2)-"接附于不完整词根的情况

arganambi：ar-ga(gan)-na_mbi"发芽"

bartanaha：barta-na_mbi"汗污澜"

bombonohobi：bombo-no_hobi"蝇蚁堆聚"

bombornohobi：bombor-no_hobi"老了摇头"

borinahabi：bori-na_habi"漫流积冻"

burenehebi：bure-ne_hebi"地起皮"

bushenehebi：bushe-ne_hebi"烫成燎泡了"

caharnahabi：cahar-na_habi"喷喉"

caranahabi：cara-na_habi"白癜风"

cerhuwenehebi：cerhuwe-ne_hebi"恶指"

fikanahabi：fika-na_habi"胖腹臁颓"

fiyangtanahabi：fiyangta-na_habi"胖壮了"

furanaha：fura-na_ha"落浮灰"

gūlganahabi：gūlga-na_habi"蹄翘"

henggenehebi：hengge-ne_hebi"头脸腌臜"

honggonohobi：honggo-no_hobi"衣破零落"

hūyanahabi：hūya-na_habi"面垢带脮"

jajanahabi：jaja-na_habi"拥挤"

joksinahabi：joksi-na_habi"胖得可厌"

jolbonoho：jolbo-no_ho"刀刃平了"

kerkenehebi：kerke-ne_hebi"稠麻子"

langtanahabi：langta-na_habi"头大"

lengtenehebi：lengte-ne_hebi"甚粗笨"

lifahanahabi：lifa-ha-na_habi"成了泥"

mumanambi：muma-na_mbi"鹿打泥"

parpanahabi：parpa-na_habi"矮胖"

pimpinahabi：pimpi-na_habi"脸胖平了"

pongtonohobi：pongto-no_hobi"朦睡"

porponohobi：porpo-no_hobi"胖笨"

šaturnahabi：šatur-na_habi"雪上微冻"

seterinehebi：seteri-ne_hebi"冰化碎孔"

temenehebi：teme-ne_hebi"生腻虫"

tumpanahabi：tumpa-na_habi"脸胖得可厌"

ulunehebi：ulu-ne_hebi"黄疸"

wadanahabi：wada-na_habi"肚子下来了"

wainahabi：wai[歪]-na_habi"歪斜了"

wakjanahabi：wakja-na_habi"肚子大了"

werenehe：were-ne_he"虫蛀了"

"-nA（2）-"接附于名词性词基的情况

bertenehebi：berte(berten)-ne_hebi"脏垢了"

bongkonohobi：bongko-no_hobi"结咕嘟"

bortonohobi：borto(borton)-no_hobi"面目积垢"

buljanahabi：bulja(buljan)-na_habi"疙瘩僵住了"

bungjanahabi：bungja(bungjan)-na_habi"努结了"

carcinahabi：carci-na_habi"冰冻成缕"

cilcinahabi：cilci-na_habi"生了瘰疬"

dalganahabi：dal-ga(gan)-na_habi"结成挌搭了"

eifunehe：eifu(eifun)-ne_he"起鬼风疙瘩"

erpenehebi：erpe-ne_hebi"生磄唇"

fahanambi：faha-na_mbi"结子"

fiyahanahabi：fiyaha(fiyahan)-na_habi"皮皱厚了"

fiyartunahabi：fiyartu(fiyartun)-na_habi"成疮疤"

fiyerenembi：fiyere(fiyeren)-ne_mbi"裂纹"

foyonoho：foyo-no_ho"锈尾"

fukanahabi：fuka-na_habi"起了泡"

funtanahabi：funta(funtan)-na_habi"起了白醭了"

furunahabi：furu-na_habi"生口疮"

gibaganahabi：giba[阁疤]-ga(gan)-na_habi"阁疤住了"

gincihinehe：ginci-hi-ne_he"起包浆"

giyalunambi：giyalu-na_mbi"皱裂了"

giyapinambi：giyapi[夹皮]-na_mbi"起重皮"

golonohobi：golo-no_hobi"中流未冻"

gūngkanahabi：gūngka(gūngkan)-na_habi"结喉长出"

gūninambi：gūni(gūnin)-na_mbi"想起"

haranambi：hara-na_mbi"生莠"

hasanahabi：hasa(hasan)-na_habi"生癞"

hebunehebi：hebu-ne_hebi"线紧起格搭"

hefeliyenembi：hefeliye-ne_mbi"泻肚"

hešenehebi：heše(hešen)-ne_hebi"衣衫褴褛"

heyenembi：heye-ne_mbi"生眵"

hohonohobi：hoho-no_hobi"檐冰垂凌"

hūnambi：hū[糊]-na_mbi"成糊"

huthenehebi：huthe-ne_hebi"疮结痂"

ibtenehe：ibte-ne_he"朽了"

ilhanambi：ilha-na_mbi"开放"

ilhinembi：ilhi-ne_mbi"痢疾"

jafunahabi：jafu-na_habi"杆成毡了"

jakanabumbi：jaka-na_mbi"离间"

jekunehebi：jeku-ne_hebi"肿处会脓"

jihanambi：jiha-na_mbi"开花"

jingjanahabi：jingja(jingjan)-na_habi"矮矮的"

juhenembi：juhe-ne_mbi"成冰"

jungginahabi：junggi(junggin)-na_habi"蹙额"

kaskanahabi：kaska(kaskan)-na_habi"什么行子"

koforinaha：kofori-na_ha"糠了"

kuberhenembi：kuberhe(kuberhen)-ne_mbi"已出伤痕"

kubunehe：kubu(kubun)-ne_he"瓜缕了"

kūrcanahabi：kūrca-na_habi"熏黑了"

lasarinahabi：lasari-na_habi"枝叶四垂"

lempinehebi：lempi-ne_hebi"天老"

loksinahabi：loksi-na_habi"胖脸宽大"

lumbanahabi：lumba-na_habi"泥垢糊满"

makjanahabi：makja(makjan)-na_habi"矬矬的"

manggiyanahabi：manggiya(manggiyan)-na_habi"淌鼻湿"

melmenehebi：melme(melmen)-ne_hebi"血定住了"

mersenehebi：merse(mersen)-ne_hebi"长雀斑"

miyehunehe：miyehu-ne_he"冷饭定了皮"

mukenehebi：muke-ne_hebi"浸出水"

mulunombi：mulu-no_mbi"冰冻成冈"

niyaharnahabi：niya-ha-r-na_habi"生出嫩叶"

niyakinahabi：niya-ki-na_habi"长脓"

niyamanahabi：niyama(niyaman)-na_habi"饭有米心"

obongginambi：obo-nggi-na_mbi"成沫"

šakanaha：šaka-na_ha"冰冻裂"

sanggatanambi：sangga-ta-na_mbi"成窟窿"

sirenembi：sire(siren)-ne_mbi"响声接连"

sišanahabi：siša-na_habi"檐凌"

šufanahabi：šufa(šufan)-na_habi"有了皱纹"

suihenembi：suihe-ne_mbi"秀穗"

sujanaha：suja-na_ha"土内发芽"

sumpanahabi：sumpa-na_habi"须发斑白了"

sunembi：su(sun)-ne_mbi"酿雨"

suntanahabi：sunta-na_habi"腹大下垂"

umiyahanaha：umiya-ha-na_ha"果生虫"

undanahabi：unda(undan)-na_habi"雪浮冻"

ursanambi：ursa(ursan)-na_mbi"生二楂苗"

uyašanahabi：uyaša(uyašan)-na_habi"手足筋疼"

wanggiyanahabi：wa-nggiya-na_habi"伤风"

yahanahabi：yaha-na_habi"黑疽"

yoonambi：yoo-na_mbi"生疮"

(3) -nA(3)-

词缀"-nA(3)-"接附于词基后所派生的词的词性为动词,其所接附的词基是动词词性,这点与"-nA(1)-"相同。"-nA(3)-"可实现为"-na-""-ne-""-no-"等几种形态,即存在元音和谐现象。"-nA(3)-"的语义表达不同于"-nA(1)-",在《御制增订清文鉴》中接附"-nA(3)-"的部分词汇的满语词条解释包含"ojoro(成为)",比如"dabanambi"的词条释义为"yaya dabatala ojoro be dabanambi sembi"(凡直至越过的称为"dabanambi"),可以说,这些词通过接附"-nA(3)"可用于表达"终结(telic)"的体貌语义。"-nA(3)"可能源于"-nA(1)",但是暂时还没有充分的证据证实这一点,对"-nA(3)"的形成还有待进一步研究。词缀"-nA(3)"的特性(见表31)以及基于它形成的单词整理如下:

表31　词缀"-nA(3)-"的特性

词缀特性	内　　　容
词法特性	接附于动词性词基。
语义特性	表达"终结(telic)"的体貌语义。
音系特性	元音和谐、部分词基的尾辅音脱落。

bahanambi：baha-na_mbi"算着了"　　　bahanambi：baha-na_mbi"会（能源）"

bahanambi：baha-na_mbi"会（知识）"　　dabanahabi：daba-na_habi"已过瑜"

dabanambi：daba-na_mbi"过瑜"

hafunambi：hafu(hafun)-na_mbi"通过去"

haminambi：hami(hamin)-na_mbi"将近"

ilinambi：ili-na_mbi"立定"

toktonombi：tokto-no_mbi"水流亭处"

7.2.5　-nji-

词缀"-nji-"接附于词基后所派生的词的词性为动词，其所接附的词基主要是动词词干，部分词基是不完整词根，如"benjimbi"的词基经分析是"be-"，但在清代共时满语中"be-"不具备动词词干的资格，只能将其判断成不完整词根。

词基接附词缀"-nji-"后用于表达"来做某个动作"的语义。和"-nA(1)-"表示"去做某个动作"相对。这两个词缀往往能够接附在相同的词基上。

词缀"-nji-"没有元音和谐现象。"-nji-"在和词基接附的时候会导致一些词基发生词尾元音或辅音的脱落，如"dosinjimbi"的结构可以分析为"do-si(sin)-nji(进来)"，词基"dosin"属于 n 型词干，但在接附词缀"-nji-"后词基的尾音"n"脱落。词缀"-nji-"的特性（见表31）以及基于它形成的单词整理如下：

表 31　词缀"-nji-"的特性

词缀特性	内　　　　　容
词法特性	动词性词基、不完整词根。
语义特性	表示来做某个动作。
音系特性	无元音和谐、部分词基的尾辅音脱落。

abalanjimbi：aba-la-nji_mbi"来打围"　　acanjimbi：aca-nji_mbi"来会见"

akūnjimbi：akū-nji_mbi"来此岸"　　alanjimbi：ala-nji_mbi"来告诉"

bahanjimbi：baha-nji_mbi"找寻"　　baicanjimbi：baica-nji_mbi"来查看"

baihanjimbi：bai-ha-nji_mbi"来求"　　banjinjimbi：banji-nji_mbi"来营生"

belhenjimbi：belhe-nji_mbi"来预备"　　benjibumbi：be-nji-bu_mbi"使人送来"

bošonjimbi：bošo-nji_mbi"来催追"　　dahanjimbi：daha-nji_mbi"来投降"

danjimbi：da-nji_mbi"来救援"　　dayanjimbi：daya-nji_mbi"来依附"

donjinjimbi：donji-nji_mbi"来听"

dorolonjimbi：do[道]-ro-lo-nji_mbi"来行礼"

dosinjimbi：do-si(sin)-nji_mbi"进来"　　ebunjimbi：ebu-nji_mbi"神格"

fatanjimbi：fata-nji_mbi"来掐取"

fekunjimbi：feku(＜fekun)-nji-mbi"跳过来"

fihenjimbi：fihe-nji_mbi"来填"　　fonjinjimbi：fonji-nji_mbi"来问"

fudenjimbi：fude-nji_mbi"来送"　　gabtanjimbi：gabta-nji_mbi"来射"

gisurenjimbi：gisu(gisun)-re-nji_mbi"来说话"

giyarinjimbi：giyari-nji-mbi"来巡察"　　gurinjimbi：guri-nji_mbi"迁移来"

habšanjimbi：habša-nji_mbi"来告状"

hacihiyanjimbi：haci-hiya-nji_mbi"来上紧"

hadunjimbi：hadu-nji_mbi"来割"

hafunjimbi：hafu(hafun)-nji_mbi"通过来"

halanjimbi：hala-nji_mbi"来更换"

haminjimbi：hami(hamin)-nji_mbi"将到"

hargašanjimbi：harga-ša-nji_mbi"来朝"

hebdenjimbi：heb(hebe)-de-nji_mbi"来商量"

hengkilenjimbi：hengki-le-nji_mbi"来叩头"

henjimbi：he(hel)-nji_mbi"来邀请"　　hūlanjimbi：hula-nji_mbi"来呼唤"

hūlhanjimbi：hūlha-nji_mbi"来偷"　　ilinjimbi：ili-nji_mbi"来站立"

isanjimbi：isa-nji_mbi"来齐集"　　isinjimbi：isi-nji_mbi"受福"

jekenjimbi：je-ke-nji_mbi"来吃"　　jolinjimbi：joli-nji_mbi"来赎"

karanjimbi：kara-nji_mbi"来瞭望"　　latunjimbi：latu-nji_mbi"来侵犯"

melenjimbi：mele-nji_mbi"来饮牲口"　　necinjimbi：neci-nji_mbi"来干犯"

nongginjimbi：nonggi-nji_mbi"来添"　　nuktenjimbi：nukte-nji_mbi"来游牧"

okdonjimbi：okdo-nji_mbi"来迎"　　　 ominjimbi：omi-nji_mbi"来饮"

sabunjimbi：sabu-nji_mbi"来见"　　　 salanjimbi：sala-nji_mbi"来散给"

simnenjimbi：simne-nji_mbi"来考试"　 solinjimbi：soli-nji_mbi"来请"

šorginjimbi：šorgi-nji_mbi"来催"

suksalanjimbi：suksa(suksan)-la-nji_mbi"来开垦"

suwelenjimbi：suwele-nji_mbi"来搜检"　tacinjimbi：taci-nji_mbi"来学"

tafanjimbi：tafa(tafan)-nji_mbi"来上高"　takanjimbi：taka-nji_mbi"来认"

tarinjimbi：tari-nji_mbi"来种"　　　　 tatanjimbi：tata-nji_mbi"来住"

tenjimbi：te-nji_mbi"来坐"　　　　　 teyenjimbi：teye-nji_mbi"来歇息"

tuhenjimbi：tuhe-nji_mbi"从上吊下"

tuwakiyanjimbi：tuwa-kiya-nji_mbi"来看守"

tuwanjimbi：tuwa-nji_mbi"来看"　　　udanjimbi：uda-nji_mbi"来买"

ukunjimbi：uku-nji_mbi"来环拱"　　　 uncanjimbi：unca-nji_mbi"来卖"

waidanjimbi：wai[歪]-da-nji_mbi"来舀"

wasinjimbi：wa-si(sin)-nji_mbi"从高处下来"

yamulanjimbi：yamu(yamun[衙门])-la-nji_mbi"来上衙门"

7.2.6　-dA-

　　季永海等(1986)以及刘景宪等(1997)将词缀"-dA-"描述为由名词,形容词或数量词派生动词的派生词缀。词缀(或者说形态)"-dA-"接附在动词词干上时,其语义表达区别于接附在其他类型词基的情况。因此,在讨论"-dA-"时也将其区分为"-dA(1)-"和"-dA(2)-"。"-dA(1)-"指词基为非动词词性的情况,"-dA(2)-"指词基为动词词性的情况。

(1) -dA(1)-

　　词缀"-dA(1)-"接附于词基后所派生词的词性为动词,其所接附的词基可以是名词、形容词、副词、不完全词根、拟声拟态词等。

"-dA(1)-"可实现为"-da-""-de-""-do-"等形态。

词基接附词缀"-dA(1)-"后派生的词汇语义和词基的语义直接相关,通常用于表达人的情绪、行为或情感。"-dA(1)"派生词中有一部分是汉语借用成分直接接附"-dA-"形成满语词汇,如"cada"的结构可分析为"ca[缠]-da(缠)",其中词基"ca"可看作是借用汉语词汇"缠"的借用成分。

词缀"-dA-"有元音和谐现象,包括"-da-""-de-""-do-"等语素变体。"-dA-"在和词基接附的时候会导致一些词基发生词尾元音或辅音的脱落,如在"acuhiyadabumbi:acu(acun)-hiya-da_mbi(使人行谄)"和"burdebumbi:bur(buren)-de_mbi(使吹海螺)"当中,词基的尾辅音或元音发生了脱落。词缀"-dA(1)-"的特性(见表32)以及基于它形成的单词整理如下:

表 32　词缀"-dA(1)-"的特性

词缀特性	内　　　容
词法特性	接附于动词词干、名词、形容词、副词、摹拟词性词基,或词根接附"KU""r""hA""li""hi""hū"等后形成的词基,或不完整词根。
语义特性	词基接附"-dA-"后派生的词汇语义和词基的语义直接相关,通常用于表达人的情绪、行为或情感。
音系特性	元音和谐、词基辅音脱落。

acuhiyadabumbi:acu(acun)-hiya(hiyan)-da-bu_mbi"使人行谄"

argadambi:arga-da_mbi"用计"

balamadambi:bala-ma-da_mbi"狂妄"

belcidembi:belci-de_mbi"撒癫"

burdebumbi:bur(buren)-de-bu_mbi"使吹海螺"

bušukudembi:bušu-ku-de_mbi"使狐魅"

cada:ca[缠]-da"缠"

carkidambi：carki-da_mbi"打札板"

cekudembi：ceku-de_mbi"打秋千"

cisudembi：cisu-de_mbi"徇私"

cordombi：cor(coron)-do_mbi"奏蒙古乐"

dalhidambi：dal-hi-da_mbi"只管烦渎"

dalhūdambi：dal-hū(hūn)-da_mbi"絮叨"

dekdebumbi：dek-de-bu_mbi"生事"

dohodombi：doho-do_mbi"格蹬"

doosidambi：doosi-da_mbi"贪取"

dufedembi：dufe-de_mbi"贪淫"

encehedembi：ence-he(hen)-de_mbi"钻营"

eruwedebumbi：eruwe(eruwen)-de-bu_mbi"使钻眼"

fadambi：fa[法]-da_mbi"使法术"

faida：fai[排]-da"排列"

faidabumbi：fai(排)-da-bu_mbi"使排开"

fakadambi：faka-da_mbi"打噶噶"

faksidambi：faksi-da_mbi"巧辩"

farhūdambi：far-hū(hūn)-da_mbi"行事昏暗"

felehudembi：fele-hu(hun)-de_mbi"冒渎"

fohodombi：foho-do_mbi"使性气"

fokjihiyadambi：fok-jihiya(jihiyan)-da_mbi"举动粗急"

foyodombi：foyo-do_mbi"占卜"

furudambi：furu-da_mbi"行暴戾"

gamjidambi：ga-m(ma)-ji-da_mbi"娄取"

genggedembi：gengge-de_mbi"饿得踉跄"

geogedembi：geoge-de_mbi"张狂"

gocishūdambi：goci(gocin)-shū(shūn)-da_mbi"谦逊"

gohodombi：goho-do_mbi"妆饰"

gūbadambi：gūba-da_mbi"挣跳"

gurehedembi：gurehe-de_mbi"行事罢玩"

habcihiyadambi：hab-cihiya(cihiyan)-da_mbi"待人亲热"

hahardaha：haha-r-da_ha“成丁”

hanjadambi：hanja-da_mbi“行廉”

harhūdambi：harhū-da_mbi“搅水呛鱼”

hayadambi：haya(hayan)-da_mbi“行淫荡”

hebdebumbi：heb(hebe)-de-bu_mbi“使商量”

heihedembi：hei-he-de_mbi“醉后前仰后合”

heledembi：hele-de_mbi“很结巴”

heoledembi：heo-le(len)-de_mbi“怠慢”

herdembi：heri-de_mbi“奔求”

hūlhidambi：hūlhi-da_mbi“行事胡涂”

hūrhadabumbi：hūrha(hūrhan)-da-bu_mbi“使大网打鱼”

hūrudambi：hūru-da_mbi“弹竹口琴”

hūwaradambi：hūwara-da_mbi“镁翎底”

iladambi：ila-da_mbi“双腿换跳”

jaldambi：jal(jali)-da_mbi“诓哄”

jalidambi：jali-da_mbi“使奸计”

jilidambi：jili-da_mbi“动怒”

jordabumbi：jor-da-bu_mbi“使大走”

juwederakū：juwe-de_rakū“不贰心”

kecudembi：kecu-de_mbi“行事狠”

keikedembi：kei-ke-de_mbi“行事刻薄”

kobcihiyadambi：kob-cihiya(cihiyan)-da_mbi“修容止”

kohodombi：koho-do_mbi“雉秋鸣”

koimalidambi：koima(koiman)-li-da_mbi“行狡诈”

kūwaicidambi：kūwaici-da_mbi“撇着脚走”

kūwasadambi：kūwasa-da_mbi“混夸张”

laidabumbi：lai[赖]-da-bu_mbi“使诬赖”

langsedambi：langse-da_mbi“说村话”

lebkidembi：lebki-de_mbi“扑拿”

lekidembi：leki(lebki)-de_mbi“扑拿”

lifadambi：lifa-da_mbi“略陷”

maimadambi：maima-da_mbi"摇摆着走"

mentuhudembi：mentu-hu(hun)-de_mbi"行事愚"

mergedembi：merge(mergen)-de_mbi"搅牲"

mihadambi：miha-da_mbi"跳囔"

miosihodombi：miosi-ho(hon)-do_mbi"行邪"

miyasihidambi：miyasi-hi-da_mbi"松着劲走"

miyehudembi：miyehu-de_mbi"撒欢"

mocodombi：moco-do_mbi"举动拙钝"

narhūdambi：nar-hū(hūn)-da_mbi"细客"

nilhūdambi：nil-hū(hūn)-da_mbi"滑趾"

niyeniyehudembi：niyeniye-hu(hun)-de_mbi"姑息"

oforodombi：oforo-do_mbi"划鼻子"

oilohodombi：oi[外]-lo-ho(hon)-do_mbi"举止轻浮"

olihadambi：oliha-da_mbi"畏怯"

oncodombi：onco-do_mbi"宽宥"

oshodombi：os-ho(hon)-do_mbi"暴虐"

samdambi：sam(saman)-da_mbi"跳神"

sibedembi：sibe-de_mbi"莖草打磨"

silemidembi：sile-mi(min)-de_mbi"行事罢缓"

silhidabumbi：silhi-da-bu_mbi"被人嫉妒"

sirkedembi：sirke-de_mbi"贪黩"

sofidambi：sofi(sofin)-da_mbi"站立不定"

šudembi：šu-de_mbi"舞文"

susedembi：suse-de_mbi"草率作"

tarudambi：taru(tarun)-da_mbi"说话冒撞"

uhukedembi：uhu-ke(ken)-de_mbi"露软"

wadambi：wa-da_mbi"狗嗅寻牲"

waida：wai[歪]-da"舀"

waihūdambi：wai[歪]-hū-da_mbi"行事歪"

yarhūdabumbi：yar(yaru)-hū-da-bu_mbi"使牵领"

yayadambi：yaya-da_mbi"咬舌"

yobodobumbi：yobo-do-bu_mbi"使说戏话"

yondombi：yon-do_mbi"容得下"

yordombi：yor(yoro)-do_mbi"射靶头"

(2) -dA(2)-

词缀"-dA(2)-"接附于动词性词基后形成动词，"-dA(2)-"可实现为"-da-""-de-""-do-"等形态。

动词性词基接附词缀"-dA(2)-"后派生的词用于表达较词基动词更为具体或更为抽象的语义。如"cibsimbi"表达"嗟叹"，而"cibsidambi"表达"只是嗟叹"；"dalimbi"表达"遮掩"，而"daldambi"表达"隐瞒"。

词缀"-dA(2)-"存在元音和谐现象，包括"-da-""-de-""-do-"等语素变体。"-dA(2)-"接附词基时，在部分情况下会使词基的尾辅音脱落（如"daldambi"），"-dA(2)-"不会使 n 型词干的尾辅音"n"脱落。词缀"-dA(2)-"的特性（见表 33）以及基于它形成的单词整理如下：

表 33　词缀"-dA(2)-"的特性

词缀特性	内　　　容
词法特性	接附于动词性词基。
语义特性	表达较词基动词的语义更为具体或更为抽象的语义。
音系特性	元音和谐、部分词基词尾元音脱落。

cibsidambi：cib-si-da_mbi"只是嗟叹"

faradambi：fara-da_mbi"车误住"

ibedembi：ibe-de_mbi"渐渐前进"

joldombi：jol(joli)-do_mbi"旧物回赎"

micudambi：micu-da_mbi"跑"

teyenderakū：teyen-de-rakū"总不歇息"

daldambi：dal(dali)-da_mbi"隐瞒"

guwendembi：guwen-de_mbi"屡鸣"

isihidambi：isihi-da_mbi"撤摔"

lasihidambi：lasihi-da_mbi"摔掇"

nikedembi：nike-de_mbi"将就"

ucudambi：ucu-da_mbi"只管拌"

7.2.7　-jA-

季永海等(1986)以及刘景宪等(1997)将词缀"-jA-"描述为由形容词形成动词的派生词缀。词缀(或者说形态)"-jA-"接附在动词词干上时,其语义表达区别于接附在其他类型词基的情况。因此,在讨论"-jA-"时也将其区分为"-jA(1)-"和"jA(2)-"。"-jA(1)-"指词基为非动词词性的情况,"-jA(2)-"指词基为动词词性的情况。

(1) -jA(1)-

词缀"-jA(1)-"接附于词基后形成动词,其接附的词基可以是副词性词基、形容词性词基、名词性词基、不完整词根,或词根添加"l""r"等词基形成元素,如"cobtojombi：cobto-jo_mbi(衣刮破)"、"šakšaljambi：šakša-l-ja_mbi(只是呲着牙笑)"、"gelmerjembi：ge-lmer-je_mbi(光亮)"、"fularjambi：fula-r-ja_mbi(红润)"等。"-jA(1)-"可实现为"-ja-""-je-""-jo-"等形态。

词基接附词缀"-jA(1)-"后派生的词可用于表达词基语义对应的状态或做出词基语义的行为,"-jA(1)-"接附词基后往往形成不及物动词,与"-lA"词缀形成对应。一般来说,经由"-lA"派生的词是及物动词,而经由"-jA-"派生的词一般是与其语义相关的不及物动词,所以也可将"-jA"看作"不及物动词派生词缀"。

词缀"-jA(1)-"存在元音和谐现象,包括"-ja-""-je-""-jo-"等语素变体。"-jA(1)-"接附于词基时会导致一些词基发生词尾元音脱落,但不导致词尾辅音的脱落。词缀"-jA(1)-"的特性(见表34)以及基于它形成的单词整理如下：

表 34　词缀"-jA(1)-"的特性

词缀特性	内　　　　容
词法特性	接附于副词、形容词、名词性词基,或不完整词根,或词根后结合"l""r"等形成的词基。

（续表）

词缀特性	内　　　容
语义特性	状态或不及物的行为。
音系特性	元音和谐、语素变体、词基辅音脱落。

名词性词基

contohojombi：contoho-jo_mbi"成豁口"

fiyentehejembi：fiyente-he-je_mbi"裂缝"

tebkejembi：tebke-je_mbi"接马儿"

tulejehebi：tule-je_hebi"发福"

urgunjebumbi：urgun-je-bu_mbi"悦亲"

acamjabumbi：acam(acan)-ja-bu_mbi"使凑"

副词性词基

cobtojombi：cobto-jo_mbi"衣刮破"　　　dokdorjambi：dokdo-r(ri)-ja_mbi"轻佻"

fondojombi：fondo-jo_mbi"破透"　　　fusejehe：fuse-je_he"疮破了"

kengsejembi：kengse-je_mbi"绳索磨伤"

不完整词根

abtajambi：abta-ja_mbi"物破自落"　　　bijabumbi：bi-ja-bu_mbi"使折"

bilurjambi：bilur-ja_mbi"假装老实"　　　busajaha：busa-ja_ha"扎瞎了"

debkejehebi：debke-ja_hebi"披散开了"　　doyoljombi：doyol-jo_mbi"后踩宽"

efujembi：efu-je_mbi"败坏"

fiyaganjabumbi：fiyagan-ja-bu_mbi"使彼此对挪"

fudejehebi：fude-je_hebi"绽裂了"　　　fukdejembi：fukde-je_mbi"伤痕复犯"

gebkeljembi：gebkel-je_mbi"鲜艳"　　　gesejehe：gese-je_he"绳索断动"

gilerjembi：giler-je_mbi"不知羞"　　　gulejehebi：gule-je_hebi"绳扣开了"

hūwajambi：hūwa-ja_mbi"破"　　　kambuljambi：kambul-ja_mbi"地发软"

kiyolorjombi：kiyolor-jo_mbi"装模作样"　lumburjambi：lumbur-ja_mbi"地软颤"

meijebumbi：mei-je_mbi"弄碎"　　midaljambi：midal-ja_mbi"摆尾曲行"

multujembi：multu-je_mbi"随拿即脱"　niltajabumbi：nilta-ja-bu_mbi"被擦破"

nionggajambi：niongga-ja_mbi"削伤"　pelerjembi：peler-je_mbi"嘴飘"

šarinjambi：ša-rin-ja_mbi"翻白眼看"　sekejembi：seke-je_mbi"麻花"

sendejehe：sende-je_he"刀刃碰了"　subkejehebi：subke-je_hebi"脱絮了"

sunggeljembi：sunggel-je_mbi"颤"　tenggeljembi：tenggel-je_mbi"颤动"

ulejembi：ule-je_mbi"坍塌"　　　yakajambi：yaka-ja_mbi"牙尘"

šakšaljambi：šakša-l-ja_mbi"只是呲着牙笑"

sumbuljambi：sumbu-l-ja_mbi"地发颤"

gelmerjembi：ge-lmer-je_mbi"光亮"　fularjambi：fula-r-ja_mbi"红润"

gelerjembi：ge-le-r-je_mbi"泪汪汪"

摹拟词性词基

bulinjambi：bulin-ja_mbi"呆懒"　　eyerjembi：eyer(eyeri)-je_mbi"鲜明"

fusurjehe：fusur-je_he"砬了"　　garjambi：gar(gari)-ja_mbi"破裂"

gerinjembi：gerin-je_mbi"眼珠乱动"　multujembi：multu-je_mbi"褪开"

形容词性词基

anahūnjambi：ana-hūn-ja_mbi"谦让"

banihūnjambi：bani-hūn-ja_mbi"优待"

erehunjebumbi：ere-hun-je_mbi"使常指望"

gilmarjambi：gil-mar-ja_mbi"光彩"

golohonjombi：golo-hon-jo_mbi"小儿惊痒"

jecuhunjembi：jecu-hun-je_mbi"不妥当"

katunjambi：katun-ja_mbi"扎挣"

kenehunjebumbi：kene-hun-je_mbi"被疑"

narahūnjambi：nara-hūn-ja_mbi"只是贪恋"

neigenjebumbi：neigen-je_mbi"使均匀"

niyalhūnjambi：niyal-hūn-ja_mbi"饥热发晕"

niyeniyehunjembi：niyeniye-hun-je_mbi"姑息"

šakšarjambi：šakša-r(ri)-ja_mbi"只是呲着牙笑"

sidehunjembi：side(siden)-hun-je_mbi"间配录用"

talihūnjambi：tali-hūn-ja_mbi"不定"

koikoljombi：koiko(koikon)-l-jo_mbi"作怪"

uyaljambi：uya(uyan)-l-ja_mbi"曲动"

haihūljambi：haihū-l-ja_mbi"翮翻"

(2) -jA(2)-

词缀"-jA(2)-"接附于动词词干后形成动词,与其他能够接附在动词词干上的词缀不同,"-jA(2)-"接附在动词词干上时往往需在动词词干上先接附"l""r""n"等词基形成词缀,如"hayaljambi(行动摆尾)"当中的"-jA(2)-"在接附动词词干之前先接附了词基"l"。当然也有一些情况下"-jA(2)-"直接接附于动词词干,如"niyelejembi(碾伤)"当中的"-jA(2)-"直接接附于动词词干"niyele-"。

词基接附词缀"-jA(2)-"后派生的词可用于表达比原动词词干的语义更为具体或更为抽象的语义。与"-jA(1)-"相同,接附"-jA(2)-"后形成的动词也基本上都是不及物动词。

词缀"-jA(2)-"存在元音和谐现象,包括"-ja-""-je-""-jo-"等语素变体。"-jA(2)-"接附于词基时会导致一些词基发生词尾元音脱落,但不导致词尾辅音的脱落。词缀"-jA(2)-"的特性(见表35)以及基于它形成的单词整理如下:

表35 词缀"-jA(2)-"的特性

词缀特性	内　　　容
词法特性	接附于动词性词基,或动词词干结合"l""r""n"等形成的词基。
语义特性	表达较动词词干更为具体或抽象的语义。
音系特性	元音和谐、语素变体、词基辅音脱落。

gaijarakū：gai-ja_rakū"不取"　　　　gūljambi：gūl(gūla)-ja_mbi"溜处倒拉纤"

niyelejembi：niye[碾]-le-je_mbi"碾伤"　　nukajambi：nuka-ja_mbi"眼扎着疼"

suwaliyaganjambi：suwaliya-gan-ja_mbi"搀杂"

soriganjambi：sori-ga-n-ja_mbi"敌乱动"

dekdeljembi：dek-de-l-je_mbi"惊悸"　　hayaljambi：haya-l-ja_mbi"行动摆尾"

giyalganjambi：giya[间]-l(la)-gan-ja_mbi"间隔着给"

gonjambi：gon-ja_mbi"病反复"　　　　gūninjambi：gūni-ja_mbi"思量"

halanjambi：hala-n-ja_mbi"轮流"

hiyahanjahabi：hiyahan-ja_habi"错杂住了"

oksonjombi：okson-jo_mbi"学迈步"　　toohanjambi：toohan-ja_mbi"迟疑不"

melerjembi：mele-r-je_mbi"畏避"

7.2.8　-rA-

季永海等(1986)以及刘景宪等(1997)主要将词缀"-rA-"看作由名词或形容词形成动词的派生词缀。词缀(或者说形态)"-rA-"接附在动词词干上时,其语义表达区别于接附在其他类型词基。因此,在讨论"-rA-"时也将其区分为"-rA(1)-"和"rA(2)-"。"-rA(1)-"指词基为非动词词性的情况,"-rA(2)-"指词基为动词词性的情况。

(1) -rA(1)-

词缀"-rA(1)-"接附于词基后所派生词的词性为动词。"-rA(1)-"所接附的词基可以是名词、不完全词根、拟声拟态语、形容词、派生词等,"-rA(1)-"可实现为"-ra-""-re-""-ro-"等形态。

词基接附构词词缀"-rA(1)-"后用于表达和词基语义相关的行为或用于表达和实现词基语义对应的状态。结合在不完整词根上的词缀"-rA(1)-"有可能与"-rAn-"(n 型词干形成派生后缀)同源,但是否为"-rAn-"尚不确定,因此将其处理为"-rA-"。词缀

"-rA(1)-"的特性(见表36)以及基于它形成的单词整理如下：

表36　词缀"-rA(1)-"的特性

词缀特性	内　　　　容
词法特性	接附于名词、摹拟词、形容词性词基，或不完整词根。
语义特性	表达和词基语义相关的行为或表达和实现词基语义对应的状态。
音系特性	元音和谐、词基的词尾辅音脱落。

名词性词基

andarambi：anda-ra_mbi"认生"

antaharambi：antaha-ra_mbi"装假"

empirembi：empi-re_mbi"妄谈"

faharambi：faha-ra_mbi"剖取松子榛仁"

gisurembi：gisu(gisun)-re_mbi"说话"

gūldurambi：gūldu(gūldun)-ra_mbi"往里套"

idurambi：idu-ra_mbi"轮班"

jakaraha：jaka-ra_mbi"才好些"

manjurambi：manju-ra_mbi"说清话"

monggorombi：monggo(monggon)-ro_mbi"打剪子股"

monggorombi：monggo-ro_mbi"说蒙古话"

nikarambi：nika(nikan)-ra_mbi"说汉话"

niyamarambi：niyama(niyaman)-ra_mbi"有亲情"

sacurambi：sacu-ra_mbi"磨荞麦吁"

不完整词根

fiyokorombi：fiyoko(fiyokon)-ro_mbi"胡诌"

fukderembi：fukde-re_mbi"犯病"

gakarambi：gaka-ra_mbi"疏离"

gucihiyerembi：gucihiye-re_mbi"攀伴"

kaduršambi：kadu-r-ša_mbi"只是争强"

kaikarambi：kai-ka-ra_mbi"歪斜"

miyošorobumbi：miyošo-ro-bu_mbi"撅成弯钩"

nerembi：ne-re_mbi"披衣服"

nimarambi：nima-ra_mbi"下雪"

niyemperehe：niye-mpe-re_he"浮面微化"

sabarambi：saba-ra_mbi"抛撒"

tabarambi：taba-ra_mbi"错谬"

摹拟词性词基

kuskurembi：kusku(kuskun)-re_mbi"堆奋土"

形容词性词基

buyarambi：buya-ra_mbi"行止小气"

duturehebi：dutu-re_hebi"话听舛错了"

eherembi：ehe-re_mbi"变脸"

goimarambi：goima(goiman)-ra_mbi"妆俏"

hatarambi：hata(hatan)-ra_mbi"暴疼"

heturembi：hetu-re_mbi"横插话"

hibcarambi：hibca(hibcan)-ra_mbi"节俭"

jamaršambi：jama(jaman)-r-ša_mbi"只是嚷闹"

tajirambi：taji-ra_mbi"淘气"

tašarambi：taša(tašan)-ra_mbi"错"

yangšarambi：yangša(yangšan)-ra_mbi"小儿发赖"

doksirambi：dok-si(sin)-ra_mbi"行暴"

eshurembi：es-hu(hun)-re_mbi"变性"

facuhūrambi：facu-hū(hūn)-ra_mbi"迷乱"

mentuhurembi：mentu-hu(hun)-re_mbi"说话愚"

nantuhūrambi：nantu-hū(hūn)-ra_mbi"作污秽事"

waikuršambi：wai[歪]-ku-r-ša_mbi"歪着走"

(2) -rA(2)-

词缀"-rA(2)-"接附于动词词干后所派生词的词性为动词。"-rA(2)-"可实现为"-ra-""-re-""-ro-"等形态。

词基接附词缀"-rA(2)-"后派生的词汇可用于表达和原动词词干的语义相比更为具体或更为抽象的语义。"-rA(2)-"接附于 n 型词干时会使词干的词尾辅音"n"脱落。词缀"-rA(2)-"的特性（见表 37）以及基于它形成的单词整理如下：

表 37　词缀"-rA(2)-"的特性

词缀特性	内　　　容
词法特性	接附于动词性词基。
语义特性	较动词词干语义更为具体、抽象的语义。
音系特性	词基尾辅音脱落。

bisarambi：bisa(bisan)-ra_mbi"水散流"

debderembi：debde-re_mbi"雏鸟扇翅"

faitarabumbi：faita-ra-bu_mbi"使碎割"

fatarambi：fata-ra_mbi"连掐"　　　feterembi：fete-re_mbi"苛求"

funturambi：funtu-ra_mbi"猪拱地"　gejurebumbi：geju-re-bu_mbi"被需索"

haiharambi：hai-ha-ra_mbi"倾"　　ijurabumbi：iju-ra-bu_mbi"磨蹭"

mijirebumbi：miji-re-bu_mbi"打至不能动"

mijurabumbi：miju-ra-bu_mbi"打至不能动"

monjirambi：monji-ra_mbi"恨得挫手"

namarabumbi：nama-ra-bu_mbi"使争添"

sacirambi：saci-ra_mbi"乱砍"　　　secirembi：seci-re_mbi"乱刺"

tadurambi：tadu-ra_mbi"揪扯嚷闹"　　tatarabumbi：tata-ra-bu_mbi"使扯烂"
tongsirambi：tongsi-ra_mbi"说书"

7.2.9　-rAn-

词缀"-rAn"的拟定是基于对满语的历时构拟，因此在前人研究中鲜被提及。虽然"-rAn"的尾音"n"在很多词形中并未出现，但在对词根的描述层面，有必要认定这些词根中"n"的存在，一方面辅音"n"的存在关系到一系列的语位变体，另一方面辅音"n"还存在于少数词形中，不能被忽视。"-rAn-"在形态上可实现为"-ran-""-ren-""-ron-""-run-"等。

词缀"-rAn-"接附于词基后所派生词的词性为动词。"-rAn-"接附的词基可以是动词、名词、副词、形容词性词基或不完整词根。从数量上来看，"-rAn-"主要与不完整词根结合。

词基接附词缀"-rAn-"后派生的词汇侧重表达动作发生之后的某种结果或状态。词缀"-rAn-"在很多词形中实现为"rA"，但通过一系列的语位变体可将其构拟并确认为是 n 型词干，即"rAn"。它在和词基结合时会导致一些词基发生词尾元音或辅音的脱落，如 nitarakabi"气平了"当中的词形"nita"源于"nitan"词尾辅音"n"的脱落。词缀"-rAn-"的特性（见表 38）以及基于它形成的单词整理如下：

表 38　词缀"-rAn-"的特性

词缀特性	内　　　　容
词法特性	接附于动词、名词、副词、形容词性词基，或不完整词根。
语义特性	侧重表达动作发生之后的某种结果或状态。
音系特性	元音和谐，词基尾元音或尾辅音脱落。

动词性词基

getereke：ge-te-re(ren)_ke"剟除了"　　suruke：su-ru(run)_ke"气平了"

warukabi：wa-ru(run)_kabi"略有气味了"　werukebi：we-ru(run)_kebi"冻肉化了"

名词性词基

gohorokobi：goho(gohon)-ro(ron)_kobi"毛勾了"

hotorokobi：hoto-ro(ron)_kobi"一头翘了"

ilmerekebi：ilme(ilmen)-re(ren)_kebi"缰绳自开"

ciktaraka：cik-ta(tan)-ra(ran)_ka"便当"

副词性词基

badaraka：bada-ra(ran)_ka"充裕"　　bekterekebi：bekte-re(ren)_kebi"怔了"

genggerekebi：gengge-re(ren)_kebi"衰弱载腔"

lekderekebi：lekde-re(ren)_kebi"蓬头垢面"

milarabumbi：mila-ra(ran)_mbi"展开"

nitarakabi：nita(nitan)-ra(ran)_kabi"气平了"

不完整词根

farakabi：fa-ra(ran)_kabi"发昏"

fudarakabi：fuda-ra(ran)_kabi"毛倒枪了"

geigerekebi：geige(geigen)-re(ren)_kebi"单弱了"

berekebi：be-re(ren)_kebi"惊呆了"

beberekebi：bebe-re(ren)_kebi"冻拘挛了"

dukdurekebi：dukdu-re(ren)_kebi"苗拱出土"

eberekebi：ebe-re(ren)_kebi"衰惫"

fodorokobi：fodo-ro(ron)_kobi"毛枪了"

fularakabi：fula-ra(ran)_kabi"脸红了"

fulhurekebi：fulhu-re(ren)_kebi"乳儿渐长"

gereke：ge-re(ren)_kebi"天亮"

gebserekebi：gebse-re(ren)_kebi"甚瘦了"

giyabsarakabi：giyabsa-ra(ran)_kabi"瘦怯怯的"

giyaduraka：giyadu-ra(ran)_ka"乱纵横"

giyorobumbi：giyo-ro(ron)-bu_mbi"打至昏迷"

goihorokobi：goiho-ro(ron)_kobi"志向堕颓"

hekterekebi：hekte-re(ren)_kebi"昏迷"

hiyotorobumbi：hiyoto-ro(ron)_mbi"压翘"

jiberekebi：jibe-re(ren)_kebi"眼眯缝着"

kangtarakabi：kangta-ra(ran)_kabi"辕轻"

kaparabumbi：kapa-ra(ran)-bu_mbi"被压扁"

kubsurekebi：kubsu-re(ren)_kebi"宣肿"

lebderekebi：lebde-re(ren)_kebi"发呆"

miošorombi：miošo(miosi)-ro(ron)_mbi"弯曲"

narakabi：na-ra(ran)_kabi"清减了"

nioroko：nio[绿]-ro(ron)_ko"好极了"

šarakabi：ša-ra(ran)_kabi"须发全白了"

saharabumbi：saha-ra(ran)-bu_mbi"至于黑旧"

sangsarabumbi：sangsa-ra(ran)-bu_mbi"至于靭烂"

šerekebi：še-re(ren)_kebi"白净"

sidarabumbi：sida-ra(ran)-bu_mbi"致舒展"

soroko：so-ro(ron)_ko"脸黄了"

suharakabi：suha-ra(ran)_kabi"穗子下垂"

suksurekebi：suksu-re(ren)_kebi"牙花面目微肿"

形容词性词基

ambarambi：amba-ra(ran)_mbi"张大"

ferekebi：fe-re(ren)_kebi"头碰晕"

lukdurekebi：luk(luku)-du-re(ren)_kebi"疵了毛"

menerekebi：mene(menen)-re(ren)_kebi"木了"

niyangniyarakabi：niyangniya-ra(ran)_kabi"裂着嘴"

colgoroko：col-go-ro(ron)_ko"超出"

haidarabumbi：hai-da-ra(ran)-bu_mbi"使歪"

šahūrabumbi：ša-hū(hūn)-ra(ran)-bu_mbi"使冷着"

dadarakabi：dada-ra(ran)_kabi"大咧着嘴"

7.2.10 -tA-

季永海等(1986)以及刘景宪等(1997)主要强调了由名词构成的派生动词中"tA"的功能。词缀(或者说形态)"-tA-"接附在动词词干上时,其语义表达区别于接附在其他类型词基。因此,在讨论词缀"-tA-"时也将其区分为"-tA(1)-"和"tA(2)-"。"-tA(1)-"指词基为非动词词性,"-tA(2)-"指词基为动词词性。与其他类似的进一步分为两类的词缀有所不同,接附"-tA(2)-"所形成的词汇的数量要多于"-tA(1)-"。

(1) -tA(1)-

词缀"-tA(1)-"接附词基后所派生的词用于表达和词基语义相关的动作或行为。其所接附的词基可以是名词、不完整词根或词根添加"si""hA"等词基形成语素,如"getebumbi(叫醒)"里"-tA(1)-"接附在了不完整词根"ge"之后,"tabsitambi(强词)"里"-tA(1)-"接附在了词根添加"si"形成的词基之后。

词缀"-tA-(1)"可实现为"-ta-""-te-""-to-"等形态。"-tA-(1)"在和词基结合时会导致一些词基发生词尾元音或辅音的脱落,如"hamtambi(出大恭)"当中词基原本的尾元音"u"脱落了。词缀"-tA(1)-"的特性(见表39)以及基于它形成的单词整理如下:

表39　词缀"-tA(1)-"的特性

词缀特性	内　　　　　容
词法特性	接附于名词性词基、不完整词根或词根添加"si""hA"等词基形成语素。
语义特性	表达和词基语义相关的动作或行为。
音系特性	元音和谐、词基尾辅音、元音脱落。

名词性词基

hamtambi：ham(hamu)-ta_mbi"出大恭"

yasatabumbi：yasa-ta-bu_mbi"熬鹰"

不完整词根

getebumbi：ge-te-bu_mbi"叫醒"　　hesitembi：hesi-te_mbi"打踉跄"

meite：mei-te"截"　　　　　　　miyasitambi：miyasi-ta_mbi"箭晃出去"

词根添加"si""hA"等词基形成语素

hesihetembi：hesi-he-te_mbi"饿得无力"

melešetembi：mele-še-te_mbi"欲逢迎又畏惧"

koimasitambi：koima(koiman)-si-ta_mbi"总是狡诈"

baldasitambi：balda-si-ta_mbi"滑泞"

biyaldasitambi：biyalda-si-ta_mbi"反复无常"

kabsitambi：kab-si-ta_mbi"莽撞"

kanggasitambi：kangga-si-ta_mbi"充能"

kūlisitambi：kūli-si-ta_mbi"惊慌"

tabsitambi：tab-si-ta_mbi"强词"

holtobumbi：hol(holo)-to_mbi"使人哄"

(2) -tA(2)-

词缀"-tA(2)-"接附于动词词干后形成动词,词基接附"-tA(2)-"后派生的词可以附加表达常时、反复的意思,可译为"频频、常常或连连",是一个强化构词后缀。接附"-tA(2)-"形成的动词既可能是及物动词也可能是不及物动词。

词缀"-tA(2)-"存在元音和谐现象,可实现为"-ta-""-te-""-to-"等语素变体。"-tA(2)-"接附于词基时会导致一些词基发生词尾元音脱落,但不导致词尾辅音的脱落。词缀"-tA(2)-"的特性(见表40)以及基于它形成的单词整理如下:

表40　词缀"-tA(2)-"的特性

词缀特性	内　　　　容
词法特性	接附于动词性词基。
语义特性	在动词语义基础上附加表达常时、反复的意思。
音系特性	元音和谐、词基尾辅音脱落。

afatambi：afa-ta_mbi"打奔"　　　　　　aisilatambi：aisi-la-ta_mbi"常帮助"

ališatambi：ališa(ališan)-ta_mbi"只是烦闷"

amcatambi：amca-ta_mbi"上赶着"　　　anatambi：ana-ta_mbi"齐推"

bargiyatambι：bar(bara)-giya-ta_mbi"常收揽"

bulcatambi：bulca-ta_mbi"只管脱滑"　　dasatambi：dasa-ta_mbi"收拾"

debsitembi：debsi-te_mbi"不住的扇翅"　dushutembi：dushu-te_mbi"乱撒摔"

fehutembi：fehu-te_mbi"一齐踩"　　　　fufutambi：fufu-ta_mbi"扯锯儿"

gahūšatambi：gahū-ša-ta_mbi"乞食样"　jafatambi：jafa-ta_mbi"约束"

jailatambi：jaila-ta_mbi"只管躲避"　　maratambi：mara-ta_mbi"略推辞"

nimetembi：nime-te_mbi"一齐患病"　　seshetebumbi：seshe-te-bu_mbi"被抖搜"

sisetembi：sise-te_mbi"约略办理"　　　somitambi：somi-ta_mbi"藏藏躲躲"

sujutembi：suju-te_mbi"一齐跑"

tuwašatabumbi：tuwa-ša-ta-bu_mbi"使照看"

ubašatambi：uba(uban)-ša(šan)-ta_mbi"反复"

ušatabumbi：uša-ta-bu_mbi"被拖累"　　ushatambi：usha-ta_mbi"微恼"

waliyatambi：wa-liya-ta_mbi"乱摆"　　dengsitembi：dengsi-te_mbi"忧惧"

karmatambi：karma-ta_mbi"常保护"　　tuksitembi：tuk-si-te_mbi"心内动"

7.2.11　-cA-

词缀(或者说形态)"-cA-"接附在动词词干上时,其语义表达区别于接附在其他类型词基的情况。因此,在讨论"-cA-"时也将其区分为"-cA(1)-"和"cA(2)-"。"-cA(1)-"指词基为非动词词性的情况,"-cA(2)-"指词基为动词词性的情况。和"-tA-"的情况类似,接附"-cA(2)-"所形成的词汇的数量要多于"-cA(1)-"。

(1) -cA(1)-

词基接附词缀"-cA(1)-"后派生的词汇用于表达和词基语义相关的动作或行为。"-cA(1)-"所接附的可以是不完整词根或摹拟词性词基,如"fucembi(忿恼)"里"-cA(1)-"接附在了不完整词根"fu"之后,在"genggecembi(奔忙)"里"-cA(1)-"接附在了摹拟词性词基"gengge"之后。

词缀"-cA-(1)"可实现为"-ca-""-ce-""-co-"等形态。"-cA-(1)"在和词基结合时会导致一些词基发生词尾辅音的脱落。词缀"-cA(1)-"的特性(见表41)以及基于它形成的单词整理如下:

表 41　词缀"-cA(1)-"的特性

词缀特性	内　　　　容
词法特性	接附于不完整词根或摹拟词性词基。
语义特性	表达和词基语义相关的动作或行为。
音系特性	元音和谐、词基尾辅音脱落。

faihacambi：faiha-ca_mbi"烦躁"　　　　fakcambi：fak-ca_mbi"离开"

fiyokocombi：fiyoko(fiyokon)-co_mbi"撂蹶子"

fucembi：fu-ce_mbi"忿恼"　　　　genggecembi：gengge-ce_mbi"奔忙"

giyahalcambi：giyahal-ca_mbi"动作灵便"

guwelecembi：guwele-ce_mbi"窥探"　　janggalcambi：janggal-ca_mbi"张狂"

kuturcembi：kutur-ce_mbi"趋奉"

niolhucembi：niol-hu(hun)-ce_mbi"怒气冲动"

niyamarcambi：niyamar-ca_mbi"暗恨"　　yocambi：yo-ca_mbi"痒痒"

(2) -cA(2)-

词缀"-cA(2)-"接附于动词词干后形成动词,词基接附"-cA(2)-"后可以表达"一齐、同、共、只管"等语义。有些动词词基接附"-cA(2)-"后表达较原词基更为抽象、具体的语义,如"bedere-"表达"返回",而"bederece-"则表达"后退"。接附"-cA(2)-"形成的动词可能是及物动词也可能是不及物动词。

词缀"-cA(2)-"存在元音和谐现象,可实现为"-ca-""-ce-""-co-"等语素变体。"-cA(2)-"接附于词基时会导致一些词基发生词尾元音的脱落。词缀"-cA(2)-"的特性(见表 42)以及基于它形成的单词整理如下:

表 42　词缀"-cA(2)-"的特性

词缀特性	内　　　　　容
词法特性	接附于动词性词基。
语义特性	表达"一齐、同、共、只管",或其他较原词基语义更为抽象、具体的语义。
音系特性	元音和谐、词基尾元音脱落。

amgacahabi：amga-ca_habi"一齐睡"　　bedercembi：beder(bedere)-ce_mbi"退后"

deducehebi：dedu-ce_hebi"一齐卧"　　demniyecembi：demniye-ce_mbi"轿颤摇"

dendecembi：dende-ce_mbi"共分"　　durgecembi：dur-ge-ce_mbi"身子抖颤"

eficembi：efi-ce_mbi"共玩耍"

enggelcembi：enggel(enggele)-ce_mbi"越分"

fekucembi：feku(fekun)-ce_mbi"踊跃"

gisurecembi：gisu(gisun)-re-ce_mbi"同说话"

hiracambi：hira-ca_mbi"只管斜看"　　hiracambi：hira-ca_mbi"窥伺"

hoilacambi：hoila-ca_mbi"左右偷看"　　hoilacambi：hoila-ca_mbi"左右回头"

ilicambi：ili-ca_mbi"同站立"　　injecembi：inje-ce_mbi"共笑"

jolgocombi：jolgo(jolho)-co_mbi"夺扯手"

jolhocombi：jolho-co_mbi"怒气上冲"

omicambi：omi-ca_mbi"共饮"　　　šacambi：ša-ca_mbi"眼乱瞧"

šacambi：ša-ca_mbi"肯旁看"　　　sehercembi：seher(sehere)-ce_mbi"揎拳"

sengguwecembi：sengguwe-ce_mbi"只是恐惧"

songgocombi：songgo-co_mbi"齐哭"

sosorcombi：sosor(sosoro)-co_mbi"只管退缩"

šurgecembi：šurge-ce_mbi"打战"　　šurgecembi：šurge-ce_mbi"打颤"

tecembi：te-ce_mbi"同坐着"　　　tukiyecembi：tukiye-ce_mbi"赞扬"

tukiyecembi：tukiye-ce_mbi"扬茶水"

7.2.12　-HiyA-

刘景宪等(1997)指出由动词构成的派生动词中,根据元音和谐律在一些动词词根上接缀附加成分-hiya、-hiye、-kiya、-kiye、-giya 等后,再接动词词尾可构成派生动词。"-HiyA-"接附于词基后所派生的词的词性为动词,而其所接附的词基可以是动词词干、名词性词基、不完整词根、形容词性词基等,如"acinggiyabumbi(使摇动)"中"-HiyA-"接附在动词词干"*acin(微动)"之后,"edunggiyembi(扬场)"中"-HiyA-"接附在名词性词基"edun(风)"之后,"bejihiyebumbi(使解忧)"中"-HiyA-"接附在不完整词根"beji"之后,"hacihiyambi(强劝)"中"-HiyA-"接附在形容词性词基"haci(近)"之后。"-HiyA-"可实现为"-hiya-""-hiye-""-kiya-""-kiye-""-nggiya-""-nggiye-""-giya-""-giye-"等形态。这些形态中音节的辅音和元音都可能实现为变体,因此,描述该词缀"-HiyA-"中辅音和音节末元音都使用了大写字母。

词基接附词缀"-hiyA-"后用于表达使动的语义或实现词基语义相关的状态,"-HiyA-"可以进一步通过接附"-n"实现名词化。词缀"-HiyA-"存在元音和谐现象,"-HiyA-"在和词基接附时会导致一些词基发生词尾元音或辅音的脱落。词缀"-HiyA-"的特性（见表 43）以及基于它形成的单词整理如下：

表 43　词缀"-HiyA-"的特性

词缀特性	内　　　　　容
词法特性	动词词干、名词性词基、不完整词根、形容词性词基。
语义特性	表达使动或实现词基语义相关的状态。
音系特性	元音和谐、词基尾元音、尾辅音脱落。

动词词干

acinggiyabumbi：aci(acin)-nggiya-bu_mbi"使摇动"

afakiyambi：afa-kiya_mbi"行走打奔"

aliyakiyambi：aliya-kiya_mbi"慢走等候"

bargiyabumbi：bar(bara)-giya-bu_mbi"使收"

fuyakiyambi：fuya-kiya_mbi"干哕"

hafukiyambi：hafu(hafun)-kiya_mbi"使通晓"

jalukiyambi：jalu(jalun)-kiya_mbi"满足"

sukiyambi：su-kiya_mbi"倒涳干"

tacihiyambi：taci-hiya_mbi"训练马"　　tuwakiyambi：tuwa-kiya_mbi"看守"

wacihiyambi：waci-hiya_mbi"完结"　　yarkiyambi：yar(yaru)-kiya_mbi"引诱"

名词性词基

edunggiyembi：edu(edun)-nggiye_mbi"扬场"

mudakiyambi：muda(mudan)-kiya_mbi"拐弯"

不完整词根

bejihiyebumbi：beji-hiye-bu_mbi"使解忧"

facihiyašambi：faci-hiya-ša_mbi"着急"

febgiyembi：feb-giye_mbi"睡着说谵语"

fiyaringgiyambi：fiya-ring-giya_mbi"绷晒"

fucihiyambi：fuci-hiya_mbi"咳嗽"

fuhiyembi：fu-hiye_mbi"忿恼"

habgiyambi：hab-giya_mbi"打哈息"

hūwakiyambi：hūwa-kiya_mbi"剖开"

huwekiyembi：huwe(huwen)-kiye_mbi"奋兴"

nacihiya：na-ci-hiya"安慰"

šaringgiyambi：ša-ring-giya_mbi"雪冤"

sarkiyambi：sar-kiya_mbi"单开"

šeringgiyembi：še-ri(rin)-nggiye_mbi"煅炼"

sesukiyembi：sesu-kiye_mbi"打冷战"

tunggiyembi：tung(tum)-giye_mbi"收捡骨殖"

tuwamgiyambi：tuwam-giya_mbi"端直着"

tuwancihiyambi：tuwan-ci-hiya_mbi"拔正"

wahiyambi：wa-hiya_mbi"挽着"　　wehiyembi：we-hiye_mbi"扶助"

yacihiyambi：yaci-hiya_mbi"打喷嚏"　yongkiyambi：yong(yon)-kiya_mbi"全备"

形容词性词基

hacihiyambi：haci-hiya_mbi"强劲"　　icihiyambi：ici-hiya_mbi"整顿"

necihiyembi：ne-ci-hiye_mbi"平地面"

7.2.13　-se-/-si-

词缀"-se-/-si-"接附于词基后所派生词的词性也为动词。"-se-/-si-"主要接附于不完整词根或摹拟词性词基之上，用于表达词根、词基语义对应状态的实现。我们认为词缀"-se-/-si-"可能源于"摹拟词＋-se-"短语的词汇化，比如对应动词"tuksimbi"还存在短语"tuktukseme"。"-se-/-si-"不存在元音和谐现象。词缀"-se/-si-"的特性（见表44）以及基于它形成的单词整理如下：

表 44　词缀"-se-/-si-"的特性

词缀特性	内　　　　容
词法特性	接附于不完整词根或摹拟词性词基。
语义特性	表达词根、词基语义对应状态的实现。
音系特性	不存在元音和谐现象。

cibsembi：cib-se_mbi"静悄"　　　　　herserakū：her-se_rakū"不理"

caksimbi：cak-si_mbi"打远马儿"　　　caksimbi：cak-si_mbi"喜鹊噪"

gingsimbi：ging-si_mbi"吟哦"　　　　giyangsimbi：giyang-si_mbi"狗挣叫"

jibsibumbi：jib-si-bu_mbi"重叠"　　　kaksimbi：kak-si_mbi"咳痰"

kengsimbi：keng-si_mbi"可鸪鸣"　　　kengsimbi：keng-si_mbi"牲口痘"

koksimbi：kok-si_mbi"母鸡野鸡鸣"　　kongsimbi：kong-si_mbi"高声乱说"

labsimbi：lab-si_mbi"吞着吃"　　　　loksimbi：lok-si_mbi"傻说"

longsimbi：long-si_mbi"唠叨"　　　　niksimbi：nik-si_mbi"冷得发嗦"

oksimbi：ok-si_mbi"呕吐"　　　　　　suisimbi：sui-si_mbi"受罪"

tangsimbi：tang-si_mbi"连击"　　　　toksimbi：tok-si_mbi"敲"

tuksimbi：tuk-si_mbi"惶恐"

7.2.14　-mi-

季永海等(1986)以及刘景宪等(1997)都曾指出,词缀"-mi-"接附于名词之后可以形成动词。词缀"-mi-"接附在名词或不完整词根上形成新的动词。通过该词缀形成的词数量较少。考虑到"hūwamiyambi"中的"-miya-"与"-mi-"在形态、意义上的相似性,也把它归在了这一类中。词缀"-mi-"用于表达对事物重新组织的含义,由该词缀派生的动词既可以表达缝纫衣服也可以表达分解事物相关的意思。相较于其他词缀来说,"-mi-"所表达的语义更加具体。词缀"-mi-"不存在元音和谐现象。词缀"-mi-"的特性（见表45）以及基于它形成的单词整理如下：

表45 词缀"-mi-"的特性

词缀特性	内　　　　容
词法特性	接附于名词性词基或不完整词根。
语义特性	表达对事物重新组织的含义。
音系特性	不存在元音和谐现象。

belemimbi：bele-mi_mbi"碾米"

dokomimbi：do-ko-mi_mbi"绵里子"

hešemimbi：heše(hešen)-mi_mbi"抽口"

semimbi：se(sen)-mi_mbi"纫针"

turemimbi：ture-mi_mbi"上鞋子"

bolgomimbi：bolgo-mi_mbi"斋"

garmimbi：gar(gari)-mi_mbi"零截开"

hūwamiyambi：hūwa-miya_mbi"剥开"

tohomimbi：toho(tohon)-mi_mbi"扣钮子"

7.2.15 -niyA-

派生词缀"-niyA-"在一些前人研究中有被探讨过，刘景宪等（1997）指出由动词构成的派生动词中，根据元音和谐律在一些动词词根上接词缀"-niye-"等后再接动词词尾可构成派生动词。也就是将"-niyA-"看作为一个动词派生词缀。

词缀"-niyA-"所接附的词根可以是不完整词根、以辅音"n"结尾的n型词干。词缀"-niyA-"接附在动词词干上时表达使动的含义，可以将不及物动词变成为及物动词。因此，从功能的角度来看，词缀"-niyA-"似乎和"-hiyA-"具有关联，但由于缺乏确凿的证据，我们将它们看作两个语素处理。"-niyA-"存在元音和谐现象，可实现为"-niya-""-niye-"形态。词缀"-niyA-"的特性（见表46）以及基于它形成的单词整理如下：

表 46　词缀"-niyA-"的特性

词缀特性	内　　　　容
词法特性	接附于不完整词根、n 型词干。
语义特性	表达使动的功能或实现词根语义。
音系特性	存在元音和谐,词基辅音脱落。

dangniyabumbi：dang-niya-bu_mbi"使踢行头"

dangniyambi：dang-niya_mbi"踢行头"

demniyembi：dem[掂]-niye_mbi"掂估轻重"

dengniyembi：deng-niye_mbi"抢行头"

ebeniyebumbi：ebe(eben)-niye-bu_mbi"使浸"

ebeniyembi：ebe(eben)-niye_mbi"浸泡"

ekiyeniye：ekiye(ekiyen)-niye"减"

ekiyeniyebumbi：ekiye(ekiyen)-niye-bu_mbi"使损减"

ekiyeniyembi：ekiye(ekiyen)-niye(niyA)_mbi"损减"

saniyabumbi：sa(san)-niya-bu_mbi"准展限"

saniyabumbi：sa(san)-niya-bu_mbi"致伸"

saniyambi：sa(san)-niya_mbi"展限"

saniyambi：sa(san)-niya_mbi"伸放"

saniyan：sa(san)-niya-n"伸"

saniyashūn：sa(san)-niya-shūn"略伸"

weniyembi：we(wen)-niye_mbi"熟练"

7.2.16　-liyA-

词缀"-liyA-"接附于词基后所派生词的词性为动词。词缀"-liyA-"主要接附于不完整词根,其接附的不完整词根也常见于其他词当中,这些词根主要用于表达方位或形状等基本的物理状态。

而词基接附词缀"-liyA-"之后形成的词用于表达词根具有的物理
状态的实现,部分词汇在此基础上进一步引申为更抽象的语义。
"-liyA-"存在元音和谐现象,可实现为"-liya-""-liye-"等形态。没
有发现"-liyA-"导致词基的元音或辅音脱落。词缀"-liyA-"的特性
(见表47)以及基于它形成的单词整理如下:

表 47 词缀"-liyA-"的特性

词缀特性	内　　　　容
词法特性	主要接附于不完整词根。
语义特性	表达方位或形状等基本的物理状态的实现。
音系特性	存在元音和谐现象。

fuliyambi:fu-liya_mbi"容恕"　　　　juliyambi:ju-liya_mbi"去核"

juliyambi:ju-liya_mbi"吐难吃物"

muhaliyabumbi:muha-liya-bu_mbi"使堆"

muhaliyambi:muha-liya_mbi"堆"

tebeliyebumbi:tebe-liye-bu_mbi"使抱着"

tebeliyembi:tebe-liye_mbi"抱住"　　　tebeliyembi:tebe-liye_mbi"抱着"

tebeliyembi:tebe-liye_mbi"抱着"　　　waliya:wa-liya"摞下"

waliyabumbi:wa-liya-bu_mbi"使摞"　　waliyabumbi:wa-liya-bu_mbi"丢了"

waliyaha:wa-liya_ha"完了"　　　　　waliyaha:wa-liya_ha"笑人没干"

waliyambi:wa-liya_mbi"上坟"　　　　waliyambi:wa-liya_mbi"吐出"

waliyambi:wa-liya_mbi"摞"　　　　　waliyatai:wa-liya_tai"舍命"

waliyatambi:wa-liya-ta_mbi"乱摞"

7.2.17　-liyA(n)-

词缀"-liyA(n)-"接附于词基后所派生词的词性为动词。
"-liyA(n)-"和后面要介绍的"-šA(n)-"非常相似,而且它们还能接

附在相同的词基"gūwa"和"uban"上,相对来说"-liyA(n)-"更为能产。词缀"-liyA(n)-"可以接附在不完整词根、形容词性词基或动词性词基上。"-liyA(n)-"的尾音"n"往往不见于词形,但通过相应的语素变体可以确认,相关内容在第六章有详细的讨论。词基接附词缀"-liyA(n)-"之后形成的词用于表达词根语义的实现或表达和"变化"相关的语义。作为动词派生词缀的"-liyA(n)-"可能和形容词派生词缀"-liyAn"存在关联,但鉴于派生词的词性这里将它们分开处理。"-liyA(n)-"存在元音和谐现象,可实现为"-liya-""-liye-"等形态。词缀"-liyA(n)-"的特性(见表 48)以及基于它形成的单词整理如下:

表 48　词缀"-liyA(n)-"的特性

词缀特性	内　　　　容
词法特性	接附于不完整词根、形容词性词基或动词性词基。
语义特性	表达词根语义的实现或表达和"变化"相关的语义。
音系特性	存在元音和谐现象。

bebeliyeke:bebe-liye(liyen)_ke"冻木了"

bufaliyambi:bufa-liya(liyan)_mbi"改嘴"

gūwaliyakabi:gūwa-liya(liyan)_kabi"味变了"

gūwaliyambi:gūwa-liya(liyan)_mbi"发迷"

gūwaliyambi:gūwa-liya(liyan)_mbi"改蛮"

gūwaliyandarakū:gūwa-liya(liyan)_ndara_kū"不改变"

gūwaliyašakū:gūwa-liya(liyan)-ša-kū"肯变卦的"

gūwaliyašambi:gūwa-liya(liyan)-ša _mbi"常发迷"

hūwaliyambi:hūwa[和]-liya(liyan)_mbi"乐合"

hūwaliyambi:hūwa[和]-liya(liyan)_mbi"和合"

hūwaliyambumbi：hūwa[和]-liya(liyan)-mbu(bu)_mbi"使合"

hūwaliyambumbi：hūwa[和]-liya(liyan)-mbu(bu)_mbi"调和"

hūwaliyanduha：hūwa[和]-liya(liyan)-ndu_ha"相合"

hūwaliyasun：hūwa[和]-liya(liyan)-sun"和霭"

hūwaliyasun：hūwa[和]-liya(liyan)-sun"和"

hūwaliyasun：hūwa[和]-liya(liyan)-sun"和"

ubaliyambi：uba(uban)-liya(liyan)_mbi"更变"

ubaliyambumbi：uba(uban)-liya(liyan)-mbu(bu)_mbi"翻译"

7.2.18 -nggi-

词缀"-nggi-"接附于词基后所派生的词的词性为动词。由"-nggi-"派生的词在满语中数量较少。词缀"-nggi-"接附于动词词干或不完整词根。词基接附词缀"-nggi-"之后形成的词用于表达"去做某事"，"某事"即对应词基的语义。比如动词"tuwa-"表示"看"，接附"-nggi-"后的"tuwanggi-"表示"去看"。由此可见，"-nggi-"在语义表达上与"-nA-"相似，但能产性却远低于"-nA-"。"-nggi-"不存在元音和谐现象。没有发现"-liyA-"导致词基的元音或辅音脱落。词缀"-liyA-"的特性(见表 49)以及基于它形成的单词整理如下：

表 49 词缀"-nggi-"的特性

词缀特性	内　　　容
词法特性	接附于动词词干或不完整词根。
语义特性	表达去做某事。
音系特性	不存在元音和谐现象。

alanggimbi：ala-nggi_mbi"使去告诉"　　bunggibu：bu-nggi-bu"使送往"

bunggimbi：bu-nggi_mbi"送往"　　　　gonggibu：go-nggi-bu"使去取"

gonggimbi：go-nggi_mbi"使人去取"　　tuwanggimbi：tuwa-nggi_mbi"使人往看"

7.2.19 -si(n)-

词缀"-si(n)-"接附于词基后所派生词的词性为动词。词缀"-si(n)-"的尾音"n"可以通过词汇的语素变体得到确认,但尾音"n"在很多时候并不直接见于词形,因此加上括号来表示。词缀"-si(n)-"主要接附于不完整词根,所接附的不完整词根表达方位或某种物理状态,接附词缀"-si(n)-"后用于表达词根的方位语义或物理状态语义的实现。"-si(n)-"不存在元音和谐现象。没有发现"-si(n)-"导致词基的元音或辅音脱落。词缀"-si(n)-"的特性(见表50)以及基于它形成的单词整理如下:

表 50　词缀"-si(n)-"的特性

词缀特性	内　　　容
词法特性	主要接附于不完整词根。
语义特性	表达词根的方位语义或物理状态语义的实现。
音系特性	不存在元音和谐现象。

ciksika：cik-si(sin)_ka"年壮"　　　　ciksikabi：cik-si(sin)_kabi"筋骨长足"

ciksikabi：cik-si(sin)_kabi"长足了"　　ciksimbi：cik-si(sin)_mbi"长足"

dosika：do-si(sin)_ka"裹了"　　　　dosikabi：do-si(sin)_kabi"进去了"

dosikabi：do-si(sin)_kabi"贪进去了"　dosimbi：do-si(sin)_mbi"进"

dosimbi：do-si(sin)_mbi"跟进去"

dosimbumbi：do-si(sin)-mbu(bu)_mbi"请进"

dosimbumbi：do-si(sin)-mbu(bu)_mbi"馁"

dosinambi：do-si(sin)-na_mbi"进得去"　dosinambi：do-si(sin)-na_mbi"进去"

dosinjimbi：do-si(sin)-nji_mbi"进来"　　wasibumbi：wa-si(sin)-bu_mbi"降"

wasibumbi：wa-si(sin)-bu_mbi"使从高处下来"

wasikabi：wa-si(sin)_kabi"瘦了"　　wasikabi：wa-si(sin)_kabi"衰败了"

wasikabi：wa-si(sin)_kabi"价落了"　　wasikabi：wa-si(sin)_kabi"已溜膘"

wasimbi：wa-si(sin)_mbi"从高处下"　　wasimbi：wa-si(sin)_mbi"溜膘"

wasinjimbi：wa-si(sin)-nji_mbi"从高处下来"

wesibumbi：we-si(sin)-bu_mbi"升用"

wesihulebumbi：we-si(sin)-hu(hun)-le-bu_mbi"使人尊重"

wesihulembi：we-si(sin)-hu(hun)-le_mbi"尊亲"

wesihulembi：we-si(sin)-hu(hun)-le_mbi"尊重"

wesimbi：we-si(sin)_mbi"升"

wesimbumbi：we-si(sin)-mbu(bu)_mbi"奏"

wesinembi：we-si(sin)-ne_mbi"升上去"

7.2.20　-šA(n)-

词缀"-šA(n)-"接附于词基后所派生词的词性为动词。词缀"-šA(n)-"的尾音"n"可以通过词汇的语素变体得到确认,但尾音"n"在很多时候并不直接见于词形,因此加上括号来表示。词缀"-šA(n)-"仅接附于两个词根,一个是具有形容词性质的"gūwa",一个是属于 n 型词干的"uban"。这两个词根各自表达"其他"和"变化"的语义,接附词缀"-si(n)-"后用于表达和"变化"相关的语义。"-šA(n)-"不存在元音和谐现象。词缀"-šA(n)-"的特性(见表 51)以及基于它形成的单词整理如下:

表 51　词缀"-šA(n)-"的特性

词缀特性	内　　　容
词法特性	接附于动词词干或形容词性词基。
语义特性	表达和"变化"相关的语义。
音系特性	不存在元音和谐现象。

gūwašakabi：gūwa-ša(šan)_kabi"酸物味变了"

ubašabumbi：uba(uban)-ša(šan)-bu_mbi"使耕"

ubašabumbi：uba(uban)-ša(šan)-bu_mbi"使叛"

ubašakū：uba(uban)-ša(šan)-kū"麻花"

ubašakū：uba(uban)- ša(šan)-kū"反复人"

ubašambi：uba(uban)-ša(šan)_mbi"耕"

ubašambi：uba(uban)-ša(šan)_mbi"叛"

ubašambi：uba(uban)-ša(šan)_mbi"翻过来"

ubašatambi：uba(uban)-ša(šan)-ta_mbi"反复"

7.3 形容词派生词缀

该部分分析并整理满语中的形容词派生词缀。对形容词派生词缀的整理依旧按照各词缀的能产性由高到低的顺序进行。整体来说，满语中"-hUn""-nggA""-kAn""-cukA""-kU""-shUn""-hiyAn"等形容词派生词缀的能产性较强。本章节中对形容词派生词缀特性的整理依旧从词法特性、语义特性和音系特性三个角度进行。

7.3.1　-hUn

"-hUn"是满语中较为重要的形容词派生词缀，也是最为能产的形容词派生词缀，季永海等(1986)、刘景宪等(1997)都指出由动词派生的形容词中，根据元音和谐律在一些动词的词根上缀以附加成分"-hun"可构成派生形容词。根据对《御制增订清文鉴》的分析整理，词缀"-hUn"可以接附于不完整词根、动词词干或名词性词基，词基接附词缀"-hUn"之后用于表达和词基语义相关的状态或属性。"-hUn"存在元音和谐现象，可实现为"-hun""-hūn""-hon"等形态。词缀"-hUn"接附于词基时会导致词基的尾元音或尾辅音脱落。词缀"-hUn"和词缀"-shUn"之间存在关联，相关内容会在"-shUn"的部分展开讨论。词缀"-hUn"的特性（见表52）以及基于它形成的词汇整理如下：

表52　词缀"-hUn"的特性

词缀特性	内　　　　　容
词法特性	接附于不完整词根、动词词干或名词性词基。
语义特性	表示和词基语义相关的状态或属性。
音系特性	存在元音和谐现象、会导致词基的尾元音或尾辅音脱落。

banuhūn：banu(ban)-hūn"懒"

biyabiyahūn：biya·biya-hūn"气色煞白"

biyahūn：biya-hūn"颜色淡"

bodohonggo：bodo-ho(hon)-nggo"有谋略"

bultahūn：bul(buli)-ta-hūn"明露出"

bultahūri：bul(buli)-ta-hū(hūn)-ri"全露出"

buncuhūn：buncu-hūn"不冷不热的"

buruhun：buru-hun"看不真切"

cakcahūn：cakca-hūn"弓挺"

cekjehun：cekje-hun"胸膛高"

colhon：col-hon"高峰尖"

cukcuhun：cukcu-hun"咕嘟着嘴"

curhūn：cur-hūn"飞一翅"

dalhūn：dal-hūn"黏"

dalhūn：dal-hūn"黏滞"

debsehun：debse-hun"眼皮下垂"

dekdehun：dek-de-hun"略高些"

dokdohon：dok-do-hon"突起貌"

bešehun：beše(bešen)-hun"迷透了"

biyahūn：biya-hūn"气色煞白"

biyahūn：biya-hūn"物落色"

bušuhūn：bušu-hūn"吝啬下贱"

cehun：ce-hun"胸膈发胀"

cokcohon：cokco-hon"直竖"

cukcuhun：cukcu-hun"耳向前"

cukcuhun：cukcu-hun"两耳向前"

dakdahūn：dakda-hūn"短促促的"

dalhūn：dal-hūn"话烦"

darbahūn：darba-hūn"仰面挺身卧"

debsehun：debse-hun"眼露困"

derbehun：derbe-hun"潮"

dorohon：doro-hon"身小"

dukduhun：dukdu-hun"苗拱土" dushun：dus-hun"色暗"

dushun：dus-hun"暗昧" eberhun：ebe-r-hun"懦"

ekiyehun：ekiye(ekiyen)-hun"缺" ekiyehun：ekiye(ekiyen)-hun"缺少"

elehun：ele-hun"自如" elehun：ele-hun"罢松"

emhun：em(emu)-hun"孤" enihun：eni-hun"线力松"

eshun：es-hun"生疏" eshun：es-hun"生"

etuhun：etu-hun"高" etuhun：etu-hun"强壮"

etuhun：etu-hun"壮" facuhūn：facu-hūn"紊乱"

facuhūn：facu-hūn"乱" farhūn：far-hūn"昏暗"

fartahūn：farta-hūn"鼻扎" fartahūn：farta-hūn"喇叭嘴"

fecuhun：fecu(fejun)-hun"行丑事的" fekcuhun：fekcu-hun"涩"

felehun：fele-hun"冒犯" filtahūn：filta-hūn"空地"

fiyangtahūn：fiyangta-hūn"壮大"

fiyangtahūri：fiyangta-hū(hūn)-ri"壮大大的"

foihori：foi-ho(hon)-ri"疏忽" fortohon：for(foro)-to-hon"撅嘴"

fudasihūn：fuda-si-hūn"悖逆" fudasihūn：fuda-si-hūn"逆"

fuhun：fu-hun"怒色" fulahūn：fula-hūn"赤贫"

fulahūn：fula-hūn"赤身" fulahūn：fula-hūn"水红"

fulahūri：fula-hū(hūn)-ri"火焰红" fundehun：funde-hun"气色淡白"

fundehun：funde-hun"萧索" fundehun：funde-hun"不鲜亮"

fusihūn：fu-si-hūn"卑下" fusihūn：fu-si-hūn"贱"

gadahūn：gada-hūn"细高" gakahūn：gaka-hūn"张着口"

gakdahūn：gakda-hūn"瘦长" gakdahūri：gakda-hū(hūn)-ri"瘦长长的"

ganggahūn：gangga-hūn"瘦高" garbahūn：gar-ba-hūn"枝杈稀疏"

gebsehun：gebse-hun"甚瘦" gecuhun：gecu(gece)-hun"上冻时"

gehun：ge-hun"白瞪着眼" gehun：ge-hun"明明看见"

geigehun：geige-hun"单弱" gekdehun：gekde-hun"太瘦"

genggehun：gengge-hun"裁腔" getuhun：ge-tu-hun"醒着"

giltahūn：gil-ta-hūn"光彩" giodohon：gio-do-hon"紧就"

giyabsahūn：giyabsa-hūn"瘦怯" godohon：godo-hon"直高"

godohon：godo-hon"挺身跪着" godohon：godo-hon"直竖着"

gonggohon：gonggo-hon"坐立无聊"

gonggohori：gonggo-ho(hon)-ri"众人闲坐样"

gosihon：gosi-hon"苦"　　　　　　gosihon：gosi-hon"恼"

gukduhun：gukdu-hun"鼓起处"　　gulhun：gul(gulu)-hun"圆圈"

hafirahūn：hafira-hūn"窄"　　　　hafirahūn：hafira-hūn"窄隘"

halhūn：hal-hūn"热"　　　　　　halhūn：hal-hūn"热"

hatuhūn：hatu-hūn"醎"　　　　　hekcehun：hekce-hun"秋水减退"

hishūn：his-hūn"心细不直爽"　　hishūn：his-hūn"肯害羞"

hiyotohon：hiyoto-hon"艇腰"　　hoshori：hos-ho(hon)-ri"卷毛"

hoshori：hos-ho(hon)-ri"卷毛"　hotohon：hoto-hon"翻唇"

hūwantahūn：hūwanta-hūn"山无草木"　isuhūn：isu-hūn"弱小"

jakjahūn：jak(jaka)-ja-hūn"裂成口"　jancuhūn：jancu-hūn"甜"

jibehun：jibe-hun"眯缝眼"　　　jilehun：jile-hun"恬然无耻"

jušuhun：jušu-hun"酸"　　　　　kalcuhūn：kalcu(kalcun)-hūn"宽额"

kapahūn：kapa-hūn"鼻塌"　　　kapahūn：kapa-hūn"就地卧"

kenehunjecuke：kene-hun-je-cuke"可疑"　kenggehun：kengge-hun"瘦人拱肩"

kenggehun：kengge-hun"空落"　kengtehun：kengte-hun"驼背"

kengtehun：kengte-hun"高脚马"　kobsohon：kobso-hon"鼻高"

koikohon：koiko(koikon)-hon"高浮出来"　konggohon：konggo-hon"眼苊偻"

kubsuhun：kubsu-hun"粗大"　　kubsuhun：kubsu-hun"厌人倒卧样"

kubsuhuri：kubsu-hu(hun)-ri"粗大大的"　kubsuhuri：kubsu-hu(hun)-ri"膀胀"

kumcuhun：kumcu-hun"罗锅腰"　kungguhun：kunggu-hun"洼苊眼"

labdahūn：labda-hūn"枝叶下垂"　labdahūn：labda-hūn"唇下垂"

labdahūn：labda-hūn"耳唇下垂"　lakdahūn：lakda-hūn"往下垂着"

lakdahūn：lakda-hūn"奔拉着"　lakdahūri：lakda-hū(hūn)-ri"满满垂下"

lalahūn：lala-hūn"蔫软"　　　larbahūn：larba-hūn"软瘫睡卧"

lebdehun：lebde-hun"乏得呆了"　lebdehun：lebde-hun"呆呆的"

lekcehun：lekce-hun"软物垂遮"　lekdehun：lekde-hun"垂遮"

letehun：lete-hun"上身宽大"　　letehun：lete-hun"上扎"

liyeliyehun：liyeliye-hun"昏聩"　lokdohon：lokdo-hon"独坐"

lukduhun：luk(luku)-du-hun"鸟疵毛"　lushun：lus(lusun)-hun"觉疲乏"

malhūn：mal-hūn"俭省"

malhūn：mal-hūn"路觉远"

menehune：mene(menen)-hun"傻"

mentuhun：mentu-hun"愚"

milahūn：mila-hūn"撇口"

miosihon：miosi-hon"邪"

mongniohon：mongnio-hon"无意思"

morohon：moro-hon"眼圆睁"

morohon：moro-hon"眼珠圆大"

mukcuhun：mukcu-hun"罗锅腰"

mukcuhun：mukcu-hun"罗锅腰"

mumurhūn：mumu-r-hūn"模糊"

munahūn：muna-hūn"无聊"

muyahūn：muya-hūn"完全"

nairahūn：naira-hūn"温厚"

nantuhūn：nantu-hūn"贪污"

nantuhūn：nantu-hūn"污秽"

narhūn：nar-hūn"不离箭靶"

narhūn：nar-hūn"细"

narhūn：nar-hūn"声细"

narhūn：nar-hūn"细致"

nilhūn：nil-hūn"滑"

nincuhūn：nincu-hūn"鱼肉腥"

niohon：nio[绿]-hon"松绿"

niohon：nio[绿]-hon"气得脸青"

niohun：nio[绿]-hun"豆绿"

niyangniyahūn：niyangniya-hūn"裂嘴"

niyarhūn：niya-r-hūn"新鲜"

niyeniyehun：niye-niye-hun"心活无主"

nomhon：nom-hon"循良"

nomhon：nom-hon"驯良"

oilohon：oi[外]-lo-hon"轻浮"

omihon：omi(omin)-hon"饥饿"

oncohon：onco-hon"仰卧"

oncohon：onco-hon"傲慢"

oshon：os-hon"虐"

osohon：oso-hon"小"

pokcohon：pokco-hon"矬胖"

poksohon：pokso-hon"小儿壮大"

poksohori：pokso-ho(hon)-ri"小儿壮大貌"

sahahūn：saha-hūn"淡黑"

sahahūri：saha-hū(hūn)-ri"乌黑"

šahūn：ša-hūn"淡白"

šahūrun：ša-hū(hūn)-run"寒"

šahūrun：ša-hū(hūn)-run"冷"

saksahūn：saksa-hūn"支架"

šakšahūn：šakša-hūn"露齿"

sarahūn：sara-hūn"舒展"

sarbahūn：sarba-hūn"枝叶散漫"

sarbahūn：sarba-hūn"伸腰拉胯卧"

sehehun：sehe-hun"须发乱乍"

sehehun：sehe-hun"直竖着"

šehun：še-hun"厂亮"

seksehun：sekse-hun"憔悴"

seksehun：sekse-hun"冻得脸白"

semehun：seme-hun"粗"

senihun：seni-hun"略潮"

serehun：sere-hun"似睡不睡"

seshun：ses-hun"厌物"

sibsihūn：sibsi-hūn"脸下窄"

sibsihūn：sibsi-hūn"下绺"

sijihūn：siji-hūn"直板"

sitahūn：sita-hūn"寡少"

sohohūri：so-ho(hon)-hū(hūn)-ri"焦黄"

sohokoliyan：so-ho(hon)-ko(kon)-liyan"黄黄的"

sohon：so-hon"葵黄"

šokšohon：šokšo-hon"尖峰"

sonihon：soni(sonin)-hon"奇"

suhun：su-hun"米色"

šukšuhun：šukšu-hun"撅着嘴"

šulihun：šuli-hun"尖"

tathūnjacuka：tat(tata)-hūn-ja-cuka"可犹豫"

teyehun：teye-hun"安逸"

tulhun：tul-hun"阴"

untuhun：untu-hun"空"

wakjahūn：wakja-hūn"腹大"

wasihūn：wa-si-hūn"往下"

wenjehun：wenje-hun"富裕"

wesihun：we-si-hun"崇高"

yadahūn：yada-hūn"贫"

sijihūn：siji-hūn"直站着"

sijirhūn：siji-r-hūn"直"

soksohon：sokso-hon"恼闷坐立状"

šokšohon：šokšo-hon"噘着嘴"

subuhūn：su-bu-hūn"清醒"

suksuhun：suksu-hun"气得发乍"

šulihun：šuli-hun"头尖"

talihūn：tali-hūn"荒唐"

tomorhon：tomor(tomoro)-hon"清楚"

umušuhun：umu-šu-hun"俯卧"

wahūn：wa-hūn"臭"

wasihūn：wa-si-hūn"往西"

weihun：wei-hun"活的"

wesihun：we-si-hun"往东"

wesihun：we-si-hun"贵"

yadahūn：yada-hūn"花儿穷"

7.3.2　-nggA

词缀"-nggA"接附于词基后所派生词的词性为形容词。"-nggA"主要接附于名词性词基，也可接附于动词性词基、不完整词根以及少数形容词性词基。词基接附词缀"-nggA"后形成的词汇主要用于表达"具有与词根相关的属性的"语义。比如"gebu"表示"名字"，接附"-nggA"之后的"gebungge"则表示"有名望的"。"-nggA"存在元音和谐现象，可实现为"-ngga""-ngge""-nggo"等形态。"-nggA"接附于词基时会导致部分词基的尾辅音脱落。词

缀"-nggA"的特性(见表53)以及基于它形成的词汇整理如下:

表53 词缀"-nggA"的特性

词缀特性	内　　　容
词法特性	主要接附于名词性词基,同时也接附于动词性词基、不完整词根以及少数形容词性词基。
语义特性	表达"具有与词根相关的属性的"语义。
音系特性	存在元音和谐现象、可导致词基的尾辅音脱落。

acangga：aca-ngga"利"　　　　　adalingga：ada-li-ngga"相同的"

ahūngga：ahū(ahūn)-ngga"长子"　aldangga：alda-ngga"远"

aldungga：aldu-ngga"奇怪"　　　algingga：algi(algin)-ngga"有声"

amagangga：ama-ga-ngga"后来的"　amtangga：amta(amtan)-ngga"有趣"

amtangga：amta(amtan)-ngga"有趣"　amtangga：amta(amtan)-ngga"有味"

amurangga：amura(amuran)-ngga"所好的"

aniyangga：aniya-ngga"属相年"　arbungga：arbu(arbun)-ngga"形相好"

argangga：arga-ngga"惯使奸计"　ashangga：asha-ngga"有翅的"

bailingga：baili-ngga"有恩情的"　baningga：bani-ngga"刚够"

batangga：bata-ngga"敌家"

bengsengge：bengse[本事]-ngge"有本事"

bethengge：bethe-ngge"有腿的"

bilgacungga：bilga-cu(cun)-ngga"贪嘴的"

bulangga：bula-ngga"有刺的"　　cihangga：ciha-ngga"情愿"

cirangga：cira-ngga"气色的"　　daljingga：dalji-ngga"有干涉的"

daljingga：dalji-ngga"干涉"　　dangga：da-ngga"长辈"

demungge：demu-ngge"怪物"　　deocingge：deo-ci-ngge"尽弟道的"

derengge：dere-ngge"体面"　　　dodangga：doda-ngga"怪物"

dodangga：doda-ngga"瞎子"　　　dubengge：dube-ngge"有尖"

durbejengge：durbe-je(jen)-ngge"有楞的"

duwalingga：duwali-ngga"同类的"　　　eldengge：elde(elden)-ngge"轩昂"

eldengge：elde(elden)-ngge"光华"　　　encehengge：ence-he(hen)-ngge"能干人"

encehengge：ence-he(hen)-ngge"钻干人"

entekengge：e-nteke-ngge"这样的"　　　erdemungge：erdemu-ngge"有德"

ergengge：erge(ergen)-ngge"生灵"　　　esihengge：esihe-ngge"有鳞的"

eyungge：eyu(eyun)-ngge"长女"　　　fafungga：fafu(fafun[法])-ngga"严肃"

falgangga：falga-ngga"所"　　　　　　falingga：fali-ngga"交结的"

faššangga：fašša-ngga"有功业的"

fengšengge：fengše(fengšen)-ngge"有福祉的"

ferkingge：ferki-ngge"多见识"　　　　fiyangga：fiya(fiyan)-ngga"相貌轩昂"

fiyangga：fiya(fiyan)-ngga"鲜亮"　　　fudangga：fuda-ngga"毛抢着"

fujurungga：fujuru(fujurun)-ngga"尊重"

funiyagangga：fu-niya-ga(gan)-ngga"有度量的"

funiyangga：fu-niya-ngga"有度量"　　　funiyehengge：funiye-he-ngge"有毛的"

gahūngga：gahū-ngga"向前弯的"　　　galbingga：galbi-ngga"耳聪心灵"

ganiongga：ganio-ngga"怪物"

gargangga：gar(gari)-ga(gan)-ngga"有枝的"

garingga：gari-ngga"淫妇"　　　　　　gebungge：gebu-ngge"有名的"

genggitungga：ge-nggi(nggiyen)-tu-ngga"昭"

gesengge：gese-ngge"相似的"　　　　giljangga：gilja-ngga"能恕的人"

giratungga：gira-tu-ngga"骨骼粗壮"　　giyangga：giya(giyan)-ngga"有理"

goimangga：goima(goiman)-ngga"俏浪人"

gosingga：gosi-ngga"仁人"　　　　　gūningga：gūni-ngga"有识见"

hacingga：haci(hacin)-ngga"各样"　　hafišangga：hafi-ša-ngga"戴高帽"

hafungga：hafu(hafun)-ngga"亨"　　　haihūngga：haihū-ngga"和软物"

halangga：hala-ngga"姓氏"　　　　　harangga：hara-ngga"属下"

hartungga：har(hara)-tu-ngga"各属下人"

hebengge：hebe-ngge"有商量"　　　　hebengge：hebe-ngge"马随手"

hiyoošungga：hiyoošu(hiyoošun[孝顺])-ngga"孝顺人"

hurungge：huru-ngge"有壳的"　　　　hūsungge：hūsu(hūsun)-ngge"有力人家"

hūsungge：hūsu(hūsun)-ngge"有力的"

hutungge：hutu-ngge"鬼头鬼脸"　　　hūturingga：hūturi-ngga"有福的"

hūwangga：hūwa[和]-ngga"睦"　　　icangga：ica-ngga"顺适"

icengge：ice-ngge"新的"　　　　　icingga：ici-ngga"在行"

ilhangga：ilha-ngga"有花的"　　　ilhūngga：ilhū-ngga"毛顺着"

isingga：isi-ngga"足用"　　　　　jalafungga：jala-fu(fun)-ngga"有寿"

jalafungga：jala-fu(fun)-ngga"有寿的"　jalangga：jala(jalan)-ngga"节"

jalingga：jali-ngga"奸"　　　　　jengge：je-ngge"够吃"

jeyengge：jeye(jeyen)-ngge"有刃"　jilangga：jila-ngga"慈善人"

julungga：ju-lu-ngga"马柔和"　　　julungga：ju-lu-ngga"安常人"

jurgangga：jur(jura)-ga(gan)-ngga"有义气的"

kaningga：kani-ngga"随合"　　　　kemungge：kemu(kemun)-ngge"有节"

kemungge：kemu(kemun)-ngge"有节"

kesingge：kesi-ngge"有造化的"　　kimungge：kimu(kimun)-ngge"有雠的"

koolingga：kooli-ngga"有礼法"　　kuhengge：kuhe-ngge"胀死的"

kumungge：kumu(kumun)-ngge"富足热闹"

langtungga：langtu[榔头]-ngga"大头"　langtungga：langtu[榔头]-ngga"头大"

latungga：latu-ngga"奸搅事"　　　lingge：li[烈]-ngge"烈"

madangga：mada-ngga"宣"

malhūngga：mal-hū(hūn)-ngga"俭省人"

malhūngga：mal-hū(hūn)-ngga"物见使"

matangga：mata-ngga"匾嘴"　　　moringga：mori-ngga"骑马的"

mudangga：muda(mudan)-ngga"曲弯"　mudangga：muda(mudan)-ngga"有弯的"

mudangga：muda(mudan)-ngga"弯"　mujangga：muja-ngga"果然"

mujilengge：muji-le(len)-ngge"有心的"　mujingga：muji(mujin)-ngga"有志的"

murungga：muru-ngga"模样相似"　nimekungge：nime-ku-ngge"有病的"

niyamangga：niyama(niyaman)-ngga"亲戚"

niyancangga：niyanca-ngga"练长"　　niyancangga：niyanca-ngga"耐长"

salingga：sali-ngga"自专的人"　　salungga：salu-ngga"有须人"

sebsingge：sebsi-ngge"和气人"　　sedehengge：sedehe-ngge"杀材"

sekjingge：sekji-ngge"还过得"　　šengge：še[神]-ngge"神"

serecungge：sere-cu(cun)-ngge"有眼色"　silhingga：silhi-ngga"嫉妒"

simengge：sime(simen)-ngge"人多热闹"

sisingga：sisi-ngga"攘塞得多"　　soningga：so-ni(nio)-ngga"新鲜话"

soningga：so-ni(sonio)-ngga"很新鲜东西"　subetungge：sube-tu-ngge"有筋力"

sucungga：sucu(sucun)-ngga"元"　　suingga：sui[罪]-ngga"遭孽"

sulfangga：su-l(la)-fa-ngga"舒展"　　susakangge：susaka-ngge"死物"

susultungga：susultu-ngga"聪慧人"　　teisungge：teisu-ngge"恰相当的"

tentekengge：te-nteke-ngge"那样的"　　tusangga：tusa-ngga"有益"

uihengge：uihe-ngge"有角的"

uksungga：uksu(uksun)-ngga"族党众多"

ulhicungga：ulhi-cu(cun)-ngga"有悟性"　ulhingga：ulhi-ngge"懂脉"

urkingga：urki(urkin)-ngga"响亮"　　urkingge：urki(urkin)-ngge"响亮"

ušengge：uše-ngge"嚼着皮"　　usihangga：usiha-ngga"预有知觉"

waihūngga：wai[歪]-hū-ngga"歪人"　　walingga：wali-ngga"利子"

wangga：wa-ngga"香"　　weilengge：weile-ngge"犯人"

yakūngga：yakū-ngga"怪调"　　yalingga：yali-ngga"富态"

yamtungga：yamtu(yamtun)-ngga"吼病人"

yangsangga：yangsa(yangse)-ngga"有文采"

yebcungge：yeb(yebe)-cu(cun)-ngge"丽"

yohingga：yohi-ngga"成套"

yokcingga：yokci(yokcin)-ngga"相貌还好"

7.3.3　-kAn

　　词缀"-kAn"接附于词基后所派生词的词性为形容词。词缀"-kAn"主要接附于形容词性词基，但也接附于不完整词根、副词性词基以及动词性词基。比如在"juken(略足)"当中"ken"接附在不完整词根"ju-"后，在"casikan(略往那边些)"当中"kan"接附在副词"casi"后，在"hairakan(很可惜)"中词缀"-kAn"接附在动词词干"hairan"后。

　　词基接附词缀"-kAn"后形成的词汇主要用于表达较轻程度的词根语义。比如"adali"表示相似,接附"-kAn"之后的"adalikan"表示"略同"。在一些情况下,尤其当词基不是形容词性词基时,"-kAn"派生的词并不表达"略微"的语义,而只是表达一定程度和词基语义相关的属性。比如"hiarakan"只是表达"很可惜"的语义。

　　词缀"-kAn"存在元音和谐现象,可实现为"-kan""-ken""-kon"等形态。词基接附"-kAn"时词基的尾元音或尾辅音可能会脱落。词缀"-kAn"的特性(见表54)以及基于它形成的词汇整理如下:

表 54 　词缀"-kAn"的特性

词缀特性	内　　　　容
词法特性	接附于形容词性词基,不完整词根,副词性词基以及动词性词基。
语义特性	接附于形容词性词基时主要表达较轻程度的词根语义,接附于少数词基时表达一定程度的和词基语义相关的属性。
音系特性	存在元音和谐现象,词基的尾元音或尾辅音可能会脱落。

adalikan：ada-li-kan"略同"　　　　akdukan：akdu(akdun)-kan"颇信得"

albatukan：albatu-kan"略村粗"

ambakaliyan：amba-ka(kan)-liyan"略大些"

ambakan：amba-kan"略大"　　　　ambakasi：amba-ka(kan)-si"大些的"

asikaliyan：asi-ka(kan)-liyan"略小些"　asikan：asi-kan"略小"

asikasi：asi-ka(kan)-si"略小的"　　　bajikan：baji-kan"少时些"

beliyeken：be-liye(liyen)-ken"略呆"　bilukan：bilu-kan"暗招惹"

bišukan：bišu(bišun)-kan"不甚馋"　　bišukan：bišu(bišun)-kan"有拴相"

bišukan：bišu(bišun)-kan"略光滑"　　bohokon：boho(bohon)-kon"略涅"

bokšokon：bokšo-kon"紧恰"　　　　bokšokon：bokšo-kon"秀绺"

bolgokon：bol(bolo)-go-kon"略清的"　bolokon：bolo-kon"净净的"

bombokon：bombo-kon"没意思"　　　budukan：budu(budun)-kan"庸懦些"

bulukan：bulu-kan"温和"　　　　　bušakan：buša-kan"略多些"

buyakasi：buya-ka(kan)-si"略小气"

casikan：ca-si-kan"略往那边些"

dalhūkan：dal-hū(hūn)-kan"黏抓"

deleken：de-le-ken"略上些"

dulbakan：dul-ba-kan"略懵懂"

eberhuken：ebe-r-hu(hun)-ken"微懦"

ebsiken：e・b(ba)-si-ken"略往这里些"

eneshuken：ene-shu(shun)-ken"漫坡"

eshuken：es-hu(hun)-ken"略生"

etuhuken：etu-hu(hun)-ken"略强壮"

fisikan：fisi(fisin)-kan"精些的肉"

fisikan：fisi(fisin)-kan"略厚重"

fulahūkan：fula-hū(hūn)-kan"银红"

garsakan：garsa-kan"略爽利"

gereken：gere(geren)-ken"稍众"

getuken：ge-tu-ken"明白"

giltukan：gil-tu-kan"俊秀"

gorokon：goro-kon"略远"

hahikan：hahi-kan"略紧"

halfiyakan：halfiya(halfiyan)-kan"略扁"

halukan：halu-kan"热温"

hatakan：hata(hatan)-kan"略暴躁"

hocikon：hoci-kon"俊"

hūdukan：hūdu(hūdun)-kan"略快"

iceken：ice-ken"略新"

iletuken：iletu-ken"略显然"

jilakan：jila-kan"可怜"

juken：ju-ken"略足"

juruken：juru-ken"成双"

kungšuken：kungšu(kungšun)-ken"略有燎煳气"

labdukan：labdu-kan"微多"

buyakasi：buya-ka(kan)-si"碎小的"

dalhūkan：dal-hū(hūn)-kan"只管黏滞"

dalukan：dalu-kan"只管黏滞"

dosikan：do-si(sin)-kan"略向内"

dulgakan：dul-ga-kan"浅浅的"

eberiken：ebe-ri-ken"微懦弱"

elheken：elhe-ken"略缓些"

erdeken：erde-ken"早早的"

etuhuken：etu-hu(hun)-ken"高些"

farhūkan：far-hū(hūn)-kan"略昏暗"

fisikan：fisi(fisin)-kan"厚实"

foholokon：foholo(foholon)-kon"略短"

fulukan：fulu-kan"略有余"

gelfiyeken：gelfiye(gelfiyen)-ken"略浅"

getuken：ge-tu-ken"明白"

golmikan：gol-mi(min)-kan"略长"

guluken：gulu-ken"略朴实"

hairakan：haira(hairan)-kan"很可惜"

halukan：halu-kan"暖"

hancikan：hanci-kan"稍近"

hetuken：hetu-ken"略横实"

holokon：holo-kon"略虚假"

hūlhikan：hūlhi-kan"略胡涂"

idukan：idu(idun)-kan"略粗鲁"

jenduken：jendu-ken"暗暗的"

jiramikan：jira-mi(min)-kan"略厚"

juken：ju-ken"平常"

komsokon：komso-kon"少少的"

lamukan：lamu(lamun[蓝])-kan"浅蓝"

largikan：lar-gi(gin)-kan"稍繁"

lengken：leng(len)-ken"略壮大"

lukuken：luku-ken"略厚密"

malukan：malu-kan"满得"

manggakan：mangga-kan"略硬"

momokon：momo-kon"羞得无言"

muheliyeken：muhe-liye(liyen)-ken"略圆"

muwakan：muwa-kan"略粗实"

nekeliyeken：neke-liye(liyen)-ken"略薄"

nesuken：ne-su-ken"温良"

nilukan：nilu-kan"滑溜"

niohuken：nio[绿]-hu(hun)-ken"沙绿"

niowanggiyakan：niowa[绿]-nggiya(nggiyan)-kan"苹果绿"

nirgakan：nirga-kan"毛略薄"

niyarhūkan：niya-r-hū(hūn)-kan"略新鲜"

niyereken：niye-re-ken"略软弱"

nuhakan：nu-ha(han)-kan"略从容些"

olhokon：olho-kon"饥渴透了"

oncokon：onco-kon"略宽宏"

osohokon：oso-ho(hon)-kon"小些"

sahaliyakan：saha-liya(liyan)-kan"微黑"

saikan：sai(sain)-kan"美"

saikan：sai(sain)-kan"好看"

šehuken：še-hu(hun)-ken"厂亮些"

seriken：seri-ken"略稀"

šeyeken：še-ye(yen)-ken"略白"

sohokon：so-ho(hon)-kon"黄香色"

sulakan：su-la-kan"略松闲"

sureken：sure-ken"略聪明"

tarhūkan：tar-hū(hūn)-kan"略肥"

tondokon：tondo-kon"忠的"

latakan：lata-kan"略迟钝"

lukuken：luku-ken"毛略厚"

malhūkan：mal-hū(hūn)-kan"略见使"

mandakan：man[慢]-da-kan"略慢些"

mentuhuken：mentu-hu(hun)-ken"略愚"

neciken：ne-ci(cin)-ken"平坦些"

nilukan：nilu-kan"柔和"

niohokon：nio[绿]-ho(hon)-kon"水绿"

nomhokon：nom-ho(hon)-kon"略循良"

oilokon：oi[外]-lo-kon"略浮"

olhokon：olho-kon"略干燥"

onggolokon：o-nggolo-kon"预前些"

sahahūkan：saha-hū(hūn)-kan"墨色"

šahūkan：ša-hū(hūn)-kan"微带白"

saikan：sai(sain)-kan"好好的"

šanyakan：šan-ya(yan)-kan"微白"

sektuken：sektu-ken"略灵透"

seruken：seru-ken"凉爽"

silkan：sil-kan"油滑"

suhuken：su-hu(hun)-ken"牙色"

sulfakan：su-l(la)-fa-kan"略舒裕"

suwayakan：suwa-ya(yan)-kan"微黄"

teksiken：teksi(teksin)-ken"略齐"

uhuken：uhu-ken"弓软"

uhuken：uhu-ken"软"　　　　　　uhuken：uhu-ken"软"

uhuken：uhu-ken"柔和"　　　　　ujeken：uje(ujen)-ken"略沉重"

untuhuken：untu-hu(hun)-ken"空空的"　usihiken：usihi-ken"微湿"

usukan：usu(usun)-kan"略觉厌恶"　uyakan：uya(uyan)-kan"略稀"

weihuken：wei-hu(hun)-ken"轻"　　weihuken：wei-hu(hun)-ken"轻"

yacikan：yaci(yacin[鸦青])-kan"微青"　yebken：yeb-ken"英俊"

7.3.4　-cukA

季永海等(1986)以及刘景宪等(1997)中将词缀"-cukA"描述为由动词派生关系形容词的词缀。"-cukA"接附于词基后所派生的词的词性为形容词。词缀"-cukA"主要接附于动词词干,少数情况下接附于不完整词根。参照第六章的讨论,词缀"-cukA"的形成源于词缀"-cun"和词尾"_hA"的融合。

词缀"-cukA"接附于词基之后形成的词汇用于表达"可……的""令人……的""值得……的"的语义。正如季永海等(1986)以及刘景宪等(1997)中将其看作关系形容词一样,"-cukA"型形容词的特点是其词汇包含由动词所引导的论元关系。

词缀"-cukA"存在元音和谐现象,可实现为"-cuka""-cuke"等形态。"-cukA"在和词基结合时会导致一些词基发生词尾元音或辅音的脱落,比如"hairacuka(可惜)"当中的词基"haira-"其构拟型为"*hairan-"。词缀"-cukA"的特性(见表55)以及基于它形成的词汇整理如下:

表 55　词缀"-cukA"的特性

词缀特性	内　　　容
词法特性	主要接附于动词词干,少数情况下接附于不完整词根。
语义特性	表达"可……的""令人……的""值得……的"的语义。
音系特性	存在元音和谐现象,会导致一些词基发生词尾元音或辅音的脱落。

akacuka：aka-cuka"可伤"

ališacuka：ališa(ališan)-cuka"可闷"

buyecuke：buye-cuke"可爱"

eimecuke：eime-cuke"可厌"

eyeršecuke：eye-r-še-cuke"可恶心"

ferguwecuke：ferguwe-cuke"奇"

gelecuke：gele-cuke"可怕"

giljacuka：gilja-cuka"可矜"

goicuka：goi-cuka"切当"

goicuka：goi-cuka"妨碍"

gungnecuke：gung[恭]-ne-cuke"恭"

hairacuka：haira(hairan)-cuka"可惜"

jilacuka：jila-cuka"可悯"

korsocuka：korso-cuka"可愧恨"

nasacuka：nasa-cuka"可叹"

niolocuka：niolo-cuka"可腻"

niyekdecuke：niyekde-cuke"酷苛"

nukacuka：nuka-cuka"言语尖利"

šadacuka：šada-cuka"劳神"

sengguwecuke：sengguwe-cuke"可惧"

seshecuke：seshe-cuke"可厌烦"

simacuka：sima-cuka"寥寥无几"

tenggicuke：tenggi-cuke"切实"

ubiyacuka：ubiya-cuka"可恶"

usuršecuke：usu(usun)-r(re)-še-cuke"可憎"

yertecuke：yerte-cuke"可愧"

usuršecuke：usu(usun)-r(re)-še-cuke"味变难吃"

akdacuka：akda-cuka"可信"

bancuka：ban-cuka"倦"

cecercuke：cecer(cecere)-cuke"很可恼"

erecuke：ere-cuke"可望"

fancacuka：fanca-cuka"可气"

gelecuke：gele-cuke"可怕"

gicuke：gi-cuke"可羞"

gingkacuka：gingka-cuka"可郁闷"

goicuka：goi-cuka"扎眼"

gosicuka：gosi-cuka"可爱"

gusucuke：gusu-cuke"可烦闷"

hatacuka：hata-cuka"可憎嫌"

jobocuka：jobo-cuka"可忧"

naracuka：nara-cuka"可贪恋"

nimecuke：nime-cuke"利害"

niyekdecuke：niyekde-cuke"可嗔"

nukacuka：nuka-cuka"锋刺"

olhocuka：olho-cuka"可畏"

saišacuka：sai(sain)-ša-cuka"可嘉"

sengguwecuke：sengguwe-cuke"可惧"

simacuka：sima-cuka"萧条"

suilacuka：sui[罪]-la-cuka"可劳苦的"

tuksicuke：tuk-si-cuke"可畏"

usacuka：usa(usan)-cuka"可伤"

7.3.5 -kU

词缀"-kU"接附于词基后所派生词的词性为形容词。"-kU"

主要接附于动词词干，也接附于不完整词根，少数情况下接附于形容词性词基。词基接附"-kU"之后形成的词汇用于表达和词基语义相关的某种性格。"-kU"存在元音和谐现象，可实现为"-ku""-kū"等形态。词缀"-kU"的特性（见表56）以及基于它形成的词汇整理如下：

表 56　词缀"-kU"的特性

词缀特性	内　　　　容
词法特性	主要接附于动词词干，也接附于不完整词根，少数情况下接附于形容词性词基。
语义特性	表达和词基语义相关的某种性格。
音系特性	存在元音和谐现象。

acabukū：aca-bu-kū"迎合的"

bederceku：beder(bedere)-ce-ku"退缩人"

bilukū：bilu-kū"善哄人的"　　　　bulcakū：bulca-kū"惯脱滑的人"

dulemšeku：dule-m-še-ku"疏略"　　ebdereku：ebde-re-ku"戕贼"

eitereku：eitere-ku"惯欺骗的"　　fisiku：fisi-ku"慢性"

gehenakū：gehe-na-kū"卑污"　　　gejureku：gejure-ku"顽皮"

gejureku：gejure-ku"惯需索的"　　gerišeku：geri-še-ku"心活的"

giyangnakū：giyang-na-kū"犟嘴人"　gucihiyereku：gucihiye-re-ku"肯攀人的"

gūwaliyašakū：gūwa-liya(liyan)-ša-kū"肯变卦的"

hamtakū：ham(hamu)-ta-kū"屎精"　　haršakū：har(hari)-ša-kū"偏护"

hehereku：hehe-re-ku"婆气人"　　　jafukūngga：jafu-kū-ngga"善把持"

kadarakū：kadara-kū"奋勇"　　　　kanggasikū：kangga-si-kū"充能的人"

kokirakū：kokira-kū"损人的"　　　mamgiyakū：mamgiya-kū"奢费人"

memereku：memere-ku"固执人"　　miyamišakū：miyami-ša-kū"好修饰"

miyamišakū：miyami-ša-kū"好打扮"　murikū：muri-kū"执缪人"

murikū：muri-kū"偃僵"

nungneku：nung[弄]-ne(le)-ku"闹将"

saišabukū：sai(sain)-ša-bu-kū"讨好的"

seoleku：seole-ku"小算人"

šodokū：šodo-kū"好闲走人"

sonjoku：sonjo-ku"可挑吧处"

ubašakū：uba(uban)-ša-kū"反复人"

waiku：wai[歪]-ku"歪"

yongsikū：yong-si-kū"肯说呆话"

nemšeku：nem(neme)-še-ku"肯争"

siteku：site-ku"尿精"

soktokū：sokto-kū"贪酒人"

tukiyeceku：tukiye-ce-ku"夸张人"

ušakū：uša-kū"难勒的马"

yekerakū：yeke-ra-kū"行止坏"

7.3.6　-shUn

词缀"-shUn"接附于词基后形成形容词。"-shUn"主要接附于动词词干，同时也接附于形容词性词基、名词性词基以及不完整词根。词基接附"-shUn"之后用于表达和词基语义相关的属性。当词基是动词词干时，一些词汇还会附加表达相应的属性程度较轻，比如"tukiyeshūn"的语义是"略仰些"，这时其语义表达和"-liyAn""-kAn"等形容词派生词缀相似。

词缀"-shUn"在形态上与词缀"-hUn"相似，同时它们也都是形容词派生词缀。但两者在分布上几乎没有交集，即同一词基不会同时接附"-hUn"和"-shUn"。在《御制增订清文鉴》的词汇中，违背该观察的例子只有"sitashūn"和"sitahūn"这一组。因此可以认为"-hUn"和"-shUn"是互为区别的词缀，而"sitahūn"可能是由"sitashūn"中辅音"s"脱落形成的。此外，"-shUn"以和动词词干结合为主，而"-hUn"并不是，这也意味着它们之间存在着一定的差别。

词缀"-shUn"存在元音和谐现象，可实现为"-shun""-shūn"等形态。部分词基接附"-shUn"时词尾元音或辅音会脱落。词缀"-shUn"的特性（见表57）以及基于它形成的词汇整理如下：

表 57 词缀"-shUn"的特性

词缀特性	内　　　　容
词法特性	主要接附于动词词干,同时也接附于形容词性词基、名词性词基以及不完整词根。
语义特性	表达和词基语义相关的属性。
音系特性	存在元音和谐现象,部分词基的词尾元音或辅音会脱落。

aibishūn:aibi-shūn"微肿"　　　　ardashūn:arda-shūn"娇嫩"

banjishūn:banji-shūn"过得"

bargiyashūn:bar(bara)-giya-shūn"略收些"

bokirshūn:bokir-shūn"拘挛"　　　cirgashūn:cirga-shūn"身子发绉"

dahashūn:daha-shūn"遵从"　　　dalbashūn:dal·ba-shūn"旁边些"

dalbashūn:dal·ba-shūn"侧卧"　　　derishun:deri-shun"叛离"

eneshun:ene-shun"偏坡"　　　　fakcashūn:fak-ca-shūn"心离"

gakarashūn:gaka-ra-shūn"生分"　　garjashūn:gar(gari)-ja-shūn"破裂不齐"

garjashūn:gar(gari)-ja-shūn"脚步散乱"

gidashūn:gida-shūn"略俯些"　　　gocishūn:goci(gocin)-shūn"谦"

golmishūn:gol-mi(min)-shūn"长长的"

hoilashūn:hoila-shūn"觍旧"　　　ijishūn:iji-shūn"顺"

ijishūn:iji-shūn"顺从"　　　　　joboshūn:jobo-shūn"愁苦"

kaltashūn:kalta-shūn"扭别"　　　manashūn:mana-shūn"褴褛"

murishūn:muri-shūn"冤屈"　　　murtashūn:mur(muri)-ta-shūn"谬"

murtashūn:mur(muri)-ta-shūn"悖谬"

nenggereshun:nengge-re-shun"支翘"

nukcishun:nuk(nuki)-ci(cin)-shun"激烈"

šadashūn:šada-shūn"略乏"　　　saniyashūn:sa(san)-niya-shūn"略伸"

sartashūn:sarta-shūn"将误"　　　sibushūn:sibu-shūn"喉鼻紧塞"

sidershun:sider(sideri)-shun"腿发绊"

sitashūn:sita-shūn"清苦"　　　　sitashūn:sita-shūn"迟慢"

somishūn：somi-shūn"隐"　　　　šoyoshūn：šoyo-shūn"略抽纵"

suilashūn：sui[罪]-la-shūn"累"　　tukiyeshūn：tukiye-shūn"略仰些"

ungkeshūn：ung(umu)-ke-shūn"圭腰"　ureshūn：ure-shūn"熟"

7.3.7　-HiyAn

词缀"-HiyAn"接附于词基后所派生的词的词性为形容词。由于"-HiyAn"的辅音和核心元音可实现为变体，因此都用大写字母来标记。词缀"-HiyAn"主要接附于不完整词根，少数情况下接附于摹拟词性词基或动词性词基。比如，"acuhiyan"中的词缀"-HiyAn"接附于摹拟词性词基"acun"之上，摹拟词性词基"acun"另见于摹拟词短语"acundacun(意见相左)"等；"burgiyen(齐蒿)"中的词缀"-HiyAn"接附于动词性词基"buri-(蒙)"之上。

词基接附词缀"-HiyAn"之后用于表达和词基语义相关的属性。"-HiyAn"存在元音和谐现象，可实现为"-hiyan""-hiyen""-giyan""-giyen"等语义变体。变体中辅音"h"和"g"的分布存在音系层面的规律，当"-HiyAn"的先行成分尾音是响音辅音或半元音(包含"r""l""m""o/w/")时词缀的辅音实现为"g"，其他情况下实现为"h"。词缀"-HiyAn"的特性(见表58)以及基于它形成的词汇整理如下：

表58　词缀"-HiyAn"的特性

词缀特性	内　　　容
词法特性	主要接附于不完整词根，少数情况下接附于摹拟词性词基或动词性词基。
语义特性	表达和词基语义相关的属性。
音系特性	存在元音和谐现象，辅音的变体分布依先行成分尾音是否为响音辅音或半元音而实现，词缀接附时导致部分词基的尾元音脱落。

acuhiyan：acu(acun)-hiyan"谗"　　akjuhiyan：akju-hiyan"暴怒"

akjuhiyan：akju-hiyan"物脆不坚"　　boncihiyan：bonci-hiyan"破锣声"

burgiyen：bur(buri)-giyen"啬"　　cokcihiyan：cokci-hiyan"顶"

dusihiyen：dusi-hiyen"混浊"

elgiyeken：el(ele)-giye(giyen)-ken"略宽裕"

elgiyen：el(ele)-giyen"宽裕"　　elgiyen：el(ele)-giyen"丰"

fiyancihiyan：fiyan-cihiyan"食量小"　　fokjihiyan：fokji-hiyan"粗急"

fulgiyakan：ful(fula)-giya(giyan)-kan"鱼红"

fulgiyan：ful(fula)-giyan"红"

gargiyan：gar(gari)-giyan"枝节疏散"　　gincihiyan：ginci-hiyan"华"

giogiyan：gio-giyan"紧束"　　giogiyan：gio-giyan"紧束"

gūwancihiyan：gūwan-cihiyan"味不中吃"

habcihiyan：habci-hiyan"亲热"　　kobcihiyan：kobci-hiyan"好修容止"

lergiyen：ler-giyen"阔大"　　micihiyan1：mici-hiyan"浅"

nemgiyen：nem(neme)-giyen"温和"　　nilgiyan：nil-giyan"光滑"

nilgiyan：nil-giyan"妇发光润"　　niowancihiyan：niowanci-hiyan"草腥气"

olfihiyan：olfi-hiyan"无耐性"　　sargiyakan：sar-giya(giyan)-kan"略疏"

sargiyan：sar-giyan"疏"　　sarhiyan：sar-giyan"网稀"

sebsihiyen：sebsi-hiyen"和气"　　tulgiyen：tu-l(le)-giyen"以外"

tulgiyen：tu-l(le)-giyen"另外"　　yargiyan：yar-giyan"真实"

yarhiyan：yar-giyan"实"

7.3.8　-ki

　　词缀"-ki"接附于词基后所派生词的词性为形容词。词缀"-ki"可接附于形容词性词基、动词词干、不完整词根以及名词性词基，词基接附"-ki"之后用于表达和词基语义相关的属性，较多情况下指人的某种性格（尤其当词基是形容词性词基时）。词缀"-ki"不存在元音和谐现象，和一些词基结合时会导致词基的尾辅音脱落。词缀"-ki"的特性（见表59）以及基于它形成的词汇整理如下：

表 59　词缀"-ki"的特性

词缀特性	内　　　　容
词法特性	可接附于形容词性词基、动词词干、不完整词根以及名词性词基。
语义特性	表达和词基语义相关的属性,较多情况下指人的某种性格。
音系特性	不存在元音和谐现象,和一些词基结合时会导致词基的尾辅音脱落。

acabuki：aca-bu-ki"迎合的"

asihaki：asi-ha(han)-ki"少相"

dungki：dung-ki"浑"

feciki：feci-ki"惊异词"

horoki：horo(horon)-ki"老苍"

lengseki：lengse-ki"粗笨"

oyoki：oyo(oyon)-ki"不觉快自快"

šosiki：šosi-ki"急躁"

ambaki：amba-ki"大样"

dalbaki：dal·ba-ki"旁边"

dursuki：dursu(dursun)-ki"面貌相似"

feciki：feci-ki"卑鄙"

jabšaki：jab-ša-ki"便宜"

lengseki：lengse-ki"垒堆"

sakdaki：sakda-ki"老气"

ufaraki：ufara-ki"微失"

7.3.9　-tu

词缀"-tu"接附于词基后形成形容词。词缀"-tu"主要接附于名词性词基,也可接附于形容词性词基和动词性词基,词基接附"-tu"之后用于表达人的某种性格或特点。词缀"-tu"不存在元音和谐现象,和一些词基结合时会导致词基的尾辅音、尾元音脱落。词缀"-tu"的特性(见表60)以及基于它形成的词汇整理如下:

表 60　词缀"-tu"的特性

词缀特性	内　　　　容
词法特性	接附于名词性词基、形容词性词基、动词性词基。
语义特性	表达人的某种性格或特点。
音系特性	不存在元音和谐现象,会导致词基的尾辅音、尾元音脱落。

algintu：algin-tu"有名望"

bekitu：beki-tu"壮实人"

girutu：giru-tu"有羞耻"

hūlhitu：hūlhi-tu"糊涂人"

silemtu：sile-m(min)-tu"无损"

šungkutu：šungku-tu"洼苽眼"

urhutu：urhu-tu"一顺歪"

yalitu：yali-tu"胖子"

bekitu：beki-tu"磁实"

giratu：gira-tu"骨骼大"

hūlhatu：hūlha-tu"惯作贼的"

niyakitu：niya-ki-tu"流鼻涕小儿"

suihutu：sui[醉]-hu-tu"醉闹人"

turgatu：turga-tu"瘦人"

urhūtu：urhū-tu"眼岔马"

7.3.10 -bA

季永海等(1986)以及刘景宪等(1997)将词缀"-bA"描述为由动词派生的关系形容词的派生词缀。"-bA"接附于词基后所派生词的词性为形容词。词缀"-bA"主要接附于动词性词基，少数情况下接附于形容词性词基。比如，"hahiba(急性的)"中的词缀"-bA"接附在了形容词性词基"hahi(急)"之后。

词基接附词缀"-bA"之后用于表示和词基语义相关的性格。词缀"-bA"的语义表达较为具体。"-bA"存在元音和谐现象，可实现为"-ba""-be"等形态。词缀"-bA"的特性(见表 61)以及基于它形成的词汇整理如下：

表 61 词缀"-bA"的特性

词缀特性	内　　　容
词法特性	主要接附于动词性词基，少数情况下接附于形容词性词基。
语义特性	表示和词基语义相关的性格。
音系特性	存在元音和谐现象。

dulba：dul-ba"懵懂"

haldaba：halda-ba"谄"

hahiba：hahi-ba"急爽"

hasiba：hasi-ba"性好遮护"

karaba：kara-ba"性好护庇"   kicebe：kice-be"勤"

kiriba：kiri-ba"性能忍耐"   kiriba：kiri-ba"残忍"

olhoba：olho-ba"慎"   sahiba：sahi-ba"献媚人"

serebe：sere-be"惯提防"

7.3.11 -gAn

词缀"-gAn"接附于词基后所派生词的词性为形容词。词缀"-gAn"可接附于不完整词根、摹拟词性词基和形容词性词基，派生后的词用于表达和词基语义相关的属性。

词缀"-gAn"存在元音和谐现象，可实现为"-gan""-gen"等形态。从词源学的角度难以确认这些词中的"-gAn"是否为同一词缀，考虑到一些词当中词缀"-gAn"在形态和语义上的高度相似，本书从描写角度将它们归为一个词缀之下。词缀"-gAn"的特性（见表62）以及基于它形成的词汇整理如下：

表62 词缀"-gAn"的特性

词缀特性	内　　　容
词法特性	接附于不完整词根、摹拟词性词基、形容词性词基。
语义特性	表达和词基语义相关的属性。
音系特性	存在元音和谐现象。

ajigan：aji-gan"略小"   ajigen：aji-gen"幼"

ajigen：aji-gen"幼小"   ajigesi：aji-ge(gen)-si"小些的"

ganggan：gang[刚]-gan"刚"   ganggan：gang[刚]-gan"刚"

saligan：sali-gan"略少些"   turgen1：tur-gen"急溜"

turgen：tur-gen"暴病"   turgen：tur-gen"跑得快"

7.3.12　-gA

词缀"-gA"接附于不完整词根或动词性词基后所形成形容词，用于表达和词基语义相关的属性。词缀"-gA"存在元音和谐现象，可实现为"-ga""-ge"等形态。部分词汇的词基接附词缀"-gA"时，词基的尾元音会脱落。词缀"-gA"的特性（见表63）以及基于它形成的词汇整理如下：

表 63　词缀"-gA"的特性

词缀特性	内　　　　容
词法特性	接附于不完整词根、动词性词基。
语义特性	表达和词基语义相关的属性。
音系特性	存在元音和谐现象、词基尾元音可脱落。

ajige：aji-ge"小"　　　　　　　　　amaga：ama-ga"后来"

bolgo：bol(bolo)-go"干净"　　　　　bolgo：bol(bolo)-go"洁净"

bolgo：bol(bolo)-go"清"　　　　　　bolgo：bol(bolo)-go(gA1)"声清"

dulga：dul-ga"盛得浅"　　　　　　jibge：jib-ge"客"

jibge：jib-ge"延挨"

7.3.13　-hAnggA

词缀"-hAnggA"接附于词基后形成形容词。"-hAnggA"主要接附于动词词干，也可接附于名词或动词的屈折词形。词缀"-hAnggA"源于屈折词尾"_hA"和派生词缀"-nggA"的融合，但这些派生词的语义已不能再理解为屈折词尾"_hA"和派生词缀"-nggA"的叠加，因此可以认为"-hAnggA"已逐发展为一个独立的语素。词基接附词缀"-hangga"之后用于表示具有词基的性质，可理解为汉语的"有……的"。

"-hangga"存在元音和谐现象,可实现为"-hangga""-hengge"等形态。词缀"-gA"的特性(见表64)以及基于它形成的词汇整理如下:

表 64　词缀"-hangga"的特性

词缀特性	内　　　　　容
词法特性	接附于动词词干,也可接附于名词或动词的屈折词形。
语义特性	表示具有词基的性质,可理解为汉语的"有……的"。
音系特性	存在元音和谐现象。

gūnihangga：gūni-hangga"有识见的"　　hesebuhengge：hese-bu-hengge"命定"
ilihangga：ili-hangga"纱缎骨立"　　　　ilihangga：ili-hangga"艮"
jabduhangga：jab-du-hangga"从容"　　jilihangga：jili-hangga"节烈"
jilihangga：jili-hangga"有性气"　　　tuwamehangga：tuwa_me-hangga"可观"
yalihangga：yali-hangga"富态"

7.3.14　-dA

词缀"-dA"接附于词基后形成形容词。"-dA"可接附于动词性词基、不完整词根和形容词性词基。词基接附"-dA"之后表示与人相关的属性。"-dA"存在元音和谐现象。可实现为"da""de"等形态。词缀"-dA"的特性(见表65)以及基于它形成的词汇整理如下:

表 65　词缀"-dA"的特性

词缀特性	内　　　　　容
词法特性	接附于动词性词基、不完整词根、形容词性词基。
语义特性	表示与人相关的属性。
音系特性	存在元音和谐现象。

eimede：eime-de"讨人嫌"　　　　　eimede：eime-de"讨厌人"

kaikada：kai-ka-da"眼斜视"　　　　manda：man[慢]-da"慢"

niyada：niya-da"不大长"　　　　　silkada：silka-da"奸滑"

ubiyada：ubiya-da"厌恶"

7.3.15　-hū

词缀"-hū"接附于词基后形成形容词。本书整理的由"-hū"所派生的词中，词缀"-hū"全部接附于不完整词根，其中一些词根被推测为汉语借用成分。词基接附词缀"-hū"之后形成的词用于表达和词基语义相关的某种属性。词缀"-hū"不存在元音和谐现象。词缀"-hū"的特性（见表66）以及基于它形成的词汇整理如下：

表66　词缀"-hū"的特性

词缀特性	内　　　　容
词法特性	接附于不完整词根。
语义特性	表达和词基语义相关的某种属性。
音系特性	不存在元音和谐现象。

fiyalhū：fiyal-hū"滑透了的"　　　　hashū：has(hasu)-hū"左"

hashū：has(hasu)-hū"左"　　　　　laihū：lai[赖]-hū"赖皮子"

laihū：lai[赖]-hū"赖皮"　　　　　laihūn：lai[赖]-hū-n"光棍"

laihūtu：lai[赖]-hū-tu"泥腿"　　　　waihū：wai[歪]-hū"歪"

7.3.16　-buru

词缀"-buru"接附于词基后形成形容词。这些词中的"-buru"在词源上是否相同较难确认，考虑到这些词之间"-buru"在形态和语义上的相似性,本书从描写角度将这些词归为一类。

词缀"-buru"可主要接附于动词词干,也可接附于不完整词根。接附于动词词干时,"-buru"尽数表达与"咒骂"相关的语义。词缀"-buru"不存在元音和谐现象。词缀"-buru"的特性(见表67)以及基于它形成的词汇整理如下:

表 67　词缀"-buru"的特性

词缀特性	内　　　　　容
词法特性	主要接附于动词词干,也可接附于不完整词根。
语义特性	表达与"咒骂"相关的语义。
音系特性	无元音和谐现象。

eimeburu：eime-buru"厌物"　　　　　faitaburu：faita-buru"碎剐的"

fulaburu：fula-buru"红青"　　　　　manggaburu：mangga-buru"难为他"

ubiyaburu：ubiya-buru"讨人嫌"　　　waburu：wa-buru"砍头的"

7.3.17　-liyAn

词缀"-liyAn"接附于词基后形成形容词。词缀"-liyAn"可接附于形容词、不完整词根以及动词的屈折词形,词基接附词缀"-liyAn"之后用于表达与词基语义相关的属性或表达相应属性的程度较轻。当"-liyAn"用于表达词基语义的程度较轻时,"-liyAn"和屈折词尾"-meliyan"存在词源上的关联①。词缀"-liyAn"存在元音和谐现象,可实现为"-liyan""-liyen"等形态,和一些词缀结合

---

① 　实际上一些词干接附"-meliyan"的词形也在许多词典中被判定为形容词。但在《御制增订清文鉴》中仅有"eyemeliyan"一例,因此本书没有对"meliyan"的词汇进行额外的整理。

时会导致词基的尾辅音脱落。词缀的特性（见表 68）以及基于它形成的词汇整理如下：

表 68 词缀"-liyAn"的特性

词缀特性	内　　容
词法特性	可接附于形容词、不完整词根以及动词的屈折词形。
语义特性	表达与词基语义相关的属性或表达相应属性的程度较轻。
音系特性	存在元音和谐现象，会导致词基的尾辅音脱落。

adaliliyan：ada-li-liyan"微同"　　　　beliyen：be-liyen"呆"

icakūliyan：ica_kū-liyan"略不顺眼"　　nuhaliyan：nu-ha(han)-liyan"洼地"

sahaliyan：saha-liyan"黑"　　　　　　uhukeliyan：uhu-ke(ken)-liyan"略软"

7.3.18　-min

词缀"-min"接附于不完整词根或形容词后形成形容词。通过少数的派生词汇难以确定"-min"本身是否有语义表达，但这几个词的语义，即"厚""长""皮实"之间存在一定的关联。词缀"-min"不存在元音和谐现象。词缀"-min"的特性（见表 69）以及基于它形成的词汇整理如下：

表 69 词缀"-min"的特性

词缀特性	内　　容
词法特性	接附于不完整词根或形容词。
语义特性	派生词之间存在语义关联。
音系特性	不存在元音和谐现象。

golmin：gol-min"长"   jiramin：jira-min"厚"

silemin：sile-min"耐长"   silemin：sile-min"皮"

silemin：sile-min"罢缓"   silemin：sile-min"皮辣"

7.3.19 -fA

词缀"-fA"接附于不完整词根或形容词性词基,表达和词基语义相关的某种抽象语义。词缀"-fA"存在元音和谐现象,可实现为"-fa""-fo"等形态。词缀"-fA"的特性(见表 70)以及基于它形成的词汇整理如下:

表 70　词缀"-fA"的特性

词缀特性	内　　　容
词法特性	接附于不完整词根或形容词性词基。
语义特性	表达和词基语义相关的某种抽象语义。
音系特性	存在元音和谐现象。

oifo：oi[外]-fo"虚飘"   sulfa：su-l(la)-fa"自然"

sulfa：su-l(la)-fa"舒裕"

第八章　基于构词法词法特性的词根整理与分析

　　派生构词法在满语当中占据着非常重要的位置。在讨论了满语派生词缀的基础上，有必要对派生词的构成中在语义上占据核心位置的词根进行讨论和整理。

　　由于满语的词缀基本都是后缀，因此，满语单词的词根一般位于单词的词首位置，比如，"adalikan"当中的"ada-"被认为是词根，而"li"和"kan"则分别是副词派生词缀和形容词派生词缀。当然，这要基于单词的结构能够被较清楚地分析的前提下，如果单词的内部结构分析困难，自然也不能断言单词的初始部分是词根。

　　对词根的分析基于对满语整体构词系统的分析，分析方式依旧是分析语素的组合关系和并列关系。如对于单词"adalikan"来说，当中包含的语素"ada""li""kan"都可以通过并列关系在其他单词当中被识别，这三个语素在单词中则形成了组合关系。这样便可以确认这个单词包含三个语素，其中"li"和"kan"负责词汇的派生，具有能产性，包含实际语义"并列"的"ada"则被判断为单词的词根。

　　本章对《御制增订清文鉴》当中的满语单词进行系统分析，并基于分析的结果对满语的词根系统地进行了梳理。整理的结果包括词根的语义、词性、派生词形成情况，以及一些相关的补充内容。词根的整理作为基础研究，希望能对日后的一些研究提供一定的帮助。

补充内容当中包含了部分对相关词汇词源的探讨，这是因为对词根的识别工作本身与词源的分析相关。该部分对词根的识别整体上依旧基于清代满语的共时状态展开，如果两个同源的词根在形态上发生了较大的变化，就没有将其识别为同一个词根。由于本书的目的不在于对词汇的词源做深入研究，因此在补充词源相关看法时难免存在诸多疏漏，还有对一些词源的看法是基于一定的假设，本书对于假定或者不确定的看法都将及时标明，以免给读者带来误导。

8.1　a

aba：

"aba"是名词性词根，语义为"畋猎"，基于词根"aba"形成的单词整理如下：aba"畋猎"；abalabumbi"使打围"；abalambi"打围"；abalanambi"去打围"；abalandumbi"一齐打围"；abalanjimbi"来打围"；abalanumbi"一齐打围"。

abta：

"abta"是不完整词根，语义推测为"掉落"，基于词根"abta"形成的单词整理如下：abtajambi"物破自落"；abtala"修树枝"；abtalambi"修去树枝"。

"abta"作为不完整词根，和派生词缀"-jA"结合形成不及物动词，和派生词缀"-lA"结合形成及物动词。可以同时和这两个词缀结合的词基多具有"事物坏损"的语义。

aca：

"aca"是动词性词根，语义为"合"，基于词根"aca"形成的单词整理如下：acabuki"迎合的"；acabukū"迎合的"；acabumbi"合"；acabumbi"使会见"；acabumbi"合叒"；acabumbi"迎合"；acabun"效验"；acalambi"共合"；acambi"合好"；acambi"会见"；acambi"该当"；acamjabumbi"使凑"；acamjambi"凑"；acan"合"；acan"会"；acanambi"去会见"；acandumbi"一齐会"；acangga"利"；acanjimbi"来会见"；acanumbi"一齐会"。

"aca"作为词根派生的单词中，"acamjambi""acamjambi"在结构上较为特殊，其特殊之处在于对单词中"m"的词法身份如何判断，对于这类处于词基和词缀之间的成分，本书在语素分析的角度上给予它们"词干形成语素"的身份，第七章曾作了一些相关的讨论。至于语素"m"的形成，可能是词尾"_me"的弱化，但还缺少决定性的证据。

aci：

"aci"是动词性词根，语义为"驮"，基于词根"aci"形成的单词整理如下：acimbi"驮"；acindumbi"齐驮"；aciha"驮子"。

acihi：

"acihi"是动词性词根，语义为"分、离开"，基于词根"aci"形成的单词整理如下：acihilabumbi"使伙种"；acihilambi"伙种"；acihilambi"平分"。

acin：

"acin"是动词性词根，语义为"动摇"，基于词根"acin"形成的单词整理如下：acinggiyabumbi"使摇动"；acinggiyambi"摇动"；acinggiyan"咸"；acika"微动"。

"acin"通过"acika""acinggiyambi"等词形可以构拟为以辅音"n"结尾的 n 型词干，这样在词根层面上它的形态区别于上面的"aci"。

acun：

　　"acun"是名词性词根，语义为"不一致"，基于词根"acun"形成的单词整理如下：acuhiyadabumbi"使人行谗"；acuhiyadambi"行谗"；acuhiyan"谗"。

　　该词根分析为"acun"源于其参与的词组"acun dacun"、"acun de dacun（彼此相左）"。

ada1：

　　"ada1"是动词性词根，语义为"并存、依靠、亲近"等义，基于词根"ada1"形成的单词整理如下：ada"筏子"；adabumbi"使排列行围"；adabumbi"拟陪"；adaha"车箱"；adaki"邻"；adali"相同"；adalikan"略同"；adaliliyan"微同"；adalingga"相同的"；adališambi"仿佛"；adambi"排列行围"；adambi"拼接"；adanambi"去排列行围"；adanumbi"齐排列行围"；adasun"大襟"。

　　词根"ada"的范畴比较难以确定，在"adambi（排列行围）"当中它作为动词词干，在"ada（筏子）"中则是名词词根。但这些词都享有一个核心的语义，即"相邻"，一些词还派生出了较为抽象的语义，如"相同""相似"。从这个词来看可能没办法给满语的词根以非常明确的范畴，无论从共时角度分析还是从历时角度去构拟，满语的词根更适合分析为具有一定的兼词特性。

ada2：

　　"ada2"是不完整词根，语义表示"如何"，基于词根"ada2"形成的单词整理如下：adarame"怎么"；adarame"如何"。

　　"ada"从形式上看似乎和"ai"存在词源上的关联，参考朝克（2014：342）的内容，满语"adarame"和其他通古斯语的对应单词在形态上差异也比较大。本书认为"ada"存在分析为"ai＋da"的可能性，"ai"是疑问词"ai"，"da"为语义上已经抽象化的名词"da"。

这样"adarame"的结构可以分析为"ai＋da＋-ra＋_me"，语义上可理解为"以什么方式做的"。

adun：

"adun"是名词性词根，语义为"牧群"，基于词根"adun"形成的单词整理如下：aduci"放马人"；adulabumbi"使牧放"；adulambi"牧放"；adun"牧群"。

afa1：

"afa1"是动词性词根，语义为"攻打"，基于词根"afa1"形成的单词或相关屈折词形整理如下：afabumbi"使攻伐"；afakiyambi"行走打奔"；afambi"攻伐"；afambi"斗"；afanambi"去攻伐"；afanambi"扑打"；afandumbi"一齐攻伐"；afanumbi"一齐攻伐"；afatambi"打奔"。

afa2：

"afa2"是动词性词根，语义为"接管"，基于词根"afa2"形成的单词或相关屈折词形整理如下：afabumbi"交付"；afahabi"职掌"。

afaha：

"afaha"是名词性词根，语义为"纸、篇"，基于词根"afaha"形成的单词整理如下：afaha"一张纸"；afaha"单子"；afaha"篇子"；afahabi"职掌"；afahari"签子"。

aga：

"aga"是名词性词根，语义为"雨"，基于词根"aga"形成的单词整理如下：aga"雨"；agada"屏翳"；agambi"下雨"。

动词"agambi"和名词"aga"可看作零派生关系。

age：

"age"是名词性词根，语义为"兄长"，基于词根"age"形成的单词整理如下：age"皇子"；age"兄"；age"兄长"；agese"众兄"；agese"众兄长"。

agu：

"agu"是名词性词根，语义为"老兄"，基于词根"agu"形成的单词整理如下：agu"老兄"；agusa"众老兄"。

aha：

"aha"是名词性词根，语义为"奴仆"，基于词根"aha"形成的单词整理如下：aha"奴仆"；ahantumbi"当奴才使"；ahasi"众奴仆"。

ahūn：

"ahūn"是名词性词根，语义为"兄、长"，基于词根"ahūn"形成的单词整理如下：ahūcilabumbi"使居长"；ahūcilambi"居长"；ahūlabumbi"使为兄长"；ahūlambi"兄长自居"；ahūn"兄"；ahūngga"长子"；ahūšambi"兄礼相待"；ahūta"众兄"。

对于"ahūcilambi"一词，参考和其语义高度相关的"deocin"，可假设存在"ahūcin"一词，语义可认为是"为兄之道"，"ahūcilambi"则可以看作是基于其形成的派生词。

ai：

"ai"是疑问词词根[①]，语义表示"什么"，基于词根"ai"形成的单词整理如下：aibi"有什么"；aibici"从何处"；aibide"何处"；aibingge"何处的"；aici"何样"；aide"何处"；aide"因什么"；aika"若

是";aikabade"设若";aikanaha"倘若";aikanarahū"恐有失错";
aimaka"好像是";ainaha"怎样了";ainaha"岂不";ainahai"未必";
ainahani"怎么样呢";ainambahafi"怎能得";ainambi"做什么";
ainambi"能怎样";ainara"怎么样呢";ainarangge"做什么的";ainci
"想是";ainu"为何";aise"或是";aisembi"说什么";aiseme"怎么说
来";absi"何其";absi"怎么说";absi"那里"。

  这些单词的形成多数源于原句法结构的词汇化,比如"aide"
是疑问词"ai"和助词"de"的结合,由于疑问词"ai"和很多助词的结
合使用频度高,并且表达的语义往往起到很重要的谈话功能,因此
这些结合整体上固化为单词一样的单位。"absi"当中"ai"原本的
形态进一步发生了变化。

aibi：

  "aibi"是形容词性词根,语义为"肿的",基于词根"aibi"形成的
单词整理如下：aibihabi"肿了";aibimbi"肿";aibishūn"微肿"。

aidagan（aidahan）：

  "aidagan"是名词性词根,语义为"公野猪",基于词根
"aidagan"形成的单词整理如下：aidagan"公野猪";aidahašambi
"发豪横"。

aiha：

  "aiha"是名词性词根,语义为"琉璃",基于词根"aiha"形成的
单词整理如下：aiha"琉璃";aihaji"定元子";aihana"釉子";
aihanaha"焦烟釉子"。

ailu：

  "ailu"是不完整词根,语义推测为"俏丽",基于词根"ailu"形成

的单词整理如下：ailungga"俏丽"。

aisi：

"aisi"是名词性词根，语义为"利"，基于词根"aisi"形成的单词整理如下：aisi"利"；aisilabukū"相"；aisilabumbi"使帮助"；aisilambi"帮助"；aisilandumbi"一齐帮助"；aisilanumbi"一齐帮助"；aisilatambi"常帮助"；aisingga"有利的"。

对于和词根"aisi"相关的"aisimbi（佑）"一词是否基于词根"aisi"而形成，猜测认为它们之间可能没有关联。因为如果"aisimbi"和"aisi"是零派生关系形成的，那么"aisilambi"的形成就显得多余了。满语中很少出现基于一个词根同时出现零派生的单词和基于派生词缀"-lA"形成的单词。当然是否如此还有待结合更多证据进行更深入的讨论。

aitu：

"aitu"是动词性词根，语义为"救"，基于词根"aitu"形成的单词或相关的屈折词形整理如下：aitubumbi"救治"；aitubumbi"圈活"；aitubumbi"救护"；aituhabi"转过来了"。

aja：

"aja"是动词性词根，语义为"划破"，基于词根"aja"形成的单词整理如下：ajabumbi"被划破"；ajabumbi"些微割破"；ajabumbi"开端"；ajambi"划破"。

"ajabumbi（开端）"的语义相较于"划破"存在较大程度的派生。

aji：

"aji"是不完整词根，语义推测为"小"，基于词根"aji"形成的单词整理如下：aji"头生"；ajida"小"；ajigan"幼"；ajigan"略小"；ajige

"小";ajige"掮子";ajigen"幼";ajigen"幼小";ajigesi"小些的";ajilabumbi"使辗粗皮";ajilambi"辗粗皮";ajilambi"荒熟"。

满语中表示"小"的词根还有"asi"。"asi"和"aji"推测是同源的,在历时发展过程中分化为了形态不同的词根。和表示"大"的"amba"不同的是,"amba"本身可以作形容词使用,但"aji"是不能独立成词的语素。它们虽然语义相关,但在词汇的历时发展上可能路径不同。

"ajila-(辗粗皮)"也被划分在了词根"aji"的内容当中。这样处理一方面是考虑不完整词根和"-lA"结合的可能性,另一方面是参考"ajila-"和"asihiya-"在语义、结构上的相似性。"asihiya"可以分析为由词根"asi"和派生词缀"-hiyA"的结合,其直接的语义是"削树枝""割去浮层",可以进一步理解为"使物体变小"的意思。参考对"asihiya-"的分析,"ajila"的结构也可以理解为"aji+-lA",而它的语义表达同样是"使物体变小",这样可以和它在词典中的释义"辗粗皮"联系在一起,即"辗粗皮"也可以理解为通过方式使物体变小。当然以上分析是基于一定的假定,还有待结合更多证据进行深入讨论。

ajir:

"ajir"是动词性词根,语义为"交错",基于词根"ajir"形成的单词整理如下:ajirgalambi"马交";ajirgan"儿马";ajirhan"牙狗";ajirka"认错了"。

根据这些词可以分析出的语素"ajir"以及它们语义之间的相关性,判断它们共享同一个词根,但"ajirgalambi(马交)"和"ajirka(认错了)"的语义之间存在一定的距离,还缺乏能更好地将它们联系在一起的证据。按照"ajirka(认错了)"的语义来看,"ajir"应该被分析为动词词干,这样该词就成为以辅音"r"结尾的动词词干。如果"ajirka"当中的"ka"确实为"hA"的语位变体,那么可以说词干的尾音为 r 也是语位变体"kA"实现的条件之一。

aka：

　　"aka"是动词性词根，语义为"伤心"，基于词根"aka"形成的单词及相关的屈折词形整理如下：akabumbi"勒掯"；akacuka"可伤"；akacun"伤感"；akambi"伤心"。

akda：

　　"akda"是动词性词根，语义为"相信、信赖"，基于词根"akda"形成的单词及相关的屈折词形整理如下：akdabumbi"使靠着"；akdacuka"可信"；akdacun"可靠处"；akdahabi"靠着了"；akdambi"靠着"；akdan"靠头"。

akdun：

　　"akdun"是形容词性词根，语义为"固、坚固"，基于词根"akdun"形成的单词整理如下：akdukan"颇信得"；akdulabumbi"使保护"；akdulambi"保护"；akdulambi"保举"；akdulambi"保"；akdulandumbi"一齐保护"；akdulanumbi"保护"；akdun"结实"；akdun"信实"。

akjan：

　　"akjan"是名词性词根，语义为"雷"，基于词根"akjan"形成的单词整理如下：akjambi"雷鸣"；akjambulu"肉翅鼠"；akjan"雷"。

　　参考第六章的内容可知，根据"akjambi"的相关屈折词形，可以将它的词干构拟为"＊akjan-"，这样动词"akjambi"和名词"akjan"成为零派生关系。

akju：

　　"akju"是不完整词根，语义为"物脆"，基于词根"akju"形成的单词整理如下：akjuhiyan"暴怒"；akjuhiyan"物脆不坚"。

　　"akjuhiyan（暴怒）"的语义可以认为是由"akjuhiyan（物脆不

坚)"的语义派生而来。

aksan：

　　"aksan"是动词性词根,语义为"惊怕",基于词根"aksan"形成的单词整理如下：aksabumbi"使畏避";aksaka"鸟惊飞";aksakabi"畏避了";aksambi"畏避"。

　　如词根所示的一样,根据相关词尾语位变体的实现,"aksambi"的词干被构拟为属于 n 型词干的"*aksan-"。

akta1：

　　"akta1"是名词性词根,语义为"骟",基于词根"akta1"形成的单词整理如下：akta"骟";akta"宫";aktalambi"骟"。

akta2：

　　"akta2"是不完整词根,语义为"搭着",基于词根"akta2"形成的单词整理如下：aktalambi"跨着";aktaliyan"搭连"。

akū：

　　"akū"是动词性词根,语义为"没有",基于词根"akū"形成的单词及相关的屈折词形整理如下：akū"没有";akūmbumbi"尽心";akūn"没么";akūnambi"到对岸";akūnjimbi"来此岸"。

akšun：

　　"akšun"是形容词性词根,语义为"噎",基于词根"akšun"形成的单词整理如下：akšulabumbi"被人话噎";akšulambi"说噎人话";akšun"哈辣";akšun"话噎人"。

　　"akšun"的语义中,语义"哈辣"更为基础,而语义"话噎人"更为抽象。

ala1：

　　"ala1"是名词性词根，语义为"矮山"，基于词根"ala1"形成的单词整理如下：ala1"平矮山"；alarame"走平矮山"。

ala2：

　　"ala2"是动词性词根，语义为"告诉"，基于词根"ala2"形成的单词整理如下：ala"使告诉"；alabumbi"使人告诉"；alambi"告诉"；alanambi"去告诉"；alanggimbi"使去告诉"；alanjimbi"来告诉"。

alba：

　　"alba"是形容词性词根，语义为"粗"，基于词根"alba"形成的单词整理如下：albatu"村粗"；albatukan"略村粗"；albatulambi"言行村粗"。

alban：

　　"alban"是名词性词根，语义为"公务"，基于词根"alban"形成的单词整理如下：albabun"贡"；alban"公务"；albasi"当差人"。

alda1：

　　"alda1"是动词性词根，语义为"挡"，基于词根"alda1"形成的单词整理如下：alda"使挡马儿"；aldaku"箭挡子"；aldangga"远"。

alda2：

　　"alda2"是不完整词根，语义为"半"，基于词根"alda2"形成的单词整理如下：alda"半大猪"；aldasi"半途"；aldasilambi"半途废事"。

aldu：

　　"aldu"是形容词性词根，语义为"奇怪的"，基于词根"aldu"形成的单词整理如下：aldungga"奇怪"。

algin：

　　"algin"是名词性词根，语义为"声名"，基于词根"algin"形成的单词及相关的屈折词形整理如下：algimbi"宣扬"；algimbumbi"使宣扬"；algin"声名"；algingga"有声"；algintu"有名望"；algišambi"张扬"。

　　通过动词"algimbi"屈折词形中实现的语位变体可知，它的词干可以被分析为属于 n 型词干的"*algin-"。这样动词"algimbi"和名词"algin"形成了零派生关系。

algiya：

　　"algiya"是动词性词根，语义为"撇去浮油"，基于词根"algiya"形成的单词整理如下：algiyabumbi"使撇浮油"；algiyambi"撇去浮油"。

alha：

　　"alha"是形容词性词根，语义为"花的"，基于词根"alha"形成的单词整理如下：alha"闪缎"；alha"花马"；alhata"花花搭搭"。

　　"alha"在形态上与"ilha"相似，但两者在历时上的关系还不明晰。

alhū：

　　"alhū"是不完整词根，语义推测为"效仿"，基于词根"alhū"形成的单词整理如下：alhūdabumbi"使效法"；alhūdambi"效法"；alhūdan"法则"。

ali：

　　"ali"是动词性词根，语义为"擎"，基于词根"ali"形成的单词及相关的屈折词形整理如下：ali"擎"；alibumbi"呈递"；alibumbi"呈送"；alibun"呈"；alihabi"承当了"；alihan"单衣里边的边上加缝的布"；alikū"盘子"；alikū"盘"；alimbaharakū"不胜"；alimbi"驾鹰"；alimbi"承当"；alimbi"擎着"；alimbi"受"；alisun"落籽苗"。

alin：

　　"alin"是名词性词根，语义为"山"，基于词根"alin"形成的单词整理如下：alin"山"；alirame"走山"。

ališan：

　　"ališan"是动词性词根，语义为"闷"，基于词根"ališan"形成的单词整理如下：ališabumbi"致于闷"；ališacuka"可闷"；ališaka"可闷"；ališambi"闷"；ališatambi"只是烦闷"。

　　通过动词"ališambi"屈折词形中实现的语位变体可知，它的词干可以被分析为属于 n 型词干的"*ališan-"。推测认为存在过"ališan"一词用作形容词，但是在清代共时满语里已经不再使用了。

aliya：

　　"aliya"是动词性词根，语义为"后悔、等候"，基于词根"aliya"形成的单词及相关的屈折词形整理如下：aliyabumbi"使后悔"；aliyabumbi"使等候"；aliyacun"悔"；aliyacun"悔"；aliyakiyambi"慢走等候"；aliyambi"后悔"；aliyambi"等候"；aliyan"需"。

　　本书将具有两个语义的"aliya"看作了相同的词根。可以通过隐喻机制将"后悔"和"等候"两个语义联系起来。作为行为、动作相关的语义，"等候"表达的是一个行为主体在一个空间位置停止以等待另一个行为主体。而"后悔"则表达主体对某个已发生事件的情感态度。因此可以认为两者之间存在"发生的事情＝后方的人或物"的隐喻。这样该隐喻便是典型的从空间概念投射到时间概念的隐喻。参考朝克(2014：428,472)的内容,"aliya"对应的其他通古斯语的单词同样是可以表达"等待"和"后悔"语义的多义词。

alja：

　　"alja"是动词性词根,语义为"离开",基于词根"alja"形成的单词及相关的屈折词形整理如下：aljabuha"神鬼见怪"；aljabumbi"使离开"；aljambi"离开"。

ama1：

　　"ama1"是名词性词根,语义为"父",基于词根"ama1"形成的单词整理如下：ama"父"；amaka"公公"；amji"伯父"；amjita"众伯父"。

ama2：

　　"ama2"是不完整词根,语义推测为"后",基于词根"ama2"形成的单词整理如下：amaga"后来"；amagangga"后来的"；amala"后"；amargi"北"；amargi"后边"；amariha"落后了"；amasi"往后"。

　　时间语义"后来"和空间语义"后""北"等的关系可以通过隐喻机制理解。

amba：

　　"amba"是形容词性词根,语义为"大",基于词根"amba"形成的单词整理如下：amba"大"；ambakaliyan"略大些"；ambakan"略

大";ambakasi"大些的";ambaki"大样";ambakilambi"捏大款";
ambalinggū"大方";amban"大臣";ambarambi"张大";ambasa"大
臣等"。

ambu：

　　"ambu"是名词性词根,语义为"大姨母",基于词根"ambu"形
成的单词整理如下：ambu"大姨母";ambuma"大姨父";ambuta
"诸大姨母"。

　　"ambuma(大姨父)"可以看作是"ambu(大姨母)"和"ama(父
亲)"形成的截搭词。但是,在满语里以女性相关称谓为词根派生
男性相关称谓的情况较为少见。

amca：

　　"amca"是动词性词根,语义为"追",基于词根"amca"形成的单
词整理如下：amcabuhabi"致饥饿";amcabumbi"使追";amcabumbi
"使捞本";amcakūšambi"赶着问";amcakūšambi"上赶着人";
amcambi"追";amcambi"追问";amcambi"捞本";amcambi"够得
着";amcanambi"去追";amcatambi"上赶着";amcatambi"攀高"。

　　可见这些词从语义"追"派生出了非常多样的语义。

amdun：

　　"amdun"是名词性词根,语义为"鳔、黏子",基于词根"amdun"
形成的单词整理如下：amdula"鳔黏";amdulabumbi"使用鳔黏";
amdulambi"用鳔黏";amdun"黏子";amdun"鳔"。

amga：

　　"amga"是动词性词根,语义为"睡",基于词根"amga"形成的单
词及相关的屈折词形整理如下：amgabumbi"使睡";amgacahabi

"一齐睡";amgambi"睡";amganambi"去睡"。

amsu：

"amsu"是名词性词根，语义为"膳"，基于词根"amsu"形成的单词整理如下：amsu"膳";amsulambi"用膳"。

amtan：

"amtan"是名词性词根，语义为"味"，基于词根"amtan"形成的单词整理如下：amtalambi"弹弦试弓";amtalambi"尝滋味";amtan"味";amtangga"有趣";amtangga"有味";amtašambi"细尝滋味"。

amu：

"amu"是名词性词根，语义为"伯母"，基于词根"amu"形成的单词整理如下：amu"伯母";amuta"众伯母"。

ana：

"ana"是动词性词根，语义为"推"，基于词根"ana"形成的单词整理如下：anabumbi"推让";anabumbi"使推";anagan"借端";anahūnjambi"谦让";anahūnjan"让";anakū"钥匙";anambi"推围";anambi"推";anambi"推托";anambi"推俘车";anatambi"齐推";anatambi"推委"。

这些词的语义从物理性质的"推"发展出了"谦逊""推托"等较为多样的语义。

anafu：

"anafu"是动词性词根，语义为"戍守"，基于词根"anafu"形成的单词整理如下：anafulabumbi"使戍守";anafulambi"戍守"。

anda1：

"anda1"是名词性词根，语义为"宾友"，基于词根"anda1"形成的单词整理如下：anda"宾友"；andarambi"认生"。

anda2：

"anda2"是不完整词根，语义为"半路"，基于词根"anda2"形成的单词整理如下：andala"半路"；andala"半途"；andan"顷刻"。

andu：

"andu"是不完整词根，语义为"疏"，基于词根"andu"形成的单词整理如下：andubumbi"慰止"；anduhūri"疏淡"。

angga：

"angga"是名词性词根，语义为"口"，基于词根"angga"形成的单词整理如下：angga"口"；angga"口子"；anggakū"羢"；anggala"人口"；anggalambi"求告着走"；anggalambi"开口求告"；anggalinggū"侫口"；anggara"缸"；anggasi"寡"；anggatu"筅嘴"；anggūta"钉刀根铁"；anggūta"筅嘴"。

其中"anggūta"和"anggatu"之间存在元音交替现象。

aniya：

"aniya"是名词性词根，语义为"年"，基于词根"aniya"形成的单词整理如下：aniya"年"；aniyadari"每年"；aniyaingge"某年的"；aniyalame"经年"；aniyangga"属相年"。

anji：

"anji"是名词性词根，语义为"锛子"，基于词根"anji"形成的单词整理如下：anji"锛"；anjibumbi"使锛去"；anjikū"小锛子"；anjimbi"锛去"。

动词"anjimbi"和名词"anji"之间形成了零派生关系。

antaha：

"antaha"是名词性词根，语义为"宾客"，基于词根"antaha"形成的单词整理如下：antaha"宾客"；antaharambi"装假"；antahasa"众宾客"；antahasi"幕宾"。

ar：

"ar"是不完整词根，语义被推测为"类似牙的尖锐状"。这样分析是基于对以下单词的分析，一方面这些单词当中去掉词缀后可以分析出形态相同的词根"ar"，另一方面这些单词享有相似的语义。基于词根"ar"形成的单词整理如下：argacan"钺"；argan"芽"；argan"獠牙"；arganambi"发芽"；arsumbi"根发芽"；arsun"根芽"；artu"三岁马"。

ara：

"ara"是动词性词根，语义为"做"或"造"，基于词根"aba"形成的单词整理如下：arabumbi"使造作"；arambi"做作"；arambi"造作"；arambi"写字"；arambi"作文"；arandumbi"齐造作"；aranumbi"齐造作"。

arbun：

"arbun"是名词性词根，语义为"形相"，基于词根"arbun"形成的单词整理如下：arbun"形相"；arbun"象"；arbungga"形相好"；arbušambi"动作"。

arda：

"arda"是形容词性词根，语义为"娇嫩"[①]，基于词根"arda"形

_____

① 词根"arda"可能和词根"alda""anda"相关，但缺少明确证据。

成的单词整理如下：arda"未经劳苦"；ardashūn"娇嫩"。

arga1：

　　"arga1"是名词性词根，语义为"计策"，基于词根"arga1"形成的单词整理如下：arga"计策"；argadambi"用计"；argangga"惯使奸计"。

arga2：

　　"arga2"是动词性词根，语义为"山上赶野兽"，词根"arga2"与词根"arga1"形态相同，但从词源上来看难以看出关联，基于词根"arga2"形成的单词整理如下：argambi"山上赶兽"；argabumbi"使山上赶兽"。

argiya：

　　"argiya"是动词性词根，语义为"削"，基于词根"argiya"形成的单词整理如下：argiya"削"；argiyabumbi"使削去"；argiyambi"削去"。

asara：

　　"asara"是动词性词根，语义为"收贮"，基于词根"asara"形成的单词整理如下：asarabumbi"使收贮"；asarambi"收贮"。

asha：

　　"asha"是名词性词根，语义为"翅膀"，名词"asha"和动词"ashambi"之间构成了零派生关系，考虑到满语中由动词派生的名词一般要接附名词派生词缀，因此认为动词"ashambi"的形成是基于名词"asha"的零派生，基于词根"asha"形成的单词整理如下：asha"雁翅下铁"；asha "带"；asha "翅"；ashabukū "皮蛤蟆"；

ashabumbi"使佩带"；ashambi"佩带"；ashangga"有翅的"；ashargan"佩"。

ashū：

"ashū"是动词性词根，语义为"撒放"，基于词根"ashū"形成的单词整理如下：ashūmbi"甩手撒放"；ashūmbi"摒弃"；ashū"尖"。

asi：

"asi"是不完整词根，语义为"小、少"，该词根在词源上被认为和词根"aji"相关，"s"和"j"是基于历时原因的变体，基于词根"asi"形成的单词整理如下：asihaki"少相"；asihan"少"；asihata"众少年"；asikaliyan"略小些"；asikan"略小"；asikasi"略小的"。

asihiya：

"asihiya"是动词性词根，语义为"去除事物外部细小的事物"，这个语义的提出是基于对该词根所属单词语义的分析，基于词根"asihiya"形成的单词整理如下：asihiya"劈细枝"；asihiyabumbi"使割去浮层"；asihiyabumbi"使人劈细枝"；asihiyambi"割去浮层"；asihiyambi"劈去细枝"；asihiyambi"削树枝"。

asu：

"asu"是名词性词根，语义为"网"，基于词根"asu"形成的单词整理如下：asu"网"；asuci"网户"。

asuki：

"asuki"是名词性词根，语义为"细小声音"，基于词根"asuki"形成的单词整理如下：asuki"声气"；asukilabumbi"使作声气"；asukilambi"作声气"；asukingga"声气大"。

atu：

"atu"是名词性词根，语义为"母鱼"，基于词根"atu"形成的单词整理如下：atu"母鱼"；atuha"公鱼"①。

aša：

"aša"是名词性词根，语义为"嫂"，基于词根"嫂"形成的单词整理如下：aša"嫂"；ašata"众嫂"。

ašun：

"ašun"是动词性词根，属于 n 型词干，语义为"含"，基于词根"ašun"形成的单词整理如下：ašu"含"；ašumbi"口含"；ašumbumbi"使含"。

ašša：

"ašša"是动词性词根，语义为"微动"，基于词根"ašša"形成的单词整理如下：aššabumbi"使动探"；ašśalaha"微动"；aššambi"动探"；ašśan"行动"；aššan"震"；ašśandumbi"齐动探"。

8.2　b

ba：

"ba"是名词性词根，语义为"地方"，词根"ba"参与形成的单词多数都是通过"词汇化"的方式形成的。比如"bade"是词根"ba"和助词"de"进一步词汇化形成的，前面提到过的"aibide"是修饰词"ai"和词根"ba"以及助词"de"词汇化形成的。基于词根"ba"形成的单词整理如下：ba"地方"；babe"将此"；aibici"从何处"；aibide"何

---

① 值得注意的是这两个词是一对反义词，表示"公鱼"的"atuha"基于表达"母鱼"的"atu"而派生，出现这种顺序的原因还有待进一步挖掘。

处";aibingge"何处的";aikabade"设若";bade"处";baingge"某处的"。

bada：

　　"bada"是形容词性词根,语义为"张开的",词根"bada"主要和派生词缀结合构成新的单词,其中词根"bada"和词缀"*rAn"结合形成的"*badaran-"属于 n 型词干。基于词根"bada"形成的单词整理如下：bada"张大";badalambi"用度张大";badalarakū"不滥费";badaraka"充裕";badarambi"开广";badarambumbi"使开广";badaran"渐"。

baha：

　　"baha"是动词性词根,语义为"得",基于词根"baha"形成的单词(或屈折词形)整理如下：bahabuhabi"有些酒意";bahabumbi"使得";bahabumbi"梦见";bahambi"得";bahanambi"算着了";bahanambi"会";bahanjimbi"找寻"。

bai：

　　"bai"是动词性词根,语义为"求"或"寻找",这两个语义中"寻找"属于偏向物理层面的语义,可能是更为原始的语义。基于词根"bai"形成的单词(或屈折词形)整理如下：baihanabumbi"使去求";baihanabumbi"使找去";baihanambi"去求";baihanambi"去找";baihanjimbi"来求";baihanjimbi"来找";baimbi"寻找";baimbi"求";bainumbi"讨论";bainumbi"共求";baisu"使寻找";baisu"令人求";baibumbi"使求"。

baica：

　　"baica"①是动词性词根,语义为"查",基于词根"baica"形成的

---

①　"baica"从形式上来看疑似是"bai-"和"-ca"的结合,"-ca"可以表示动作的频繁和反复,这样从"bai+ca"表达"频繁寻找,反复寻找"的语义到表达"查"的语义的发展是合理的,这一猜测是否合理需要通过证据来证实。

单词（或屈折词形）整理如下：baica"查"；baicabumbi"使查看"；
baicambi"查看"；baicanambi"去查看"；baicandumbi"一齐查看"；
baicanjimbi"来查看"；baicanumbi"一齐查看"；baicasi"检校"。

baili：

"baili"是名词性词根，语义为"恩情"，"baili"是否可以进一步
分析未详，基于词根"baili"形成的单词整理如下：baili"恩情"；
bailingga"有恩情的"；bailisi"祈祷走纸人"。

baita：

"baita"是名词性词根，语义为"事"，基于词根"baita"形成的
单词整理如下：baita"事"；baitakū"无用"；baitalabumbi"得录用"；
baitalambi"录用"；baitalan"用度"；baitangga"执事人"；baitangga
"事主"；baitasi"都事"。

"baita"是否存在进一步分析的可能未详，参考朝克（2014：
274），中国境内的其他通古斯语当中也分布着和"baita"形态相似
的词。此外满语中有"sita（事）"一词，和"baita"是近义词，还有两
个词连用的词组"baita sita"。值得注意的是"sita"在满语中还是
同音异义词，还表达"你瞧"的语义，参考《御制增订清文鉴》的词条
解释可知它源自短语"si tuwa"。这两个语义之间并非没有关联，
参考汉语的"事"在《说文》中解释为"职，记微也"，"sita（你瞧）"到
"事"的语义，可以理解为"你看（视觉的'看'）＞你看管、你负责＞
你做事＞事"的变化。

由此进行类推，"baita"可能源自短语"beye tuwa"。类似对
"sita"语义变化的推向，"beye tuwa"到"baita"的语义变化可能为
"自己看（视觉的'看'＞自己看管、负责＞自己做事＞事）"。当然
这个看法作为词源解释来说缺少证据，只是猜想的阶段。

baji：

"baji"是名词性词根，语义为"少"，基于词根 baji 形成的单词整理如下：baji"少时"；bajikan"少时些"；bajima"少迟"。

"baji"和"maji""aji"等词根语义相似，辅音上有区别。这些词根的关系从描写的角度可以说成是辅音的交替，但其历时上如何发展尚不明晰。

bak：

bak 是不完整词根，语义推测为"对、相对、凝聚"，基于词根 bak 形成的单词整理如下：bakcilabumbi"放对"；bakcilabumbi"使作对"；bakcilambi "作对"；bakcin "对头"；bakcin "对手"；bakjabumbi"使凝定"；bakjaka "凝定了"；bakjambi "凝定"；baksalambi"捆把"；baksalambi"打攒"；baksan"把子"；baksan"攒"；baksatu "把总"；baktakū "脏"；baktambi "容得"；baktambumbi "包涵"；baktambun "包容"；baktan "容"；baktandarakū"容不下"；baktandarakū"容不下"。

这些词之间的语义有一定的差异。比如"bakci-"类的单词表示"作对"，而其他单词的语义是"包容"或"聚拢"，但这些语义之间都表示多个客体在物理上凝聚的意义，因此将它们分析为共享一个词根。

bala：

"bala"是不完整词根，语义推测为"妄"，基于词根 bala 形成的单词整理如下：balai"妄"；balama"狂"；balamadambi"狂妄"。

ban1：

"ban1"是动词性词根，语义为"倦、懒"，基于词根"ban1"形成的单词整理如下：bambi"倦"；bancuka"倦"；bandarakū"不倦"；

bangka"倦了"；bangkakū"无倦"；banuhūn"懒"；banuhūšambi"懒惰"；banuhūšarakū"不懒惰"。

"ban1"是典型的 n 型词干，在其参与形成的单词以及单词的屈折形里，表现出了很多 n 型词干常见的形态特征。而"banuhūn（懒）"是少见的 n 型词干和形容词派生词缀"hUn"的结合。

ban2：

ban2 是名词性词根，语义为"盗洞"，基于词根 ban2 形成的单词整理如下：bambi"鼠盗洞"；bangka"盗开洞"。

"ban2"和"ban1"同属 n 型词干，因此在词根的层面上也是形态相同的，但语义之间没有相似性。

banin：

"banin"是名词性词根，语义为"天性、本性"，基于词根 banin 形成的单词整理如下：baniha"生受了"；banihūn"伤重必得"；banihūnjambi"优待"；banin"生相"；banin"性"；baningga"刚够"；banitai"秉性"。

词根"banin"和"banji"存在历时上的关系。"banin"具有名词性，"banji"具有动词性，因此，"banin"在音系上的变化"nd＞n"可能和其接附了体词性的标记"n"相关。两个词根虽然被认为是同源的，但它们和相同词缀结合的词形也共存于清代满语中，比如"banitai"和"banjitai"便是这样的关系。

banji：

"banji"是动词性词根，语义为"生、编"，基于词根"banji"形成的单词及相关的屈折词形整理如下：banji"联生棋"；banjibumbi"编派"；banjibumbi"长养"；banjibumbi"编纂"；banjibun"编"；banjimbi"生长"；banjimbi"过日子"；banjime"联生棋"；banjin"生

相"；banjin"生计"；banjin"生"；banjinambi"去营生"；banjinjimbi
"来营生"；banjishūn"过得"；banjitai"生性"。

bara：

　　"bara"是动词性词根，语义为"收拢"，基于词根"bara"形成的
单词整理如下：barambi"泡"；barabumbi"掺和"；barabumbi"使
泡"；bargiyabumbi"使收"；bargiyambi"收成"；bargiyambi"收"；
bargiyambi"刮箭杆两头"；bargiyambi"收揽"；bargiyambi"收掌
所"；bargiyashūn"略收些"；bargiyatambi"常收揽"；bargiyatambi
"收揽"；bargiyatambi"整理"。

basu：

　　"basu"是动词性词根，语义为"讥笑、笑话"，基于词根"basu"
形成的单词整理如下：basubumbi"被耻笑"；basucun"可笑的"；
basumbi"耻笑"；basunumbi"一齐耻笑"。

bata：

　　"bata"是名词性词根，语义为"敌人、对头"，基于词根"bata"形
成的单词整理如下：bata"敌寇"；bata"敌"；batalabumbi"使为
敌"；batalambi"为敌"；batangga"敌家"。

baturu：

　　"baturu"是形容词性词根，语义为"勇、勇猛"，基于词根
"baturu"形成的单词整理如下：baturu"勇"；baturulambi"勇往"。

bayan：

　　"bayan"是形容词性词根，语义为"富"，基于词根"bayan"形成
的单词整理如下：bayabumbi"使富"；bayaka"已富"；bayambi"富

了";bayan"富";bayan"福";bayan"花儿多";bayasa"众富家"。

be1：

"be1"是不完整词根，语义推测为"呆滞、慌乱"，基于词根"be1"形成的单词整理如下：beliyeken"略呆";beliyen"呆";berekebi"惊呆了";berekebi"惝乱无措";berembi"惊呆"。

词根"be"同时结合了词缀"-liyen"和词缀"-rAn"，结合后形成的词干都属 n 型词干。

be2：

"be2"是不完整词根，语义推测为"给"，基于词根"be2"形成的单词及相关的屈折词形整理如下：bene"送去";benebumbi"使送";benembi"送";benjibumbi"使人送来";benjimbi"送来";benju"使送来"。

词根"be2"由对"benembi"和"benjimbi"的分析得来，这两个词的结构契合派生词缀"-nA"和"-nji"的特性，但分析出的词根"-be"的词源还不明晰，暂时认为它可能和动词词干"bu-"相关。

bebe：

"bebe"是不完整词根，语义推测为"冻"，基于词根"bebe"形成的单词整理如下：bebeliyeke"冻木了";beberekebi"冻拘挛了";beberembi"冻得拘挛"。

词根"be"同时结合了词缀"-liyen"和词缀"-rAn"，结合后形成的词干都属 n 型词干。

bebu：

"bebu"是感叹词词根，语义为"哄睡"，基于词根 bebu 形成的单词整理如下：bebu"哄睡语";bebušembi"连声哄睡"。

bece：

　　"bece"是动词性词根，语义为"责备"，基于词根"bece"形成的单词及相关的屈折词形整理如下：bece"责备"；becebumbi"使责备"；becembi"责"；becen"办嘴"；becunubumbi"使斗殴"；becunumbi"斗殴"。

bedere：

　　"bedere"是动词性词根，语义为"退、回"，基于词根"bedere"形成的单词及相关的屈折词形整理如下：bederceku"退缩人"；bedercembi"退后"；bederebumbi"驳回"；bederebumbi"赞退"；bederebumbi"回敬"；bederebumbi"使归"；bederehe"薨"；bederembi"退"；bederembi"归"。

　　词干"bedere"不是 n 型词干，因此这里的"re"无法被识别为词缀，暂时只能看作是词根的一部分。

behe：

　　"behe"是名词性词根，语义为"墨"，基于词根"behe"形成的单词整理如下：behe"墨"；behelebumbi"使上墨"；behelembi"上墨"。
　　词根"behe"可以认为借自汉语词汇"墨"。

beide：

　　"beide"是动词性词根，语义为"审问"，基于词根"beide"形成的单词整理如下：beidebumbi"使审讯"；beidembi"审讯"；beiden"审"；beidesi"审事人"。

beji：

　　"beji"是不完整词根，语义为"解忧的"，基于词根"beji"形成的单词整理如下：bejihiyebumbi"使解忧"；bejihiyele"解忧"；

bejihiyembi"释忧"；bejilembi"调市语"。

"bejilembi"和"bejihiyembi"的语义之间存在一定距离，它们的语义关系还有待进一步的研究。

beki：

"beki"是形容词性词根，语义为"坚固的"，基于词根"beki"形成的单词整理如下：beki"坚固"；bekilebumbi"使固守"；bekilembi"固守"；bekitu"壮实人"；bekitu"磁实"。

bekte：

"bekte"是不完整词根，语义为"怔"，基于词根"bekte"形成的单词整理如下：bekterekebi"怔了"；bekterembi"吓得发怔"。

"bekte"还出现在摹拟词短语"bekte bakta(愣怔样)"当中，短语里的词根"bekte"和"bakta"成元音交替关系。但由于"bekte"不能独立成词使用，因此将其视作不完整词根。

belci：

"belci"是名词性词根，语义为"疯癫的人"，基于词根"belci"形成的单词整理如下：belci"癫子"；belcidembi"撒癫"。

bele：

"bele"是名词性词根，语义为"米"，基于词根"bele"形成的单词整理如下：bele"米"；belemimbi"碾米"；belge"米粒"；belge"果渣子"；belge"粟"；belgeci"古米子"。

belhe：

"belhe"是动词性词根，语义为"预备"，基于词根"belhe"形成的单词及相关的屈折词形整理如下：belhe"预备着"；belhebumbi

"使预备"；belhembi"预备"；belhen"备"；belhendumbi"一齐预备"；belhenembi"去预备"；belhenjimbi"来预备"；belhenumbi"一齐预备"；belhesi"铺排"。

beri：

　　"beri"是名词性词根，语义为"弓"，基于词根"beri"形成的单词整理如下：beri"弓"；berileku"钻弓"。

berten：

　　"berten"是名词性词根，语义为"脏垢"，基于词根"berten"形成的单词整理如下：berten"脏垢"；bertenehebi"脏垢了"。

bešen：

　　"bešen"是动词性词根，语义为"浸透"，基于词根"bešen"形成的单词及相关的屈折词形整理如下：bešehun"迷透了"；bešeke"酒糟透了"；bešekebi"雨水过透"；bešembi"浸透"。

　　根据"bešeke""bešekebi"等屈折词形可知词根"bešen"可作词干，属于 n 型词干。

bethe：

　　"bethe"是名词性词根，语义为"腿"，基于词根"bethe"形成的单词整理如下：bethe"腿"；betheleku"打鹞鹰的囮子"；bethelembi"捆谷立晒"；bethelembi"通脚睡"；bethengge"有腿的"。

beye：

　　"beye"是动词性词根，语义为"害冷"，基于词根"beye"形成的单词整理如下：beyebumbi"着冷"；beyehebi"冷了"；beyembi"害冷"；beikuwen"冷"。

"beye"是动词性词根,因此作形容词时要经历派生过程实现为"beikuwen",这个形容词里词缀"kuwen"的实现也有待更深入的研究,暂时认为词缀辅音"k"的实现和词基的元音"i"相关,其音系上的原因可能和 n 型词干后"k"的实现原因相似。

bi1：

"bi1"是动词性词根,语义为"有",基于词根"bi"形成的单词及相关的屈折词形整理如下：bi"有"；bibu"留下"；bibumbi"留住"；bici"若有"；bicibe"虽"；bidere"想是有"；bihe"来着"；bimbi"存着"；bio"有么"；bisire"所有"；bisu"使留"；bitele"正在间"。

其中很多词的构词方式都可以看作词汇化。动词"bi"和其他格助词或助词的结合具有较高的使用频度,因此在清代辞书中被收录为词条。

bi2：

"bi2"是不完整词根,语义为"折",基于词根"bi2"形成的单词及相关的屈折词形整理如下：bijabumbi"使折"；bijambi"折"；balagan"限期"；bilambi"定限"；bilambi"撅"。

对词根"bi2"的判断基于对动词词干"bila-"和"bija-"的分析。

bigan：

"bigan"是名词性词根,语义为"野外",基于词根"bigan"形成的单词整理如下：bigan"野"；bigarame"出外"。

bil1：

"bil1"是不完整词根,语义推测为"咽喉",基于词根"bil1"形成的单词整理如下：bilasi"会唱人"；bilgacungga"贪嘴的"；bilha"咽喉"；bilha"咽喉处"。

bil2：

"bil2"是不完整词根，语义为"荫、溢"，基于词根"bil2"形成的单词整理如下：bilgešembi"水满将溢"；biljaka"荫大了"；biljambi"荫大"；biltembi"水泛溢"；bilteke"水漫出"；bilten"水淀"。

基于词根"bil2"形成的词干"*biljan-"和"*bilten"属于 n 型词干，其中"jan"和"ten"有进一步分析为派生词缀的可能。

bilu：

"bilu"是动词性词根，语义为"养育"，基于词根"bilu"形成的单词整理如下：bilumbi"抚养"；bilumbi"抚育"；bilušambi"长抚育"。

bire1：

"bire1"是动词性词根，语义为"冲闯"，基于词根"bire1"形成的单词整理如下：birebumbi"使冲闯"；birembi"冲闯"；birendumbi"一齐冲闯"；birenembi"去冲闯"。

bire2：

"bire2"是动词性词根，语义为"擀东西"，基于词根"bire2"形成的单词整理如下：bireku"米荡子"；bireku"擀面杖"；birembi"擀面"；birebumbi"使擀面"；birebumbi"使擀毡子"；birembi"擀毡子"。

bire3：

"bire3"是动词性词根，语义为"一概"，基于词根"bire3"形成的单词整理如下：bireme"一概"；biretei"普遍"。

"bire3"被判定为动词性词根是因为词尾"_me"一般接附于动词词干后的屈折词尾，词尾"-tAi"接附于动词词干也较为普遍。

词根"bire3"有进一步和"bi"联系起来的可能,这从它们的语义关系上可以看出。

bisan：

"bisan"是动词性词根,语义为"涝",基于词根"bisan"形成的单词整理如下：bisambi"涝了"；bisan"涝"；bisarambi"水散流"。

根据其他词形可知"bisambi"的词干可以构拟为"*bisan"属于 n 型词干。

bišun：

"bišun"是形容词性词根,语义为"平滑",基于词根"bišun"形成的单词整理如下：bišubumbi"使摩"；bišukan"不甚馋"；bišukan"有拴相"；bišukan"略光滑"；bišumbi"摩"；bišun"平面"；bišun"不馋"；bišun"树皮光滑"；bišušambi"只管摩"。

bithe：

"bithe"是名词性词根,语义为"书",基于词根"bithe"形成的单词整理如下：bithe"书"；bithe"书札"；bithelembi"寄字"；bithesi"笔帖式"。

bitu：

"bitu"是动词性词根,语义为"边、沿",基于词根"bitu"形成的单词整理如下：bitubumbi"使缘边"；bituhan"缘的窄边"；bitumbi"缘边"；biturame"沿山走"。

"X＋rame"的构词结构中"X"对应的单词多为名词,但没有发现形态为"bitu"的名词形式,考虑到"bitumbi"的存在,将其判断为动词性词根。

biya：

　　"biya"是名词性词根，语义为"月亮"，基于词根"biya"形成的单词整理如下：biya"月亮"；biya"月份"；biyabiyahūn"气色煞白"；biyadari"每月"；biyahūn"气色煞白"；biyahūn"颜色淡"；biyahūn"物落色"；biyaingge"某月的"；biyalame"累月"。

　　"biyahūn""biyabiyahūn"等词汇的存在说明词根"biya"和颜色语义密切相关。

biyala：

　　"biyala"是不完整词根，语义为"嘴快、食言"，基于词根"biyala"形成的单词整理如下：biyalanggi"嘴快人"；biyaldasitambi"反复无常"。

bo：

　　"bo"是不完整词根，语义推测为"烙"，基于词根"bo"形成的单词整理如下：bola"烙"；bolabumbi"使熇烙"；bolambi"熇烙"。词根"bo"可能借用自汉语词汇"熇"。

boco：

　　"boco"是名词性词根，语义为"颜色"，基于词根"boco"形成的单词整理如下：boco"颜色"；boconggo"彩色"。

bodo1：

　　"bodo1"是动词性词根，语义为"谋划"，基于词根"bodo1"形成的单词及相关的屈折词形整理如下：bodobumbi "使筹划"；bodobumbi"被人算计"；bodogon"谋"；bodohonggo"有谋略"；bodokū"算盘"；bodombi "筹划"；bodon "韬略"；bodon "策"；bodonggo"谟"；bodonombi"一齐筹划"。

bodo2：

"bodo2"是不完整词根，语义为"自言自语"，基于词根"bodo2"形成的单词整理如下：bodomime"自言自语"；bodonggiyambi"自言自语"。词根"bodo2"和"bodo1"可能存在词源上的关联，即从"自言自语"发展出"筹划"、"思考"等语义。

bofu：

"bofu"是动词性词根，语义为"包"，基于词根"bofu"形成的单词整理如下：bofula"使包"；bofulambi"包起"；bofun"包袱"。"bofu"借用自汉语词汇"包袱"。

bohi：

"bohi"是动词性词根，语义为"裹脚"，基于词根"bohi"形成的单词整理如下：bohibumbi"使裹脚"；bohikū"女裹脚"；bohimbi"妇人裹脚"。

bohon：

"bohon"是形容词性词根，语义为"颜色不明亮"，基于词根"bohon"形成的单词整理如下：bohokon"略涅"；bohon"色涅"。

boigon：

"boigon"是名词性词根，语义为"产业"，基于词根"boigon"形成的单词整理如下：boigoji"主人"；boigojilambi"作主人"；boigon"产"。

boji：

"boji"是名词性词根，语义为"保人"，基于词根"boji"形成的单词整理如下：boji"中保人"；bojilambi"典"。

bokšon：

　　"bokšon"是形容词性词根,语义为"小巧",基于词根"bokšon"形成的单词整理如下：bokšokon"紧恰"；bokšokon"秀绔"。

bolgo：

　　"bolgo"是形容词性词根,语义为"决胜负",基于词根"bolgo"形成的单词整理如下：bolgobumbi"使决胜负"；bolgombi"决胜负"。

boli：

　　"boli"是动词性词根,语义为"唤鹰",基于词根"boli"形成的单词整理如下：bolibumbi"使唤鹰"；bolikū"慌皮"；bolimbi"唤鹰"。

boljo：

　　"boljo"是动词性词根,语义为"约",基于词根"boljo"形成的单词整理如下：boljobumbi"使约会"；boljohon"约"；boljombi"约会"；boljonggo"简约"。

bolo：

　　"bolo"是动词性词根,语义为"清、静",基于词根"bolo"形成的单词整理如下：bolgo"干净"；bolgo"洁净"；bolgo"清"；bolgo"声清"；bolgokon"略清的"；bolgomimbi"斋"；boloko"净了"；bolokon"净净的"。

bongko：

　　"bongko"是名词性词根,语义为"咕嘟",基于词根"bongko"形成的单词整理如下：bongko"咕嘟"；bongkonohobi"结咕嘟"。

bono：

"bono"是名词性词根，语义为"雹"，基于词根"bono"形成的单词整理如下：bono"雹"；bonombi"下雹"。

bontoho：

"bontoho"是形容词性词根，语义为"落空"，基于词根"bontoho"形成的单词整理如下：bontoholobumbi"使落空"；bontoholombi"落空"。

booha：

"booha"是名词性词根，语义为"肴馔"，基于词根"booha"形成的单词整理如下：booha"肴馔"；boohalambi"用肴馔"；boohalambi"上坟次日祭"。

bordo：

"bordo"是动词性词根，语义为"喂料"，基于词根"bordo"形成的单词整理如下：bordobumbi"使喂肥"；bordokū"料"；bordombi"喂肥"。

borho：

"borho"是动词性词根，语义为"围聚、堆积"，基于词根"borho"形成的单词整理如下：borhombi"攒立秫秸"；borhon"秫秸攒"；borhoto"荆条墩"。

bori：

"bori"是动词性词根，语义为"鼻涕或冻结的缓流"，基于词根"bori"形成的单词整理如下：borinahabi"漫流积冻"；borinahabi"鼻涕糊住"；borinambi"鼻涕邋遢"。

borton：

"borton"是名词性词根，语义为"面垢"，基于词根"borton"形成的单词整理如下：borton"面垢"；bortonohobi"面目积垢"。

bošo：

"bošo"是动词性词根，语义为"催追"，基于词根"bošo"形成的
单词及相关的屈折词形整理如下：bošo"使催追"；bošo"逐去"；
bošobumbi"使人催追"；bošokū"领催"；bošombi"催追"；bošombi
"驱逐"；bošondumbi"一齐催追"；bošonjimbi"来催追"；bošonombi
"去催追"；bošonumbi"一齐催追"。

bu：

"bu"是动词性词根，语义为"给"，基于词根"bu"形成的单词
及相关的屈折词形整理如下：bu"使给"；bubumbi"使人给"；
bumbi"给"；bunggibu"使送往"；bunggimbi"送往"。

buce：

"buce"是动词性词根，语义为"死"，基于词根"buce"形成的单
词及相关的屈折词形整理如下：bucehe"死"；bucehengge"该死
的"；buceli"鬼魂"；bucetei"拼命"。

bucile：

"bucile"是动词性词根，语义为"放帽檐"，基于词根"bucile"形
成的单词整理如下：bucilebumbi"使放护耳帽檐"；bucileku"女脑
包"；bucilembi"放护耳帽檐"；buculimbi"放帽檐"。

"buculimbi"和"bucilembi"之间发生了元音交替现象。

buda：

"buda"是名词性词根，语义为"饭"，基于词根"buda"形成的单
词整理如下：buda"饭"；budalambi"吃饭"。

budun：

　　"budun"形容词是词根，语义为"慵懦"，基于词根"budun"形成的单词整理如下：budukan"庸懦些"；budun"庸懦"。

buheliye：

　　"buheliye"是动词性词根，语义为"蒙"，基于词根"buheliye"形成的单词整理如下：buheliyebumbi"使幪盖"；buheliyembi"幪盖"。

buhiye：

　　"buhiye"是动词性词根，语义为"猜疑"，基于词根"buhiye"形成的单词及相关的屈折词形整理如下：buhiyebumbi"被猜疑"；buhiyecun"嫌疑"；buhiyembi"猜想"；buhiyembi"猜疑"；buhiyendumbi"齐猜疑"；buhiyenumbi"齐猜疑"。

buju：

　　"buju"是动词性词根，语义为"煮"，基于词根"buju"形成的单词及相关的屈折词形整理如下：buju"煮"；bujubumbi"使煮着"；bujumbi"煮着"。

bukda：

　　"bukda"是动词性词根，语义为"折"，基于词根"bukda"形成的单词及相关的屈折词形整理如下：bukda"折"；bukdabumbi"使折叠"；bukdabumbi"使折回"；bukdabumbi"锐气挫折"；bukdambi"摁断"；bukdambi"折叠"；bukdambi"折回"；bukdambi"搬上弓"；bukdari"折子"；bukdašambi"折挫"；bukdašambi"压马"。

buksi：

　　"buksi"是动词性词根，语义为"埋伏"，基于词根"buksi"形成的单词整理如下：buksibumbi"使埋伏"；buksimbi"埋伏"；buksinambi"去埋伏"；buksindumbi"各处埋伏"；buksinumbi"各处埋伏"。

bul：

　　"bul"是动词性词根，语义为"冒出、露出"，基于词根"bul"形成的单词整理如下：bulhūmbi"水冒"；bulhūmbi"漾"；bultahūn"明露出"；bultahūri"全露出"；bultari"突出"。

bula：

　　"bula"是名词性词根，语义为"棘刺"，基于词根"bula"形成的单词整理如下：bula"棘刺"；bulangga"有刺的"。

bulca：

　　"bulca"是动词性词根，语义为"脱滑"，基于词根"bulca"形成的单词整理如下：bulcakū"惯脱滑的人"；bulcakūšambi"肯脱滑"；bulcambi"脱滑"；bulcandumbi"齐脱滑"；bulcarakū"不躲懒"；bulcatambi"只管脱滑"；bulcatarakū"总不躲懒"。

buleku：

　　"buleku"是名词性词根，语义为"镜"，基于词根"buleku"形成的单词整理如下：buleku"护心镜"；buleku"镜"；bulekušembi"洞鉴"；bulekušembi"照镜"。

bumbu：

　　"bumbu"是名词性词根，语义为"物体鼓起状"，基于词根

"bumbu"形成的单词整理如下：bumbuku"柳艾梃上结的包"；bumbuli"油麦面饼子"。

bungjan：

"bungjan"是形容词性词根，语义为"蜷曲"，基于词根"bungjan"形成的单词整理如下：bungjan"努结"；bungjanahabi"努结了"。

bur：

"bur"是不完整词根，语义为"海螺"，基于词根"bur"形成的单词整理如下：burdebumbi"使吹海螺"；burdembi"吹海螺"；burdenumbi"一齐吹海螺"；buren"海螺"。

词根"bur"本身不作名词使用，其语义对应的一般名词表现为"buren"，因此将其判断为不完整词根。

bura1：

"bura1"是动词性词根，语义为"浇"，基于词根"bura1"形成的单词及相关的屈折词形整理如下：bura"浇"；burabumbi"使浇水"；burambi"浇水"。

bura2：

"bura2"是动词性词根，语义为"尘埃"，基于词根"bura2"形成的单词整理如下：buraki"尘埃"；burakišambi"风扬尘"；burašambi"风扬雪"。

burgi：

"burgi"是动词性词根，语义为"惊乱"，基于词根"burgi"形成的单词整理如下：burgibumbi"使乍营"；burgimbi"惊乱"；burgin

"时会"；burgindumbi"一齐惊乱"；burginumbi"一齐惊乱"；burgišambi"频惊乱"。

名词"burgin"的语义和其他词相比产生了一定的变化，"burgin"的语义可以认为从"一阵慌乱的情况"逐渐发展为"一阵""一会儿""机会"。

buri：

"buri"是动词性词根，语义为"遮掩"，基于词根"buri"形成的单词整理如下：burgiyen"鞍乔"；burgiyen"皮袄面"；burgiyen"啬"；buribumbi"淹没"；buribumbi"使绷面"；burimbi"绷面"；burimbi"鞔"；burkimbi"下葬"。

buru：

"buru"是副词性词根，语义为"不真切"，基于词根"buru"形成的单词整理如下：burulabumbi"使败走"；burulambi"败走"；burulandumbi"一齐败走"；burulanumbi"一齐败走"；buruhun"看不真切"；buru bara"渺茫"。

本书认为"burulambi（败走）"的语义发展自表示"不真切"的词根"buru"，《御制增订清文鉴》之外还可见"burumbi（隐去，隐没）"、"burubumbi（消失，无踪迹）"，因此"burulambi"表达"败走"可以展开理解为行为主体主动使自己消失的行为。

buša：

"buša"是形容词性词根，语义为"多些"，基于词根"buša"形成的单词整理如下：buša"多些"；bušakan"略多些"。

busere：

"busere"是动词性词根，语义为"混账"，基于词根"busere"形成的单词整理如下：busereku"混账人"；buserembi"混账行为"。

bušuku：

"bušuku"是形容词性词根，语义为"狐魅"，基于词根"bušuku"形成的单词整理如下：bušuku"狐魅"；bušukudembi"使狐魅"。

buta：

"buta"是动词性词根，语义为"捕、打"，基于词根"buta"形成的单词整理如下：butabumbi"使打牲"；butambi"打牲"；butha"渔猎"；buthašabumbi"使行渔猎"；buthašambi"行渔猎"。

buten：

"buten"是名词性词根，语义为"边"，基于词根"buten"形成的单词整理如下：buten"衣边"；buten"山根"；butereme"走山根"。

butu：

"butu"是形容词性词根，语义为"封闭的"，基于词根"butu"形成的单词整理如下：butu"暗昧"；butulebumbi"使掩盖物口"；butulebumbi"使堵塞"；butulembi"掩盖物口"；butulembi"堵塞"；butumbi"入蛰"；butun"蛰"。

buya：

"buya"是形容词性词根，语义为"小"，基于词根"buya"形成的单词整理如下：buya"小气"；buya"碎小"；buyakasi"略小气"；buyakasi"碎小的"；buyarambi"行止小气"；buyarame"零碎"。

buye：

"buye"是动词性词根，语义为"爱"，基于词根"buye"形成的单词整理如下：buyebumbi"使爱"；buyecuke"可爱"；buyecun"爱欲"；buyembi"爱"；buyen"欲"；buyendumbi"共爱"；buyenin"情"；buyenumbi"共爱"；buyeri"不周山果"；buyeršembi"羡慕"。

根据"buyembi"的诸屈折词形判断其词干为"buye"，因此，对应的名词"buyen"可判断为派生词，词根形态是动词性的"buye"。

8.3　c

ca1：

"ca1"是不完整词根，语义为"缠"，基于词根"ca1"形成的单词整理如下：cada"缠"；cadabumbi"使缠绕"；cadambi1"勒绽处"；cadambi2"缠绕"。参考第六章内容，本书推测认为"ca1"借自汉语词汇"缠"。

ca2：

"ca2"是不完整词根，语义为"那"，基于词根"ca2"形成的单词整理如下：cala"那边"；cananggi"前日"；cargi"那边"；cashūlabumbi"使背"；cashūlambi"背着"；cashūlambi"背"；casi"往那边些"；casikan"略往那边些"。

满语中基本的指示词是"ere"和"tere"，它们分别对应着词根"e"和词根"te"。但在许多构词情况下和"e"形成聚合关系的不是"te"而是"ca2"。比如"enenggi"对应"cananggi"，"ergi"对应"cargi"。

ca3：

"ca3"是不完整词根，语义为"差错"，基于词根"ca3"形成的单词整理如下：calabumbi"致舛错"；calabun"舛错"；calambi"差错"。

参考第六章内容,本书推测认为"ca3"借自汉语词汇"差"。

cacu：

"cacu"是动词性词根,语义为"酒祭",基于词根"cacu"形成的单词整理如下：cacubumbi"使洒酒祭天"；cacumbi"洒酒祭天"；cacumbi"洒酒祭神"。

cagan：

"cagan"是名词性词根,语义为"书籍",基于词根"cagan"形成的单词整理如下：cagaci"供事"；cagan"书籍"。

cahū：

"cahū"是名词性词根,语义为"泼妇",基于词根"cahū"形成的单词整理如下：cahū"泼妇"；cahūšambi"妇人撒泼"。

cai：

"cai"是名词性词根,语义为"茶",基于词根"cai"形成的单词整理如下：cai"茶"；caida"茶卤"。

cak：

"cak"是不完整词根,语义为"类似喜鹊鸣叫、打击乐器的声音",基于词根"cak"形成的单词整理如下：caksikū"铙"；caksimbi"打远马儿"；caksimbi"牙赞美声"；caksimbi"喜鹊噪"；caksimbi"骨节疼"；caksimbi"拍钹"。

"cak"作为单词可以在"cak seme"的结构中使用。但"X seme"结构中的X是被引用成分,能在这个结构中使用只能说明词具有音系上的单词地位,不能说明其具有句法上单词的地位。因此将这类词在词法上划分为不完整词根。

calgin：

"calgin"是名词性词根，语义为"浪花"，基于词根"calgin"形成的单词整理如下：calgimbi"水滗出"；calgin"河岸墁坡"；calgin"水滗"。

cali：

"cali"是动词性词根，语义为"热得疲乏"，基于词根"cali"形成的单词整理如下：calihabi"热极了"；calihūn"朱顶红"；calimbi"热极"；calimbi"乏透"。

can：

"can"是动词性词根，语义为"支起、扛起"，基于词根"can"形成的单词整理如下：cambi"肩扛起"；cambi"支起帐房"；cambi"上弓"；cambi"跑张"；camsi"搭彩匠"；cangka"扛起去了"。

cang：

"cang"是不完整词根，语义为"只、纯"，基于词根"cang"形成的单词整理如下：canggi"纯是"；cangkai"只管"。此外，相关单词还见《大清全书》中记录的"canggiyabuha(纯全意)"。

canggali：

"canggali"是形容词性词根，语义为"不耐乏"，基于词根"canggali"形成的单词整理如下：canggali"不耐乏"；canggalimbi"背乏"。

canjura：

"canjura"是动词性词根，语义为"作揖"，基于词根"canjura"形成的单词整理如下：canjurabumbi"使作揖"；canjurambi

"作揖"。

cara：

"cara"是不完整词根，语义为"白斑、白点"，基于词根"cara"形成的单词整理如下：caranahabi"白癜风"；caranahabi"天老"。

carci：

"carci"是名词性词根，语义为"浮冰、燎泡"，基于词根"carci"形成的单词整理如下：carcinahabi"水冻成缕"；carcinahabi"起燎浆泡"。

carki：

"carki"是名词性词根，语义为"札板"，基于词根"carki"形成的单词整理如下：carki"札板"；carki"楂板"；carkidambi"打札板"。

caru：

"caru"是动词性词根，语义为"烹"，基于词根"caru"形成的单词整理如下：caru"烹"；carubumbi"使烹炸"；carumbi"烹炸"。

ce：

"ce"是不完整词根，语义为"测"，基于词根"ce"形成的单词整理如下：celebumbi"使拿五尺杆量"；celeku"五尺杆"；celembi"拿五尺杆量"。

cecer：

"cecer"是不完整词根，语义为"发抖、用力状"，基于词根"cecer"形成的单词整理如下：cecercuke"很可恼"；cecerembi"久别紧抱"；ceceršembi"拉硬弓费力貌"；ceceršembi"气得打战"。

cejen：

　　"cejen"是名词性词根，语义为"胸膛"，基于词根"cejen"形成的单词整理如下：cejehen"纤板"；cejeleku"领衣"；cejen"胸膛"。

ceku：

　　"ceku"是名词性词根，语义为"秋千"，基于词根"ceku"形成的单词整理如下：ceku"秋千"；cekudembi"打秋千"。

cele：

　　"cele"是动词性词根，语义为"倦"，基于词根"cele"形成的单词整理如下：celebumbi"歇后转乏"；celembi"倦软"。

　　由词根"ce"形成的动词"celembi（拿五尺杆量）"与由词根"cele"形成的动词"celembi（倦软）"在词形上相同，但参照本书的分析可知它们的结构不同。

celmen：

　　"celmen"是名词性词根，语义为"绒毛"，基于词根"celmen"形成的单词整理如下：celmen"绒头"；celmeri"藐条"。

cen：

　　"cen"是名词性词根，语义为"他们"，基于词根"cen"形成的单词整理如下：cembe"把他们"；cenci"比他们"；cende"在他们"；ceni"他们的"；ceningge"是他们的"。

cende：

　　"cende"是动词性词根，语义为"试"，基于词根"cende"形成的单词及相关的屈折词形整理如下：cende"试"；cendebumbi"使试看"；cendekušembi"明知故问"；cendembi"试看"；cendendumbi"一齐试看"；cendenumbi"一齐试看"。

cib：

"cib"是不完整词根，语义为"低声嗟叹声"，基于词根"cib"形成的单词整理如下：cibsembi"静悄"；cibsen"静"；cibsidambi"只是嗟叹"；cibsimbi"嗟叹"；cibsin"叹"；cibsindumbi"一齐嗟叹"；cibsinumbi"一齐嗟叹"；cibsonggo"穆"。

cibin：

"cibin"是名词性词根，语义为"燕子"，基于词根"cibin"形成的单词整理如下：cibin"紫燕"；cibirgan"燕雀"。

cifa：

"cifa"是动词性词根，语义为"抹泥"，基于词根"cifa"形成的单词整理如下：cifabumbi"使抹泥"；cifahan"和的泥"；cifambi"抹泥"。

cife：

"cife"是名词性词根，语义为"唾沫"，基于词根"cife"形成的单词整理如下：cifeleku"吐沫盒"；cifelembi"吐唾沫"；cifenggu"唾沫"。

ciha：

"ciha"是名词性词根，语义为"意愿"，基于词根"ciha"形成的单词整理如下：ciha"任凭"；cihai"任意"；cihakū"不爽快"；cihakū"不愿意"；cihalambi"嗜好"；cihalambi"寻趁"；cihalan"嗜欲"；cihalšambi"乘势"；cihalšambi"只管寻趁"；cihangga"情愿"。

cik：

　　"cik"是不完整词根，语义推测为"长成、长足的状态"，基于词根"cik"形成的单词整理如下：ciksika"年壮"；ciksikabi"筋骨长足"；ciksikabi"长足了"；ciksimbi"长足"；ciksin"壮年"；ciktan"伦"；ciktaraka"便当"；cikten"干"；cikten"干"。

ciki：

　　"ciki"是动词性词根，语义为"合卯"，基于词根"ciki"形成的单词整理如下：cikiha"合榫"；cikirakū"不合榫"。

cikin：

　　"cikin"是名词性词根，语义为"河厓"，基于词根"cikin"形成的单词整理如下：cikin"河厓"；cikirame"沿河厓"。

cilcin：

　　"cilcin"是名词性词根，语义为"疙瘩"，基于词根"cilcin"形成的单词整理如下：cilcin1"肉核"；cilcin"槽口挌搭"；cilcinahabi"生了瘰疬"。

cili：

　　"cili"是动词性词根，语义为"噎住"，基于词根"cili"形成的单词整理如下：cilikū"噎膈"；cilimbi"噎住"。

cima：

　　"cima"是不完整词根，语义为"早晨"，基于词根"cima"形成的单词整理如下：cimaha"明朝"；cimari"明日"；cimaridari"每日早晨"；cimarilame"傍早"。

　　参考这几个词的语义，可分析认为"cimari"表达"明天"的语义是由"早晨"的语义发展而来,其变化路径为"早晨＞明天的早晨＞明天",这个路径的实现依托于转喻机制。

cimi：

"cimi"是不完整词根,语义推测为"吸",基于词根"cimi"形成的单词整理如下：cimikū"咂的假乳"；cimilan"倒吸哨子"；cimkišame"带吃不吃"。

cincila：

"cincila"是动词性词根,语义为"详看",基于词根"cincila"形成的单词及相关的屈折词形整理如下：cincila"使详看"；cincilabumbi"使详细看"；cincilambi"详细看"。

cingka：

"cingka"是动词性词根,语义为"(被内容物)撑满",基于词根"cingka"形成的单词整理如下：cingkai"迥然"；cingkambi"椴皮"；cingkame"吃的撑住"；cingkašame"盛实着"。

副词"cingkai"可以分析为词根"cingka"和副词词缀"i"的结合,其语义源自其他词中"撑满"的偏物理性质的语义,发展为"甚、极、迥然"等程度语义。

cinuhūn：

"cinuhūn"是名词性词根,语义为"银珠",基于词根"cinuhūn"形成的单词整理如下：cinuhūlambi"点银朱扣"；cinuhūn"银朱"。

cira1：

"cira1"是形容词性词根,语义为"紧、牢",基于词根"cira1"形成的单词整理如下：cira"严密"；cira"强壮"；cira"拴得紧"；ciralabumbi"使严紧"；ciralambi"严紧"。

cira2：

　　"cira2"是名词性词根，语义为"气色"，基于词根"cira2"形成的单词整理如下：cira"气色"；cirangga"气色的"。

cirga：

　　"cirga"是动词性词根，语义为"僵住"，基于词根"cirga"形成的单词整理如下：cirgabumbi"水壅住"；cirgashūn"身子发绐"。

cirge：

　　"cirge"是动词性词根，语义为"夯"，基于词根"cirge"形成的单词整理如下：cirgebumbi"使打夯"；cirgeku"夯"；cirgembi"打夯"。

cirhū：

　　"cirhū"是动词性词根，语义为"收回"，基于词根"cirhū"形成的单词整理如下：cirhūbumbi"致拉满又退回"；cirhūmbi"拉满又退回"。

ciru：

　　"ciru"是动词性词根，语义为"枕"，基于词根"ciru"形成的单词整理如下：cirku"枕头"；cirubumbi"使枕"；cirumbi"枕"。

cisu：

　　"cisu"是名词性词根，语义为"私"，基于词根"cisu"形成的单词整理如下：cisudembi"徇私"；cisulembi"徇私"。

ciyali：

　　"ciyali"是动词性词根，语义为"揪头发"，基于词根"ciyali"形成的单词整理如下：ciyalibumbi"使采头发"；ciyalimbi"采头发"。

co：

　　"co"是不完整词根，语义为"炒"，基于词根"co"形成的单词整理如下：cola"炒"；colabumbi"使煎炒"；colambi"煎炒"。参考第四章的内容，推测认为"co"借自汉语词汇"炒"。

coban：

　　"coban"是名词性词根，语义为"千金"，基于词根"coban"形成的单词整理如下：cobalabumbi"使撬起"；cobalambi"撬起"；coban"千金"。

cobto：

　　"cobto"是副词性词根，语义为"跑脱"，基于词根"cobto"形成的单词整理如下：cobto"跑脱了"；cobtojombi"衣刮破"。

cocara：

　　"cocara"是动词性词根，语义为"捣乱"，基于词根"cocara"形成的单词整理如下：cocarambi"不听令乱进"；cocarambi"破坏事体"。

coho：

　　"coho"是动词性词根，语义为"拟定"，基于词根"coho"形成的单词整理如下：cohombi"拟正"；cohome"特意"；cohotoi"特意"。

　　"cohome"和"cohotoi"都是从动词词干"coho-"的屈折形式固定而来。

cokto：

　　"cokto"是形容词性词根，语义为"骄"，基于词根"cokto"形成的单词整理如下：cokto"骄"；coktolombi"骄傲"。

colgo/colho：

　　"colgo/colho"是名词性词根，语义为"山峰"，基于词根"colgo/colho"形成的单词整理如下：colgoroko"超出"；colgorokobi"超群"；colhon"高峰尖"；colhoron"镇"。

　　"colgoroko""colgorokobi"等对应的动词词干为"colgoron"，它由词根"colgo"和派生词缀"rAn"结合形成，属于 n 型词干。

coli：

　　"coli"是动词性词根，语义为"雕刻"，基于词根"coli"形成的单词整理如下：colibumbi"使雕"；colikū"剧刀"；colimbi"雕"。

congki：

　　"congki"是动词性词根，语义为"啄食、插、杵"，基于词根"congki"形成的单词整理如下：congkimbi"衔"；congkišakū"杵"；congkišambi"捣米"；congkišambi"衔食"。

contoho：

　　"contoho"是名词性词根，语义为"豁口"，基于词根"contoho"形成的单词整理如下：contoho"豁口"；contohojombi"成豁口"。

cooha：

　　"cooha"是名词性词根，语义为"兵"，基于词根"cooha"形成的单词整理如下：cooha"兵"；coohalambi"行兵"；coohan"师"。

corbo：

　　"corbo"是动词性词根，语义为"压住、掐住"，基于词根"corbo"形成的单词整理如下：corbokū"擅鼻"；corbombi"拧马唇"。

cukcu：

"cukcu"是不完整词根，语义为"嘴或耳朵向前状"，基于词根"cukcu"形成的单词整理如下：cukcuhun"耳向前"；cukcuhun"咕嘟着嘴"；cukcuhun"两耳向前"。

cukū：

"cukū"是动词性词根，语义为"俯身、低头"，基于词根"cukū"形成的单词整理如下：cukūlu"沁头马"；cukūmbi"俯着"；cukūšambi"乱撞"。

culga：

"culga"是动词性词根，语义为"阅"，基于词根"culga"形成的单词整理如下：culgambi"大阅"；culgan"阅兵"。

cumcu：

"cumcu"是动词性词根，语义为"抱膝坐、蹲"，基于词根"cumcu"形成的单词整理如下：cumcume"抱膝坐"；cumcurambi"兽�草"；cumcurambi"俯身趋走"。

curgi：

"curgi"是动词性词根，语义为"喧哗"，基于词根"curgi"形成的单词整理如下：curgimbi"喧哗"；curgin"哗"；curgindumbi"共喧哗"。

8.4　d

da1①：

"da1"是动词性词根，语义为"管、救援"，基于词根"da1"形成

---

① 参照本节整理的词根"da1""da3""da4"，作为动词的"da-"有很多语义表达，它们之间的关系尚不明晰。

的单词整理如下：dambi"救援"；danambi"去管"；danambi"去救援"；danjimbi"来救援"。

da2：

"da2"是名词性词根，语义为"本、头"，基于词根"da2"形成的单词整理如下：dalabumbi"使为首"；dalabumbi"使庹量"；dalambi"为首"；dalambi"庹量"；da"本"；da"一枝"；da"头目"；da"本"。

da3：

"da3"是动词性词根，语义为"烧着、点着"，基于词根"da3"形成的单词整理如下：dabumbi"点火"；dambi"火着"。

da4：

"da4"是动词性词根，语义为"算入"，基于词根"da4"形成的单词整理如下：dabumbi"算入"；dabumbi"算入数内"；daburakū"不算数"。

dab：

"dab"是不完整词根，语义为"折打、反复"，基于词根"dab"形成的单词整理如下：dabkūri"重"；dabkūrilambi"重重"；dabta"折"；dabtabumbi"使折打"；dabtambi"屡说"；dabtambi"折打"；dabtambi"屡受福祉"。

daba：

"daba"是动词性词根，语义为"越过、超过"，基于词根"daba"形成的单词整理如下：dababumbi"使逾过"；dababumbi"过逾"；dababumbi"言过其实"；dababurakū"不过费"；dabagan"岭"；dabakū"踏垛"；dabala"罢了"；dabali"超越"；dabali"越过"；dabali

"僭"；dabambi"逾过"；dabanahabi"已过逾"；dabanambi"过逾"；dabargan"梢马子"；dabašakū"越分的"；dabašambi"僭越"；dabatala"太过"。

基于词根"daba"形成的单词中，一些单词表达较为抽象的语义，比如"dabatala"表达"太过了"，而"dabala"表达"罢了""不过"。

dabduri：

"dabduri"是形容词性词根，语义为"躁"，基于词根"dabduri"形成的单词整理如下：dabduri"躁"；dabduršambi"发躁"。

dabgi：

"dabgi"是动词性词根，语义为"手拔草"，基于词根"dabgi"形成的单词整理如下：dabgibumbi"使人手拔草"；dabgimbi"手拔草"。

dabsun：

"dabsun"是名词性词根，语义为"盐"，基于词根"dabsun"形成的单词整理如下：dabsulabumbi"使用盐淹"；dabsulambi"用盐淹"；dabsun"盐"。

dacila：

"dacila"是动词性词根，语义为"请示"，基于词根"dacila"形成的单词整理如下：dacila"使请示"；dacilambi"请示"。

dada：

"dada"是不完整词根，语义为"咧开"，基于词根"dada"形成的单词整理如下：dadarakabi"大咧着嘴"；dadarakabi"物做咧了"。

daha：

"daha"是动词性词根，语义为"随从、跟从"，基于词根"daha"形成的单词整理如下：dahabumbi"招降"；dahabumbi"还跛脚"；dahabumbi"保题"；dahalabumbi"使尾随追赶"；dahalambi"尾随追赶"；dahalambi"追赶伤兽"；dahalambi"诉告"；dahalan"随"；dahali"二家"；dahalji"长随"；dahaltu"随征"；dahambi"投降"；dahambi"跟随"；dahanduhai"随即"；dahandumbi"一齐投降"；dahanjimbi"来投降"；dahanumbi"一齐投降"；dahashūn"遵从"；dahasi"舍人"；dahasu"和顺"；dahasun"坤"；dahasun"坤"。

多数词汇的语义基于词根"daha"的基本语义"随从、跟从"，一些词汇在词根"daha"的语义基础上发展出了引申义，比如"dahanduhai"表达"随即"。

dahi：

"dahi"是动词性词根，语义为"重复"，基于词根"dahi"形成的单词整理如下：dahi"使再撩"；dahimbi"再撩跤"；dahin dahin i"再四再四地"。

dahū：

"dahū"是动词性词根，语义为"再次、重复"，基于词根"dahū"形成的单词整理如下：dahūhan"复"；dahūmbi"再撩跤"；dahūmbi"补破席"。

词根"dahū"和词根"dahi"在形态和语义上都具有非常高的相似性，它们在历时上可能具有相关性。

dain：

"dain"是名词性词根，语义为"战争"，基于词根"dain"形成的单词整理如下：dailabumbi"使征讨"；dailahabi"中了邪"；dailambi

"征讨";dailan"伐";dailanabumbi"使去征讨";dailanambi"去征讨";dain"戎";daišambi"乱闹"。

daise：

"daise"是名词性词根，语义为"代理"，基于词根"daise"形成的单词整理如下：daiselabumbi"使署理";daiselambi"署理"。

dakda：

"dakda"是不完整词根，语义为"短促的"，基于词根"dakda"形成的单词整理如下：dakdahūn"短促促的";dakdari"独自先登";dakdari"恰好撞来"。

dal：

"dal"是不完整词根，语义推测为"黏着在一起的状态"，基于词根"dal"形成的单词整理如下：dalganahabi"结成挌搭了";dalhi"烦渎";dalhidambi"只管烦渎";dalhūdambi"絮叨";dalhūkan"只管黏滞";dalhūkan"黏抓";dalhūn"黏";dalhūn"话烦";dalhūn"黏滞";dalhūwan"黏杆子";daljakū"无干涉";daljakū"无涉";dalji"干涉";daljingga"有干涉的";daljingga"干涉";dalukan"只管黏滞";dalumbi"水热汤住毛不下";dalumbi"桦皮过时老住"。

词根"dal"参与了很多词汇的形成，其中一些词汇的语义较词根"dal"的语义产生了较大的变化。比如"dalji"表达"干涉"，"dalhūdambi"表达"絮叨"，但可以看到它们的语义之间依旧存在很大的关联。"干涉"指的是人和事情之间的"黏着"，"絮叨"则是言语之间形成的"黏着"。

dala：

"dala"是名词性词根，语义为"堤"，基于词根"dala"形成的单词整理如下：dalan1"堤"；dalangga"坝"。

dali1：

　　"dali1"是副词性词根，语义为"旁、边"，基于词根"dali1"形成的单词整理如下：dalba"旁"；dalbaki"旁边"；dalbarame"从旁边"；dalbashūn"旁边些"；dalbashūn"侧卧"；dalin"河岸"；dalirame"沿河岸"。

dali2：

　　"dali2"是动词性词根，语义为"隐藏、遮蔽"，基于词根"dali2"形成的单词及相关屈折词形整理如下：dalda"隐"；dalda"隐蔽处"；daldabumbi"使隐瞒"；daldahan"垫板"；daldahan"皮垫子"；daldakū"街帐"；daldambi"隐瞒"；daldangga"影壁"；daldarakū"不藏匿"；dalibumbi"使遮蔽"；dalibun"遮掩"；dalimbi"遮蔽"。

damjan：

　　"damjan"是名词性词根，语义为"扁担"，基于词根"damjan"形成的单词整理如下：damjala"一人挑"；damjalabumbi"使挑"；damjalahabi"挑着呢"；damjalambi"挑着"；damjalame"箭穿透横"；damjan"扁担"；damjatala"箭穿透横"。

　　推测认为词根"damjan"借自汉语词汇"担子"。

damtun：

　　"damtun"是名词性词根，语义为"当头"，基于词根"damtun"形成的单词整理如下：damtulabumbi"使当"；damtulambi"当"；damtun"当头"。

　　推测认为词根"damtun"借自汉语词汇"当头"。

dancan：

　　"dancan"是名词性词根，语义为"娘家"，基于词根"dancan"形成的单词整理如下：dancalambi"娘家去"；dancan"娘家"。

dang1：

　　"dang1"是副词性词根，语义为"唯、只"，基于词根"dang1"形成的单词整理如下：dang"唯"；danggi"就是那个"。

　　"danggi"可以认为由词根"dang"和词缀"gi"结合形成。

dang2：

　　"dang2"是动词性词根，语义为"代替、抵挡"，基于词根"dang2"形成的单词整理如下：dangna"替挡"；dangnahan"皮牙子"；dangnambi"代替"。

　　推测认为词根"dang2"借自汉语词汇"挡"。

dangdali：

　　"dangdali"是名词性词根，语义为"拦河网"，基于词根"dangdali"形成的单词整理如下：dangdali"拦河网"；dangdalilambi"下拦河网"。

dangniya：

　　"dangniya"是动词性词根，语义为"踢行头"，基于词根"dangniya"形成的单词整理如下：dangniyabumbi"使踢行头"；dangniyambi"踢行头"。

dangsi：

　　"dangsi"是动词性词根，语义为"抢白、责备"，基于词根"dangsi"形成的单词及相关屈折词形整理如下：dangsi"使抢白"；

dangsibumbi"被抢白";dangsimbi"抢白"。

daniya：

　　"daniya"是动词性词根，语义为"遮蔽"，基于词根"daniya"形成的单词整理如下：daniyalabumbi"使掩避";daniyalambi"掩避";daniyan"掩避处";daniyan"遮僻处"。

dara1：

　　"dara1"是名词性词根，语义为"腰"，基于词根"dara1"形成的单词整理如下：dara"腰";darama"腰"。

dara2：

　　"dara2"是动词性词根，语义为"让酒"，基于词根"dara2"形成的单词整理如下：darabumbi"让酒";daranumbi"对让酒"。

daran：

　　"daran"是动词性词根，语义为"训练、熟练"，基于词根"daran"形成的单词整理如下：darakabi"鹰狗熟练";darakabi"寻趁惯了";darambumbi"调练鹰狗"。

　　词根"daran"在形态上经常实现为"dara"，这同上文的动词性词根"dara"相同。但经过构拟的词根"daran"属于 n 型词干，区别于"dara2"。

dari：

　　"dari"是动词性词根，语义为"擦边、顺便"，基于词根"dari"形成的单词整理如下：daribuha"些微射着";darimbi"兽擦人过";darimbi"顺便到去"。

　　"darimbi"的语义"顺便去"较"擦着过"的语义相比更为抽象，

可以认为前者引申自后者。

daru1：

"daru1"是动词性词根，语义为"赊"，基于词根"daru1"形成的单词整理如下：darubumbi"使赊"；darumbi"赊"。

daru2：

"daru2"是不完整词根，语义推测为"常常、总是"，基于词根"daru2"形成的单词整理如下：darubuhabi"肯病（常常犯病）"；daruhai"常常的"。

根据单词"darubuhabi（常常犯病）"和"daruhai"可以推测存在动词词干"daru-"，表达"常常"语义，而"darubuhabi"和"daruhai"分别是它的派生词和屈折词形。但在《御制增订清文鉴》及《新满汉大辞典》等现代出版的满语词典中均未发现动词词干"daru-"作为词汇出现。因此将其判断为不完整词根。

dasa：

"dasa"是动词性词根，语义为"收拾、整治"，基于词根"dasa"形成的单词整理如下：dasabumbi"使医治"；dasambi"整围"；dasambi"医治"；dasambi"改正"；dasambi"治"；dasan"政"；dasargan"药方"；dasatambi"收拾"。

可以认为"dasa"的本义是表示对处于某种混乱状态物体的收拾和整理，在此基础上继而发展出了"医治""统治"等更为抽象的语义。

dasi：

"dasi"是动词性词根，语义为"盖"，基于词根"dasi"形成的单词整理如下：dasi"盖"；dasibumbi"使掩盖"；dasibumbi"使掩门"；dasikū"罩子"；dasimbi"遮盖"；dasimbi"掩门"。

dasihiya：

"dasihiya"是动词性词根，语义为"撣"，基于词根"dasihiya"形成的单词整理如下：dasihiya"撣"；dasihiyabumbi"使撣除"；dasihiyakū"撣子"；dasihiyambi"撣除"。

dašu：

"dašu"是不完整词根，语义为"害"，基于词根"dašu"形成的单词整理如下：dašurambi"作害"；dašuran"祸害"。

历时上词根"dašu"和"dashūwan"享有相同词源。可以认为"dašu"的语义发展自"dashūwan"的语义"左边"。

daya：

"daya"是动词性词根，语义为"依附"，基于词根"daya"形成的单词整理如下：dayabumbi"正法"；dayambi"依附"；dayanambi"去依附"；dayandumbi"互相依附"；dayanjimbi"来依附"。

de1：

"de1"是动词性词根，语义为"补数"，基于词根"de"形成的单词及相关屈折词形整理如下：debumbi"准补数"；dehe"已补数"；dehekū"未补数"；dembi"补数"。

de2：

"de2"是不完整词根，语义推测为"上"，基于词根"de2"形成的单词整理如下：deji"上分"；deji"出类"；dele"上"；dele"皇上"；deleken"略上些"；delerekebi"榫子开了"；deleri"越分专行"；deleri"浮"；den1"高"；den2"高"；dergi"上"；dergi"东"。

deb：

"deb"是不完整词根，语义为"扇动、招展"，基于词根"deb"形成的单词整理如下：debderembi"雏鸟扇翅"；debsibuku"纛旗幅"；debsiku"翎扇"；debsimbi"扇翎扇"；debsimbi"扇翅"；debsitembi"不住地扇翅"。

deben：

"deben"是动词性词根，语义为"涨出、溢"，基于词根"deben"形成的单词整理如下：debeke"水涨出"；debembi"潽出"。

debke：

"debke"是动词性词根，语义为"翻开、散开"，基于词根"debke"形成的单词整理如下：debkebumbi"使刁登"；debkejehebi"披散开了"；debkejembi"披散开"；debkele"劈绳线"；debkelebumbi"使擘绳线"；debkelembi"擘绳线"；debkembi"更张"；debkembi"刁登"。

debse：

"debse"是不完整词根，语义为"眼皮下垂"，基于词根"debse"形成的单词整理如下：debsehun"眼皮下垂"；debsehun"眼露困"。

dedu：

"dedu"是动词性词根，语义为"卧"，基于词根"dedu"形成的单词整理如下：dedubumbi"发面"；dedubumbi"使卧"；dedubumbi"放倒"；deducehebi"一齐卧"；dedumbi"卧（人卧）"；dedumbi"卧（马等歪靠在地）"；dedun"宿处"。

dehe：

"dehe"是名词性词根，语义为"钓鱼钩"，基于词根"dehe"形成的单词整理如下：dehe"钓鱼钩"；dehelembi"用钩钩"。

deiji：

　　"deiji"是动词性词根，语义为"烧"，基于词根"deiji"形成的单词整理如下：deiji"烧"；deijibumbi"使焚烧"；deijiku"烧柴"；deijimbi"焚烧"。

dek：

　　"dek"是不完整词根，语义为"漂浮、位于高处"，基于词根"dek"形成的单词整理如下：dekdebumbi"生事"；dekdebumbi"使浮漂"；dekdehun"略高写"；dekdeljembi"惊悸"；dekdembi"浮漂"；dekdembi"飞起"；dekderhūn"沤"；dekderšembi"起叛心"；dekjike"兴旺"；dekjike"长进了"；dekjimbi"长进"；dekjirakū"没出息"；dekjirakū"不起火"。

delhe：

　　"delhe"是动词性词根，语义为"分开"，基于词根"delhe"形成的单词整理如下：delhebumbi"卸骨缝"；delhembi"分开"；delhen"块数"；delhentumbi"遗言"。

deme：

　　"deme"是不完整词根，语义推测为"怪样"，基于词根"deme"形成的单词整理如下：demesi"怪样人"；demesilembi"怪样"。

　　词根"deme"可能与"demun"存在同源关系。

demun：

　　"demun"是形容词性词根，语义为"怪"，基于词根"demun"形成的单词整理如下：demun"怪样"；demungge"怪物"。

dende：

　　"dende"是动词性词根，语义为"分"，基于词根"dende"形成的

单词整理如下：dendebumbi"使分"；dendecembi"共分"；dendembi
"分"；dendenumbi"同分"。

deng：

　　"deng"是不完整词根，语义为"掂量、衡量"，基于词根"deng"
形成的单词整理如下：dengne"比较"；dengnebumbi"使戥称"；
dengneku"戥子"；dengnembi"颠均子"；dengnembi"戥子称"。

　　推测认为词根"deng"借自汉语词汇"戥"。

dengge：

　　"dengge"是动词性词根，语义为"往远撒"，基于词根"dengge"
形成的单词及相关屈折词形整理如下：dengge"往远撒"；
denggebumbi"使撒远"；denggembi"轮摔"；denggembi2"撒远"。

dengsi：

　　"dengsi"是动词性词根，语义为"颠晃"，基于词根"dengsi"形
成的单词整理如下：dengsibumbi"被车颠晃"；dengsimbi"车颠
晃"；dengsitembi"忧惧"。

deo：

　　"deo"是名词性词根，语义为"弟"，基于词根"deo"形成的单词
整理如下：deo"弟"；deocilembi"行弟道"；deocin"悌"；deocingge
"尽弟道的"；deote"众弟"。

dere：

　　"dere"是名词性词根，语义为"脸、平面"，基于词根"dere"形成
的单词整理如下：derakū"没体面"；derakūlambi"不留体面"；dere
"方"；dere"脸"；dere"桌"；derencumbi"徇情"；derencurakū"不徇

情";derengge"体面";deretu"案"。

deri：

"deri"是词根,语义为"分离",基于词根"deri"形成的单词整理如下：deri"由";deribumbi"奏乐";deribun"始";derimbi"心离";derishun"叛离"。

表达"由"的词汇"deri"属于助词,由此推测认为满语中部分助词和动词词干或一些词中的词基同源。

deyenggu：

"deyenggu"是名词性词根,语义为"合唱",基于词根"deyenggu"形成的单词整理如下：deyenggu"讴";deyenggulembi"讴"。

do1：

"do1"是动词性词根,语义为"落、栖",基于词根"do1"形成的单词整理如下：dobukū"鹰架子";dobumbi"蹲鹰";dombi"落着"。

do2：

"do2"是不完整词根,语义为"里",基于词根"do2"形成的单词整理如下：doko"衣里";doko"抄道";dokolombi"里勾子";dokolombi"另相亲待";dokolombi"抄近走";dokomimbi"綁里子";dolo"内";dolori"默默地";dolori"里边";dorgi"内里";dorgideri"暗暗地";dosi"向内";dosika"裹了";dosikabi"进去了";dosikabi"贪进去了";dosikan"略向内";dosikasi"进士";dosila"底襟";dosimbi"进";dosimbi"跟进去";dosimbumbi"请进";dosimbumbi"镪";dosin"巽";dosinambi"进得去";dosinambi"进去";dosinjimbi"进来"。

其中大量的词是基于词基"dosin","dosin"可以认为是词根

"do"和词缀"sin"结合形成的。

do3：

"do3"是名词性词根，语义为"礼、道"，基于词根"do3"形成的单词整理如下：dorakūlambi"无礼"；doro"道"；dorolobumbi"使行礼"；dorolombi"行礼"；dorolon"礼"；dorolonjimbi"来行礼"；dorolonombi"去行礼"；doronggo"有道理"；doronggo"端庄"；doronggo"马稳重"。

dobi：

"dobi"是名词性词根，语义为"狐"，基于词根"dobi"形成的单词整理如下：dobi"狐"；dobiha"朱獳"；dobihi"狐皮"；dobiri"射干"。

dobo：

"dobo"是名词性词根，语义为"夜"，基于词根"dobo"形成的单词整理如下：dobonio"整夜"；dobori"夜"。

dobton：

"dobton"是名词性词根，语义为"套"，基于词根"dobton"形成的单词整理如下：dobtokū"套儿"；dobtolokū"套子"；dobtolombi"套装"；dobton"套"。

doda：

"doda"是不完整词根，语义为推测为"怪的"，基于词根"doda"形成的单词整理如下：dodangga"怪物"；dodangga"瞎子"。

dodo：

"dodo"是动词性词根，语义为"蹲"，基于词根"dodo"形成的单词整理如下：dodobumbi"按蹲下"；dodobumbi"打抽抽了"；dodombi"蹲着"。

doho1：

"doho1"是名词性词根，语义为"石灰"，基于词根"doho1"形成的单词整理如下：doho"石灰"；doholobumbi"使用灰"；doholombi"用灰"。

doho2：

"doho2"是不完整词根，语义为"瘸"，基于词根"doho2"形成的单词整理如下：doholon"瘸子"；dohošombi"瘸"。

doigon：

"doigon"是名词性词根，语义为"预先"，基于词根"doigon"形成的单词整理如下：doigomšombi"预先备用"；doigonde"预先"。

dok：

"dok"是不完整词根，语义为"突起状"，基于词根"dok"形成的单词整理如下：dokdohon"突起貌"；dokdohori"高处坐立"；dokdolaha"吓一跳"；dokdorgan"夔"；dokdori"猛站起"；dokdorilaha"吓一跳"；dokdorjambi"轻佻"；dokdoršombi"轻佻"；dokdoslaha"吓一跳"；doksin"暴"；doksin"劣蹶"；doksirambi"行暴"。

domno：

"domno"是动词性词根，语义为"蹲拜"；基于词根"domno"形成的单词整理如下：domnobumbi"使蹲拜"；domnombi"妇女蹲拜"。

donji：

"donji"是动词性词根，语义为"听"，基于词根"donji"形成的单词整理如下：donji"听"；donjibumbi"使听"；donjimbi"听见"；donjin"听见的"；donjinambi"去听"；donjindumbi"一齐听"；donjinjimbi"来听"；donjinumbi"一齐听"。

doo1：

"doo1"是动词性词根，语义为"倒"，基于词根"doo1"形成的单词整理如下：doola"倒"；doolabumbi1"使倒水"；doolambi1"倒水"。

推测认为词根"doo1"借自汉语词汇"倒"。

doo2：

"doo2"是动词性词根，语义为"渡河"，基于词根"doo2"形成的单词整理如下：doobumbi"使渡河"；doohan"桥"；doombi"渡河"。

doose：

"doose"是名词性词根，语义为"道"，基于词根"doose"形成的单词整理如下：doose"道士"；dooseda"道官"。

doosi：

"doosi"是名词性词根，语义为"贪"，基于词根"doosi"形成的单词整理如下：doosi"贪"；doosidambi"贪取"；doosidarakū"不贪"。

dos：

"dos"是不完整词根，语义为"宠"，基于词根"dos"形成的单词整理如下：dosholobumbi"被宠爱"；dosholombi"宠爱"；doshon"宠"。

doso：

"doso"是动词性词根，语义为"忍得住"，基于词根"doso"形成的单词整理如下：dosobumbi"能耐远"；dosombi"耐得住"。

dube：

"dube"是名词性词根，语义为"尖、末、尾"，基于词根"dube"形成的单词整理如下：dube"尖子"；dube"末"；dube"枝尖"；dubehe"终"；dubeheri"末尾"；duben"终"；dubengge"有尖"；dubentele"直到末尾"；dubesilehe"将终"。

dufe：

"dufe"是形容词性词根，语义为"淫"，基于词根"dufe"形成的单词整理如下：dufe"淫"；dufedembi"贪淫"。

duhen：

"duhen"是动词性词根，语义为"终了，完结"，基于词根"duhen"形成的单词整理如下：duhembi"终局"；duhembumbi"使终局"。

dui：

"dui"是不完整词根，语义为"勘"，基于词根"dui"形成的单词整理如下：duibulembi"比并"；duibulen"比"；duilebumbi"使勘断"；duilembi"勘断"；duilen"勘"。

推测认为词根"dui"借自汉语词汇"对"。

duin：

"duin"是数词性词根，语义为"四"，基于词根"duin"形成的单词整理如下：duin"四"；duinggeri"四次"；duite"各四"。

dukdu：

　　"dukdu"是不完整词根，语义为"突起"，基于词根"dukdu"形成的单词整理如下：dukduhun"苗拱土"；dukdurekebi"苗拱出土"。

dul：

　　"dul"是不完整词根，语义推测为"浅"，基于词根"dul"形成的单词整理如下：dulba"懵懂"；dulbakan"略懵懂"；dulga"盛得浅"；dulgakan"浅浅的"。

dulen：

　　"dulen"是动词性词根，语义为"过"，基于词根"dulen"形成的单词整理如下：duleke"全愈了"；dulembi"火烧着"；dulembi"过去"；dulembuhebi"已烧着"；dulembumbi"使烧着"；dulembumbi"使过去"；dulemšeku"疏略"；dulemšembi"行事疏略"。

duli：

　　"duli"是动词性词根，语义为"连夜"，基于词根"duli"形成的单词整理如下：dulibumbi"使连夜"；dulimbi"连夜"。

dura：

　　"dura"是形容词性词根，语义为"浑浊"，基于词根"dura"形成的单词整理如下：duranggi"浊"；duranggi"困于酒"；duranggilambi"溺于酒"。

durbe：

　　"durbe"是名词性词根，语义为"矩形物体"，基于词根"durbe"形成的单词整理如下：durbe"四眼狗"；durbejen"四楞"；

durbejengge"有楞的";durbejitu"矩"。

durge：

"durge"是动词性词根,语义为"震动",基于词根"durge"形成的单词整理如下：durgebumbi"被震动";durgecembi"身子抖颤";durgembi"震动"。

duri1：

"duri1"是动词性词根,语义为"夺",基于词根"duri1"形成的单词整理如下：duribumbi"被夺";durimbi"夺"。

duri2：

"duri2"是名词性词根,语义为"摇车",基于词根"duri2"形成的单词整理如下：duri"摇车";durimbi1"上摇车"。

dursun：

"dursun"是名词性词根,语义为"体形、体",基于词根"dursun"形成的单词整理如下：dursuki"面貌相似";dursukilembi"仿效";dursulembi"体验";dursun"体"。

dushu：

"dushu"是动词性词根,语义为"起平花(在金银中、朝帽上錾花的一种动作)①",基于词根"dushu"形成的单词整理如下：dushubumbi"使起平花";dushumbi"起平花"。

dusihi：

"dusihi"是名词性词根,语义为"衣前襟",基于词根"dusihi"形

---

① 参考《新满汉大词典》,商务印书馆,2020年,第206页。

成的单词整理如下：dusihi"衣前襟"；dusihilebumbi"使兜"；
dusihilembi"兜着"。

dutu：

"dutu"是形容词性词根，语义为"聋的"，基于词根"dutu"形成
的单词整理如下：dutu"聋子"；duturehebi"话听舛错了"；
duturembi"妆聋"。

duwali：

"duwali"是名词性词根，语义为"同类"，基于词根"duwali"形
成的单词整理如下：duwali"同类"；duwalibun"类"；duwalingga
"同类的"。

duyen：

"duyen"是形容词性词根，语义为"冷淡"，基于词根"duyen"形
成的单词整理如下：duyembumbi"稳住"；duyen"冷淡"。

dzanse：

"dzanse"是名词性词根，语义为"栥子"，基于词根"dzanse"形
成的单词整理如下：dzanse"栥子"；dzanselabumbi"使栥"；
dzanselambi"栥"。

借自汉语词汇"栥子"。

8.5　e

ebci：

"ebci"是名词性词根，语义为"肋"，基于词根"ebci"形成的单

词整理如下：ebci"肋"；ebci"船肋"；ebcileme"走山肋"。

ebde：

"ebde"是不完整词根，语义为"戕、贼害"，基于词根"ebde"形成的单词整理如下：ebdereku"戕贼"；ebderembi"行贼害"；ebderen"贼害"。

ebe：

"ebe"是不完整词根，语义推测为"弱、懦"，基于词根"ebe"形成的单词及相关的屈折词形整理如下：eberekebi"衰惫"；eberekebi"疲倦了"；eberembi"疲倦"；eberembu"减去"；eberembumbi"折磨"；eberembumbi"使减去"；eberhuken"微懦"；eberhun"懦"；eberi"不及"；eberi"懦弱"；eberiken"微懦弱"。

eben：

"eben"是动词性词根，语义为"泡软"，基于词根"eben"形成的单词整理如下：ebeke"面糟了"；ebembi"泡"；ebeniyebumbi"使浸"；ebeniyembi"浸泡"；ebebumbi"使泡"。

ebi：

"ebi"是动词性词根，语义为"饱"，基于词根"ebi"形成的单词整理如下：ebibumbi"使饱"；ebimbi"饱"。

ebu：

"ebu"是动词性词根，语义为"下（动作）"，基于词根"ebu"形成的单词整理如下：ebu"下"；ebu"下马"；ebubumbi"使下来"；ebubumbi"使下着"；ebubumbi"卸下"；ebubumbi"拆帐房"；ebubun"下程"；ebumbi"下"；ebumbi"下着"；ebumbi"下牲口"；

ebundumbi"齐下着"；ebunembi"去下着"；ebunjimbi"神格"；
ebunjimbi"来下着"；ebunumbi"齐下着"。

eden：

　　"eden"是形容词性词根，语义为"残缺、残疾"，基于词根"eden"
形成的单词整理如下：edekebi"饭奶子的味变了"；edekirakū"总不
成器"；edelehebi"残疾了"；eden"残废"；eden"残缺"。

edun：

　　"edun"是名词性词根，语义为"风"，基于词根"edun"形成的单
词整理如下 edulehebi"中风"；edun"风"；edunggiyebumbi"使扬
场"；edunggiyembi"扬场"；eduntu"闻獥"。

efi：

　　"efi"是动词性词根，语义为"玩耍"，基于词根"efi"形成的单词
整理如下：efibumbi"使玩耍"；eficembi"共玩耍"；efiku"顽戏"；
efimbi"玩耍"；efin"顽艺"。

efu：

　　"efu"是不完整词根，语义推测为"坏"，基于词根"efu"形成的
单词整理如下：efujembi"败坏"；efujembi"坏"；efujen"坏"；efujen
"蛊"；efulebumbi"使毁坏"；efulembi"毁坏"；efulembi"革职"。

ehe：

　　"ehe"是形容词性词根，语义为"坏、劣、恶"，基于词根"ehe"形
成的单词整理如下：ehe"恶"；ehe"凶"；ehecubumbi"使毁谤"；
ehecumbi"毁谤"；ehecun"嫌隙"；ehelinggu"庸劣"；eherebumbi"致
于变脸"；eherebumbi"使人不和"；eherembi"变脸"；ehetu"獥"。

eifun：

　　"eifun"是名词性词根，语义为"斑疹、疙瘩"，基于词根"eifun"形成的单词整理如下：eifun"鬼风疙疸"；eifunehe"起鬼风疙疸"。

eime：

　　"eime"是动词性词根，语义为"厌、厌恶"，基于词根"eime"形成的单词整理如下：eimebumbi"惹人厌"；eimeburu"厌物"；eimecuke"可厌"；eimede"讨人嫌"；eimede"讨厌人"；eimembi"厌"。

eiten：

　　"eiten"是形容词性词根，语义为"一切"，基于词根"eiten"形成的单词整理如下：eiten"一切"；eiterecibe"总说了罢"；eitereme"尽着"。

eitere：

　　"eitere"是动词性词根，语义为"欺诈"，基于词根"eitere"形成的单词整理如下：eitereku"惯欺骗的"；eiterembi"欺诈"；eiterebumbi"使人欺"；eiteršembi"暗欺哄"。

eje：

　　"eje"是动词性词根，语义为"记、注；霸占、占据"，基于词根"eje"形成的单词整理如下：ejebumbi"使记"；ejebun"记"；ejehe"敕书"；ejehen"注"；ejeku"知事"；ejelebumbi"被霸占"；ejelembi"霸占"；ejelendumbi"齐霸占"；ejelenumbi"齐霸占"；ejembi"记"；ejen"主"；ejesu"记性"；ejetun"志"。

　　参照朝克（2014：442）的内容，几种通古斯语里"eje-"的同源词都可以表达"记住"的语义。猜测认为满语中"eje-"的本义是表示更为具体语义的"记录"。而与"占有"相关的语义同样可以认为引申自"记录"语义。

ekiyen：

　　"ekiyen"是动词性词根，语义为"损、减、缺"，基于词根"ekiyen"形成的单词整理如下：ekiyehebi"肿消了"；ekiyehebi"已缺"；ekiyehun"缺"；ekiyehun"缺少"；ekiyembi"缺"；ekiyembu"缺着"；ekiyembumbi"使缺着"；ekiyeniye"减"；ekiyeniyebumbi"使损减"；ekiyeniyembi"损减"；ekiyeniyen"损"。

ekše：

　　"ekše"是动词性词根，语义为"忙"，基于词根"ekše"形成的单词整理如下：ekšembi"忙"；ekšendumbi"一齐忙"；ekšenumbi"一齐忙"。

elben：

　　"elben"是名词性词根，语义为"茅草"，基于词根"elben"形成的单词整理如下：elbebumbi "使苫茅草"；elbeku "船棚子"；elbembi"覆盖"；elbembi"苫茅草"；elben"茅草"；elbenfembi"语无伦次"。

　　词根"elben"在作名词和动词词干时形态相同，猜测认为其中表达更为具体的"茅草"语义为本义。"elben"作动词词干时在整体上已被重构为"elbe-"，只有极少数文献里能看到反映动词词干"elben"存在的痕迹。

elbi：

　　"elbi"是动词性词根，语义为"招手"，基于词根"elbi"形成的单词整理如下：elbibumbi"使招安"；elbimbi"招安"；elbindumbi"一齐招安"；elbinembi"去招安"；elbinumbi"一齐招安"；elbišebumbi

"使河内洗澡";elbišembi"河内洗澡";elbišenembi"去河内洗澡";
elbišenumbi"一齐河内洗澡"。

elden：

　　"elden"是名词性词根，语义为"光"，基于词根"elden"形成的
单词整理如下：eldedei"鸮烂堆";eldehen"离";eldeke"光耀";
eldembumbi"显亲";elden"光";eldengge"轩昂";eldengge"光华";
eldentu"嗽月"。

ele：

　　"ele"是副词性词根，语义为"愈发"，基于词根"ele"形成的单
词整理如下：ele"益发";ele"所有";elebumbi"使足";elebumbi"使
够";elehun"自如";elehun"罢松";elei"几乎";elekei"几乎";
elemangga"反倒";elembi"足";elembi"够";elgiyeken"略宽裕";
elgiyen"宽裕";elgiyen"丰";eletele"够够的"。

elhe：

　　"elhe"是形容词性词根，语义为"安、缓"，基于词根"elhe"形成
的单词整理如下：elhe"安";elhe"缓";elheken"略缓些";elheo"安
么";elhešebumbi"使缓慢";elhešembi"缓慢"。

elje：

　　"elje"是动词性词根，语义为"抗拒"，基于词根"elje"形成的单
词整理如下：eljembi"抗拒";eljendumbi"相抗拒"。

elki：

　　"elki"是动词性词根，语义为"招呼"，基于词根"elki"形成的单
词整理如下：elki"使招呼";elkibumbi"使人招呼";elkimbi"舞刀

直入"；elkimbi"招呼"；elkindumbi"一齐招呼"；elkinumbi"一齐
招呼"。

empi：

"empi"是名词性词根，语义为"藜蒿菜"，基于词根"empi"形
成的单词整理如下：empi"藜蒿菜"；empirembi"妄谈"。

满语中由植物名称发展到谈话相关语义的情况较多，上文提
到的"elben(茅草)"和"elbenfembi(语无伦次)"也属于此类。这种
语义发展可以通过隐喻机制来解释。

emu：

"emu"是数词性词根，语义为"一"，基于词根"emu"形成的单
词整理如下：embici"或者"；emde"一同"；emdubei"只管"；
emembihede"或有一时"；ememu"或"；ememungge"或者"；emgeri
"一次"；emgi"共"；emgilembi"共同"；emhulembi"独占"；emhun
"独"；emhun"孤"；emke"一个"；emken"一个"；emte"各一"；
emteli"单身"；emtenggeri"各一次"；emu"一"。

ence1：

"ence1"是不完整词根，语义为"能力、本领"，基于词根
"ence1"形成的单词整理如下：encehedembi"钻营"；encehen"能
干"；encehengge"能干人"；encehengge"钻干人"；encehešembi"钻
营"；encehešembi"钻干"。

ence2：

"ence2"是动词性词根，语义为"分放"，基于词根"ence2"形成
的单词整理如下：encebumbi"使放分"；encembi"放分"。

encu：

　　"encu"是形容词性词根，语义为"不同"，基于词根"encu"形成的单词整理如下：encu"另样"；enculembi"另样行"。

ende：

　　"ende"是动词性词根，语义为"隐瞒、弄错、去世"，基于词根"ende"形成的单词整理如下：endebuku"过"；endebumbi"过误"；endehe"死"；endembio"还得错吗"；enderakū"料事不差"；enderakū"瞒不过"；endereo"瞒不过么"；endeslaha"错了些"。

enduri：

　　"enduri"是名词性词根，语义为"神"，基于词根"enduri"形成的单词整理如下：enduri"神"；endurin"神仙"。

ene：

　　"ene"是不完整词根，语义推测为"倾斜"，基于词根"ene"形成的单词整理如下：eneshuken"漫坡"；eneshun"偏坡"。

enggele：

　　"enggele"是动词性词根，语义为"超过、超出"，基于词根"enggele"形成的单词整理如下：enggelcembi"越分"；enggelebumbi"使价昂"；enggeleku"悬崖"；enggelembi"探着身看"；enggelembi"价昂"；enggelen"临"；enggeleshun"山峰微悬处"。

erde：

　　"erde"是形容词性词根，语义为"早"，基于词根"erde"形成的单词整理如下：erde"早"；erdeken"早早地"；erdelehe"早了"。

erdemu：

　　"erdemu"是名词性词根，语义为"德"，基于词根"erdemu"形成的单词整理如下：erdemu"德"；erdemungge"有德"。

ere：

　　"ere"是动词性词根，语义为"期望、指望"，基于词根"ere"形成的单词整理如下：erecuke"可望"；erecun"人望"；erecun"期望的"；erehunjebumbi"使常指望"；erehunjembi"常指望"；erembi"指望"。

ergele：

　　"ergele"是动词性词根，语义为"挎、勒"，基于词根"ergele"形成的单词整理如下：ergelebumbi"被压派"；ergelehebi"挎疼手"；ergelembi"压派"；ergeletei"强派"。

ergen：

　　"ergen"是名词性词根，语义为"气息"，基于词根"ergen"形成的单词整理如下：ergecun"安息"；ergeke"已安息"；ergembi"安歇"；ergembi"安息"；ergembumbi"使安歇"；ergen"呼吸气"；ergenderakū"总不安息"；ergendumbi"共安歇"；ergengge"生灵"；ergenumbi"共安歇"；ergerakū"不安息"；ergešembi"吃得发喘"。

　　名词"ergen"与动词词干"ergen-"形态相同。

erguwe：

　　"erguwe"是动词性词根，语义为"围绕"，基于词根"erguwe"形成的单词整理如下：erguwembi"周绕"；erguwen"纪"；erguwen"口面"。

eri：

　　"eri"是动词性词根，语义为"扫"，基于词根"eri"形成的单词整理如下：eri"扫"；eribumbi"使扫除"；eriku"笤帚"；erimbi "扫除"。

erin：

　　"erin"是名词性词根，语义为"时间"，基于词根"erin"形成的单词整理如下：erileme"按时"；erin"时"；erin"时辰"；erindari "时时"。

erpe：

　　"erpe"是名词性词根，语义为"碱唇"，基于词根"erpe"形成的单词整理如下：erpe"碱唇"；erpenehebi"生碱唇"。

erše：

　　"erše"是动词性词根，语义为"照看、服侍"，基于词根"erše"形成的单词整理如下：eršebumbi"使照看"；eršeku"门子"；eršembi"照看"；eršembi"服事"。

ertu：

　　"ertu"是动词性词根，语义为"倚仗"，基于词根"ertu"形成的单词整理如下：ertuhebi"倚仗着了"；ertumbi"倚仗着"；ertun"倚仗"。

erun：

　　"erun"是名词性词根，语义为"刑"，基于词根"erun"形成的单词整理如下：erulebumbi"使用刑"；erulembi"用刑"；erun"刑"。

eruwen：

　　"eruwen"是名词性词根，语义为"钻"，基于词根"eruwen"形成的单词整理如下：eruwedebumbi "使钻眼"；eruwedembi "钻眼"；eruwen"钻"。

es：

　　"es"是不完整词根，语义为"生的"，基于词根"es"形成的单词整理如下：eshuken "略生"；eshun "生疏"；eshun "生"；eshurebumbi "使变性"；eshurembi "变性"。

eše1：

　　"eše1"是动词性词根，语义为"刮鱼鳞"，基于词根"eše1"形成的单词整理如下：eše "刮鱼鳞"；ešembi "刮去鱼鳞"。

　　词根"eše1"与名词"esihe(鱼鳞)"之间存在历时上的音变关系。

eše2：

　　"eše2"是动词性词根，语义为"斜"，基于词根"eše2"形成的单词整理如下：ešebumbi "使斜着"；ešembi "斜着"；ešen "斜"。

esihe：

　　"esihe"是名词性词根，语义为"鳞"，基于词根"esihe"形成的单词整理如下：esihe "鳞"；esihengge "有鳞的"。

esu：

　　"esu"是不完整词根，语义为"叱喝"，基于词根"esu"形成的单词整理如下：esukiye "吆喝"；esukiyebumbi "使喝"；esukiyembi "喝"；esunggiyembi "怒喝"。

ete：

　　"ete"是动词性词根，语义为"得胜、强硬"，基于词根"ete"形成的单词整理如下：etehe "胜了"；etembi "得胜"；etembi "敌得住"；etembi "弓半边硬"；etenggi "强盛"；etenggilebumbi "致恃强"；etenggilembi "恃强"。

etu1：

　　"etu1"是不完整词根，语义推测为"高、强"，基于词根"etu1"形成的单词整理如下：etuhuken"高些"；etuhuken"略强壮"；etuhun"高"；etuhun"强壮"；etuhun"壮"；etuhušebumbi"致用强"；etuhušembi"用强"。

etu2：

　　"etu2"是动词性词根，语义为"穿"，基于词根"etu2"形成的单词整理如下：etubumbi"使穿"；etuku"衣"；etumbi"穿"。

eye：

　　"eye"是动词性词根，语义为"流"，基于词根"eye"形成的单词整理如下：eyebumbi"放水"；eyehebi"下流了"；eyembi"低"；eyembi"水流"；eyemeliyan"低些"；eyen"流"；eyeršebumbi"使恶心"；eyeršecuke"可恶心"；eyeršembi"恶心"。

eyun：

　　"eyun"是名词性词根，语义为"姐姐"，基于词根"eyun"形成的单词整理如下：eyun"姐姐"；eyungge"长女"；eyute"众姐姐"。

8.6　f

fa1：

　　"fa1"是动词性词根，语义为"干涸"，基于词根"fa1"形成的单词整理如下：fabumbi"追到尽头"；fabumbi"使水干"；fambi"水干"；fambi"乏渴"；faha"干了"；fahabi"乏渴极了"。

fa2:

"fa2"是不完整词根,语义为"法术",基于词根"fa2"形成的单词整理如下:fadagan"法术";fadambi"使法术"。

faca:

"faca"是动词性词根,语义为"散",基于词根"faca"形成的单词整理如下:facambi"散席";facambi"散";facambi"绒散"。

faci:

"faci"是不完整词根,语义为"忙活",基于词根"faci"形成的单词整理如下:facihiyašabumbi"使着急";facihiyašambi"着急";facihiyašambi"把拮";facihiyašandumbi"一齐着急";facihiyašanumbi"一齐着急"。

facu:

"facu"是不完整词根,语义为"乱",基于词根"facu"形成的单词整理如下:facuhūn"紊乱";facuhūn"乱";facuhūrambi"迷乱";facuhūrambi"作乱"。

fadu:

"fadu"是名词性词根,语义为"荷包",基于词根"fadu"形成的单词整理如下:fadu"盛弓箭罩的荷包";fadu"荷包";fadulabumbi"使装荷包";fadulambi"裹带口粮";fadulambi"荷包里装"。

fafun:

"fafun"是名词性词根,语义为"法、法令",基于词根"fafun"形成的单词整理如下:fafulambi"传令";fafulambi"禁止";fafun"法度";fafungga"严肃";fafushūn"誓"。

fafuri：

"fafuri"是形容词性词根，语义为"急、勇"，基于词根"fafuri"形成的单词整理如下：fafuri"勇健"；fafuri"躁急"；fafuršambi"发奋"。

faha1：

"faha1"是动词性词根，语义为"掷、扔"，基于词根"faha1"形成的单词整理如下：faha"掷下"；fahabumbi"使掷"；fahambi"摔"；fahambi"掷"；fahame"实坐"。

faha2：

"faha2"是名词性词根，语义为"果仁"，基于词根"faha2"形成的单词整理如下：faha"果仁"；fahanambi"结子"；faharambi"剖取松子榛仁"。

fai：

"fai"是不完整词根，语义为"排"，基于词根"fai"形成的单词整理如下：faida"排列"；faidabumbi"使排开"；faidabumbi"赞排班"；faidambi"排开"；faidambi"排班"；faidambi"开列"；faidan"断"；faidan"执事"；faidandumbi"一齐排开"；faidanumbi"一齐排开"；faidasi"序班"。

faisha：

"faisha"是名词性词根，语义为"栅栏"，基于词根"faisha"形成的单词整理如下：faisha"木栅子"；faishalambi"夹木栅"。

faita：

"faita"是动词性词根，语义为"割"，基于词根"faita"形成的单词整理如下：faita"割"；faitabumbi"使裁"；faitabumbi"使割片"；faitaburu"碎剐的"；faitakū"小锯"；faitambi"裁"；faitambi"割片"；faitan"眉"；faitanumbi"齐割片"；faitarabumbi"使碎割"；faitarambi"碎割"。

faja：

"faja"是动词性词根，语义为"拉屎"，基于词根"faja"形成的单词整理如下：fajambi"撒粪"；fajan"粪"。

fak：

"fak"是不完整词根，语义为"分开、离开"，基于词根"fak"形成的单词整理如下：fakcambi"离开"；fakcan"开"；fakcashun"心离"；faksalabumbi"使分开"；faksalambi"分开"；faksalan"判"。

fakjin：

"fakjin"是名词性词根，语义为"倚靠物"，基于词根"fakjin"形成的单词整理如下：fakjilambi"抵住"；fakjin"距"；fakjin"凭倚"。

faksi：

"faksi"是形容词性词根，语义为"巧"，基于词根"faksi"形成的单词整理如下：faksi"巧"；faksi"匠人"；faksidambi"巧辩"；faksidambi"弄巧"；faksisa"众匠人"。

falga：

"falga"是名词性词根，语义为"片、丛"，基于词根"falga"形成的单词整理如下：falga"族"；falga"党"；falga"甲"；falgangga"所"；falgari"署"。

fali：

"fali"是动词性词根，语义为"结、交"，基于词根"fali"形成的单词整理如下：fali"个数"；falibumbi"使结交"；falibumbi"使打搭搭"；falimbi"结交"；falimbi"打搭搭"；falimbi"结绳"；falindumbi"互相结交"；falingga"交结的"；falintambi"两腿绊绕"。

fama：

"fama"是动词性词根，语义为"迷路"，基于词根"fama"形成的单词整理如下：famaha"走迷了"；fambumbi"迷路"。

fanca：

"fanca"是动词性词根，语义为"生气、愤怒"，基于词根"fanca"形成的单词整理如下：fancabumbi"使忿怒"；fancabumbi"下钱粮"；fancacuka"可气"；fancahabi"热昏了"；fancambi"生气"。

fang：

"fang"是不完整词根，语义推测为"抵赖"，基于词根"fang"形成的单词整理如下：fangnambi"强是为非"；fangnambi"翻赖"；fangšambi"强是为非"。

fangka：

"fangka"是动词性词根，语义为"（往下）蹾、摔"，基于词根"fangka"形成的单词整理如下：fangka"摔下"；fangkabumbi"抵还"；fangkakū"碰"；fangkala"低"；fangkala"矮"；fangkala"声低"；fangkambi"往下擎"；fangkambi"摔"；fangkame"端坐"。

fangša：

"fangša"是动词性词根，语义为"熏"，基于词根"fangša"形成

的单词整理如下：fangša"熏着"；fangšakū"熏狐穴器"；fangšambi
"熏"；fangsikū"熏架"。

far：

"far"是不完整词根，语义为"迷乱、昏暗"，基于词根"far"形成的
单词整理如下：farakabi"发昏"；farfabuhabi"迷乱了"；farfabumbi"迷
乱"；farhūdambi"行事昏暗"；farhūkan"略昏暗"；farhūn"昏暗"。

fara：

"fara"是名词性词根，语义为"车辕、爬犁"，基于词根"fara"形
成的单词整理如下：fara"弓胎两身"；fara"轿杆车辕"；fara"牛拉
的爬犁"；faradambi"车误住"。

farfa：

"farfa"是动词性词根，语义为"撂马儿"，基于词根"farfa"形成
的单词整理如下：farfabumbi"使撂马儿"；farfambi"撂马儿"。

farga：

"farga"是动词性词根，语义为"追赶"，基于词根"farga"形成
的 单 词 整 理 如 下： fargabumbi "使 追 赶"；fargambi "追 赶"；
farganambi"去追赶"。

farša：

"farša"是动词性词根，语义为"舍命、奋力"，基于词根"farša"
形成的单词整理如下：faršambi"舍命"；faršatai"奋力"。

farsi：

"farsi"是名词性词根，语义为"块、片"，基于词根"farsi"形成

的 单 词 整 理 如 下 ： farsi "肉 块"；farsilabumbi "使 切 成 块"；farsilambi"切成块"。

farta：

"farta"是形容词性词根，语义为"宽大"，基于词根"farta"形成的单词整理如下：fartahūn"鼻扎"；fartahūn"喇叭嘴"。

fašša：

"fašša"是动词性词根，语义为"奋勉"，基于词根"fašša"形成的单词整理如下：faššabumbi"使奋勉"；faššambi"奋勉"；faššan "功 业"；faššandumbi "一 齐 奋 勉"；faššangga "有 功 业 的"；faššanumbi"一齐奋勉"。

fat：

"fat"是不完整词根，语义为"底"，基于词根"fat"形成的单词整理如下：fatan"底子"；fatan"脚底"；fatan"下贱"；fatan"竹篓"；fatha "掌"；fatha "蹄"；fathašambi "焦 躁"；fathašambi "烦躁"。

fata：

"fata"是动词性词根，语义为"掐"，基于词根"fata"形成的单词整理如下：fata "掐"；fatabumbi "使 掐 取"；fatambi "掐 取"；fatambi"掐"；fatanambi"去掐取"；fatanjimbi"来掐取"；fatanumbi "一 齐 掐 取"；fatarambi1 "连 掐"；fatarambi "掐 算 着 用"；fataršabumbi"使常掐算着用"；fataršambi"常掐算着用"。

faya：

"faya"是动词性词根，语义为"耗费"，基于词根"faya"形成的单词整理如下：fayabumbi"致耗费"；fayabun"费用"；fayambi"耗费"；fayarakū"不耗费"。

fe1：

"fe1"是动词性词根，语义为"割草"，基于词根"fe1"形成的单词整理如下：fembi"摊芟草"；fembi"信口说"。

fe2：

"fe2"是不完整词根，语义为"头晕、震耳"，基于词根"fe2"形成的单词整理如下：ferekebi"头碰晕"；ferembi"狠震耳"。

fe3：

"fe3"是形容词性词根，语义为"旧"，基于词根"fe3"形成的单词整理如下：fe"旧"；feingge"旧的"；ferekebi"旧了"；ferembi"往旧了去"。

fehu：

"fehu"是动词性词根，语义为"踩、踏"，基于词根"fehu"形成的单词整理如下：fehubumbi"赶上"；fehubumbi"被踩"；fehuhen"脚踏"；fehumbi"踩"；fehumbi"采荣"；fehun"履"；fehutembi"一齐踮"。

feji：

"feji"是不完整词根，语义推测为"下"，基于词根"feji"形成的单词整理如下：fejergi"下"；fejile"下"。

fek：

"fek"是不完整词根，语义为"跳、跃"，基于词根"fek"形成的单词整理如下：feksibumbi"夜间放犬捕牲"；feksibumbi"使跑"；feksiku"跑钩子"；feksimbi"跑"；feksindumbi"齐跑"；fekubumbi"使跳"；fekucembi"踊跃"；fekumbi"跳"；fekumbi"<u>丝</u>纵了"；fekumbumbi"跃马"；fekun"一跳远"；fekunembi"跳过去"；fekunjimbi"跳过来"。

fele1：

　　"fele1"是动词性词根，语义为"舍命"，基于词根"fele1"形成的单词整理如下：felembi1"舍着"；felembi2"行刺"。

fele2：

　　"fele2"是动词性词根，语义为"聚拢"，基于词根"fele2"形成的单词整理如下：felebumbi"使盘发"；felehudembi"冒渎"；felehun"冒犯"；feleku"搭脑"；felembi"盘发"；felhen"葡萄架"；felhen"牲口草棚"。

　　词根"fele2"表达的"盘发""冒犯"等语义可由语义"聚拢"进行关联。

feliye：

　　"feliye"是动词性词根，语义为"走动"，基于词根"feliye"形成的单词整理如下：feliyebumbi"使走"；feliyembi"说亲"；feliyembi"走"；feliyembi"小儿才会走"。

fempi：

　　"fempi"是名词性词根，语义为"封条"，基于词根"fempi"形成的单词整理如下：fempi"封条"；fempilebumbi"使封"；fempilembi"封"。

　　推测认为词根"fempi"借用自汉语词汇"封皮"。

fengse：

　　"fengse"是名词性词根，语义为"瓦盆"，基于词根"fengse"形成的单词整理如下：fengse"瓦盆"；fengseku"小盆子"。

　　推测认为词根"fengse"借用自汉语词汇"盆子"。

fengšen：

　　"fengšen"是名词性词根，语义为"福祉"，基于词根"fengšen"形成的单词整理如下：fengšen"福祉"；fengšengge"有福祉的"。

feniyen：

　　"feniyen"是名词性词根，语义为"群"，基于词根"feniyen"形成的单词整理如下：feniyelembi"成群"；feniyen"群"。

ferguwe：

　　"ferguwe"是动词性词根，语义为"惊奇"，基于词根"ferguwe"形成的单词整理如下：ferguwebumbi"使惊奇"；ferguwecuke"奇"；ferguwecun"瑞"；ferguwembi"惊奇"；ferguwen"灵"；ferguwendumbi"齐惊奇"；ferguwenumbi"齐惊奇"。

ferhe：

　　"ferhe"是名词性词根，语义为"拇指"，基于词根"ferhe"形成的单词整理如下：fergetun"扳指"；ferhe"大指"；ferhelembi"大指勾弦"。

feshe：

　　"feshe"是动词性词根，语义为"踢"，基于词根"feshe"形成的单词整理如下：feshebumbi"摆布"；feshelebumbi"被踢"；feshelembi"踢"；feshelembi"踢毽儿"；feshembi"苦了"；

fešhešembi"连踢"。

fete：

"fete"是动词性词根,语义为"刨",基于词根"fete"形成的单词整理如下：fetebumbi"被揭短"；fetebumbi"使刨"；fetecun"可揭处"；fetembi"究原"；fetembi"划虎眼"；fetembi"揭短"；fetembi"刨"；fetenumbi"互相揭短"；fetereku"惯会苛求"；feterembi"苛求"；feterembi"刨"。

fethe：

"fethe"是名词性词根,语义为"鳍",基于词根"fethe"形成的单词整理如下：fethe"后分水"；fetheku"橹"；fethekulembi"摇橹"。

feye：

"feye"是名词性词根,语义为"伤",基于词根"feye"形成的单词整理如下：feye"伤"；feyelehebi"中伤"；feyesi"仵作"。

fica：

"fica"是名词性词根,语义为"吹奏",基于词根"fica"形成的单词整理如下：ficakū"箫"；ficambi"哨狍"；ficambi"品"；ficambi"打哨子"；fican"品吹"；ficari"篪"。

fide：

"fide"是动词性词根,语义为"调动",基于词根"fide"形成的单词整理如下：fidembi"调兵"；fidembi"调置恶地"；fidenembi"去调兵"。

fifa：

"fifa"是不完整词根,语义为"琵琶",基于词根"fifa"形成的单词整理如下：fifan"琵琶"；fifari"虎拍"。

fiha：

"fiha"是不完整词根,语义为"干张嘴状",基于词根"fiha"形成的单词整理如下：fihali"呆子"；fihašambi"干张着口"。

fihen：

"fihe"是动词性词根,语义为"填",基于词根"fihe"形成的单词整理如下：fihebumbi"使填"；fihekebi"拥挤"；fihekebi"已填满"；fihembi"填"；fihenembi"去填"；fihenjimbi"来填"；fihetele"至于填满"。

fika：

"fika"是名词性词根,语义为"橄榄",基于词根"fika"形成的单词整理如下：fika"橄榄"；fikaci"罗晃子"。

file：

"file"是动词性词根,语义为"烤火",基于词根"file"形成的单词整理如下：fileku"火盆"；filembi"烤火"。

fime：

"fime"是动词性词根,语义为"绣边",基于词根"fime"形成的单词整理如下：fimebumbi"使绣边"；fimembi"绣边"；fimembi"试看可否"；fimerakū"不能事"。

firgen：

"firgen"是动词性词根,语义为"泄露",基于词根"firgen"形成的单词整理如下：firgembi"泄露"；firgembumbi"至于泄露"。

firu：

    "firu"是动词性词根，语义为"咒"，基于词根"firu"形成的单词整理如下：firubumbi"使咒"；firumbi"咒"；firumbi"祝赞"。

fis：

    "fis"是不完整词根，语义为"榧子"，基于词根"fis"形成的单词整理如下：fisha"榧子"；fishaci"特乃子"。

fisen：

    "fisen"是动词性词根，语义为"分开"，基于词根"fisen"形成的单词整理如下：fiseke"分枝"；fiseku"飞檐"；fisembumbi1"留扎分"；fisembumbi"述说"。

fisihi：

    "fisihi"是动词性词根，语义为"撩水"，基于词根"fisihi"形成的单词整理如下：fisihibumbi"使撩水"；fisihimbi"撩水"；fisihimbi"捧袖"。

fisin：

    "fisin"是形容词性词根，语义为"密实"，基于词根"fisin"形成的单词整理如下：fisikan"精些的肉"；fisikan"厚实"；fisikan"略厚重"；fisiku"慢性"；fisin"精肉"；fisin"密"；fisin"厚重"；fisin"密实"。

fithe：

    "fithe"是动词性词根，语义为"弹"，基于词根"fithe"形成的单词整理如下：fithe"掸"；fithebumbi"使掸棉花"；fithembi"弹背式骨"；fithembi"弹"；fithembi"掸棉花"。

fiya：

"fiya"是不完整词根，语义推测为"烤、晒"，基于词根"fiya"形成的单词整理如下：fiyakiyan"旸"；fiyakū"烤"；fiyakūbumbi"使烤"；fiyakūbumbi"使烤着"；fiyakūmbi"烤"；fiyakūmbi"烤着"；fiyakūmbi"烤物"；fiyaringgiyabumbi"使弸晒"；fiyaringgiyambi"弸晒"。

fiyahan：

"fiyahan"是名词性词根，语义为"脚掌、茧"，基于词根"fiyahan"形成的单词整理如下：fiyahan"蹄掌"；fiyahan"臁子"；fiyahanahabi"皮皱厚了"；fiyahanambi"皮皱厚"。

fiyan：

"fiyan"是名词性词根，语义为"脸色"，基于词根"fiyan"形成的单词整理如下：fiyan"脸色"；fiyangga"相貌轩昂"；fiyangga"鲜亮"。

fiyanggū：

"fiyanggū"是名词性词根，语义为"老生子"，基于词根"fiyanggū"形成的单词整理如下：fiyanggū"老生子"；fiyanggūšambi"撒娇"。

fiyangta：

"fiyangta"是不完整词根，语义为"壮大"，基于词根"fiyangta"形成的单词整理如下：fiyangtahūn"壮大"；fiyangtahūri"壮大的"；

fiyangtanahabi"胖壮了"。

fiyartun：

"fiyartun"是名词性词根，语义为"疮疤"，基于词根"fiyartun"形成的单词整理如下：fiyartun"疮疤"；fiyartunahabi"成疮疤"。

fiyaru：

"fiyaru"是名词性词根，语义为"蛆虫"，基于词根"fiyaru"形成的单词整理如下：fiyaru"蛀毛虫"；fiyarunahangge"长蛆虫的"；fiyarunaru"蛆拱的"。

fiyasan：

"fiyasan"是动词性词根，语义为"弓干"，基于词根"fiyasan"形成的单词整理如下：fiyasakabi"弓已干透"；fiyasambi"弓干"。

fiye：

"fiye"是不完整词根，语义为"骗马"，基于词根"fiye"形成的单词整理如下：fiyelebuku"骟架"；fiyelembi"骗马"。

推测认为词根"fiye"借用自汉语词汇"骗"。

fiyente：

"fiyente"是动词性词根，语义为"分开"，基于词根"fiyente"形成的单词整理如下：fiyentehe"分管"；fiyentehe"花瓣"；fiyenteh"一披箭翎"；fiyentehejembi"裂缝"；fiyentembi"讹傅"；fiyentembi"支离"；fiyenten"司"。

fiyeren：

"fiyeren"是名词性词根，语义为"山缝"，基于词根"fiyeren"形成的单词整理如下：fiyeren"山缝"；fiyerenembi"裂纹"。

fiyoko：

"fiyoko"是动词性词根，语义为"胡说、乱蹬"，基于词根"fiyoko"形成的单词整理如下：fiyokocombi"撂蹶子"；fiyokorombi"胡诌"。

fodo1：

"fodo1"是名词性词根，语义为"柳"，基于词根"fodo1"形成的单词整理如下：fodo"求福柳枝"；fodoba"柳叶雀"；fodoho"柳"。

fodo2：

"fodo2"是不完整词根，语义为"翘起状"，基于词根"food2"形成的单词整理如下：fodorokobi"毛枪了"；fodorokobi"撅起嘴来了"。

foholon：

"foholon"是形容词性词根，语义为"短"，基于词根"foholon"形成的单词整理如下：foholokon"略短"；foholon"短"。

foi：

"foi"是不完整词根，语义为"疏忽"，基于词根"foi"形成的单词整理如下：foihori"疏忽"；foihorilambi"行事疏忽"。

foifo：

"foifo"是动词性词根，语义为"磨"，基于词根"foifo"形成的单词整理如下：foifo"磨"；foifobumbi"使磨小刀"；foifokū"锡刀布"；foifombi"磨小刀"。

fokji：

　　"fokji"是不完整词根，语义推测为"粗急"，基于词根"fokji"形成的单词整理如下：fokjihiyadambi"举动粗急"；fokjihiyan"粗急"。

folo：

　　"folo"是动词性词根，语义为"刻、铭刻"，基于词根"folo"形成的单词整理如下：folho"锤子"；folobumbi"使刻"；folombi"刻"；folon"铭"。

fondo：

　　"fondo"是副词性词根，语义为"穿透"，基于词根"fondo"形成的单词整理如下：fondo"穿透"；fondo"直透"；fondojombi"破透"；fondolobumbi"使穿透"；fondolombi"穿入"；fondolombi"穿透"。

fongson：

　　"fongson"是名词性词根，语义为"塔灰"，基于词根"fongson"形成的单词整理如下：fongsokobi"已熏黑"；fongsombi"熏黑"；fongson"吊塌灰"；fongsonggi"吊塌灰"。

fonji：

　　"fonji"是动词性词根，语义为"问"，基于词根"fonji"形成的单词整理如下：fonji"使问"；fonjibumbi"使人问"；fonjimbi"问"；fonjin"问语"；fonjinambi"去问"；fonjindumbi"一齐问"；fonjinjimbi"来问"；fonjinumbi"一齐问"；fonjisi"理问"。

fori：

　　"fori"是动词性词根，语义为"捶打"，基于词根"fori"形成的单词整理如下：fori"捶"；foribumbi"使捶"；forikū"梆子"；forimbi"捶打"；forimbi"打桩"；forimbi"击"；foritu"击子"。

foro：

"foro"是动词性词根，语义为"转"，基于词根"foro"形成的单词整理如下：forgon"季"；forgošobumbi"使调转"；forgošombi"调遣"；forgošombi"调用"；forgošombi"调转"；forko"纺车"；foro"使转身"；foro"纺"；forobumbi"祝赞"；forobumbi"使纺"；forombi"纺线"；foron"头发旋窝"；foron"毛旋窝"；fortohon"撅嘴"。

fosomi：

"fosomi"是动词性词根，语义为"掖衣襟"，基于词根"fosombi"形成的单词整理如下：fosomi"使掖衣襟"；fosomimbi"掖衣襟"。

foson：

"foson"是名词性词根，语义为"日光"，基于词根"foson"形成的单词整理如下：fosoba"日光转射"；fosoko"日照"；fosoko"水溅出"；fosolhon"日旸"；foson"日光"。

动词词干"foson（日照）"与名词"foson（日光）"形态相同。

foyo1：

"foyo1"是名词性词根，语义为"卦"，基于词根"foyo1"形成的单词整理如下：foyodombi"占卜"；foyodon"占"。

foyo2：

"foyo2"是名词性词根，语义为"乌拉草"，基于词根"foyo2"形成的单词整理如下：foyo"乌拉草"；foyonoho"锈尾"。

fu1:

"fu1"是动词性词根,语义为"擦抹",基于词根"fu1"形成的单词整理如下:fubumbi"使擦抹";fumbi"擦抹"。

fu2:

"fu2"是不完整词根,语义为"忿恼",基于词根"fu2"形成的单词整理如下:fucebumbi"使忿恼";fucembi"忿恼";fucendumbi"齐忿恼";fucenumbi"齐忿恼";fuhun"怒色";fuhiyembi"忿恼"。

fu3:

"fu3"是形容词性词根,语义为"有余",基于词根"fu3"形成的单词整理如下:fulu"优长";fulu"有余";fulu"指头套";fulukan"略有余";funcebumbi"使余剩";funcembi"余剩";funcetele"至有余";funiyagan"度量";funiyagangga"有度量的";funiyangga"有度量"。

fu4:

"fu4"是动词性词根,语义为"低、下",基于词根"fu4"形成的单词整理如下:fusi"贱货";fusihūlabumbi"被轻贱";fusihūlambi"轻贱";fusihūn"卑下";fusihūn"贱";fusihūšabumbi"被轻视";fusihūšambi"轻视";fusilaru"贱种";fuliyambi"容恕"。

fucihiya:

"fucihiya"是动词性词根,语义为"燎",基于词根"fucihiya"形成的单词整理如下:fucihiyala"燎";fucihiyalabumbi"使燎毛";fucihiyalambi"煨箭杆";fucihiyalambi"燎毛"。

fuda:

"fuda"是动词性词根,语义为"逆、倒",基于词根"fuda"形成的单词整理如下：fudambi"呕逆"；fudangga"毛枪着"；fudarakabi "毛倒枪了"；fudarambi"官司翻了"；fudarambi"为逆"；fudaran "逆"；fudasi"悖谬"；fudasihūlahabi"疯了"；fudasihūn"悖逆"； fudasihūn"逆"。

fude1：

"fude1"是不完整词根，语义推测为"绽裂状"，基于词根 "fude1"形成的单词整理如下：fudejehebi"绽裂了"；fudejembi"绽 裂"；fudelebumbi"使拆缝线"；fudelembi"拆缝线"。

fude2：

"fude2"是动词性词根，语义为"送"，基于词根"fude2"形成的 单词整理如下：fudembi"送客"；fudembi"送"；fudenembi"去送"； fudenjimbi"来送"；fudešembi"跳神送祟"。

fufu：

"fufu"是动词性词根，语义为"锯"，基于词根"fufu"形成的单 词整理如下：fufubumbi"使锯"；fufumbi"锯"；fufun"锯"； fufutambi"扯锯儿"。

fuha：

"fuha"是不完整词根，语义推测为"倒换"等义，基于词根 "fuha"形成的单词整理如下：fuhali"竟倒了"；fuhali"全然"； fuhašabumbi"使倒桩"；fuhašambi"倒桩"；fuhašambi"推详"。

fuhe：

"fuhe"是不完整词根，语义推测为"翻滚状"，基于词根"fuhe" 形成的单词整理如下：fuhešebumbi"使滚"；fuhešembi"滚"；

fuhešembi"打滚";fuhešembi"翻腾"。

fuifu：

　　"fuifu"是动词性词根,语义为"熬",基于词根"fuifu"形成的单词整理如下：fuifu"熬";fuifubumbi"使煎熬";fuifukū"铫子";fuifumbi"煎熬"。

fujuru：

　　"fujuru"是不完整词根,语义推测为"细究",基于词根"fujuru"形成的单词整理如下：fujurakū"无体统";fujurula"使访问";fujurulabumbi"使人访问";fujurulambi"访问";fujurun"赋"。

　　"fujurulambi"表达的"访问"语义和"fujurun"表达的"赋"语义可关联在一起。

fuka：

　　"fuka"是名词性词根,语义为"圈状物",基于词根"fuka"形成的单词整理如下：fuka"泡";fuka"字圈";fuka"城瓮圈";fukanahabi"起了泡"。

fukde：

　　"fukde"是不完整词根,语义为"复发、犯病",基于词根"fukde"形成的单词整理如下：fukdejembi"伤痕复犯";fukderembi"犯病"。

fula：

　　"fula"是不完整词根,语义推测为"红",基于词根"fula"形成的单词整理如下：fulaburu"红青";fulahūkan"银红";fulahūn"丁";fulahūn"赤贫";fulahūn"赤身";fulahūn"赤地";fulahūn"水

红";fulahūri"火焰红";fularakabi"脸红了";fularambi"脸微红";fularjambi"红润";fulgiyaci"伏天短毛皮";fulgiyakan"鱼红";fulgiyan"红";fulgiyan"丙"。

fulehu：

　　"fulehu"是名词性词根,语义为"布施",基于词根"fulehu"形成的单词整理如下：fulehu"布施";fulehun"恩惠";fulehusi"施主"。

fulgiye：

　　"fulgiye"是动词性词根,语义为"吹",基于词根"fulgiye"形成的单词整理如下：fulgiyebumbi"使吹火";fulgiyembi"吹火";fulgiyembi"吹";fulgiyentu"嗅石"。

fulhu：

　　"fulhu"是不完整词根,语义推测为"萌发状、生长状",基于词根"fulhu"形成的单词整理如下：fulhurekebi"乳儿渐长";fulhurekebi"发生了";fulhurembi"发生";fulhuren"根由";fulhuren"萌芽"。

fulhū：

　　"fulhū"是名词性词根,语义为"口袋",基于词根"fulhū"形成的单词整理如下：fulhū"口袋";fulhūca"小口袋";fulhūsun"搭包"。

fulmiye：

　　"fulmiye"是动词性词根,语义为"捆",基于词根"fulmiyen"形成的单词整理如下：fulmiyebumbi"使捆";fulmiyembi"捆";fulmiyen"捆子"。

fumere：

　　"fumere"是动词性词根，语义为"搀拌"，基于词根"fumere"形成的单词整理如下：fumerebumbi"使搀拌"；fumerembi"搀拌"；fumerembi"鏖战"。

fun：

　　"fun"是动词性词根，语义为"麻"，基于词根"fun"形成的单词整理如下：fumbi"发麻"；fungkebi"麻了"。

funde：

　　"funde"是不完整词根，语义推测为"颜色不鲜亮"，基于词根"funde"形成的单词整理如下：fundehun"气色淡白"；fundehun"萧索"；fundehun"不鲜亮"。

fung：

　　"fung"是不完整词根，语义为"封诰"，基于词根"fung"形成的单词整理如下：fungnebumbi"受封"；fungnehen"封诰"；fungnembi"封"。

　　推测认为词根"fung"借用自汉语词汇"封"。

fungga：

　　"fungga"是不完整词根，语义推测为"羽毛"，基于词根"fungga"形成的单词整理如下：funggaha"身毛"；funggala"尾翎"。

funiye：

　　"funiye"是不完整词根，语义推测为"毛发"，基于词根"funiye"形成的单词整理如下：funiyehe"头发"；funiyehe"毛"；funiyehelembi"揪头发"；funiyehengge"有毛的"；funiyertu"怒毛兽"；funiyesun"褐子"。

funtan：

　　"funtan"是名词性词根，语义为"白醭"，基于词根"funtan"形成的单词整理如下：funtan"白醭"；funtanahabi"起了白醭了"。

funtu：

　　"funtu"是动词性词根，语义为"突出、拱"，基于词根"funtu"形成的单词整理如下：funtuhu"苗不全处"；funtuhu"墙豁子"；funtuhulembi"空"；funtumbi"牲口过河"；funtumbi"突入"；funturambi"猪拱地"；funturšambi"只是拱地"。

furgi：

　　"furgi"是动词性词根，语义为"淤积"，基于词根"furgi"形成的单词整理如下：furgibumbi"沙被风淤"；furgibumbi"水淤沙"；furgimbi"盐烙患处"。

furi：

　　"furi"是动词性词根，语义为"潜水"，基于词根"furi"形成的单词整理如下：furihabi"沉湎了"；furimbi"扎猛子"。

furu1：

　　"furu1"是形容词性词根，语义为"暴戾"，基于词根"furu1"形成的单词整理如下：furu"暴戾"；furudambi"行暴戾"。

furu2：

　　"furu2"是动词性词根，语义为"切"，基于词根"furu2"形成的单词整理如下：furubumbi"使切肉丝"；furukū"擦床"；furumbi"切肉丝"；furun"刮骨肉"；furunumbi"一齐切肉"。

furu3：

"furu3"是名词性词根，语义为"口疮"，基于词根"furu3"形成的单词整理如下：furu"口疮"；furunahabi"生口疮"。

fuse：

"fuse"是动词性词根，语义为"穿通、刺破"，基于词根"fuse"形成的单词整理如下：fusejehe"疮破了"；fusejembi"薄处破通"；fuselembi"刺放脓血"；fuselembi"薄处穿通"。

fusen：

"fusen"是名词性词根，语义为"孳生"，基于词根"fusen"形成的单词整理如下：fusembi"孳生"；fusembumbi"使孳生"；fusen"孳生的"；fusekebi"孳生了"。

名词"fusen(孳生的)"与动词词干"fusen(孳生)"形态相同。

fusere：

"fusere"是动词性词根，语义为"镶边、出风毛"，基于词根"fusere"形成的单词整理如下：fuserebumbi"使缘朝衣皮边"；fuserembi"缘朝衣皮边"；fuserembi"出风毛"。

fushe：

"fushe"是动词性词根，语义为"扇"，基于词根"fushe"形成的单词整理如下：fusheku"扇子"；fushembi"扇扇子"。

fusi：

"fusi"是动词性词根，语义为"剃"，基于词根"fusi"形成的单词整理如下：fusi"剃"；fusimbi"裁箭翎"；fusimbi"剃毛"；fusimbi"剃头"。

fusu：

　　"fusu"是动词性词根，语义为"喷洒"，基于词根"fusu"形成的单词整理如下：fusu"喷洒"；fusubumbi"使喷洒水"；fusuku"喷壶"；fusumbi"喷洒水"。

futa：

　　"futa"是名词性词根，语义为"绳子"，基于词根"futa"形成的单词整理如下：futa"绳子"；futalabumbi"使绳量"；futalambi"绳量"。

fuya：

　　"fuya"是动词性词根，语义为"恶心"，基于词根"fuya"形成的单词整理如下：fuyakiyambi"干哕"；fuyambi"恶心得慌"。

fuye1：

　　"fuye1"是动词性词根，语义为"剥"，基于词根"fuye1"形成的单词整理如下：fuye"剥"；fuyebumbi"使剥皮"；fuyembi"剥皮"；fuyendumbi"齐剥皮"；fuyenumbi"齐剥皮"。

fuye2：

　　"fuye2"是动词性词根，语义为"滚、沸"，基于词根"fuye2"形成的单词整理如下：fuyebumbi"使滚"；fuyembi"滚"。

8.7　g

ga：

　　"ga"是不完整词根，语义推测为"拿，取"，基于词根"ga"形成的单词整理如下：gaji"使拏来"；gajimbi"拏来"；gaju"使拏来"；gama"使拏去"；gamambi"拏去"；gaman"办法"；gamji"婪"；gamjidambi"婪取"；gamjidarakū"不贪"；gana"使取去"；ganabumbi"使人取去"；ganambi"取去"。

gabsihiyan：

　　"gabsihiyan"是形容词性词根，语义为"敏捷、捷健"，基于词根"gabsihiyan"形成的单词整理如下：gabsihiyalabumbi"使轻骑简从"；gabsihiyalambi"轻骑简从"；gabsihiyan"前锋"；gabsihiyan"捷健"。

gabta：

　　"gabta"是动词性词根，语义为"射"，基于词根"gabta"形成的单词整理如下：gabtabumbi"使射箭"；gabtama"蝎子草"；gabtambi"射兽"；gabtambi"射箭"；gabtan"射"；gabtanambi"去射"；gabtandumbi"一齐射"；gabtanjimbi"来射"；gabtanumbi"一齐射"；gabtašambi"齐射"。

gahū：

　　"gahū"是动词性词根，语义为"向前弯"，基于词根"gahū"形成的单词整理如下：gahū"向前弯"；gahūhan"驼牛"；gahūngga"向前弯的"；gahūšambi"乞食"；gahūšambi"不能答对"；gahūšambi"咽不下去"；gahūšatambi"乞食样"。

gai1：

　　"gai1"是动词性词根，语义为"取、要、收"，基于词根"gai1"形成的单词整理如下：gaibumbi"使取要"；gaibušambi"露输"；gaibušambi"怯寒"；gaihasu"听说"；gaijarakū"不取"；gaimbi"要"；

gaindumbi"一齐取要"；gainumbi"一齐取要"；gaisilabumbi"被牵夺"；gaisilan"牵累"；gaisu"使接受"。

gai2：

"gai2"是不完整词根，语义为"忽然、突然"，基于词根"gai2"形成的单词整理如下：gaitai"忽然"；gaihari"突然"。

gaika：

"gaika"是动词性词根，语义为"传扬"，基于词根"gaika"形成的单词整理如下：gaikabumbi"使传扬"；gaikambi"传扬"。

gaka：

"gaka"是不完整词根，语义推测为"分开、分离"，基于词根"gaka"形成的单词整理如下：gakahūn"张着口"；gakarabumbi"使裂开"；gakarambi"疏离"；gakarambi"裂开"；gakarashūn"生分"。

gakda：

"gakda"是形容词性词根，语义为"瘦长"，基于词根"gakda"形成的单词整理如下：gakda"瘸一足眇一目"；gakda"单物"；gakdahūn"瘦长"；gakdahūri"瘦长长的"。

galbi：

"galbi"是形容词性词根，语义推测为"耳聪"，基于词根"galbi"形成的单词整理如下：galbi"耳聪"；galbingga"耳聪心灵"。

gangga：

"gangga"是不完整词根，语义为"瘦高状"，基于词根"gangga"形成的单词整理如下：ganggahūn"瘦高"；ganggari"悬梁跌倒"；

ganggata"身材高"。

ganio：

"ganio"是形容词性词根，语义为"怪异"，基于词根"ganio"形成的单词整理如下：ganio"怪异"；ganiongga"怪物"。

gar：

"gar"是不完整词根，语义为"伸出状、零散状、枝干状"，基于词根"gar"形成的单词整理如下：garbahūn"枝杈稀疏"；gargalabumbi"使单着"；gargalambi"单着"；gargan"支"；gargan"枝"；gargan"河汉"；gargan"朋友"；gargan"单"；garganga"有枝的"；gargata"单的"；gargiyan"枝节疏散"；garingga"淫妇"；garjabumbi"弄烂"；garjambi"破裂"；garjashūn"破裂不齐"；garjashūn"脚步散乱"；garlabumbi"使弄残坏"；garlambi"弄残坏"；garmimbi"零截开"。

garsa：

"garsa"是形容词性词根，语义为"爽利"，基于词根"garsa"形成的单词整理如下：garsa"言行早"；garsa"爽利"；garsakan"略爽利"。

gasa：

"gasa"是动词性词根，语义为"怨"，基于词根"gasa"形成的单词整理如下：gasabumbi"使怨"；gasacun"怨"；gasambi"抱怨"；gasambi"举哀"；gasandumbi"一齐怨"；gasanumbi"一齐怨"。

gashū：

"gashū"是动词性词根，语义为"起誓"，基于词根"gashū"形成的单词整理如下：gashūbumbi"使起誓"；gashūmbi"起誓"；gashūn"盟誓"。

gasihiya：

"gasihiya"是动词性词根，语义为"糟蹋"，基于词根"gasihiya"形成的单词整理如下：gasihiyabumbi"致糟蹋"；gasihiyambi"糟蹋"；gasihiyandumbi"齐糟蹋"；gasihiyanumbi"齐糟蹋"。

ge：

"ge"是不完整词根，语义推测为"明亮、清楚"，基于词根"ge"形成的单词整理如下：getebumbi"叫醒"；getembi"醒"；geterakū"不长进"；getereke"剿除了"；getereke"全完了"；geterembi"洗净"；geterembumbi"剿除"；geterembumbi"除净"；geterembumbi"使洗净"；geterilaha"眼亮了"；getuhun"醒着"；getukele"使察明"；getukelebumbi"使人察明"；getukelembi"察明"；getuken"明白"。

gebse：

"gebse"是不完整词根，语义推测为"瘦"，基于词根"gebse"形成的单词整理如下：gebsehun"甚瘦"；gebserekebi"甚瘦了"。

gebu：

"gebu"是名词性词根，语义为"名"，基于词根"gebu"形成的单词整理如下：gebu"名"；gebulembi"呼名"；gebulembi"叫名"；gebungge"有名的"。

gehe：

"gehe"是不完整词根，语义为"点头状"，基于词根"gehe"形成的单词整理如下：gehenakū"卑污"；gehešembi"点头呼唤"；gehešembi"点头"。

geige：

"geige"是不完整词根，语义为"单弱状"，基于词根"geige"形成的单词整理如下：geigehun"单弱"；geigen"斜立背式骨"；geigerekebi"单弱了"。

geji：

"geji"是不完整词根，语义推测为"格支"，基于词根"geji"形成的单词整理如下：gejihešebumbi"使格支"；gejihešembi"格支"。

gele：

"gele"是动词性词根，语义为"怕"，基于词根"gele"形成的单词整理如下：gelebumbi"使怕"；gelecuke"可怕"；gelembi"怕"；gelendumbi"一齐怕"；gelenumbi"一齐怕"；gelesu"小心人"。

gencehen：

"gencehen"是名词性词根，语义为"刀背"，基于词根"gencehen"形成的单词整理如下：gencehelembi"用刀背砍"；gencehelembi"背式骨侧立"；gencehen"刀背"；gencehešembi"用刀背乱砍"。

gengge：

"gengge"是不完整词根，语义为"走路不稳状"，基于词根"gengge"形成的单词整理如下：genggecembi"奔忙"；genggedembi"饿得踉跄"；genggedembi"踉跄着走"；genggehun"栽腔"；genggerekebi"衰弱栽腔"。

geode：

　　"geode"是动词性词根，语义为"诓诱"，基于词根"geode"形成的单词整理如下：geodebumbi"诓诱"；geodebumbi"局弄"；geoden"局骗"。

geoge：

　　"geoge"是名词性词根，语义为"张狂的人"，基于词根"geoge"形成的单词整理如下：geoge"张狂人"；geogedembi"张狂"。

gerci：

　　"gerci"是名词性词根，语义为"出首人"，基于词根"gerci"形成的单词整理如下：gerci"出首人"；gercilebumbi"使出首"；gercilembi"出首"。

geren：

　　"geren"是形容词性词根，语义为"众"，基于词根"geren"形成的单词整理如下：gereken"稍众"；geren"众"。

geri：

　　"geri"是不完整词根，语义为"闪烁状"，基于词根"geri"形成的单词整理如下：gerilambi"一晃看见"；gerinjembi"眼珠乱动"；geriševku"心活的"；gerkušembi"眼光闪烁"。

gese：

　　"gese"是形容词性词根，语义为"相似"，基于词根"gese"形成的单词整理如下：gese"相似"；gesengge"相似的"。

geye：

　　"geye"是动词性词根，语义为"削刻"，基于词根"geye"形成的单词整理如下：geyebumbi"使削刻"；geyembi"削刻"；geyen"刻儿"。

giba1：

　　"giba1"是不完整词根，语义为"嘎巴儿"，基于词根"giba1"形成的单词整理如下：gibagan"阁疤"；gibaganahabi"阁疤住了"。

giba2：

　　"giba2"是名词性词根，语义为"隔背"，基于词根"giba2"形成的单词整理如下：gibalabumbi"使打褔褙"；gibalambi"打褔褙"；giban"褙背"。

gida1：

　　"gida1"是动词性词根，语义为"压"，基于词根"gida1"形成的单词整理如下：gidabumbi"使淹"；gidabumbi"魇住"；gidabumbi"使隐匿"；gidacan"盔梁"；gidacan"盔甲罩"；gidacan"鞍笼"；gidacan"压环饰件"；gidacan"背云宝"；gidacan"手巾束"；gidacan"盖尾"；gidaha"击败"；gidakū"钢轧子"；gidakū"额箍"；gidakū"镇尺"；gidambi"劫营"；gidambi"砑平"；gidambi"压"；gidambi"强让酒"；gidambi"淹"；gidambi"隐匿"；gidambi"抱窝"；gidanambi"去劫营"；gidanambi"打劫"；gidarakū"不隐瞒"；gidašabumbi"被欺凌"；gidašambi"点手招呼"；gidašambi"欺凌"；gidashūn"略俯些"。

gida2：

　　"gida2"是名词性词根，语义为"枪"，基于词根"gida2"形成的单词整理如下：gida"枪"；gidalambi"用枪扎"；gidalambi"枪扎"。

giki：

　　"giki"是动词性词根，语义为"填满"，基于词根"giki"形成的单词整理如下：gikibumbi"使填满"；gikihangge"塞住心的"；gikimbi"填满"。

gil：

"gil"是不完整词根，语义推测为"发光状"，基于词根"gil"形成的单词整理如下：gilmarjambi"光彩"；gilmarjambi"光彩烂漫"；giltahūn"光彩"；giltaršambi"放光"；giltasikū"片金"；giltukan"俊秀"。

giler：

"giler"是不完整词根，语义推测为"恬不知耻状"，基于词根"giler"形成的单词整理如下：gilerjembi"不知羞"；gileršembi"恬不知耻"。

gilja：

"gilja"是动词性词根，语义为"体谅"，基于词根"gilja"形成的单词整理如下：giljacuka"可矜"；giljambi"体谅"；giljan"恕"；giljangga"能恕的人"。

ging1：

"ging1"是不完整词根，语义推测为"敬"，基于词根"ging1"形成的单词整理如下：gingguji"谨"；ginggulebumbi"使人敬"；ginggulembi"敬亲"；ginggulembi"致敬"；ginggun"敬"；gingnembi"献酒"。

推测词根"ging1"借用自汉语词汇"敬"。

ging2：

"ging2"是不完整词根，语义推测为"斤"，基于词根"ging2"形成的单词整理如下：ginggen"斤"；gingnebumbi"使用秤称"；
gingnehen"石"；gingnembi"秤称"。

ging3：

"ging3"是不完整词根，语义推测为"吟哦声、低声哭声、狗哼
声"，基于词根"ging3"形成的单词整理如下：gingsimbi"吟哦"；
gingsimbi"低声哭"；gingsimbi"狗哼哼"。

gingka：

"gingka"是动词性词根，语义为"郁闷、烦闷"，基于词根
"gingka"形成的单词整理如下：gingkabumbi"使郁忿"；
gingkacuka"可郁闷"；gingkambi"郁闷"。

gio：

"gio"是不完整词根，语义推测为"紧束"，基于词根"gio"形成
的单词整理如下：giodohon"紧就"；giogiyan"紧束"。

gioha：

"gioha"是动词性词根，语义为"乞讨"，基于词根"gioha"形成
的单词整理如下：giohambi"乞求"；giohošombi"讨化"；giohoto
"乞丐"。

推测词根"gioha"借用自汉语词汇"叫花"。

gira：

"gira"是不完整词根，语义推测为"骨"，基于词根"gira"形成
的单词整理如下：giranggi"骨"；giratu"骨骼大"；giratungga"骨骼
粗壮"。

giri：

"giri"是动词性词根，语义为"剪、裁"，基于词根"giri"形成的单词整理如下：girdan"蜈蚣纛"；girdan"神帽上飘带"；girdan"碎皮子"；girdan"剽下肉块"；giri"剀"；giribumbi"使剀齐"；girikū"裁刀"；girimbi"剀齐"。

giru：

"giru"是动词性词根，语义为"羞"，基于词根"giru"形成的单词整理如下：girubumbi"羞辱"；girucun"羞耻"；giruha"羞了"；girumbi"羞"；girutu"有羞耻"。

gisan：

"gisan"是动词性词根，语义为"杀净"，基于词根"gisan"形成的单词整理如下：gisabumbi"杀净"；gisaka"杀净了"。

gisun：

"gisun"是名词性词根，语义为"言、话"，基于词根"gisun"形成的单词整理如下：gisun"言"；gisun"句"；gisurebumbi"使说话"；gisurecembi"同说话"；gisurembi"说话"；gisuren"语"；gisurendumbi"齐说话"；gisurenembi"去说话"；gisurenjimbi"来说话"；gisurenumbi"齐说话"。

giya1：

"giya1"是动词性词根，语义为"削"，基于词根"giya1"形成的单词整理如下：giya"削"；giyabumbi"使削去"；giyambi"削去"。

giya2：

"giya2"是不完整词根，语义推测为"隔、间隔"，基于词根

"giya2"形成的单词整理如下：giyalabumbi"使间隔出"；giyalabumbi
"使隔断"；giyalabun"间隔"；giyalakū"隔子"；giyalambi"间隔出"；
giyalambi"隔断"；giyalgabumbi"使除出"；giyalgambi"除出"；
giyalganjambi"间隔着给"；giyalganjambi"隔班行走"。

推测认为词根"giya2"借用自汉语词汇"间"。

giyaban：

"giyaban"是名词性词根，语义为"夹板"，基于词根"giyaban"
形成的单词整理如下：giyabalabumbi"使夹"；giyabalambi"夹"；
giyaban"夹棍"。

推测认为词根"giyaban"借用自汉语词汇"夹板"。

giyabsa：

"giyabsa"是不完整词根，语义推测为"瘦怯状"，基于词根
"giyabsa"形成的单词整理如下：giyabsahūn"瘦怯"；giyabsarakabi
"瘦怯怯的"。

giyalu：

"giyalu"是名词性词根，语义为"裂痕"，基于词根"giyalu"形
成的单词整理如下：giyalu"骨角皲裂"；giyalunambi"皲裂了"。

giyamun：

"giyamun"是名词性词根，语义为"驿"，基于词根"giyamun"
形成的单词整理如下：giyamulambi"驰驿"；giyamun"驿"；
giyamusi"驿丞"。

giyan：

"giyan"是名词性词根，语义为"理"，基于词根"giyan"形成的

单词整理如下：giyan"理"；giyangga"有理"。

giyang：

"giyang"是不完整词根，语义推测为"讲"，基于词根"giyang"形成的单词整理如下：giyangnabumbi"使讲"；giyangnakū"强嘴人"；giyangnakūšambi"强嘴"；giyangnambi"讲"；giyangnambi"讲论"；giyangnandumbi"一齐讲"；giyangnanumbi"一齐讲"。

giyangkū：

"giyangkū"是形容词性词根，语义为"退避"，基于词根"giyangkū"形成的单词整理如下：giyangkū"退避"；giyangkūšambi"只管退避"。

giyapi：

"giyapi"是名词性词根，语义为"重皮"，基于词根"giyapi"形成的单词整理如下：giyapi"重皮"；giyapinambi"起重皮"。

giyari：

"giyari"是动词性词根，语义为"巡"，基于词根"giyari"形成的单词整理如下：giyari"巡"；giyaribumbi"使巡察"；giyarici"巡捕"；giyarimbi"巡察"；giyarimsi"巡检"；giyarinambi"去巡察"；giyarinjimbi"来巡察"。

giyatara：

"giyatara"是动词性词根，语义为"侵蚀"，基于词根"giyatara"形成的单词整理如下：giyatarabumbi"使侵蚀"；giyatarambi"侵蚀"。

giyo：

"giyo"是不完整词根，语义推测为"打昏状"，基于词根"giyo"形成的单词整理如下：giyorobumbi"打至昏迷"；giyorokobi"打至昏迷了"。

go1：

"go1"是动词性词根，语义为"反复"，基于词根"go1"形成的单词整理如下：gombi"反悔"；gonjambi"反复"；gonjambi"病反复"。

go2：

"go2"是不完整词根，语义推测为"取"，基于词根"go2"形成的单词整理如下：gonggibu"使去取"；gonggimbi"使人去取"。

gobolo：

"gobolo"是动词性词根，语义为"有心遗漏"，基于词根"gobolo"形成的单词整理如下：gobolobumbi"使有心遗漏"；goboloho"野鸡落树"；gobolombi"有心遗漏"。

gocin：

"gocin"是动词性词根，语义为"抽"等，基于词根"gocin"形成的单词整理如下：goci"行"；goci"榨"；gocika"水落"；gocikū"护膝"；gocikū"套裤"；gocima"抽屉"；gocimbi"紧围"；gocimbi"向前拉"；gocimbi"行遍"；gocimbi"榨酒"；gocimbi"吹笙"；gocimbi"拉胡琴"；gocimbumbi"手足抽搐"；gocishūdambi"谦逊"；gocishūn"谦"；gocisun"谦"。

godo：

"godo"是动词性词根，语义为"直跃"，基于词根"godo"形成的单词整理如下：godohon"直高"；godohon"挺身跪着"；godohon "直竖着"；godombi "鱼跃"；godondumbi "齐跃"；godonumbi "齐跃"。

gofo：

"gofo"是不完整词根，语义推测为"树（或树丛）上挂物状"，基于词根"gofo"形成的单词整理如下：gofoho"打树上的雀套子"；gofoholohobi"草木丛杂"；gofoloko"糠灯挂子"。

goho：

"goho"是形容词性词根，语义为"好卖弄的"，基于词根"goho"形成的单词整理如下：goho"好妆饰"；gohodombi"妆饰"。

gohon：

"gohon"是名词性词根，语义为"钩子"，基于词根"gohon"形成的单词整理如下：goholombi"外勾子"；goholombi"勾爬招毛"；goholombi"钩着"；gohon"带钩"；gohon"钩心"；gohon"担杖钩"；gohonggo"有钩的"；gohorokobi"毛勾了"；gohorokobi"弯了"；gohorombi"弯"；gohošombi"彼此牵扯"。

goi：

"goi"是动词性词根，语义为"中"，基于词根"goi"形成的单词整理如下：goibumbi"肯中"；goibumbi"分派"；goicuka"切当"；goicuka"扎眼"；goicuka"妨碍"；goiha"中了"；goimbi"中"；goimbi "该着"。

goida：

"goida"是动词性词根，语义为"迟久"，基于词根"goida"形成的单词整理如下：goidabumbi"使迟久"；goidambi"迟久"。

goiman：

　　"goiman"是形容词性词根，语义为"俏浪"，基于词根 "goiman"形成的单词整理如下：goiman"俏浪"；goimangga"俏浪 人"；goimarambi"妆俏"。

gokji：

　　"gokji"是动词性词根，语义为"打结子"，基于词根"gokji"形 成的单词整理如下：gokjibumbi"使打结子"；gokjimbi"打结子"。

gol：

　　"gol"是不完整词根，语义推测为"长"，基于词根"gol"形成的 单词整理如下：golderen"大案"；golmikan"略长"；golmin"长"； golmishūn"长长的"。

golo1：

　　"golo1"是名词性词根，语义为"河身"，基于词根"golo1"形成 的单词整理如下：golo"河身"；golonohobi"中流未冻"。

golo2：

　　"golo2"是动词性词根，语义为"惊吓"，基于词根"golo2"形成 的单词整理如下：golobumbi"使惊"；golohonjombi"小儿惊痄"； golombi"惊"；golombi"厌与同处"；golondumbi"一齐惊"； golonumbi"一齐惊"。

golo3：

　　"golo3"是名词性词根，语义为"省"，基于词根"golo3"形成的单词整理如下：golo"省"；golorome"外省去"。

gonggo：

"gonggo"是不完整词根，语义为"坐立状"，基于词根"gonggo"形成的单词整理如下：gonggohon"坐立无聊"；gonggohori"众人闲坐样"；gonggon"直立背式骨"；gonggori"卧处猛起"。

goro：

"goro"是形容词性词根，语义为"远"，基于词根"goro"形成的单词整理如下：goro"远"；goroki"远方"；gorokon"略远"。

gosi：

"gosi"是动词性词根，语义为"怜爱"，基于词根"gosi"形成的单词整理如下：gosibumbi"被人爱"；gosicuka"可爱"；gosihabi"花儿少"；gosiholombi"恸哭"；gosihon"苦"；gosihon"恸"；gosimbi"怜爱"；gosimbi"仁爱"；gosimbi"疼"；gosin"仁"；gosindumbi"相仁爱"；gosingga"仁人"。

gūba：

"gūba"是不完整词根，语义推测为"蹦跳状"，基于词根"gūba"形成的单词整理如下：gūbadambi"挣跳"；gūbadambi"翻跰"。

gūbci：

"gūbci"是动词性词根，语义为"搭屉"，基于词根"gūbci"形成的单词整理如下：gūbcibumbi"使搭屉"；gūbcimbi"搭屉"。

gucihiye：

　　"gucihiye"是不完整词根，语义推测为"嫉妒"，基于词根"gucihiye"形成的单词整理如下：gucihiyereku"肯攀人的"；gucihiyerembi"攀伴"；gucihiyerendumbi"齐攀伴"；gucihiyerenumbi"齐攀伴"。

gucu：

　　"gucu"是名词性词根，语义为"朋友"，基于词根"gucu"形成的单词整理如下：gucu"朋友"；guculembi"交友"；gucuse"众朋友"。

gugur：

　　"gugur"是不完整词根，语义为"抽缩、弯腰状"，基于词根"gugur"形成的单词整理如下：gugurekebi"腰圭了"；gugurembi"冻抽抽了"；gugurembi"弯腰"；guguršembi"鞠躬貌"。

guku：

　　"guku"是动词性词根，语义为"亡"，基于词根"guku"形成的单词整理如下：gukubumbi"使亡"；gukuhe"灭亡了"。

gūldun：

　　"gūldun"是名词性词根，语义为"城门洞、桥洞"，基于词根"gūldun"形成的单词整理如下：gūldun"城门洞"；gūldun"桥洞"；gūldurambi"往里套"；gūldurambi"钻营"；gūlduri"涵洞"；gūldusi"奸细"。

gūli：

　　"gūli"是动词性词根，语义为"相契、熟悉"，基于词根"gūli"形成的单词整理如下：gūlibumbi"使相契"；gūlimbi"相契"；gūljambi

"溜处倒拉纤";gūljarhan"挽手"。

gulu：

"gulu"是形容词性词根,语义为"素、朴实",基于词根"gulu"形成的单词整理如下:gulu"朴实";gulu"素";guluken"略朴实"。

gung：

"gung"是不完整词根,语义为"恭",基于词根"gung"形成的单词整理如下：gungnecuke"恭";gungnembi"致恭"。

推测词根"gung"借用自汉语词汇"恭"。

gunggu：

"gunggu"是名词性词根,语义为"后凸状物体",基于词根"gunggu"形成的单词整理如下：gunggu"后奔颅";gunggulembi"向上射";gunggulu"凤头"。

gūngkan：

"gūngkan"是名词性词根,语义为"喉结",基于词根"gūngkan"形成的单词整理如下：gūngkan"结喉";gūngkanahabi"结喉长出"。

gūni：

"gūni"是动词性词根,语义为"想、思",基于词根"gūni"形成的单词整理如下：gūni"想着";gūnibumbi"使思量";gūnicun"怀";gūnigan"思";gūnihangga"有识见的";gūnijan"想";gūnimbi"思想";gūnin"意";gūninambi"想起";gūningga"有识见";gūninjambi"思量"。

guniren：

"guniren"是动词性词根，语义为"回扣、气消"，基于词根"guniren"形成的单词整理如下：gunirekebi"气略解了"；gunirekebi"回了扣"；gunirembi"放箭吐信子"；gunirembi"回扣"。

gurehe：

"gurehe"是名词性词根，语义为"偷懒耍滑的人、筋"，基于词根"gurehe"形成的单词整理如下：gurehe"罢玩"；gurehe"牛脖筋"；gurehedembi"行事罢玩"；gurehelebumbi"使缠筋"；gurehelembi"缠筋"。

词根"gurehe"由"脖筋"发展出"倦怠、偷懒"的语义。

gūrgin：

"gūrgin"是名词性词根，语义为"火焰"，基于词根"gūrgin"形成的单词整理如下：gūrgilabumbi"被火焰熏燎"；gūrgilambi"冒火焰"；gūrgin"火焰"。

gurgu：

"gurgu"是名词性词根，语义为"兽"，基于词根"gurgu"形成的单词整理如下：gurgu"兽"；gurgutu"兽头"。

guri：

"guri"是动词性词根，语义为"挪移、迁移"，基于词根"guri"形成的单词整理如下：guribumbi"使迁移"；guribumbi"挪移"；gurimbi"迁移"；gurinembi"迁移去"；gurinjembi"屡迁移"；gurinjimbi"迁移来"。

guru：

"guru"是动词性词根，语义为"采"，基于词根"guru"形成的单词整理如下：gurubumbi"使采"；gurumbi"采"；gurunambi"去采"；gurunumbi"一齐采"。

gurun：

"gurun"是动词性词根，语义为"红肿"，基于词根"gurun"形成的单词整理如下：gurukebi"脸紫了"；gurukebi"红肿"。

gusu：

"gusu"是不完整词根，语义推测为"烦闷"，基于词根"gusu"形成的单词整理如下：gusucuke"可烦闷"；gusucumbi"烦闷"。

gūtu：

"gūtu"是不完整词根，语义为"玷辱"，基于词根"gūtu"形成的单词整理如下：gūtubumbi"玷辱"；gūtuburakū"不玷辱"；gūtucun"玷"。

gūwa1：

"gūwa1"是形容词性词根，语义推测为"别的"，基于词根"gūwa1"形成的单词整理如下：gūwa"别人"；gūwabsi"向别处"；gūwaingge"是别人的"；gūwaliyakabi"味变了"；gūwaliyambi"发迷"；gūwaliyambi"改蛮"；gūwaliyandarakū"不改变"；gūwaliyašakū"肯变卦的"；gūwaliyašambi"常发迷"；gūwašakabi"酸物味变了"。

gūwa2：

"gūwa2"是动词性词根，语义为"狗叫"，基于词根"gūwa2"形成的单词整理如下：gūwambi"狗叫"；gūwanumbi"众狗齐叫"。

gūwacihiya：

　　"gūwacihiya"是不完整词根，语义推测为"吃惊状"，基于词根"gūwacihiya"形成的单词整理如下：gūwacihiyalambi"吃惊"；gūwacihiyašambi"肉跳"；gūwacihiyašambi"被惊慌"。

gūwaida：

　　"gūwaida"是动词性词根，语义为"歪靠"，基于词根"gūwaida"形成的单词整理如下：gūwaidabumbi"使歪靠"；gūwaidambi"歪靠"；gūwaidanahabi"歪斜"；gūwaidanahabi"歪拉着走"。

gūwašša：

　　"gūwašša"是动词性词根，语义为"割肉片"，基于词根"gūwašša"形成的单词整理如下：gūwaššabumbi"使割薄肉片"；gūwaššambi"割薄肉片"；gūwaššambi"肉跳"；gūwaššan"肉片"。

guwe：

　　"guwe"是动词性词根，语义为"免、赦免"，基于词根"guwe"形成的单词整理如下：guwebumbi"宽宥"；guwebumbi"宽免"；guwembi"脱免"。

guwele：

　　"guwele"是动词性词根，语义为"窥"，基于词根"guwele"形成的单词整理如下：guwelecembi"窥探"；guwelecembi"暗窥"；guweke"小心着"；guweleku"妾"；guwelke"小心着"。

guwen：

　　"guwen"是动词性词根，语义为"鸟鸣、响"，基于词根"guwen"形成的单词整理如下：guwembi"响"；guwembi"鸟鸣"；

guwembumbi"使响"；guwendehen"唤起"；guwendembi"屡鸣"；
guwenderhen"哨天雀"；guwengke"响了"。

gūya：

　　"gūya"是动词性词根，语义为"以角蹭树"，基于词根"gūya"形成的单词整理如下：gūyambi"兽剗树"；gūyandumbi"众兽跳舞"。

8.8　h

habša：

　　"habša"是动词性词根，语义为"告状"，基于词根"habša"形成的单词整理如下：habšabumbi"词告状"；habšambi"告状"；habšan"词讼"；habšan"讼"；habšanambi"去告状"；habšandumbi"齐告状"；habšanjimbi"来告状"。

habta：

　　"habta"是名词性词根，语义为"鞍翅、翅膀"，基于词根"habta"形成的单词整理如下：habta"鞍翅"；habtaha"男战腰"；habtalambi"展眼"；habtašambi"抿翅飞"；habtašambi"只是展眼"。

haci：

　　"haci"是不完整词根，语义为"紧"，基于词根"haci"形成的单词整理如下：hacihiya"使上紧"；hacihiyabumbi"使人上紧"；hacihiyambi"强劝"；hacihiyambi"勉强"；hacihiyambi"上紧"；hacihiyan"勉"；hacihiyanambi"去上紧"；hacihiyandumbi"一齐上紧"；hacihiyanjimbi"来上紧"；hacihiyanumbi"一齐上紧"。

hacin：

　　"hacin"是名词性词根，语义为"样"，基于词根"hacin"形成的单词整理如下：hacin"样数"；hacingga"各样"。

hada：

　　"hada"是动词性词根，语义为"钉、注目"，基于词根"hada"形成的单词整理如下：hada"峰"；hadabumbi"使上底"；hadahai"带着箭"；hadahai"注目看"；hadahan"桩橛"；hadahan"帐房镢子"。

hadu：

　　"hadu"是动词性词根，语义为"割"，基于词根"hadu"形成的单词整理如下：hadubumbi"使割"；hadufun"镰刀"；hadumbi"割"；hadunambi"去割"；hadunjimbi"来割"；hadunumbi"一齐割"。

hafan：

　　"hafan"是名词性词根，语义为"官"，基于词根"hafan"形成的单词整理如下：hafan"官"；hafasa"众官"。

hafira：

　　"hafira"是动词性词根，语义为"夹住"，基于词根"hafira"形成的单词整理如下：hafirabumbi"受困"；hafirabumbi"被逼勒"；hafirahūn"窄"；hafirahūn"窄陋"；hafirakū"镊子"；hafirakū"螃蟹夹子"；hafirambi"夹牙缝"；hafirambi"夹着"；hafirambi"钳"；hafirambi"逼勒"；hafiršabumbi"使撺节"；hafiršambi"撺节"；hafiršanumbi"一齐撺节"。

hafun：

　　"hafun"是动词性词根，语义为"通"，基于词根"hafun"形成的

单词整理如下：hafukabi"通了"；hafukiyambi"使通晓"；hafulambi
"穿通"；hafulambi"劝止"；hafumbi"通彻"；hafumbubumbi"使通
说外国话"；hafumbukū"通事"；hafumbumbi"疏通"；hafumbumbi
"使至通晓"；hafumbumbi"转达"；hafumbumbi"通说外国话"；
hafunambi"通过去"；hafungga"亨"；hafunjimbi"通过来"。

haha：

  "haha"是名词性词根，语义为"男人"，基于词根"haha"形成的
单词整理如下：haha"男人"；haharame"汉子样"；hahardaha"成
丁"；hahardaha"是个汉子"；hahasi"众男人"。

hahi：

  "hahi"是形容词性词根，语义为"紧急"，基于词根"hahi"形成
的单词整理如下：hahi"紧急"；hahi"急"；hahiba"急爽"；hahikan
"略紧"；hahila"急着"；hahilambi"上紧"。

hahūra：

  "hahūra"是动词性词根，语义为"掐"，基于词根"hahūra"形成
的单词整理如下：hahūrabumbi"使掐脖子"；hahūrakū"狗掐子"；
hahūrambi"扼据"；hahūrambi"掐脖子"；hahūršambi"压派"；
hahūršambi"只是掐脖子"。

hai：

  "hai"是不完整词根，语义推测为"歪、斜"，基于词根"hai"形成
的单词整理如下：haidarabumbi"使歪"；haidarambi"歪"；
haidaršambi"斜身走"；haidu"一边歪"；haiha"山腰"；haihabumbi
"使一顺歪"；haihambi"一顺歪"；haiharambi"倾"；haiharame"走山
腰"；haiharšambi"摇晃着走"；haiharšambi"歪斜"。

haila：

　　"haila"是动词性词根，语义为"不受享"，基于词根"haila"形成的单词整理如下：hailaha"不受享"；hailambi"不受享"；hailami"不受享"。

hairan：

　　"hairan"是动词性词根，语义为"惜"，基于词根"hairan"形成的单词整理如下：hairacuka"可惜"；hairacun"可惜处"；hairakan"很可惜"；hairambi"爱惜"；hairan"惜"；hairan"可惜"。

haji：

　　"haji"是形容词性词根，语义为"亲近"，基于词根"haji"形成的单词整理如下：haji"亲近"；hajilambi"下赶网"；hajilambi"相亲爱"；hajilambi"亲近"；hajilan"亲爱"。

haksan：

　　"haksan"是动词性词根，语义为"烧焦"，基于词根"haksan"形成的单词整理如下：haksabumbi"烤焦"；haksakabi"晒黑了"；haksakabi"已烤焦"；haksambi"心里发烧"。

hal：

　　"hal"是不完整词根，语义推测为"热"，基于词根"hal"形成的单词整理如下：halhūn"热"；halhūri"胡椒"；halukan"暖"；halukan"热温"。

hala1：

　　"hala1"是名词性词根，语义为"姓"，基于词根"hala1"形成的单词整理如下：hala"姓"；halangga"姓氏"。

hala2：

　　"hala2"是动词性词根，语义为"更换"，基于词根"hala2"形成的单词整理如下：halambi"更换"；halan"革"；halanambi"去更换"；halanambi"去亲近"；halandumbi"一齐更换"；halanjambi"轮流"；halanjimbi"来更换"；halanumbi"一齐更换"；halabumbi"使更换"。

halbu：

　　"halbu"是动词性词根，语义为"容留"，基于词根"halbu"形成的单词整理如下：halbubumbi"使容留"；halbumbi"容留"。

halda：

　　"halda"是不完整词根，语义为"谄"，基于词根"halda"形成的单词整理如下：haldaba"谄"；haldabašambi"谄媚"。

hilfiyan：

　　"hilfiyan"是形容词性词根，语义为"扁"，基于词根"hilfiyan"形成的单词整理如下：halfiyakan"略扁"；halfiyan"扁"。

halgi：

　　"halgi"是动词性词根，语义为"盘绕"，基于词根"halgi"形成的单词整理如下：halgibumbi"使盘绕"；halgimbi"盘绕"。

hamin：

　　"hamin"是动词性词根，语义为"将近、将足"，基于词根"hamin"形成的单词整理如下：hamibumbi"使将足"；hamimbi"将足"；haminambi"将近"；haminjimbi"将到"；hamirakū"受不得"。

hamu：

　　"hamu"是名词性词根，语义为"屎"，基于词根"hamu"形成的单词整理如下：hamtakū"屎精"；hamtambi"出大恭"；hamu"屎"。

hanci：

　　"hanci"是形容词性词根，语义为"近"，基于词根"hanci"形成的单词整理如下：hanci"近"；hancikan"稍近"；hanciki"近处"。

hang：

　　"hang"是不完整词根，语义推测为"焊"，基于词根"hang"形成的单词整理如下：hangnabumbi"使焊"；hangnambi"锔补"；hangnambi"焊"；hangnan"焊药"。

　　推测词根"hang"借用自汉语词汇"焊"。

hanja：

　　"hanja"是形容词性词根，语义为"廉"，基于词根"hanja"形成的单词整理如下：hanja"廉"；hanja"爱干净"；hanjadambi"行廉"；hanjaha"熬淡了"。

hara1：

　　"hara1"是名词性词根，语义为"莠子"，基于词根"hara1"形成的单词整理如下：hara"莠子"；haranambi"生莠"。

hara2：

　　"hara2"是名词性词根，语义为"属"，基于词根"haran"形成的单词整理如下：haran"因由"；harangga"属下"；haratu"属下人"；hartungga"各属下人"。

harga：

  "harga"是不完整词根，语义推测为"仰望状"，基于词根"harga"形成的单词整理如下：hargašabumbi"使仰望"；hargašambi"仰望"；hargašambi"上朝"；hargašan"朝"；hargašandumbi"一齐仰望"；hargašanjimbi"来朝"；hargašanumbi"一齐仰望"。

hari：

  "hari"是形容词性词根，语义为"斜"，基于词根"hari"形成的单词整理如下：hari"弓歪"；hari"斜"；hari"跑歪"；harimbi"偏向"；haršakū"偏护"；haršambi"偏向"；haršandumbi"彼此偏向"；haršanumbi"彼此偏向"；haršarakū"不偏护"。

hasa1：

  "hasa1"是不完整词根，语义为"剪"，基于词根"hasa1"形成的单词整理如下：hasaha"剪子"；hasalabumbi"使剪"；hasalakū"夹剪"；hasalambi"剪"。

haša1：

  "haša1"是动词性词根，语义为"遮护"，基于词根"haša1"形成的单词整理如下：hašabumbi"使围遮"；hašahan"墙帷子"；hašahan"席囤"；hašahan"帏子"；hašambi"围遮"；hašan"帏幕"。

hasa2：

  "hasa2"是形容词性词根，语义为"急速"，基于词根"hasa2"形成的单词整理如下：hasa"急速"；hasala"急牛"。

haša2：

  "haša2"是动词性词根，语义为"刷"，基于词根"haša2"形成的单词整理如下：hašambi"刷"；hašakū"刷箒"。

hasan：

  "hasan"是名词性词根，语义为"癞"，基于词根"hasan"形成的单词整理如下：hasan"癞物"；hasan"癞"；hasanahabi"生癞"；hasanahabi"生了癞的"。

hashan：

  "hashan"是名词性词根，语义为"篱笆栅"，基于词根"hashan"形成的单词整理如下：hashalabumbi"使夹篱笆"；hashalambi"夹篱笆"；hashan"篱笆栅"。

hasu：

  "hasu"是不完整词根，语义为"左"，基于词根"hasu"形成的单词整理如下：hashū"左"；hasutai"左手射"；hasutai"左性"。

hata1：

  "hata1"是动词性词根，语义为"嫌"，基于词根"hata1"形成的单词整理如下：hatabumbi"使人嫌"；hatacuka"可憎嫌"；hatambi"嫌"。

hata2：

  "hata2"是动词性词根，语义为"蘸钢"，基于词根"hata2"形成的单词整理如下：hatabumbi"使蘸钢"；hatambi"蘸钢"。

hatan：

  "hatan"是形容词性词根，语义为"暴躁、生硬"，基于词根"hatan"形成的单词整理如下：hatakan"略暴躁"；hatan"暴躁"；

hatan"铁生硬";hatarambi"暴痛";hatarambi"发暴躁"。

haya：

"haya"是动词性词根,语义为"盘绕、缘边儿",基于词根"haya"形成的单词整理如下：hayabumbi"使随湾缘边";hayahan"貂镶朝衣";hayaljambi"行动摆尾";hayambi"蟠绕";hayambi"随湾缘边";hayakta"盘牙老野猪"。

hayan：

"hayan"是形容词性词根,语义为"淫荡",基于词根"hayan"形成的单词整理如下：hayadambi"行淫荡";hayan"淫荡"。

hebe：

"hebe"是名词性词根,语义为"议",基于词根"hebe"形成的单词整理如下： hebdebumbi"使商量";hebdembi"商量";hebdenembi"去商量";hebdenjimbi"来商量";hebe"议";hebengge"有商量";hebešebumbi"使商议";hebešembi"商议"。

hebu：

"hebu"是名词性词根,语义为"线接头",基于词根"hebu"形成的单词整理如下：hebu"线接头";hebunehebi"线紧起疙瘩"。

hece：

"hece"是动词性词根,语义为"舀",基于词根"hece"形成的单词整理如下：hecebumbi"使彻底舀";hecembi"彻底舀"。

hedere：

"hedere"是动词性词根,语义为"爬草",基于词根"hedere"形成的单词整理如下：hederebumbi"使爬草"；hedereku"爬子"；hederembi"爬草"；hederenumbi"齐爬草"。

hefeliye：

"hefeliye"是动词性词根，语义为"揣"，基于词根"hefeliye"形成的单词整理如下：hefeli"肚"；hefeliyebumbi"使揣"；hefeliyembi"揣着"；hefeliyenembi"泻肚"。

动词词干"hefeliye（揣）"与名词"hefeli（肚子）"的形态虽然有少许差异，但可以认为它们原本是同形关系。

hehe：

"hehe"是名词性词根，语义为"女人"，基于词根"hehe"形成的单词整理如下：hehe"女人"；hehereku"婆气人"；hehereme"女人行景"；hehesi"众女人"。

hejihe：

"hejihe"是名词性词根，语义为"山肋险处"，基于词根"hejihe"形成的单词整理如下：hejihe"山肋险处"；hejiheleme"走山肋险处"。

hekce：

"hekce"是动词性词根，语义为"潮退"，基于词根"hekce"形成的单词整理如下：hekcehe"潮退"；hekcehun"秋水减退"。

hekde：

"hekde"是不完整词根，语义推测为"山肋险坡"，基于词根"hekde"形成的单词整理如下：hekdereme"走山肋险坡"；hekderhen"山肋险坡"。

hele：

"hele"是名词性词根，语义为"哑巴、结巴"，基于词根"hele"形成的单词整理如下：hele"哑巴"；heledembi"很结巴"。

helmen：

"helmen"是名词性词根，语义为"影"，基于词根"helmen"形成的单词整理如下：helmen"影"；helmešembi"回光荡漾"。

hence：

"hence"是动词性词根，语义为"用臼捣"，基于词根"hence"形成的单词整理如下：hencebumbi"使石臼捣"；hencehen"铁铲子"；henceku"石铁臼子"；hencembi"石臼捣"。

hendu：

"hendu"是动词性词根，语义为"说"，基于词根"hendu"形成的单词整理如下：hendu"说"；hendubumbi"使说"；hendumbi"讲说"。

hengge：

"hengge"是不完整词根，语义推测为"蓬乱状"，基于词根"hengge"形成的单词整理如下：henggenehebi"头脸腌脏"；henggenembi"妇女蓬头垢面"。

hengki：

"hengki"是不完整词根，语义为"叩头"，基于词根"hengki"形成的单词整理如下：hengkilebumbi"使叩头"；hengkilebumbi"扣算分给"；hengkileku"锯子"；hengkilembi"叩头"；hengkilendumbi"一齐叩头"；hengkilenembi"去叩头"；hengkilenjimbi"来叩头"；

hengkilenumbi"一齐叩头";hengkišembi"连叩头"。

heo：

　　"heo"是不完整词根，语义为"怠"，基于词根"heo"形成的单词整理如下：heoledembi"怠慢";heolen"怠";heošembi"迟疑"。

heperen：

　　"heperen"是动词性词根，语义为"糊涂、搂"，基于词根"heperen"形成的单词整理如下：heperekebi"醉糊涂了";heperekebi"昏聩";heperembi"搂"。

herci：

　　"herci"是动词性词根，语义为"缠线"，基于词根"herci"形成的单词整理如下：hercibumbi"使上线板";hercimbi"上线板"。

here：

　　"here"是动词性词根，语义为"捞"，基于词根"here"形成的单词整理如下：herdembi"奔求";herdembi"马上捡物";herebumbi"使捞鱼";herebumbi"使捞";herebumbi"使抄纸";hereku"笊篱";herembi"捞鱼";herembi"捞";herembi"抄纸";hergebumbi"使撇浮物";hergembi"撇去浮物";hergembi"抄纸"。

hergi：

　　"hergi"是动词性词根，语义为"游荡、绕"，基于词根"hergi"形成的单词整理如下：hergibumbi"使绕";hergice"线缋子";hergimbi"游荡";hergimbi"绕丝";hergin"网边";hergin"纪";hergitu"整缋"。

hese：

"hese"是名词性词根，语义为"旨"，基于词根"hese"形成的单词整理如下：hese"旨"；hesebuhengge"命定"；hesebun"命"。

hešen：

"hešen"是名词性词根，语义为"边缘"，基于词根"hešen"形成的单词整理如下：hešen"地界"；hešen"纲边绳"；hešen"纲"；hešen"绸缎边子"；hešenehebi"衣衫褴褛"；hešemimbi"抽口"。

hesi：

"hesi"是不完整词根，语义推测为"摇摆状"，基于词根"hesi"形成的单词整理如下：hesihešembi"观望着走"；hesihetembi"饿得无力"；hesitembi"打踉跄"；hesitembi"饿的无力"。

hešure：

"hešure"是动词性词根，语义为"搂"，基于词根"hešure"形成的单词整理如下：hešurebumbi"使搂草"；hešurembi"搂草"；hešurembi"全搂"。

hete：

"hete"是动词性词根，语义为"卷、提、挽"，基于词根"hete"形成的单词整理如下：hete"卷揲"；hetebumbi"使卷揲"；hetehen"挂钉"；hetembi"妇女叩头"；hetembi"撩衣襟"；hetembi"卷揲起"；hetembi"卷帘"。

hethe：

"hethe"是动词性词根，语义为"滚水炸菜"，基于词根"hethe"形成的单词整理如下：hethebumbi"使滚水炸菜"；hethembi"滚水炸菜"。

hetu：

　　"hetu"是形容词性词根，语义为"横"，基于词根"hetu"形成的单词整理如下：hetu"横"；hetu"横实"；hetuken"略横实"；hetumbumbi"养过冬"；heturebumbi"被截"；heturembi"横插话"；heturembi"截"；heturen"山桤"；heturhen"拦虎兽"；heturi"旁岔"。

heye：

　　"heye"是名词性词根，语义为"眼眵"，基于词根"heye"形成的单词整理如下：heye"眼眵"；heyenembi"生眵"。

hibcan：

　　"hibcan"是形容词性词根，语义为"淡薄、短少"，基于词根"hibcan"形成的单词整理如下：hibcan"淡薄"；hibcan"短少"；hibcarabumbi"使节俭"；hibcarambi"节俭"；hibcarandumbi"一齐节俭"。

hida：

　　"hida"是名词性词根，语义为"帘子"，基于词根"hida"形成的单词整理如下：hida"蒸笸子"；hida"竹帘"；hidakū"雨搭"；hidambi"缫线"。

hihan：

　　"hihan"形容词性词根，语义为"稀罕"，基于词根"hihan"形成的单词整理如下：hihalambi"稀罕"；hihalarakū"不稀罕"；hihanakū"不足取"；hihanakū"教人吊味儿"。

　　推测词根"hihan"借用自汉语词汇"稀罕"。

hija：

　　"hija"是名词性词根，语义为"炉"，基于词根"hija"形成的单词整理如下：hija"炉"；hijada"炉头"。

hira：

"hira"是动词性词根，语义为"斜看"，基于词根"hira"形成的单词整理如下：hiracambi"只管斜看"；hiracambi"窥伺"；hirambi"斜看"。

hirha：

"hirha"是动词性词根，语义为"截剪"，基于词根"hirha"形成的单词整理如下：hirhabumbi"使截剪"；hirhambi"截剪"。

his：

"his"是不完整词根，语义推测为"害羞"，基于词根"his"形成的单词整理如下：hishūn"心细不直爽"；hishūn"肯害羞"。

hisha：

"hisha"是动词性词根，语义为"锸、刷、挨着过"，基于词根"hisha"形成的单词整理如下：hishabumbi"使锸刀"；hishakū"刷子"；hishambi"兽挨着过"；hishambi"锸刀"。

hishan：

"hishan"是名词性词根，语义为"污垢"，基于词根"hishan"形成的单词整理如下：hishan"污瘢"；hishanahabi"玷污瘢点"。

hita：

"hita"是不完整词根，语义推测为"甲片状物"，基于词根"hita"形成的单词整理如下：hitahūn"指甲"；hitahūšambi"砑箭翎"；hitha"甲叶"；hitha"饰件"；hitha"蜜脾"。

hiya：

"hiya"是不完整词根，语义为"斜"，基于词根"hiya"形成的单词整理如下：hiyangtu"眼微斜"；hiyari"斜眼"。

hiyabsa：

"hiyabsa"是动词性词根，语义为"夹捆"，基于词根"hiyabsa"形成的单词整理如下：hiyabsa"夹板子"；hiyabsa"夹板"；hiyabsalabumbi"使夹捆折伤"；hiyabsalambi"夹捆折伤"。

hiyabun：

"hiyabun"是名词性词根，语义为"糠灯"，基于词根"hiyabun"形成的单词整理如下：hiyabulakū"糠灯架子"；hiyabun"糠灯"。

词根"hiyabun"与汉语"霞绷"在发音和语义上高度对应。

hiyada：

"hiyada"是动词性词根，语义为"织补"，基于词根"hiyada"形成的单词整理如下：hiyadabumbi"使织补"；hiyadambi"织补"；hiyadan"柜隔子"。

hiyaha：

"hiyaha"是动词性词根，语义为"交错"，基于词根"hiyaha"形成的单词整理如下：hiyahabuhabi"已致错杂"；hiyahabumbi"致错杂"；hiyahalabumbi"被牵扯"；hiyahan"鹿角"；hiyahan"秋稍"；hiyahanjahabi"错杂住了"；hiyahanjambi"错杂"；hiyahanjambi"错杂放物"。

hiyalhūwa：

"hiyalhūwa"是名词性词根，语义为"麻秸梃"，基于词根

"hiyalhūwa"形成的单词整理如下： hiyalhūwa "麻秸梃"；
hiyalhūwari"取灯"。

hiyoošun：

"hiyoošun"是动词性词根，语义为"行孝"，基于词根
"hiyoošun"形成的单词整理如下：hiyoošulambi"行孝"；hiyoošun
"孝"；hiyoošungga"孝顺人"；hiyoošuntumbi"尽孝"。

推测词根"hiyoošun"借用自汉语词汇"孝顺"。

hiyoto：

"hiyoto"是不完整词根，语义推测为"两头翘起状"，基于词根
"hiyoto"形成的单词整理如下：hiyotohon"艇腰"；hiyotorobumbi
"压翘"；hiyotorokobi "两头翘了"；hiyotorombi "两头翘起"；
hiyotoršombi"弯着腰走"。

hoho：

"hoho"是不完整词根，语义为"下垂状物体（如豆角、冰凌、耳
垂）"，基于词根"hoho"形成的单词整理如下：hohonohobi"檐冰垂
凌"；hohonombi"结豆角"。

hoifan：

"hoifan"是名词性词根，语义为"染青水"，基于词根"hoifan"
形成的单词整理如下：hoifalambi"染青"；hoifan"染青水"。

hoihan：

"hoihan"是名词性词根，语义为"围场"，基于词根"hoihan"形
成的单词整理如下：hoihalambi"冬狩"；hoihan"围场"。

hoila：

"hoila"是不完整词根，语义为"左顾右盼"，基于词根"hoila"形成的单词整理如下：hoilacambi"左右偷看"；hoilacambi"左右回顾"；hoilalambi"偷着回看"。

hoilan：

"hoilan"是动词性词根，语义为"破旧"，基于词根"hoilan"形成的单词整理如下：hoilabumbi"至于鹑旧"；hoilakabi"已鹑旧了"；hoilambi"鹑旧"；hoilashūn"鹑旧"。

hojihon：

"hojihon"是名词性词根，语义为"女婿"，基于词根"hojihon"形成的单词整理如下：hojihon"女婿"；hojihosi"众女婿"。

hoki：

"hoki"是名词性词根，语义为"帮、伙、党"，基于词根"hoki"形成的单词整理如下：hoki"党类"；hokilambi"结党"；hokilambi"合伙"。

hoko：

"hoko"是动词性词根，语义为"休"，基于词根"hoko"形成的单词整理如下：hokobumbi"使休出"；hokombi"下班"；hokombi"休出"。

hokton：

"hokton"是名词性词根，语义为"暖木、鱼漂儿"，基于词根"hokton"形成的单词整理如下：hokton"漂儿"；hokton"暖木"；hoktošombi"雨后高处行猎"。

holbo：

"holbo"是动词性词根，语义为"连接"，基于词根"holbo"形成的单词整理如下：holbo"连"；holbobumbi"干连"；holbobumbi"使联络"；holbohon"成对人"；holbombi"匹配"；holbombi"联络"；holbon"配偶"。

holin：

"holin"是动词性词根，语义为"惑"，基于词根"holin"形成的单词整理如下：hūlibun"惑"；hūlimbumbi"被人惑"。

holo：

"holo"是形容词性词根，语义为"虚假"，基于词根"holo"形成的单词整理如下：holo"虚假"；holokon"略虚假"；holtobumbi"使人哄"；holtombi"哄"；holtonumbi"相哄"。

hori：

"hori"是动词性词根，语义为"监"，基于词根"hori"形成的单词整理如下：horho"竖柜"；horho"猪羊圈"；hori"监"；horibumbi"兽被围住"；horibumbi"使监禁"；horimbi1"监禁"；horimbi"圈牲口"；horin"笼子"。

horon：

"horon"是名词性词根，语义为"威"，基于词根"horon"形成的单词整理如下：horolombi"作威"；horon"威"；horonggo"有威的"。

hošo：

"hošo"是名词性词根，语义为"角"，基于词根"hošo"形成的单词整理如下：hošo"隅"；hošonggo"方"；hošotolobumbi"使斜包"；hošotolombi"斜包"；hošotonggo"有角的"。

hoššo：

"hoššo"是动词性词根，语义为"哄诱"，基于词根"hoššo"形成的单词整理如下：hoššobumbi"使哄诱"；hoššombi"哄诱"。

hoto：

"hoto"是名词性词根，语义为"葫芦状物"，基于词根"hoto"形成的单词整理如下：hoto"葫芦"；hoto"脑骨"；hoto"秃子"；hotoci"椰子"；hotorokobi"一头翘了"；hotorombi"一头翘起"。

hūba：

"hūba"是不完整词根，语义为"裱糊"，基于词根"hūba"形成的单词整理如下：hūbala"糊"；hūbalabumbi"使裱糊"；hūbalambi"裱糊"。

推测词根"hūba"借用自汉语词汇"糊裱"。

hūbin：

"hūbin"是名词性词根，语义为"圈套"，基于词根"hūbin"形成的单词整理如下：hūbilabuha"上当"；hūbin"圈套"；hūbišabumbi"使设圈套"；hūbišambi"设圈套"。

hūda：

"hūda"是名词性词根，语义为"生意、价值"，基于词根"hūda"形成的单词整理如下：hūda"生意"；hūda"价值"；hūdašabumbi"使做生意"；hūdašambi"做生意"。

hūdun：

"hūdun"是形容词性词根，语义为"快"，基于词根"hūdun"形成的单词整理如下：hūdukan"略快"；hūdula"快着"；hūdulambi"快着"；hūdun"快"；hūdun"急快"。

hūji：

"hūji"是动词性词根，语义为"哄虎"，基于词根"hūji"形成的单词整理如下：hūjibumbi"使哄虎"；hūjimbi"哄虎"。

huju：

"huju"是名词性词根，语义为"箱状物"，基于词根"huju"形成的单词整理如下：huju"鞘"；huju"槽"；hujubumbi"使拉风箱"；hujuku"风箱"；hujumbi"拉风箱"；hujuri"风筒"。

hujure：

"hujure"是动词性词根，语义为"拐磨磨物"，基于词根"hujure"形成的单词整理如下：hujurebumbi"使拐磨磨物"；hujureku"拐磨子"；hujurembi"拐磨磨物"。

hukše：

"hukše"是动词性词根，语义为"顶"，基于词根"hukše"形成的单词整理如下：hukše"顶"；hukšebumbi"使培苗"；hukšebumbi"使顶着"；hukšehebi"顶着呢"；hukšehebi"肿胀"；hukšembi"培苗"；hukšembi"顶着"；hukšembi"感激"；hukšenumbi"齐培苗"。

hukšen：

"hukšen"是名词性词根，语义为"笼鹰"，基于词根"hukšen"形成的单词整理如下：hukšembumbi"笼鹰"；hukšen"笼鹰"。

hūktan：

　　"hūktan"是动词性词根，语义为"闷热"，基于词根"hūktan"形成的单词整理如下：hūktambi"燥热"；hūktambumbi"焖蒸"；hūktambumbi"焖熟"。

hūla1：

　　"hūla1"是动词性词根，语义为"唤"，基于词根"hūla1"形成的单词整理如下：hūla"唤"；hūlabumbi"使呼唤"；hūlabumbi"使读"；hūlambi"赞礼"；hūlambi"呼唤"；hūlambi"鸡鸣"；hūlambi"读"；hūlanabumbi"使去呼唤"；hūlanambi"去呼唤"；hūlandumbi"一齐呼唤"；hūlanjimbi"来呼唤"；hūlanumbi"一齐呼唤"。

hūlha：

　　"hūlha"是名词性词根，语义为"贼"，基于词根"hūlha"形成的单词整理如下：hūlha"贼"；hūlhabumbi"被偷"；hūlhambi"偷"；hūlhanambi"去偷"；hūlhanjimbi"来偷"；hūlhatu"惯做贼的"。

　　名词"hūlha(贼)"与动词词干"hūlha(偷)"词形相同。

hūlhi：

　　"hūlhi"是形容词性词根，语义为"糊涂"，基于词根"hūlhi"形成的单词整理如下：hūlhi"糊涂"；hūlhidambi"行事糊涂"；hūlhikan"略糊涂"；hūlhitu"糊涂人"。

humsun：

　　"humsun"是名词性词根，语义为"膜、眼胞"，基于词根"humsun"形成的单词整理如下：humsuhun"膜"；humsun"膜"；humsun"眼胞"。

hungkere：

　　"hungkere"是动词性词根，语义为"倾、倾注"，基于词根"hungkere"形成的单词整理如下：hungkere"倾"；hungkerebumbi"使倾注"；hungkerebumbi"使铸"；hungkerembi"倾注"；hungkerembi"铸"。

hūngsi：

　　"hūngsi"是动词性词根，语义为"抡、胡说"，基于词根"hūngsi"形成的单词整理如下：hūngsi"系石撒去"；hūngsimbi"轮起"；hūngsimbi"浑说"；hūngsimbi"系石撒"。

hurhan：

　　"hurhan"是名词性词根，语义为"大围网"，基于词根"hurhan"形成的单词整理如下：hūrhadabumbi"使大网打鱼"；hūrhadambi"大网打鱼"；hūrhan"大围网"。

huru：

　　"huru"是名词性词根，语义为"脊背、硬壳"，基于词根"huru"形成的单词整理如下：huru"壳盖"；huru"鸟脊背"；hurugan"玳瑁"；hurungge"有壳的"。

hūru：

　　"hūru"是名词性词根，语义为"竹口琴"，基于词根"hūru"形成的单词整理如下：hūru"竹口琴"；hūrudambi"弹竹口琴"。

hūsi：

　　"hūsi"是动词性词根，语义为"裹"，基于词根"hūsi"形成的单词整理如下：hūsi"裹"；hūsibuhabi"总不离病"；hūsibumbi"使裹";hūsihabi"裹了";hūsihan"女裙";hūsimbi"裹起";hūsitun"男人的裹脚布"。

hūsun：

　　"hūsun"是名词性词根,语义为"力气",基于词根"hūsun"形成的单词整理如下：hūsun"工人";hūsun"力";hūsungge"有力人家";hūsungge"有力的";hūsutulebumbi"使用力";hūsutulembi"用力"。

huthe：

　　"huthe"是名词性词根,语义为"痂",基于词根"huthe"形成的单词整理如下：huthe"疮痂";huthenehebi"疮结痂"。

huthu：

　　"huthu"是动词性词根,语义为"绑",基于词根"huthu"形成的单词整理如下：huthubumbi"使绑";huthumbi"绑";huthumbi"捆马"。

hutu：

　　"hutu"是名词性词根,语义为"鬼",基于词根"hutu"形成的单词整理如下：hutu"鬼";hutungge"鬼头鬼脸"。

hūturi：

　　"hūturi"是名词性词根,语义为"福",基于词根"hūturi"形成的单词整理如下：hūturi"福";hūturingga"有福的"。

hūwa1：

　　"hūwa1"是不完整词根,语义为"破开状",基于词根"hūwa1"形成的单词整理如下：hūwajambi"破";hūwakiya"剖";

hūwakiyabumbi"使剖开"；hūwakiyambi"剖开"；hūwalabumbi
"使打破"；hūwalambi"打破"；hūwamiya"剥"；hūwamiyambi
"剥开"。

hūwa2：

"hūwa2"是不完整词根，语义为"和睦"，基于词根"hūwa2"形成的单词整理如下：hūwaliyambi"乐合"；hūwaliyambi"和合"；hūwaliyambumbi"使合"；hūwaliyambumbi"调和"；hūwaliyanduha"相合"；hūwaliyasun"和霭"；hūwaliyasun"和"；hūwangga"睦"。

推测词根"hūwa2"借用自汉语词汇"和"或"合"。

hūwafihiya：

"hūwafihiya"是名词性词根，语义为"箭剔子"，基于词根"hūwafihiya"形成的单词整理如下：hūwafihiya"箭剔子"；hūwafihiyambi"刮箭杆"。

hūwaita：

"hūwaita"是动词性词根，语义为"拴"，基于词根"hūwaita"形成的单词整理如下：hūwaita"拴"；hūwaitabumbi"使拴上"；hūwaitambi"拴上"。

hūwara：

"hūwara"是名词性词根，语义为"铁磋、锉刀"，基于词根"hūwara"形成的单词整理如下：hūwara"铁磋"；hūwarabumbi"使拏铁磋磋"；hūwaradambi"镳翎底"；hūwarambi"拏铁磋磋"。

hūwaša：

"hūwaša"是动词性词根，语义为"成就"，基于词根"hūwaša"

形成的单词整理如下：hūwašabumbi"使成就"；hūwašahabi"出息了"；hūwašahabi"成就了"；hūwašambi"成就"。

hūwašan：

"hūwašan"是名词性词根，语义为"和尚"，基于词根"hūwašan"形成的单词整理如下：hūwašada"僧官"；hūwašan"和尚"。

huwe：

"huwe"是不完整词根，语义为"兴奋"，基于词根"huwe"形成的单词整理如下：huwekiyebumbi"鼓舞"；huwekiyebun"劝"；huwekiyembi"奋兴"；huwekiyen"兴"；huwekiyendumbi"一齐奋兴"；huwekiyenumbi"一齐奋兴"。

huweje：

"huweje"是动词性词根，语义为"屏蔽"，基于词根"huweje"形成的单词整理如下：huwejebumbi"使屏遮"；huwejehen"围屏"；huwejembi"屏遮"；huwejen"拦鱼簿子"；huwejen"牌插"。

huweše：

"huweše"是动词性词根，语义为"烙"，基于词根"huweše"形成的单词整理如下：huwešebumbi"使烙"；huwešeku"烙铁"；huwešembi"烙"。

huwesi：

"huwesi"是名词性词根，语义为"小刀"，基于词根"huwesi"形成的单词整理如下：huwesi"小刀"；huwesilembi"用小刀扎"；huwesišembi"用小刀乱扎"。

8.9　i

i：

　　"i"是名词性词根，语义为"他"，基于词根"i"形成的单词整理如下：i"他"；imbe"把他"；inci"比他"；inde"在他"；ini"他的"；iningge"是他的"。

ibagan：

　　"ibagan"是名词词性词根，语义为"鬼怪"，基于词根"ibagan"形成的单词整理如下：ibagan"鬼怪"；ibagašambi"作怪"；ibahašambi"作怪"。

ibe：

　　"ibe"是动词性词根，语义为"进"，基于词根"ibe"形成的单词整理如下：ibebumbi"使前进"；ibebumbi"赞进"；ibedembi"渐渐前进"；ibembi"前进"；ibembi"进"；ibembi"添草料"；ibenembi"往前进"；ibenumbi"一齐前进"；ibešembi"渐次前进"；ibkašambi"徐徐前进"。

ibete：

　　"ibete"是名词性词根，语义为"朽木"，基于词根"ibete"形成的单词整理如下：ibete"朽木"；ibte"糟树疖"；ibtenehe"朽了"。

ibka：

　　"ibka"是动词性词根，语义为"搏"，基于词根"ibka"形成的单词整理如下：ibkabumbi"使搏"；ibkambi"搏"。

ica：

　　"ica"是形容词性词根，语义为"顺"，基于词根"ica"形成的单词整理如下：icakū"不顺眼"；icakūliyan"略不顺眼"；icakūšambi"不受用"；icangga"顺适"。

ice1：

　　"ice1"是动词性词根，语义为"染"，基于词根"ice1"形成的单词整理如下：icebumbi"习染"；icebumbi"使染"；icebun"沾染"；iceburakū"不为所染"；icembi"染"。

ice2：

　　"ice2"是形容词性词根，语义为"新的"，基于词根"ice2"形成的单词整理如下：ice"新"；iceken"略新"；icemlebumbi"使见新"；icemlembi"见新"；icengge"新的"。

ici：

　　"ici"是名词性词根，语义为"右、顺"，基于词根"ici"形成的单词整理如下：ici"右"；icihiyabumbi"使办理"；icihiyambi"办理"；icihiyambi"打扫"；icihiyambi"料理"；icihiyambi"装裹"；icihiyambi"整顿"；icihiyandumbi"一齐办理"；icihiyanjambi"酌量办理"；icihiyanumbi"一齐办理"；icihiyasi"吏目"；icingga"在行"；icišambi"就势"；icitai"右手射"。

idara：

　　"idara"是动词性词根，语义为"岔气疼"，基于词根"idara"形成的单词整理如下：idarambi"岔气疼"；idaršambi"心口微疼"。

idu：

　　"idu"是名词性词根，语义为"班"，基于词根"idu"形成的单词整理如下：idurabumbi"使轮班"；idurambi"轮班"；idu"班"。

idun：

"idun"是形容词性词根，语义为"粗鲁"，基于词根"idun"形成的单词整理如下：idun"粗鲁"；idun"粗涩"；idukan"略粗鲁"。

ihan：

"ihan"是名词性词根，语义为"牛"，基于词根"ihan"形成的单词整理如下：ihaci"牛皮"；ihan"牛"；ihasi"犀"。

iji：

"iji"是动词性词根，语义为"梳、梳理"，基于词根"iji"形成的单词整理如下：ijibumbi"使梳"；ijifun"木梳"；ijilabumbi"使合群"；ijilambi"合群"；ijimbi"梳"；ijimbi"理竖"；ijishūn"顺"；ijishūn"顺从"。

iju：

"iju"是动词性词根，语义为"抹"，基于词根"iju"形成的单词整理如下：ijubumbi"使抹"；ijumbi"抹"；ijurabumbi"磨蹭"。

iktan：

"iktan"是动词性词根，语义为"积"，基于词根"iktan"形成的单词整理如下：iktabuhabi"已致堆积"；iktabumbi"致堆积"；iktakabi"积蓄了"；iktakabi"堆积下了"；iktambi"积蓄"；iktambi"堆积"；iktambumbi"使积蓄"；iktan"积下的"。

ikū：

"ikū"是动词性词根，语义为"屈"，基于词根"ikū"形成的单词整理如下：ikūbumbi"致屈"；ikūmbi"屈抽"；ikūn"屈"；ikūršambi"像蛇行"；ikūršambi"屈伸前走"；ikūrsun"脊髓"。

ilan：

"ilan"是数词性词根，语义为"三"，基于词根"ilan"形成的单词整理如下：ilan"三"；ilanggeri"三次"；ilata"各三"；ilaci"第三"。

ilba1：

"ilba1"是动词性词根，语义为"抹墙"，基于词根"ilba1"形成的单词整理如下：ilbabumbi"使抹墙"；ilbakū"抹子"；ilbambi"抹墙"；ilban"光炕"；ilban"镘墙的灰"。

ilba2：

"ilba2"是不完整词根，语义为推测为"微笑"，基于词根"ilba2"形成的单词整理如下：ilbarilambi"微笑"；ilbašambi"抿嘴笑"。

ildun：

"ildun"是形容词性词根，语义为"顺便"，基于词根"ildun"形成的单词整理如下：ildubumbi"使相熟"；ilduka"相熟了"；ildumbi"相熟"；ildun"顺便"；ildušambi"将机就机"。

动词词干"ildun（相熟）"和形容词"ildun（顺便）"词形相同。

ile：

"ile"是动词性词根，语义为"剥、舔"，基于词根"ile"形成的单词整理如下：ile"剥麻皮"；ilebumbi"使剥取麻皮"；ilembi"餂"；ilembi"剥取麻皮"；ilenggu"夹子舌"；ilenggu"舌"；ilerembi"拴着啃草"。

iletu：

　　"iletu"是形容词性词根，语义为"显"，基于词根"iletu"形成的单词整理如下：iletu"小儿大方"；iletu"冲达"；iletu"显"；iletuken"略显然"；iletulebumbi"使显露"；iletulehen"匾额"；iletulembi"明显"；iletun"表"。

ilga：

　　"ilga"是动词性词根，语义为"辨"，基于词根"ilga"形成的单词整理如下：ilga"辨"；ilgabumbi"使辨别"；ilgabumbi"有分别"；ilgabun"有辨别"；ilgacun"有分别"；ilgambi"辨别"；ilgandumbi"一齐辨别"。

ilha：

　　"ilha"是名词性词根，语义为"花"，基于词根"ilha"形成的单词整理如下：ilha"花"；ilhanambi"开放"；ilhanambi"看得眼生花"；ilhangga"有花的"。

ilhi：

　　"ilhi"是名词性词根，语义为"痢疾"，基于词根"ilhi"形成的单词整理如下：ilhi"痢疾"；ilhinembi"痢疾"。

ilhū：

　　"ilhū"是形容词性词根，语义为"一顺"，基于词根"ilhū"形成的单词整理如下：ilhū"一顺"；ilhūngga"毛顺着"。

ili：

　　"ili"是动词性词根，语义为"立"，基于词根"ili"形成的单词整理如下：ili"立"；ilibumbi"乐止"；ilibumbi"使站立"；ilicambi"同站立"；ilihangga"纱缎骨立"；ilihen"艮"；ilimbaha"习惯"；ilimbahabumbi"使习惯"；ilimbi"站立"；ilimbi"歇止"；ilin"止"；ilinambi"去站立"；ilinambi"立定"；ilinjambi"止住"；ilinjambi"小儿才学立"；ilinjambi"略站立"；ilinjimbi"来站立"。

imcin：

　　"imcin"是名词性词根，语义为"男手鼓"，基于词根"imcin"形成的单词整理如下：imcin"男手鼓"；imcišambi"男打手鼓"。

imiya：

　　"imiya"是动词性词根，语义为"聚"，基于词根"imiya"形成的单词整理如下：imiyaha"虫"；imiyambi"会聚"；imiyambi"聚"。

inde：

　　"inde"是动词性词根，语义为"歇"，基于词根"inde"形成的单词整理如下：indebumbi"使歇程"；indehen"疟疾"；indembi"歇程"；inderi"隔年下驹"。

inenggi：

　　"inenggi"是名词性词根，语义为"日"，基于词根"inenggi"形成的单词整理如下：inenggi"日"；inenggidari"每日"；inenggishūn"傍午"。

ingga：

　　"ingga"是不完整词根，语义为"绒毛状"，基于词根"ingga"形成的单词整理如下：inggaha"烂氄毛"；inggali"鹡鸰"；inggari"柳絮"。

inje：

　　"inje"是动词性词根，语义为"笑"，基于词根"inje"形成的单词整理如下：injebumbi"使人笑"；injebumbi"被笑话"；injecembi"共笑"；injeku"笑话"；injekušembi"耻笑"；injembi"笑"；injendumbi"一齐笑"；injenumbi"一齐笑"。

iren：

　　"iren"是名词性词根，语义为"鱼行的水纹"，基于词根"iren"形成的单词整理如下：iren"鱼行的水纹"；irenembi"鱼行水生纹"。

irgebu：

　　"irgebu"是动词性词根，语义为"赋诗"，基于词根"irgebu"形成的单词整理如下：irgebumbi"作诗"；irgebun"诗"。

iru：

　　"iru"是动词性词根，语义为"沉溺"，基于词根"iru"形成的单词整理如下：irubumbi"使沉溺"；iruhabi"陷溺了"；irumbi"沉溺"。

isa：

　　"isa"是动词性词根，语义为"集、积"，基于词根"isa"形成的单词整理如下：isabumbi"积聚"；isabumbi"使齐集"；isabumbi"使编发"；isambi"齐集"；isambi"编发"；isamjambi"积"；isan"集"；isandumbi"一同齐集"；isanjimbi"来齐集"；isanumbi"一同齐集"。

ise：

　　"ise"是动词性词根，语义为"惧怕"，基于词根"ise"形成的单词整理如下：isebu"惩戒"；isebumbi"使惩戒"；isebun"惩"；isecun

"怕惧"；isehebi"怕了"；iselebumbi"使相拒"；iselembi"相拒"；
isembi"怕"。

isi1：

　　"isi1"是动词性词根,语义为"拔",基于词根"isi1"形成的单词
整理如下：isi"拔"；isibumbi"使拔草"；isimbi"拔草"；isimbi
"拔取"。

isi2：

　　"isi2"是动词性词根,语义为"到、至",基于词根"isi2"形成的
单词整理如下：isibumbi"送给"；isibumbi"送到去"；isimbi"得
福"；isinambi"到去"；isinjimbi"受福"；isinjimbi"到来"；isinju"使
到来"；isitala"直至"。

isi3：

　　"isi3"是动词性词根,语义为"够",基于词根"isi3"形成的单词
整理如下：isimbi"够"；isingga"足用"。

isihi：

　　"isihi"是动词性词根,语义为"抖",基于词根"isihi"形成的单
词整理如下：isihi"抖"；isihibumbi"使抖撒"；isihidabumbi"被撇
摔"；isihidambi"撇摔"；isihimbi"抖撒"；isihimbi"抖毛"。

8.10　j

jab：

　　"jab"是不完整词根,语义为"闲暇",基于词根"jab"形成的单

词整理如下：jabdubumbi"使叠当"；jabdugan"余暇"；jabduha"妥当了"；jabduhakū"误了"；jabduhangga"从容"；jabdumbi"叠当"；jabšabumbi"使得便宜"；jabšaki"便宜"；jabšambi"得便宜"。

jabca：

　　"jabca"是动词性词根，语义为"埋怨、归咎"，基于词根"jabca"形成的单词整理如下：jabcacun"咎"；jabcacun"咨"；jabcahabi"蝇蚁群聚"；jabcambi"归咎"；jabcandumbi"一齐归咎"；jabcanumbi"一齐归咎"。

jabu：

　　"jabu"是动词性词根，语义为"答应"，基于词根"jabu"形成的单词整理如下：jabu"使答应"；jabubumbi"使人答应"；jabumbi"答应"；jabun"口供"。

jadaha：

　　"jadaha"是形容词性词根，语义为"残疾"，基于词根"jadaha"形成的单词整理如下：jadaha"残疾"；jadahalahabi"残疾了"。

jafa：

　　"jafa"是动词性词根，语义为"拿"，基于词根"jafa"形成的单词整理如下：jafabumbi"使拿"；jafabumbi"使挈马"；jafakū"弓弣"；jafakū"橛子"；jafambi"拿"；jafambi"化骨殖"；jafambi"鹰拿住"；jafambi"赶车"；jafambi"挈马"；jafan"聘礼"；jafašambi"常在手"；jafašambi"只管拿"；jafatambi"约束"。

jafu：

　　"jafu"是不完整词根，语义为"摔跤"，基于词根"jafu"形成的

单词整理如下：jafunu"撩跤"；jafunubumbi"使撩跤"；jafunumbi
"对撩跤"。

jaila：

"jaila"是动词性词根，语义为"躲"，基于词根"jaila"形成的单
词整理如下：jaila"躲"；jaila"躲开"；jailabumbi"挪开"；jailabumbi
"使躲避"；jailambi"躲避"；jailandumbi"齐躲避"；jailatambi"只管
躲避"。

jaja1：

"jaja1"是动词性词根，语义为"背"，基于词根"jaja1"形成的单
词整理如下：jaja"背"；jajabumbi"使背"；jajahabi"背着呢"；
jajambi"背着"。

jaja2：

"jaja2"是不完整词根，语义为"聚集状"，基于词根"jaja2"形成
的单词整理如下：jajanahabi"拥挤"；jajanahabi"虫蚁集聚"。

jaka：

"jaka"是名词性词根，语义为"缝隙"，基于词根"jaka"形成的
单词整理如下：jaka"将才"；jakan"新近"；jakan"适才"；
jakanabumbi"离间"；jakanambi"裂开缝"；jakanjambi"曲尽"；
jakanjame"搜求着问"；jakarabumbi"使裂开"；jakaraha"才好些"；
jakarakū"薄缝"；jakarambi"离间"；jakarambi"裂开"；jakjahūn"裂
成口"。

jaksan：

"jaksan"是名词性词根，语义为"霞"，基于词根"jaksan"形成

的单词整理如下：jaksaka"霞彩"；jaksakabi"红鲜"；jaksan"霞"。

jakūn：

"jakūn"是数词性词根，语义为"八"，基于词根"jakūn"形成的单词整理如下：jakūn"八"；jakūnggeri"八次"；jakūnju"八十"；jakūta"各八"。

jala：

"jala"是名词性词根，语义为"世"，基于词根"jala"形成的单词整理如下：jalafun"寿"；jalafungga"有寿"；jalafungga"有寿的"；jalaktalahabi"翎翅残缺"；jalaktalambi"节奏"；jalan"世"；jalan"队"；jalan"甲喇"；jalan"辈数"；jalandarakū"总不间断"；jalangga"节"；jalarakū"不间断"；jalasu"节"。

jalgiya：

"jalgiya"是动词性词根，语义为"挪补、通融"，基于词根"jalgiya"形成的单词整理如下：jalgiyabumbi"使挪补"；jalgiyambi"挪补"；jalgiyanjabumbi"使通融"；jalgiyanjambi"通融"。

jali：

"jali"是名词性词根，语义为"奸计"，基于词根"jali"形成的单词整理如下：jaldambi"诓哄"；jali"奸计"；jalidambi"使奸计"；jalingga"奸"。

jalu：

"jalu"是形容词性词根，语义为"满"，基于词根"jalu"形成的单词整理如下：jalu"满"；jalukiya"满其数"；jalukiyabumbi"使满足"；jalukiyambi"使满足"；jalumbi"满盈"；jalumbu"使满盈"；

jalumbumbi"致满盈";jalutala"直致满"。

jaman：

　　"jaman"是名词性词根，语义为"嚷"，基于词根"jaman"形成的单词整理如下：jaman"嚷";jamarambi"嚷闹";jamarandumbi"齐嚷闹";jamaranumbi"齐嚷闹";jamaršambi"只是嚷闹"。

janggali：

　　"janggali"是动词性词根，语义为"窘迫"，基于词根"janggali"形成的单词整理如下：janggalibumbi"致窘迫";janggalimbi"窘迫"。

janggin：

　　"janggin"是名词性词根，语义为"（官）章京"，基于词根"janggin"形成的单词整理如下：janggin"章京";janggisa"章京等"。

jar：

　　"jar"是摹拟词性词根，语义为"鸟虫的鸣叫声"，基于词根"jar"形成的单词整理如下：jar"蚱蟓叫声";jargima"叫蚂蚱"。

jasi：

　　"jasi"是动词性词根，语义为"寄信物"，基于词根"jasi"形成的单词整理如下：jasibumbi"使寄信";jasigan"寄的信物";jasiha"已寄信";jasimbi"寄信物"。

jaya：

　　"jaya"是动词性词根，语义为"卸下颏"，基于词根"jaya"形成的单词整理如下：jayabumbi"使卸下颏"；jayambi"卸下颏"。

je：

　　"je"是动词性词根，语义为"吃"，基于词根"je"形成的单词整理如下：jeburakū"不教吃"；jefu"让吃"；jeke"吃了"；jekenembi"去吃"；jekenjimbi"来吃"；jeku"谷"；jembi"吃"；jemengge"食"；jengge"谷吃"；jenumbi"齐吃"。

jecu：

　　"jecu"是不完整词根，语义为"不稳"，基于词根"jecu"形成的单词整理如下：jecuhunjembi"不妥当"；jecuhuri"踩得不稳"；jecuhuri"不妥"。

jempin：

　　"jempin"是名词性词根，语义为"煎饼"，基于词根"jempin"形成的单词整理如下：jempilembi"摊煎饼"；jempin"煎饼"。

　　推测词根"jempin"借用自汉语词汇"煎饼"。

jen：

　　"jen"是动词性词根，语义为"忍"，基于词根"jen"形成的单词整理如下：jempi"忍心"；jenderakū"不忍"；jengke"忍了"；jengkekū"心里不忍"。

　　推测词根"jen"借用自汉语词汇"忍"。

jendu：

　　"jendu"是副词性词根，语义为"暗暗地"，基于词根"jendu"形成的单词整理如下：jendu"暗说"；jendu"暗暗的"；jenduken"暗暗的"。

jergi：

　　"jergi"是名词性词根，语义为"品级、等"，基于词根"jergi"形成的单词整理如下：jergi"品级"；jergi"等"；jergilebumbi"使相等"；jergilembi"相等"。

jerin：

　　"jerin"是名词性词根，语义为"栏杆、边"，基于词根"jerin"形成的单词整理如下：jerguwelebumbi"使安栏杆"；jerguwelembi"安栏杆"；jerguwen"栏杆"；jerin"铁砧子"；jerin"边"。

jerki：

　　"jerki"是不完整词根，语义为"晃眼状"，基于词根"jerki"形成的单词整理如下：jerkišembi"晃眼"；jerkišembi"耀眼争光"。

jeyen：

　　"jeyen"是名词性词根，语义为"刃子"，基于词根"jeyen"形成的单词整理如下：jeyen"刃子"；jeyengge"有刃"。

jibca：

　　"jibca"是名词性词根，语义为"皮袄"，基于词根"jibca"形成的单词整理如下：jibca"皮袄"；jibcalambi"穿皮袄"。

jibe：

　　"jibe"是不完整词根，语义推测为"重叠状"，基于词根"jibe"形成的单词整理如下：jibehun"密缝眼"；jibehun"被"；jiberekebi"眼密缝着"；jibge"杳"；jibge"延挨"；jibgešembi"逗遛"；jibin"网密"；jibsibumbi"重叠"；jibsibumbi"使加衣"；jibsimbi"重垛上"；jibsimbi"衣上加衣"；jibsirge"累丝"。

jife:

“jife”是动词性词根，语义为“舱缝”，基于词根“jife”形成的单词整理如下：jifebumbi“使舱缝”；jifembi“舱缝”。

jiju:

“jiju”是动词性词根，语义为“划道”，基于词根“jiju”形成的单词整理如下：jijuhan“卦”；jijumbi“画画”；jijun“字画”；jijun“爻”。

jila:

“jila”是动词性词根，语义为“慈爱”，基于词根“jila”形成的单词整理如下：jilabumbi“被慈爱”；jilacuka“可悯”；jilakan“可怜”；jilambi“慈爱”；jilan“慈”；jilangga“慈善人”。

jilbi:

“jilbi”是动词性词根，语义为“宽边内缘窄片金”，基于词根“jilbi”形成的单词整理如下：jilbimbi“宽边内缘窄片金”；jilbin“边内绲的窄片金”。

jile:

“jile”是不完整词根，语义推测为“恬不知耻”，基于词根“jile”形成的单词整理如下：jilehun“恬然无耻”；jileršembi“恬不知耻”。

jilgi:

“jilgi”是动词性词根，语义为“挦毛”，基于词根“jilgi”形成的单词整理如下：jilgibumbi“使挦毛”；jilgimbi“挦毛”。

jili:

“jili”是名词性词根，语义为“怒”，基于词根“jili”形成的单词

整理如下：jili"怒"；jilidambi"动怒"；jilihangga"节烈"；jilihangga
"有性气"。

jingjan：

"jingjan"是形容词性词根，语义为"狠小"，基于词根"jingjan"
形成的单词整理如下：jingjan"狠小"；jingjanahabi"矮矮的"。

jira：

"jira"是形容词性词根，语义为"密的"，基于词根"jira"形成的
单词整理如下：jira"生产密"；jira"挤簇"；jira"花儿密"；jiramikan
"略厚"；jiramilabumbi"使人厚待"；jiramilambi"厚待"；jiramin"厚"。

jirga：

"jirga"是动词性词根，语义为"安逸"，基于词根"jirga"形成的
单词整理如下：jirgabumbi"使安逸"；jirgacun"可安逸"；jirgahabi
"安寝了"；jirgambi"安逸"。

jise：

"jise"是名词性词根，语义为"稿"，基于词根"jise"形成的单词
整理如下：jise"草稿"；jise"稿"；jiselembi"起草"。

jisu：

"jisu"是动词性词根，语义为"刺"，基于词根"jisu"形成的单词
整理如下：jisubumbi"使刺"；jisumbi"刺"。

jo：

"jo"是动词性词根，语义为"铡"，基于词根"jo"形成的单词整
理如下：jokū"铡刀"；jombi"铡草"。

jobo：

"jobo"是动词性词根，语义为"忧、愁"，基于词根"jobo"形成的单词整理如下：jobobumbi"劳苦"；jobocuka"可忧"；jobocun"忧"；jobolon"丧事"；jobolon"忧患"；jobombi"艰难"；jobombi"愁"；joboshūn"愁苦"；jobošombi"忧愁"。

joci：

"joci"是动词性词根，语义为"衰败、害"，基于词根"joci"形成的单词整理如下：jocibumbi"伤害"；jocimbi"破败"。

jodo：

"jodo"是动词性词根，语义为"织"，基于词根"jodo"形成的单词整理如下：jodobumbi"使织"；jodombi"织"；jodombi"不时来往"；jodon"葛布"。

jofoho：

"jofoho"是名词性词根，语义为"尖儿、角儿"，基于词根"jofoho"形成的单词整理如下：jofoho"对的尖"；jofoho"鱼叉"；jofohonggo"有尖角的"。

johi：

"johi"是动词性词根，语义为"收口"，基于词根"johi"形成的单词整理如下：johihabi"收了口"；johimbi"收口"。

joholin：

"joholin"是动词性词根，语义为"胖"，基于词根"joholin"形成的单词整理如下：joholikabi"甚胖"；joholikabi"膘满肉肥"。

jokja：

　　"jokja"是动词性词根，语义为"着实打"，基于词根"jokja"形成的单词整理如下：jokja"着实打"；jokjabumbi"使着实打"；jokjambi"着实责打"。

joksi：

　　"joksi"是名词性词根，语义为"臃肿状"，基于词根"joksi"形成的单词整理如下：joksilambi"攘食包"；joksinahabi"胖得可厌"。

jolho：

　　"jolho"是动词性词根，语义为"漾、溢"，基于词根"jolho"形成的单词整理如下：jolhocombi"怒气上冲"；jolhombi"水漾"。

joli：

　　"joli"是动词性词根，语义为"赎"，基于词根"joli"形成的单词整理如下：joldombi"旧物回赎"；jolibumbi"准赎"；jolibumbi"许赎"；joligan"赎锾"；jolimbi"赎"；jolinambi"去赎"；jolinjimbi"来赎"。

jon：

　　"jon"是动词性词根，语义为"提"，基于词根"jon"形成的单词整理如下：jombu"提"；jombumbi"提拨"；jombumbi"提白"；jompi"提"；jondombi"常提"；jongkakū"没提"；jongko"提起"；jonombi"常提"。

joo1：

　　"joo1"是动词性词根，语义为"罢了"，基于词根"joo1"形成的单词整理如下：joo"罢了"；joobai"罢了的口气"。

joo2：

　　"joo2"是不完整词根，语义为"棹"，基于词根"joo2"形成的单词整理如下：joolikū"棹"；joolimbi"使棹"。

jor1：

　　"jor1"是不完整词根，语义为"大走走状"，基于词根"jor1"形成的单词整理如下：joran"大走"；jordabumbi"使大走"；jordambi"大走开"。

jor2：

　　"jor2"是摹拟词性词根，语义为"齐噪的声音"，基于词根"jor2"形成的单词整理如下：jor"众人力作声"；jor"鸡犬群叫声"；jorgimbi"虫鸟群鸣"；jorgimbi"群虫声"；jorgindumbi"众雀噪"；jorgirhen"叫田子"。

jori：

　　"jori"是动词性词根，语义为"指示"，基于词根"jori"形成的单词整理如下：joribumbi"使指示"；jorimbi"指帽子"；jorimbi"指示"；jorin"指得准头"；jorin"意指"；joringga"题目"；jorišambi"常指示"；jorisi"指挥"；jortai"故意"；jortanggi"故意"。

ju1：

　　"ju1"是不完整词根，语义推测为"前、古"，基于词根"ju1"形成的单词整理如下：juben"古词"；jubešembi"背后毁谤"；jubesi"说书人"；julen"古词"；julergi"前边"；julergi"南"；juleri"前"；julesi"往前"；julge"古"。

ju2：

　　"ju2"是不完整词根，语义推测为"去除"，基于词根"ju2"形成的单词整理如下：juliyambi"去核"；juliyambi"吐难吃物"；jurumbi"呕"。

ju3：

"ju3"是不完整词根，语义推测为"恰好、平常"，基于词根"ju3"形成的单词整理如下：juken"略足"；juken"平常"；julungga"马柔和"；julungga"安常人"。

jui：

"jui"是名词性词根，语义为"子"，基于词根"jui"形成的单词整理如下：juse"众子"；jui"子"；juseki"孩气"。

juki：

"juki"是动词性词根，语义为"垫补"，基于词根"juki"形成的单词整理如下：jukimbi"垫补"；jukibumbi"使垫补"。

jukte1：

"jukte1"是不完整词根，语义为"小块"，基于词根"jukte1"形成的单词整理如下：juktelebumbi"使切小块"；juktelembi"切小块"。

jukte2：

"jukte2"是动词性词根，语义为"祀"，基于词根"jukte2"形成的单词整理如下：juktehen"庙"；juktembi"祀神"；jukten"祀"。

jun：

"jun"是名词性词根，语义为"灶门"，基于词根"jun"形成的单词整理如下：jun"灶门"；junggala"灶堂"。

jungge：

　　"jungge"是动词性词根，语义为"抵盗"，基于词根"jungge"形成的单词整理如下：junggebumbi"使抵盗"；junggembi"抵盗"。

junggin：

　　"junggin"是名词性词根，语义为"锦"，基于词根"junggin"形成的单词整理如下：junggin"锦"；jungginahabi"蹙额"。

jur：

　　"jur"是不完整词根，语义为"行"，基于词根"jur"形成的单词整理如下：jurambi"起行"；jurambumbi"使起行"；juran"起行处"；jurgan"义"；jurgan"部院"；jurgan"行"；jurgangga"有义气的"。

jurce：

　　"jurce"是动词性词根，语义为"违"，基于词根"jurce"形成的单词整理如下：jurcebumbi"使违"；jurcembi"违悖"；jurcen"违"；jurcerakū"不违悖"。

juru：

　　"juru"是数词性词根，语义为"双"，基于词根"juru"形成的单词整理如下：jurjun"双陆"；jursu"双层"；jursulebumbi"使重着"；jursulembi"重着"；juru"双"；juru"耦"；jurucilen"四六"；juruken"成双"；jurulebumbi"使双着"；jurulembi"双着"。

jušen：

　　"jušen"是动词性词根，语义为"酸"，基于词根"jušen"形成的单词整理如下：jušekebi"酸了"；jušembi"作酸"；jušempe"酸酱菜"。

jusu：

　　"jusu"是动词性词根,语义为"划道、割成条",基于词根"jusu"形成的单词整理如下：jushe"瓜藤"；justalabumbi"使刺条子"；justalambi"刺条子"；justan"条子"；justan"一绺纸"；jusukū"铅饼"；jusumbi"打荡子"。

jušun：

　　"jušun"是名词性词根,语义推测为"醋",基于词根"jušun"形成的单词整理如下：jušuhun"酸"；jušuhuri"关桃子"；jušun"醋"；jušuri"乌梅"。

juwan1：

　　"juwan1"是动词性词根,语义为"开口",基于词根"juwan1"形成的单词整理如下：juwa"开口"；juwabumbi"使开口"；juwampi"开着口"；juwangka"张开口"。

juwan2：

　　"juwan2"是数词性词根,语义为"十",基于词根"juwan2"形成的单词整理如下：juwan"十"；juwanggeri"十次"；juwanta"各十"。

juwe1：

　　"juwe1"是数词性词根,语义为"二",基于词根"juwe1"形成的单词整理如下：juwe"二"；juwenggeri"二次"；juwederakū"不贰心"；juwerge"二弦"；juwete"各二"。

juwe2：

　　"juwe2"是动词性词根,语义为"运送",基于词根"juwe2"形成的单词整理如下：juwebumbi"使运送"；juwembi"运送"；juwenusi

"水脚役"。

juyen：

　　"juyen"是动词性词根，语义为"紧闭牙关"，基于词根"juyen"形成的单词整理如下：juyekebi"牙关张不开"；jungke"牙关紧了"；jayan"牙关"。

　　"jayan（牙关）"同词根"juyen（紧闭牙关）"之间存在元音交替关系。

8.11　k

ka：

　　"ka"是动词性词根，语义为"拦挡"，基于词根"ka"形成的单词整理如下：kabumbi"使拦挡"；kambi"围困"；kambi"拦挡着"；kakū"闸"。

kab：

　　"kab"是不完整词根，语义为"莽撞"，基于词根"kab"形成的单词整理如下：kabsitambi"莽撞"。

kabka：

　　"kabka"是不完整词根，语义为"犟嘴状"，基于词根"kabka"形成的单词整理如下：kabkašambi"犟嘴"。

kadala：

　　"kadala"是动词性词根，语义为"管辖"，基于词根"kadala"形成的单词整理如下：kadalabumbi"使管辖"；kadalambi"管辖"；

kadalan"关防"。

kadu：

"kadu"是不完整词根，语义推测为"争强状"，基于词根"kadu"形成的单词整理如下：kadarakū"奋勇"；kadurambi"争强"；kaduršambi"只是争强"。

kaica：

"kaica"是动词性词根，语义为"呐喊"，基于词根"kaica"形成的单词整理如下：kaicabumbi"使呐喊"；kaicambi"呐喊"；kaican"上风呐喊射狍"；kaicandumbi"一齐呐喊"；kaicanumbi"一齐呐喊"。

kaika：

"kaika"是不完整词根，语义推测为"斜"，基于词根"kaika"形成的单词整理如下：kaikada"眼斜视"；kaikarambi"歪斜"。

kak：

"kak"是不完整词根，语义为"喀痰"，基于词根"kak"形成的单词整理如下：kaksimbi"喀痰"。

kaki：

"kaki"是形容词性词根，语义为"紧小、浓烈"，基于词根"kaki"形成的单词整理如下：kaki"衣服窄狭"；kaki"酒很酽"；kaki"性紧"；kakiri"秦椒"；kakitu"紧身"。

kalbi：

"kalbi"是名词性词根，语义为"快箭"，基于词根"kalbi"形成的单词整理如下：kalbikū"快箭"；kalbimbi"挑远"。

kalcu：

"kalcu"是不完整词根，语义为"宽大的"，基于词根"kalcu"形成的单词整理如下：kalcuhūn"宽额"；kalcunggi"勇锐"；kalcunggi"精壮"。

kalfi：

"kalfi"是名词性词根，语义为"比目鱼、比目鱼状物"，基于词根"kalfi"形成的单词整理如下：kalfimbi"挑远"；kalfin"一挑箭"；kalfini"比目鱼"。

kaltara：

"kaltara"是动词性词根，语义为"滑"，基于词根"kaltara"形成的单词整理如下：kaltarambi"滑跌"；kaltarashūn"偏坡滑处"。

kamci：

"kamci"是动词性词根，语义为"合"，基于词根"kamci"形成的单词整理如下：kamcibumbi"使合"；kamcimbi"合"；kamcin"合并"。

kanda：

"kanda"是名词性词根，语义为"牛项下薼皮或类似事物"，基于词根"kanda"形成的单词整理如下：kanda"牛项下薼皮"；kandahan"堪达汉"；kandarhan"缇胸"。

kangga：

"kangga"是不完整词根，语义推测为"充能"，基于词根"kangga"形成的单词整理如下：kanggasikū"充能的人"；

kanggasitambi"充能"。

kanggara：

　　"kanggara"是动词性词根，语义为"趔撑"，基于词根 "kanggara"形成的单词整理如下：kanggarambi"脚滑踉跄"； kanggarame"射着皮毛"；kanggaršambi"连连趔撑"。

kangta：

　　"kangta"是不完整词根，语义为"昂首状"，基于词根"kangta" 形成的单词整理如下：kangtarakabi"辕轻"；kangtarambi"扯手挂 在鞍跷吊马"；kangtaršambi"昂然"。

kapa：

　　"kapa"是不完整词根，语义为"扁塌状"，基于词根"kapa"形成 的单词整理如下：kapahūn"鼻塌"；kapahūn"就地卧"； kaparabumbi"被压扁"；kaparambi"压扁"。

kara1：

　　"kara1"是不完整词根，语义推测为"护"，基于词根"kara1"形 成的单词整理如下：karaba"性好护庇"；karaba"护群"。

kara2：

　　"kara2"是名词性词根，语义为"黑马"，基于词根"kara2"形成 的单词整理如下：kara"黑马"；karahan"啮铁"；karaki"青鸦"； karalja"乌鸡"。

kara3：

　　"kara3"是动词性词根，语义为"瞭"，基于词根"kara3"形成的单词整理如下：karabumbi"使瞭望"；karaltu"瞭"；karambi"瞭望"；karan"远瞭望"；karanambi"去瞭望"；karandumbi"一齐瞭望"；karanjimbi"来瞭望"；karanumbi"一齐瞭望"。

karca：

"karca"是动词性词根，语义为"碰"，基于词根"karca"形成的单词整理如下：karcabumbi"相碰着"；karcambi"碰"。

kargi：

"kargi"是动词性词根，语义为"截"，基于词根"kargi"形成的单词整理如下：kargi"截"；kargibumbi"使截齐"；kargimbi"截齐"。

karma：

"karma"是动词性词根，语义为"保护"，基于词根"karma"形成的单词整理如下：karmabumbi"使保护"；karmambi"保护"；karman"保护的"；karmandumbi"一齐保护"；karmangga"卫"；karmani"符"；karmanumbi"一齐保护"；karmatambi"常保护"。

karu：

"karu"是名词性词根，语义为"回报、报应"，基于词根"karu"形成的单词整理如下：karu"报"；karulabumbi"使报复"；karulambi"报复"；karulan"报应"；karušambi"还报"。

kaskan：

"kaskan"是名词性词根，语义为"疥疮"，基于词根"kaskan"形成的单词整理如下：kaskan"什么行子"；kaskanahabi"什么行子"。

kata：

"kata"是动词性词根，语义为"风干"，基于词根"kata"形成的单词整理如下：katabumbi"使风干"；katambi"风干"。

katara：

"katara"是动词性词根，语义为"颠"，基于词根"katara"形成的单词整理如下：katarabumbi"使颠"；katarambi"颠"。

katun：

"katun"是形容词性词根，语义为"强壮、坚强"，基于词根"katun"形成的单词整理如下：katun"强壮"；katun"坚强"；katunjambi"扎挣"；katuri"螃蟹"。

kecu：

"kecu"是形容词性词根，语义为"狠"，基于词根"kecu"形成的单词整理如下：kecu"狠"；kecudembi"行事狠"。

kedere：

"kedere"是动词性词根，语义为"巡逻"，基于词根"kedere"形成的单词整理如下：kedere"逻"；kederebumbi"使巡逻"；kederembi"巡逻"；kederembi"巡视"。

keike：

"keike"是形容词性词根，语义推测为"刻薄"，基于词根"kei"形成的单词整理如下：keike"刻薄"；keikedembi"行事刻薄"。

kek：

"kek"是不完整词根，语义为"称心"，基于词根"kek"形成的单词整理如下：keksebuku"如意"。

keku：

"keku"是不完整词根，语义推测为"（禽）可姑"，基于词根"keku"形成的单词整理如下：kekuhe"可姑"；kekutu"刺毛鹰"。

kelfi：

"kelfi"是动词性词根，语义为"摇"，基于词根"kelfi"形成的单词整理如下：kelfišembi"摇"；kelfišembi"游移"。

kemun：

"kemun"是名词性词根，语义为"节度、准则"，基于词根"kemun"形成的单词整理如下：kemnebumbi"使节用"；kemnebumbi"使量度"；kemnembi"节用"；kemnembi"量度"；kemnen"节"；kemuhen"范"；kemun"制子"；kemun"准"；kemun"准则"；kemungge"有节"。

kende：

"kende"是不完整词根，语义推测为"驼项下长毛"，基于词根"kende"形成的单词整理如下：kenderhen"驼项下长毛"。

词根"kende"与词根"kanda"之间存在元音交替关系。

kene：

"kene"是不完整词根，语义为"疑"，基于词根"kene"形成的单词整理如下：kenehunjebumbi"被疑"；kenehunjecuke"可疑"；kenehunjembi"疑惑"；kenehunjen"疑"。

keng：

"keng"是不完整词根，语义为"干咳声、鸣叫声"，基于词根"keng"形成的单词整理如下：kengsimbi"可鸪鸣"；kengsimbi"牲口痉"；kengsimbi"干嗽"。

kengge：

　　"kengge"是不完整词根，语义推测为"枯瘦状、空落状"，基于词根"kenggehun"形成的单词整理如下：kenggehun"瘦人拱肩"；kenggehun"空落"。

kengke：

　　"kengke"是动词性词根，语义为"饿极、渴极"，基于词根"kengke"形成的单词整理如下：kengkehebi"饿极了"；kengkešembi"渴想"；kengkešembi"馋得慌"。

kengse：

　　"kengse"是副词性词根，语义为"果断"，基于词根"kengse"形成的单词整理如下：kengsejembi"绳索磨伤"；kengselebumbi"使裁断"；kengselembi"裁断"；kengse"果断"。

kengte：

　　"kengte"是不完整词根，语义为"高大驼背状"，基于词根"kengte"形成的单词整理如下：kengtehun"驼背"；kengtehun"高脚马"。

kerci：

　　"kerci"是动词性词根，语义为"刺骨缝"，基于词根"kerci"形成的单词整理如下：kercibumbi"使刺骨缝"；kercimbi"刺骨缝"。

kerke：

　　"kerke"是不完整词根，语义推测为"麻子"，基于词根"kerke"形成的单词整理如下：kerkenehebi"稠麻子"；kerkeri"麻子"。

kerun：

　　"kerun"是名词性词根，语义为"罚"，基于词根"kerun"形成的单词整理如下：kerulembi"罚"；kerun"罚物"。

kesi：

　　"kesi"是名词性词根，语义为"恩、造化"，基于词根"kesi"形成的单词整理如下：kesi"恩"；kesi"造化"；kesingge"有造化的"。

kice：

　　"kice"是动词性词根，语义为"用功"，基于词根"kice"形成的单词整理如下：kice"使勉力"；kicebe"勤"；kicebumbi"使用功"；kicembi"勤"；kicembi"用功"；kicen"功夫"；kicendumbi"一齐用功"；kicenumbi"一齐用功"。

kidu：

　　"kidu"是动词性词根，语义为"想念"，基于词根"kidu"形成的单词整理如下：kidubumbi"使想念"；kidumbi"想念"。

kimci：

　　"kimci"是动词性词根，语义为"详察"，基于词根"kimci"形成的单词整理如下：kimci"使详察"；kimcibumbi"使人详察"；kimcikū"详细人"；kimcimbi"详察"；kimcin"考"；kimcin"详察的"；kimcindumbi"一齐详察"；kimcinumbi"一齐详察"；kimcisi"照磨"。

kimun：

　　"kimun"是名词性词根，语义为"仇"，基于词根"kimun"形成的单词整理如下：kimulebumbi"使结仇"；kimulembi"结仇"；

kimun"仇"；kimungge"有仇的"；kimuntumbi"都成仇"。

kiri：

　　"kiri"是动词性词根，语义为"忍"，基于词根"kiri"形成的单词整理如下：kiri"忍"；kiriba"性能忍耐"；kiriba"残忍"；kirimbi"伏藏"；kirimbi"忍耐"。

kiyakiya：

　　"kiyakiya"是动词性词根，语义为"赞美"，基于词根"kiyakiya"形成的单词整理如下：kiyakiyabumbi"使赞美"；kiyakiyambi"舌赞美声"。

kiyalma：

　　"kiyalma"是动词性词根，语义为"镶嵌"，基于词根"kiyalma"形成的单词整理如下：kiyalmabumbi"使镶嵌"；kiyalmambi"镶嵌"；kiyamnambi"镶嵌"。

　　"kiyamnambi（镶嵌）"词中发生了辅音倒置现象(lm＞ml＞mn)。

kiyangdu：

　　"kiyangdu"是形容词性词根，语义为"强"，基于词根"kiyangdu"形成的单词整理如下：kiyangdu"强干"；kiyangdu"好强人"；kiyangdulabumbi"被使强"；kiyangdulambi"使强"。

kiyangkiyan：

　　"kiyangkiyan"是形容词性词根，语义为"强健"，基于词根"kiyangkiyan"形成的单词整理如下：kiyangkiyan"强健"；kiyangkiyašabumbi"被强梁"；kiyangkiyašambi"强梁"。

kiyari：

"kiyari"是动词性词根，语义为"劈烧柴"，基于词根"kiyari"形成的单词整理如下：kiyaribumbi"使劈烧柴"；kiyarimbi"劈烧柴"。

kiyatu：

"kiyatu"是动词性词根，语义为"饿到极点"，基于词根"kiyatu"形成的单词整理如下：kiyatubumbi"使饿得无法"；kiyatuha"熬淡了"；kiyatuhabi"饿得无法了"；kiyatumbi"饿得无法"。

kiyolor：

"kiyolor"是不完整词根，语义为"装模作样状"，基于词根"kiyolor"形成的单词整理如下：kiyolorjombi"装模作样"。

kob：

"kob"是不完整词根，语义推测为"好修饰的"，基于词根"kob"形成的单词整理如下：kobcihiyadambi"修容止"；kobcihiyan"好修容止"。

kobko：

"kobko"是不完整词根，语义为"揭下"，基于词根"kobko"形成的单词整理如下：kobkolombi"揭下纸画"。

kobso：

"kobso"是不完整词根，语义为"凸起的、突出的"，基于词根"kobso"形成的单词整理如下：kobsohon"鼻高"；kobsoljome"胡夸张"。

kobto：

"kobto"是名词性词根，语义为"敬谨"，基于词根"kobto"形成的单词整理如下：kobto"敬谨"；kobtolombi"待人敬谨"；kobtonggo"敬谨人"。

kofori：

"kofori"是名词性词根，语义为"泡状物"，基于词根"kofori"形成的单词整理如下：kofori"泡"；koforinaha"糠了"。

koika：

"koika"是名词性词根，语义为"草根坏、头皮"，基于词根"koika"形成的单词整理如下：koika"草坯子"；koika"头皮"；koika"草根坏"；koikašabumbi"使彼此搅打"；koikašambi"彼此搅打"。

koikon：

"koikon"是不完整词根，语义为"高浮、凸出状"，基于词根"koikon"形成的单词整理如下：koikohon"高浮出来"；koikoljombi"作怪"；koikon"臊尖"。

koiman：

"koiman"是形容词性词根，语义为"狡诈"，基于词根"koiman"形成的单词整理如下：koimali"狡诈"；koimalidambi"行狡诈"；koiman"狡诈"；koimasitambi"总是狡诈"。

koiton：

"koiton"是形容词性词根，语义为"鬼诈"，基于词根"koiton"形成的单词整理如下：koiton"鬼诈"；koitonggo"鬼诈人"。

kokira：

　　"kokira"是动词性词根，语义为"损"，基于词根"kokira"形成的单词整理如下：kokirabumbi"受伤损"；kokirakū"损人的"；kokirambi"伤损"；kokiran"损"。

kokoli：

　　"kokoli"是动词性词根，语义为"剥衣服"，基于词根"kokoli"形成的单词整理如下：kokolibumbi"使剥衣服"；kokolimbi"剥衣服"。

kola：

　　"kola"是动词性词根，语义为"揭、剥"，基于词根"kola"形成的单词整理如下：kola"揭瓦"；kolabumbi"使揭去瓦"；kolambi"揭去瓦"；kolambi"剥整皮"。

komo：

　　"komo"是名词性词根，语义为"骆驼屉"，基于词根"komo"形成的单词整理如下：komo"骆驼屉"；komolobumbi"使备骆驼"；komolombi"备骆驼备吊屉"。

komso：

　　"komso"是形容词性词根，语义为"少"，基于词根"komso"形成的单词整理如下：komso"少"；komsokon"少少的"。

kooli：

　　"kooli"是名词性词根，语义为"例、典"，基于词根"kooli"形成的单词整理如下：kooli"例"；kooli"典"；koolingga"有礼法"。

kori：

　　"kori"是动词性词根，语义为"挖"，基于词根"kori"形成的单词整理如下：kori"挖"；koribumbi"涮"；koribumbi"使挖去"；korimbi"挖去"。

koro：

　　"koro"是动词性词根，语义为"伤"，基于词根"koro"形成的单词整理如下：koro"伤心词"；korombi"伤心"。

korso：

　　"korso"是动词性词根，语义为"愧恨"，基于词根"korso"形成的单词整理如下：korsobumbi"使愧恨"；korsocuka"可愧恨"；korsocun"恨"；korsombi"愧恨"；korsondumbi"一齐愧恨"；korsonumbi"一齐愧恨"。

kuberhen：

　　"kuberhen"是名词性词根，语义为"鞭棍伤痕"，基于词根"kuberhen"形成的单词整理如下：kuberhen"鞭棍伤痕"；kuberhenembi"已出伤痕"。

kubsu：

　　"kubsu"是不完整词根，语义为"粗大状"，基于词根"kubsu"形成的单词整理如下：kubsuhun"粗大"；kubsuhun"厌人倒卧样"；kubsuhuri"粗大大的"；kubsuhuri"膨胀"；kubsurekebi"宣肿"。

kubu：

　　"kubu"是动词性词根，语义为"镶"，基于词根"kubu"形成的单词整理如下：kubcin"靴袜口上缘的边"；kubuhen"镶的宽边"；kubumbi"镶"。

kūbulin：

"kūbulin"是动词性词根，语义为"变"，基于词根"kūbulin"形成的单词整理如下：kūbulibumbi"使变"；kūbulika"变了"；kūbulimbi"变动"；kūbulimbi"变"；kūbulin"变"。

kubun：

"kubun"是名词性词根，语义为"棉花、棉状物"，基于词根"kubun"形成的单词整理如下：kubun"棉花"；kubunehe"瓜缕了"。

kufu：

"kufu"是不完整词根，语义为"脆"，基于词根"kufu"形成的单词整理如下：kufuyen"脆"。

kuhe：

"kuhe"是不完整词根，语义推测为"膨胀状"，基于词根"kuhe"形成的单词整理如下：kuhengge"胀死的"。

kui：

"kui"是不完整词根，语义推测为"揎"，基于词根"kui"形成的单词整理如下：kuilebumbi"使揎"；kuileku"楦头"；kuilembi"揎"。

推测词根"kui"借用自汉语词汇"盔"。

kūli：

"kūli"是动词性词根，语义为"唬住、惊伏"，基于词根"kūli"形成的单词整理如下：kūlibumbi "被唬住"；kūlihabi "唬住了"；kūlimbi "惊伏"；kūlimbi "唬住"；kūlisitambi "惊慌"；kūlisitambi "怕极样"；kūlisitambi "闪灼"。

kumdu：

"kumdu" 是形容词性词根，语义为 "虚"，基于词根 "kumdu" 形成的单词整理如下：kumdu "虚"；kumdulebumbi "使虚着"；kumdulembi "虚着"。

kumun：

"kumun" 是名词性词根，语义为 "乐"，基于词根 "kumun" 形成的单词整理如下：kumuda "司乐"；kumun "乐"；kumungge "富足热闹"；kumusi "乐舞生"。

kundu：

"kundu" 是形容词性词根，语义为 "恭敬的"，基于词根 "kundu" 形成的单词整理如下：kundu "恭敬"；kundulebumbi "使人恭敬"；kundulembi "待人恭敬"。

kungšun：

"kungšun" 是形容词性词根，语义为 "燎烟气"，基于词根 "kungšun" 形成的单词整理如下：kungšuken "略有燎烟气"；kungšun "燎烟气"。

kurbu：

"kurbu" 是动词性词根，语义为 "翻"，基于词根 "kurbu" 形成的单词整理如下：kurbumbi "翻身"；kurbušembi "烦闷辗转"；kurbušembi "翻转"。

kūrca：

"kūrca"是名词性词根，语义为"黑垢"，基于词根"kūrca"形成的单词整理如下：kūrca"熏黑"；kūrcan"灰鹤"；kūrcanahabi"熏黑了"。

kuren：

"kuren"是名词性词根，语义为"伍"，基于词根"kuren"形成的单词整理如下：kurelembi"分伍"；kuren"伍"。

kuru：

"kuru"是名词性词根，语义为"高阜"，基于词根"kuru"形成的单词整理如下：kuru"高阜"；kuruken"微高处"。

kušun：

"kušun"是形容词性词根，语义为"不舒服"，基于词根"kušun"形成的单词整理如下：kušulebumbi"致不舒服"；kušulembi"不舒服"；kušun"膨闷"；kušun"不舒畅"；kušun"衣服不随身"。

kūta：

"kūta"是动词性词根，语义为"搅拌"，基于词根"kūta"形成的单词整理如下：kūta"搅拌"；kūthūbumbi"使搅"；kūthūmbi"搅"；kūthūmbi"搅战"。

kutu：

"kutu"是不完整词根，语义推测为"牵牲口"，基于词根"kutu"形成的单词整理如下：kuteci"牵马人"；kutule"跟马人"；kutulebumbi"使牵牲口"；kutulembi"牵牲口"。

kūwacara：

"kūwacara"是动词性词根，语义为"刳空"，基于词根"kūwacara"

形成的单词整理如下：kūwacara"刳里面"；kūwacarabumbi"使刳去里面"；kūwacarambi"刳去里面"。

kūwaici：

"kūwaici"是形容词性词根，语义为"斜的、撇脚的"，基于词根"kūwaici"形成的单词整理如下：kūwaici"斜饰件"；kūwaici"撇脚"；kūwaicidambi"撇着脚走"。

kūwala：

"kūwala"是动词性词根，语义为"揭"，基于词根"kūwala"形成的单词整理如下：kūwala"揭"；kūwalabumbi"使揭开"；kūwalaci"磨毛皮板"；kūwalambi"揭开"。

kūwara：

"kūwara"是动词性词根，语义为"圈、围"，基于词根"kūwara"形成的单词整理如下：kūwarabumbi"兽被圈住"；kūwarambi"勾抹"；kūwaran"营"；kūwaran"墙圈"；kūwaran"局厂"。

kūwasa：

"kūwasa"是形容词性词根，语义为"夸张人"，基于词根"kūwasa"形成的单词整理如下：kūwasa"夸张人"；kūwasadambi"混夸张"。

8.12　l

lab：

"lab"是不完整词根，语义为"吞吃状、乱说状"，基于词根"lab"

形成的单词整理如下：labsimbi"吞着吃"；labsimbi"狗嗒拉食"；labsimbi"乱说"。

labda：

　　"labda"是不完整词根，语义推测为"下垂状"，基于词根"labda"形成的单词整理如下：labdahūn"枝叶下垂"；labdahūn"唇下垂"；labdahūn"耳唇下垂"。

labdu：

　　"labdu"是形容词性词根，语义为"多"，基于词根"labdu"形成的单词整理如下：labdu"多"；labdukan"微多"；labdulambi"多加"。

labsan：

　　"labsan"是名词性词根，语义为"雪片"，基于词根"labsan"形成的单词整理如下：labsambi"下雪片"；labsan"雪片"。

lai：

　　"lai"是动词性词根，语义为"赖"，基于词根"lai"形成的单词整理如下：laidabumbi"使诬赖"；laidakū"打谷鸟"；laidakū"肯撒赖"；laidambi"诬赖"；laidambi"撒赖"；laidambi"赖"；laihū"赖皮子"；laihū"赖皮"；laihūn"光棍"；laihūšambi"放刁"；laihūšambi"闯光棍"；laihūtu"泥腿"。

　　推测认为词根"lai"借用自汉语词汇"赖"。

laifa：

　　"laifa"是名词性词根，语义为"涝豆，像涝豆的蔫倒状物"，基于词根"laifa"形成的单词整理如下：laifa"涝豆"；laifarakabi"蔫倒"；laifarakabi"软倒"。

lak：

　　"lak"是不完整词根，语义为"恰好"，基于词根"lak"形成的单词整理如下：lakdari"恰好打住"；lakdari"恰好碰着"。

lakca：

　　"lakca"是动词性词根，语义为"断"，基于词根"lakca"形成的单词整理如下：lakcabumbi"使断"；lakcahabi"断绝了"；lakcambi"断绝"；lakcambi"断"；lakcan"断绝"；lakcan"读"。

lakda：

　　"lakda"是不完整词根，语义推测为"下垂状"，基于词根"lakda"形成的单词整理如下：lakdahūn"往下垂着"；lakdahūn"耷拉着"；lakdahūri"满满垂下"。

lakiya：

　　"lakiya"是动词性词根，语义为"悬挂"，基于词根"lakiya"形成的单词整理如下：lakiya"挂上"；lakiyabumbi"空乏"；lakiyabumbi"使悬挂"；lakiyambi"悬挂"。

lala：

　　"lala"是动词性词根，语义为"瘫软的"，基于词根"lala"形成的单词整理如下：lala"黄米饭"；lalaha"不骨立"；lalahūn"蔫软"；lalanji"很烂"；lalanji"很软"。

lamun：

　　"lamun"是形容词性词根，语义为"蓝"，基于词根"lamun"形成的单词整理如下：lamudai"青凤"；lamukan"浅蓝"；lamuke"蓝靛颏"；lamun"蓝"；lamurcan"蓝"；lamurhan"青翰"。

langga：

"langga"是动词性词根，语义为"羁绊"，基于词根"langga"形成的单词整理如下：langgabumbi"被羁绊"；langgambi"羁绊"。

langse：

"langse"是形容词性词根，语义为"邋遢"，基于词根"langse"形成的单词整理如下：langse"邋遢"；langsedambi"说村话"；langsedambi"做邋遢事"。

langtu：

"langtu"是名词性词根，语义为"铁榔头"，基于词根"langtu"形成的单词整理如下：langtanahabi"头大"；langtu"铁榔头"；langtungga"大头"；langtungga"头大"。

lar1：

"lar1"是不完整词根，语义为"繁盛的"，基于词根"lar1"形成的单词整理如下：largikan"稍繁"；largin"繁"。

lar2：

"lar2"是不完整词根，语义为"寡淡的"，基于词根"lar2"形成的单词整理如下：larhūn"地瓜"；larsen"面淡"；larsenda"山药"；larturi"山豆"。

larba：

"larba"是形容词性词根，语义为"瘫软"，基于词根"larba"形成的单词整理如下：larbahūn"软瘫睡卧"。

lasari：

"lasari"是形容词性词根，语义为"枝叶垂盖"，基于词根"lasari"形成的单词整理如下：lasari"枝叶垂盖"；lasarinahabi"枝叶四垂"。

lasha：

"lasha"是动词性词根，语义为"截断"，基于词根"lasha"形成的单词整理如下：lashala"截断"；lashalabumbi"使截断开"；lashalabumbi"使截断"；lashalambi"决断"；lashalambi"截断开"；lashalambi"截断"；lashalan"断"；lashatai"决然"。

lasihi：

"lasihi"是动词性词根，语义为"挥、摔"，基于词根"lasihi"形成的单词整理如下：lasihidabumbi"被摔掇"；lasihidambi"摔掇"；lasihikū"鼓坠"；lasihikū"梢子棍"；lasihimbi"混轮"。

lata：

"lata"是形容词性词根，语义为"迟钝"，基于词根"lata"形成的单词整理如下：lata"迟钝"；lata"马迟钝"；latakan"略迟钝"。

latu：

"latu"是动词性词根，语义为"黏"，基于词根"latu"形成的单词整理如下：latubukū"黏杆子"；latubumbi"黏贴"；latumbi"沾污"；latumbi"黏"；latunambi"去侵犯"；latungga"奸揽事"；latunjimbi"来侵犯"。

lebde：

"lebde"是不完整词根，语义推测为"呆"，基于词根"lebde"形成的单词整理如下：lebdehun"乏得呆了"；lebdehun"呆呆的"；lebderekebi"发呆"。

lebe：

"lebe"是不完整词根，语义推测为"泥泞的"，基于词根"lebe"形成的单词整理如下：lebenggi"陷泞"。

lehe：

"lehe"是动词性词根，语义为"事后争索"，基于词根"lehe"形成的单词整理如下：lehebumbi"使争索"；lehembi"事结复告"；lehembi"得后争索"；lehendumbi"齐争索"；lehenumbi"齐争索"。

lekde：

"lekde"是不完整词根，语义为"垂遮"，基于词根"lekde"形成的单词整理如下：lekcehun"软物垂遮"；lekdehun"垂遮"；lekderekebi"蓬头垢面"。

leke：

"leke"是动词性词根，语义为"磨刀"，基于词根"leke"形成的单词整理如下：leke"磨刀石"；lekebumbi"使磨刀"；lekembi"磨刀"。

名词"leke(磨刀石)"同动词词干"leke-(磨刀)"形态相同。

leki-lebki：

"leki-lebki"是不完整词根，语义推测为"扑拿"，基于词根"leki-lebki"形成的单词整理如下：lebkidembi"扑拿"；lekidembi"扑拿"。

lempi：

　　"lempi"是名词性词根，语义为"少白头"，基于词根"lempi"形成的单词整理如下：lempinehebi"天老"。

len：

　　"len"是形容词性词根，语义为"壮大"，基于词根"len"形成的单词整理如下：len"壮大"；lengken"略壮大"。

lengse：

　　"lengse"是不完整词根，语义推测为"笨重"，基于词根"lengse"形成的单词整理如下：lengseki"粗笨"；lengseki"垒堆"。

lengte：

　　"lengte"是不完整词根，语义推测为"粗笨"，基于词根"lengte"形成的单词整理如下：lengtenehebi"甚粗笨"。

leole：

　　"leole"是动词性词根，语义为"论"，基于词根"leole"形成的单词整理如下：leolebumbi"使论"；leolembi"谈论"；leolen"论"；leolendumbi"共论"；leolenumbi"共论"。

ler：

　　"ler"是不完整词根，语义为"阔大状"，基于词根"ler"形成的单词整理如下：lergiyen"阔大"。

lesu：

　　"lesu"是动词性词根，语义为"擦地慢飞、疾走"，基于词根"lesu"形成的单词整理如下：lesumbi"擦地慢飞"；lesumbi"驼疾走"。

lete：

"lete"是不完整词根，语义为"宽大"，基于词根"lete"形成的单词整理如下：letehun"上身宽大"；letehun"上扎"。

leye：

"leye"是不完整词根，语义为"谣"，基于词根"leye"形成的单词整理如下：leyecun"谣"。

lifa：

"lifa"是动词性词根，语义为"深陷"，基于词根"lifa"形成的单词整理如下：lifa"深中"；lifa"深入"；lifadambi"略陷"；lifahan"烂泥"；lifahanahabi"成了泥"；lifakū"陷泥"；lifambi"陷"。

liyeliye：

"liyeliye"是动词性词根，语义为"昏迷"，基于词根"liyeliye"形成的单词整理如下：liyeliyebumbi"致昏迷"；liyeliyehun"昏聩"；liyeliyembi"昏迷"。

loho：

"loho"是不完整词根，语义为"困住"，基于词根"loho"形成的单词整理如下：lohobumbi"困住"。

lok：

"lok"是不完整词根，语义为"说傻话状"，基于词根"lok"形成的单词整理如下：loksimbi"傻说"。

lokdo：

"lokdo"是不完整词根，语义推测为"孤零、偶然"，基于词根"lokdo"形成的单词整理如下：lokdohon"独坐"；lokdori"正遇着"。

loksi：

"loksi"是不完整词根，语义为"胖脸宽大状"，基于词根"loksi"形成的单词整理如下：loksinahabi"胖脸宽大"。

lokso：

"lokso"是动词性词根，语义为"懊恼"，基于词根"lokso"形成的单词整理如下：loksobumbi"懊恼"。

long：

"long"是不完整词根，语义为"唠叨状"，基于词根"long"形成的单词整理如下：longsikū"妄谈人"；longsimbi"唠叨"。

longto：

"longto"是名词性词根，语义为"笼头"，基于词根"longto"形成的单词整理如下：longto"笼头"；longtolobumbi"使带笼头"；longtolombi"带笼头"。

luhu：

"luhu"是名词性词根，语义为"墩子箭"，基于词根"luhu"形成的单词整理如下：luhu"墩子箭"；luhulebuhebi"浮伤"；luhulembi"射墩子箭"。

luku：

"luku"是形容词性词根，语义为"稠密"，基于词根"luku"形成

的单词整理如下：lukdu"稠密"；lukduhun"鸟疵毛"；lukdurekebi
"疵了毛"；luku"毛厚"；luku"厚密"；luku"毛毛虫"；lukuken"毛略
厚"；lukuken"略厚密"。

lumba：

"lumba"是动词性词根，语义为"抹满"，基于词根"lumba"形
成的单词整理如下：lumbabumbi"至于满抹"；lumbambi"满抹"；
lumbanahabi"泥垢糊满"。

lumbu：

"lumbu"是形容词性词根，语义为"水流忽缓"，基于词根
"lumbu"形成的单词整理如下：lumbu"水流忽缓"；lumburjambi
"地软颤"。

lur：

"lur"是形容词性词根，语义为"粗浊"，基于词根"lur"形成的
单词整理如下：lurgin"声浊"；lurgišembi"倒腔"。

lusun：

"lusun"是动词性词根，语义为"疲乏"，基于词根"lusun"形成
的单词整理如下：lushun"觉疲乏"；lusukebi"疲乏了"；lusumbi
"疲乏"。

8.13　m

mabu：

"mabu"是名词性词根，语义为"抹布"，基于词根"mabu"形成

的单词整理如下：mabu"抹布"；mabula"用布擦"；mabulakū"抹扒"；mabulambi"用布擦抹"。

推测词根"mabu"借用自汉语词汇"抹布"。

maci：

"maci"是动词性词根，语义为"往里卷边"，基于词根"maci"形成的单词整理如下：macibumbi"使平外面舒展"；macika"席边"；macimbi"平外面舒展"。

macu：

"macu"是动词性词根，语义为"瘦"，基于词根"macu"形成的单词整理如下：macuhabi"很瘦了"；macuhabi"已瘦了"；macumbi"瘦了"。

mada：

"mada"是动词性词根，语义为"胀"，基于词根"mada"形成的单词整理如下：madabumbi"使生利息"；madabumbi"使胀"；madagan"利息"；madambi"生利息"；madambi"胀"；madangga"宣"；madasu"引酵"。

mafa：

"mafa"是名词性词根，语义为"祖父、祖先"，基于词根"mafa"形成的单词整理如下：mafa"祖"；mafa"老翁"；mafari"众祖"。

mahū：

"mahū"是名词性词根，语义为"鬼脸"，基于词根"mahū"形成的单词整理如下：mahū"鬼脸"；mahūlabumbi"被给没脸"；mahūlambi"给没脸"；mahūlambi"涂抹"。

maiman：

"maiman"是名词性词根，语义为"买卖"，基于词根"maiman"形成的单词整理如下：maiman"买卖"；maimašambi"作买卖"。

推测词根"maiman"借用自汉语词汇"买卖"。

maitu：

"maitu"是名词性词根，语义为"棒"，基于词根"maitu"形成的单词整理如下：maitu"棒"；maitulambi"用棒打"；maitušambi"用棒乱打"；maitušambi"棍棒乱打"。

推测词根"maitu"借用自汉语词汇"麦头"。

maka：

"maka"是动词性词根，语义为"昏聩"，基于词根"maka"形成的单词整理如下：makahabi"昏聩"；makarahabi"老衰迈了"。

makjan：

"makjan"是形容词性词根，语义为"矬"，基于词根"makjan"形成的单词整理如下：makjan"矬子"；makjanahabi"矬矬的"。

maksi：

"maksi"是动词性词根，语义为"舞"，基于词根"maksi"形成的单词整理如下：maksibumbi"使舞"；maksimbi"作舞"；maksin"舞"。

makta：

"makta"是动词性词根，语义为"抛"，基于词根"makta"形成的单词整理如下：makta"抛去"；maktabuha"绕远了"；maktabuhabi"绕远了"；maktabuhabi"病倒"；maktabumbi"使称

赞";maktabumbi"使抛";maktacun"赞";maktambi"称赞";
maktambi"抛";maktambi"摔人";maktandumbi"齐称赞";
maktanumbi"齐称赞";maktašambi"摔掇";maktašambi"乱抛"。

mal1：

　　"mal1"是不完整词根,语义推测为"节省",基于词根"mal1"
形成的单词整理如下：malhūkan"略见使";malhūn"俭省";
malhūn"路觉远";malhūngga"俭省人";malhūngga"物见使";
malhūšabumbi"使俭省";malhūšambi"俭省用";malhūšandumbi
"一齐俭省";malhūšanumbi"一齐俭省";malukan"满得"。

mala：

　　"mala"是名词性词根,语义为"木榔头",基于词根"mala"形成
的单词整理如下：mala"木榔头";malašambi"椎冰震小鱼"。

mama：

　　"mama"是名词性词根,语义为"祖母",基于词根"mama"形
成的单词整理如下：mama"祖母";mama"老妪";mamari"众
祖母"。

mamgiya：

　　"mamgiya"是动词性词根,语义为"奢费",基于词根
"mamgiya"形成的单词整理如下：mamgiyabumbi"致奢费";
mamgiyakū"奢费人";mamgiyambi"奢费";mamgiyandumbi"齐奢
费";mamgiyanumbi"齐奢费";mamgiyarakū"不奢侈"。

mampi：

　　"mampi"是名词性词根,语义为"结、疙瘩",基于词根

"mampi"形成的单词整理如下：mampi"结"；mampibumbi"使结疙瘩"；mampilambi"结疙瘩"；mampin"拴得疙瘩"。

man：

"man"是不完整词根，语义推测为"慢"，基于词根"man"形成的单词整理如下：manda"慢"；mandakan"略慢些"。

mana：

"mana"是动词性词根，语义为"破旧"，基于词根"mana"形成的单词整理如下：manabumbi"至于敝坏"；managan"裹小儿的布单"；manambi"敝坏"；manashūn"褴褛"。

mandu：

"mandu"是动词性词根，语义为"长成"，基于词根"mandu"形成的单词整理如下：manduhabi"长足"；manduhabi"长成了"；mandumbi"长成"。

mangga：

"mangga"是形容词性词根，语义为"贵、难、硬"，基于词根"mangga"形成的单词整理如下：mangga"贵"；mangga"弓硬"；mangga"善射"；mangga"硬"；mangga"刚强"；mangga"烦难"；manggaburu"难为他"；manggakan"略硬"；manggalahabi"病沉"；manggašambi"作难"。

manggiyan：

"manggiyan"是名词性词根，语义为"鼻涕"，基于词根"manggiyan"形成的单词整理如下：manggiyan"鼻湿"；manggiyanahabi"淌鼻湿"。

manju：

　　"manju"是名词性词根，语义为"满洲"，基于词根"manju"形成的单词整理如下：manju"满洲"；manjurabumbi"使说清话"；manjurambi"说清话"。

mara：

　　"mara"是动词性词根，语义为"推辞"，基于词根"mara"形成的单词整理如下：marakū"善推辞的"；marambi"推辞"；marandumbi"齐推辞"；maranumbi"齐推辞"；maratambi"略推辞"。

mari：

　　"mari"是名词性词根，语义为"回"，基于词根"mari"形成的单词整理如下：mari"一回"；maribumbi"使回"；marimbi"回"；marimbi"花儿回动"；marin"归回"。

maru：

　　"maru"是名词性词根，语义为"鱼群"，基于词根"maru"形成的单词整理如下：maru"鱼群"；marulambi"鱼成群"。

masa：

　　"masa"是动词性词根，语义为"打秋千"，基于词根"masa"形成的单词整理如下：masakū"柁上秋千"；masambi"打柁上秋千"。

masila：

　　"masila"是动词性词根，语义为"尽量地"，基于词根"masila"形成的单词整理如下：masilabumbi"使尽量地"；masilambi"尽量地"；masilame"拴牢着"；masilarakū"不肯用力"。

mata1：

　　"mata1"是动词性词根，语义为"煨"，基于词根"mata1"形成的单词整理如下：mata"煨"；matabumbi"使煨弯"；matalambi"单蹄弹"；matambi"煨弯"。

mata2：

　　"mata2"是不完整词根，语义为"匾嘴"，基于词根"mata2"形成的单词整理如下：matangga"匾嘴"。

mayan1：

　　"mayan1"是动词性词根，语义为"消失、灭亡"，基于词根"mayan1"形成的单词整理如下：mayambi1"消灭"；mayambi"消灭"；mayambumbi"使消灭"。

mayan2：

　　"mayan2"是名词性词根，语义为"肘"，基于词根"mayan2"形成的单词整理如下：mayalambi"手拷"；mayan"肘"。

mede：

　　"mede"是不完整词根，语义推测为"信息"，基于词根"mede"形成的单词整理如下：medege"信息"；medesi"送信人"。

mehe：

　　"mehe"是名词性词根，语义为"母猪"，基于词根"mehe"形成的单词整理如下：mehe"豚儿"；mehejen"老母猪"；mehen"母猪"。

mehu：

　　"mehu"是动词性词根，语义为"俯身"，基于词根"mehu"形成的单词整理如下：mehubumbi"使俯身"；mehumbi"俯身"。

mei：

"mei"是不完整词根，语义为"截开状"，基于词根"mei"形成的单词整理如下：meijebumbi"弄碎"；meijembi"碎"；meile"截开"；meilebumbi"使截开骨缝"；meilembi"截开骨缝"；meite"截"；meitebumbi"使截去"；meitembi"截箭杆"；meitembi"截去"。

meifen：

"meifen"是名词性词根，语义为"脖"，基于词根"meifen"形成的单词整理如下：meifehe"山坡"；meifen"脖"。

meihe：

"meihe"是名词性词根，语义为"蛇"，基于词根"meihe"形成的单词整理如下：meihe"蛇"；meihe"巳"；meihetu"鳝鱼"。

meihere：

"meihere"是动词性词根，语义为"扛"，基于词根"meihere"形成的单词整理如下：meihere"扛"；meiherebumbi"使扛"；meiherehebi"扛着呢"；meiherembi"担得"；meiherembi"扛着"。

meiren：

"meiren"是名词性词根，语义为"肩"，基于词根"meiren"形成的单词整理如下：meiren"围肩"；meiren"弓弭膀子"；meiren"佛肩"；meiren"肩"；meiretu"护肩"。

meji：

"meji"是不完整词根，语义为"信息"，基于词根"meji"形成的单词整理如下：mejige"传事人"；mejige"信息"；mejigele"使探信"；mejigelebumbi"使人探信"；mejigelembi"探信"。

mekeni：

"mekeni"是名词性词根，语义为"口琴"，基于词根"mekeni"形成的单词整理如下：mekeni"口琴"；mekenimbi"弹口琴"。

mekere：

"mekere"是动词性词根，语义为"打至瘫软"，基于词根"mekere"形成的单词整理如下：mekerebumbi"打至瘫软"；mekerehebi"打至瘫软了"；mekerehebi"老迈不堪"。

mekte：

"mekte"是动词性词根，语义为"打赌"，基于词根"mekte"形成的单词整理如下：mektebumbi"使打赌"；mektembi"打赌"。

melbi：

"melbi"是名词性词根，语义为"桨"，基于词根"melbi"形成的单词整理如下：melbiku"桨"；melbimbi"使桨"。

mele1：

"mele1"是动词性词根，语义为"饮牲口"，基于词根"mele1"形成的单词整理如下：melebumbi"使饮牲口"；melembi"饮牲口"；melendumbi"齐饮牲口"；melenembi"去饮牲口"；melenjimbi"来饮牲口"；melenumbi"齐饮牲口"。

mele2：

"mele2"是动词性词根，语义为"遗漏"，基于词根"mele2"形成的单词整理如下：melebumbi"遗漏"；melembi"从下�║行"；melerjembi"畏避"；melešetembi"欲逢迎又畏惧"。

melje：

　　"melje"是动词性词根，语义为"较量"，基于词根"melje"形成的单词整理如下：meljebumbi"使赌赛"；meljembi"赌赛"。

melmen：

　　"melmen"是名词性词根，语义为"血块"，基于词根"melmen"形成的单词整理如下：melmen"血定住"；melmenehebi"血定住了"。

memere：

　　"memere"是动词性词根，语义为"拘泥"，基于词根"memere"形成的单词整理如下：memereku"固执人"；memerembi"拘泥"；memeren"固执"；memeršembi"摸索"；memeršembi"拘滞"。

men：

　　"men"是名词性词根，语义为"我们"，基于词根"men"形成的单词整理如下：menci"比我们"；mende"在我们"；meni"我们的"；meningge"是我们的"。

menen：

　　"menen"是形容词性词根，语义为"傻"，基于词根"menen"形成的单词整理如下：menehun"傻"；menen"瘫痪"；menen"傻子"；menerekebi"木了"；menerekebi"昏沉"；menerekebi"傻了"。

mengde：

　　"mengde"是形容词性词根，语义为"不开的、结实的"，基于词

根"mengde"形成的单词整理如下：mengde"不开的"；mengdelembi
"钉结实"。

mentu：

"mentu"是不完整词根，语义为"愚"，基于词根"mentu"形成
的单词整理如下：mentuhudembi"行事愚"；mentuhuken"略愚"；
mentuhun"愚"；mentuhurembi"说话愚"。

mergen：

"mergen"是形容词词根，语义为"智慧的"，基于词根"mergen"
形成的单词整理如下：mergedembi"搅牲"；mergen"善猎人"；
mergen"智"；mergese"智者"。

merhe：

"merhe"是名词性词根，语义为"篦子"，基于词根"merhe"形
成的单词整理如下：merhe"篦子"；merhebumbi"使篦"；merhembi
"篦"。

mersen：

"mersen"是名词性词根，语义为"雀斑"，基于词根"mersen"
形成的单词整理如下：mersen"雀斑"；mersenehebi"长雀斑"；
mersenehebi"起了斑"；mersenembi"起斑"；merseri"槟子"。

meye：

"meye"是名词性词根，语义为"妹夫小姨夫"，基于词根
"meye"形成的单词整理如下：meye"妹夫小姨夫"；meyete"众
妹夫"。

meyen：

"meyen"是名词性词根，语义为"节、段"，基于词根"meyen"形成的单词整理如下：meyelebumbi"使截成段"；meyelembi"截成段"；meyen"部伍"；meyen"节"；meyen"一伙"；meyen"一段"。

micu：

"micu"是动词性词根，语义为"爬"，基于词根"micu"形成的单词整理如下：micubumbi"打至不能起"；micudambi"跁"；micumbi"跁"。

miha：

"miha"是不完整词根，语义推测为"跳"，基于词根"miha"形成的单词整理如下：mihadambi"跳嚷"；mihadambi"乱跳"。

mihan：

"mihan"是名词性词根，语义为"小猪崽"，基于词根"mihan"形成的单词整理如下：mihacan"野猪崽"；mihan"奶光"。

miju：

"miju"是不完整词根，语义推测为"坐或爬行状"，基于词根"miju"形成的单词整理如下：mijirebumbi"打至不能"；mijurabumbi"打至不能"；mijurambi"坐着前移后退"；mijurambi"脚擦地行"。

mila：

"mila"是副词性词根，语义为"大开"，基于词根"mila"形成的单词整理如下：mila"大开"；milahūn"撇口"；milarabumbi"展开"；milarabumbi"使大开着"；milaraka"张了"；milarambi"闪开"；

milarambi"大开着";milata"撇口子"。

min：

"min"是名词性词根，语义为"我"，基于词根"min"形成的单词整理如下：mimbe"把我"；minci"比我"；minde"在我"；mini"我的"；miningge"是我的"。

minggan：

"minggan"是数词性词根，语义为"千"，基于词根"minggan"形成的单词整理如下：minggan"千"；minggatu"千总"。

miosi：

"miosi"是不完整词根，语义推测为"歪曲的"，基于词根"miosi"形成的单词整理如下：miosihodombi"行邪"；miosihon"邪"；miosiri"撇嘴"；miosirilambi"撇嘴笑"；miošorombi"弯曲"。

misha：

"misha"是动词性词根，语义为"躲开"，基于词根"misha"形成的单词整理如下：mishabumbi"使躲开"；mishambi"躲开"。

mishan：

"mishan"是名词性词根，语义为"墨线"，基于词根"mishan"形成的单词整理如下：mishalakū"墨斗"；mishalambi"打墨线"；mishan"墨线"。

misun：

"misun"是名词性词根，语义为"酱"，基于词根"misun"形成的单词整理如下：misun"酱"；misuru"酱色"。

mita：

　　"mita"是动词性词根，语义为"翻身"，基于词根"mita"形成的单词整理如下：mita"弓的翻身"；mitabumbi"使翻身"；mitambi"翻身"。

miyali：

　　"miyali"是动词性词根，语义为"量"，基于词根"miyali"形成的单词整理如下：miyalibumbi"使丈量"；miyalida"花户"；miyalimbi"量"；miyalimbi"丈量"。

miyami：

　　"miyami"是动词性词根，语义为"打扮"，基于词根"miyami"形成的单词整理如下：miyamibumbi"使打扮"；miyamigan"首饰"；miyamimbi"打扮"；miyamimbi"遮饰"；miyamišakū"好修饰"；miyamišakū"好打扮"。

miyasi：

　　"miyasi"是不完整词根，语义为"松着劲走"，基于词根"miyasi"形成的单词整理如下：miyasihidambi"松着劲走"；miyasirilambi"撇嘴欲哭"；miyasitambi"箭晃出去"；miyasitambi"松着劲走"。

miyehu：

　　"miyehu"是动词性词根，语义为"豆腐状物"，基于词根"miyehu"形成的单词整理如下：miyehunehe"冷饭定了皮"；miyehunehebi"软瘫了"；miyehusu"豆腐皮"。

miyoocan：

　　"miyoocan"是名词性词根，语义为"鸟枪"，基于词根

"miyoocan"形成的单词整理如下：miyoocalabumbi"使放"；miyoocalambi"放鸟枪"；miyoocalmbi"放枪"；miyoocalandumbi"一齐放鸟枪"；miyoocalanumbi"一齐放鸟枪"；miyoocan"鸟枪"。

moco：

"moco"是形容词性词根，语义为"拙钝"，基于词根"moco"形成的单词整理如下：moco"拙钝"；mocodombi"举动拙钝"。

moho：

"moho"是动词性词根，语义为"穷尽"，基于词根"moho"形成的单词整理如下：mohobumbi"穷究"；mohobumbi"穷问"；mohobumbi"挫磨至极"；mohohobi"力竭"；mohombi"穷乏"；mohombi"词穷"；mohon"尽头"；mohon"困"；mohotolo"至于穷尽"。

mokso：

"mokso"是副词性词根，语义为"断成两节"，基于词根"mokso"形成的单词整理如下：mokso"齐杈折"；moksolombi"橛折"。

momo：

"momo"是不完整词根，语义推测为"静坐状"，基于词根"momo"形成的单词整理如下：momohori"众人静坐"；momokon"羞得无言"；momorombi"呆坐"；momoršombi"放马搭扣摸索"。

monggo：

"monggo"是名词性词根，语义为"蒙古"，基于词根"monggo"形成的单词整理如下：monggo"蒙古"；monggorobumbi"使说蒙古话";monggorombi"说蒙古话"。

monggon：

　　"monggon"是名词性词根，语义为"脖项"，基于词根"monggon"形成的单词整理如下：monggocon"长颈瓶";monggolibumbi"使项上戴物";monggolikū"项圈";monggolimbi"项上戴物";monggon"脖项"。

monggnio：

　　"monggnio"是不完整词根，语义推测为"无意思"，基于词根"monggnio"形成的单词整理如下：mongniohon"无意思"。

monji：

　　"monji"是动词性词根，语义为"揉、搓"，基于词根"monji"形成的单词整理如下：monji"揉";monjibumbi"使揉搓";monjimbi"揉";monjimbi"恨得搓手";monjimbi"揉搓";monjirambi"恨得搓手";monjirambi"气得搓手";monjiršambi"挫弄";monjiršambi"揉搓";monjišambi"按摩"。

morin：

　　"morin"是名词性词根，语义为"马"，基于词根"morin"形成的单词整理如下：morici"小马";morila"骑马";morilabumbi"使骑上马";morilambi"骑上马";morin"马";morin"午";moringa"骑马的"。

moro：

　　"moro"是名词性词根，语义为"碗"，基于词根"moro"形成的单词整理如下：moro"碗";morohon"眼圆睁";morohon"眼珠圆大"。

mose：

　　"mose"是不完整词根,语义为"磨",基于词根"mose"形成的单词整理如下：moselabumbi"使磨"；moselakū"磨"；moselambi"磨"；moselame"盘膝坐"。

mucen：

　　"mucen"是名词性词根,语义为"锅",基于词根"mucen"形成的单词整理如下：mucen"锅"；mucesi"厨子"。

mudan：

　　"mudan"是名词性词根,语义为"弯",基于词根"mudan"形成的单词整理如下：mudakiyambi"拐弯"；mudali"当日回来"；mudalimbi"绕弯"；mudalin"湾子"；mudan"夹子弓"；mudan"搓条饽饽"；mudan"音"；mudan"一次"；mudan"弯子"；mudangga"曲弯"；mudangga"有弯的"；mudangga"弯"；mudari"当日回来"。

mudu：

　　"mudu"是动词性词根,语义为"磋",基于词根"mudu"形成的单词整理如下：mudumbi"锉弓"；mudumbi"磋"；mudun"木磋"。

mufu：

　　"mufu"是不完整词根,语义推测为"钝",基于词根"mufu"形成的单词整理如下：mufuyen"鲁钝"；mufuyen"棱角圆了"。

muha：

　　"muha"是不完整词根,语义推测为"成堆状、球状",基于词根

"muha"形成的单词整理如下：muhaliyabumbi"使堆"；muhaliyambi
"堆"；muhaliyan"铅子"；muhaliyan"敷珠子"；muhaliyan"球"。

muhan：

　　"muhan"是名词性词根，语义为"雄性虎、牛"，基于词根
"muhan"形成的单词整理如下：muhan"公虎"；muhantumbi"牛
交"；muhašan"牤牛"。

muhe：

　　"muhe"是不完整词根，语义推测为"圆、环状"，基于词根
"muhe"形成的单词整理如下：muheliyeken"略圆"；muheliyen
"圆"；muheren"纪念套环"；muheren"耳环"；muheren"车轮"；
muheren"仿圈"。

muji：

　　"muji"是不完整词根，语义推测为"心、志"，基于词根"muji"
形成的单词整理如下：mujilen"心"；mujilengge"有心的"；mujin
"志"；mujingga"有志的"。

mukcu：

　　"mukcu"是不完整词根，语义推测为"罗锅腰状"，基于词根
"mukcu"形成的单词整理如下：mukcuhun"罗锅腰"。

mukden：

　　"mukden"是形容词性词根，语义为"兴盛"，基于词根"mukden"
形成的单词整理如下：mukdehen"干树桩"；mukdehun"坛"；
mukdeke"兴腾"；mukdembi"云起"；mukdembuhe"帽子骈起"。

muke：

　　"muke"是名词性词根,语义为"水",基于词根"muke"形成的单词整理如下：muke"水"；mukenehebi"浸出水"；mukenembi"化成水"；mukeri"面茶清"。

mukiye：

　　"mukiye"是动词性词根,语义为"灭",基于词根"mukiye"形成的单词整理如下：mukiyebumbi"使灭"；mukiyehe"灭了"；mukiyembi"灭"；mukiyembi"晾冷"。

mukšan：

　　"mukšan"是名词性词根,语义为"棍",基于词根"mukšan"形成的单词整理如下：mukšalambi"用棍打"；mukšan"棍"。

multu：

　　"multu"是不完整词根,语义为"褪",基于词根"multu"形成的单词整理如下：multujembi"褪开"；multujembi"随拿即脱"；multule"褪"；multulembi"褪脱"。

mulu：

　　"mulu"是名词性词根,语义为"梁、脊",基于词根"mulu"形成的单词整理如下：mulu"皮脊子"；mulu"梁"；mulu"中梁"；mulu"房脊"；mulu"山梁"；mulunombi"水冻成冈"；mulunombi"沙拥成冈"。

mumu：

　　"mumu"是不完整词根,语义为"磨平状",基于词根"mumu"形成的单词整理如下：mumuhu"行头"；mumurhūn"模糊"；

mumuri"没牙";mumuri"磨圆了"。

mura：

　　"mura"是动词性词根,语义为"哨",基于词根"mura"形成的单词整理如下：murakū"鹿哨子";murambi"哨鹿";murambi"虎鹿驼驴叫";muran"哨鹿围"。

muri：

　　"muri"是动词性词根,语义为"拧",基于词根"muri"形成的单词整理如下："muri"拧";muribuhabi"被屈";muribumbi"使拧水";murihan"转弯处";murikū"轴子";murikū"执缪人";murikū"倔僵";murimbi"拧";murimbi"执缪";murimbi"拧水";murimbi"拧绳";murime"盘膝坐";murinjambi"一味执缪";murishūn"冤屈";muritai"缪到底";murtashūn"谬";murtashūn"悖谬"。

murki：

　　"murki"是动词性词根,语义为"裁角",基于词根"murki"形成的单词整理如下：murkibumbi"使裁角";murkimbi"裁角"。

muru：

　　"muru"是名词性词根,语义为"模样",基于词根"muru"形成的单词整理如下：muru"模样";murunga"模样相似";murušembi"得其大概";murušembi"仿佛"。

muse：

　　"muse"是名词性词根,语义为"咱们",基于词根"muse"形成的单词整理如下：muse"咱们";museingge"是咱们的"。

musen：

"musen"是动词性词根，语义为"弯折"，基于词根"musen"形成的单词整理如下：musebumbi"使折身"；musekebi"心志灰了"；musembi"弯"；musembi"折身"；musembumbi"折挫"；musembumbi"压弯"；musen"弓的折身"。

mute：

"mute"是动词性词根，语义为"能"，基于词根"mute"形成的单词整理如下：mutebumbi"能成"；mutembi"能"；muten"艺"。

mutu：

"mutu"是动词性词根，语义为"生长"，基于词根"mutu"形成的单词整理如下：mutuhabi"长了"；mutumbi"长"；mutun"身料"。

muwa：

"muwa"是形容词性词根，语义为"粗"，基于词根"muwa"形成的单词整理如下：muwa"粗实"；muwa"粗糙"；muwakan"略粗实"；muwašambi"推荒杆"；muwašambi"举止粗糙"；muwašambi"粗作"。

8.14　n

na：

"na"是名词性词根，语义为"地、平"，基于词根"na"形成的单词整理如下：nacihiya"安慰"；nacihiyabumbi"使安慰"；nacihiyambi"劝慰"；narakabi"清减了"；na"地"。

nadan：

　　"nadan"是数词性词根，语义为"七"，基于词根"nadan"形成的单词整理如下：nadan"七"；nadanggeri"七次"；nadanju"七十"；nadata"各七"。

nahan：

　　"nahan"是名词性词根，语义为"炕"，基于词根"nahan"形成的单词整理如下：nahalambi"落炕"；nahan"炕"。

naihū：

　　"naihū"是动词性词根，语义为"歪倒"，基于词根"naihū"形成的单词整理如下：naihūbumbi"使歪倒"；naihūmbi"歪倒"。

naka：

　　"naka"是动词性词根，语义为"退"，基于词根"naka"形成的单词整理如下：nakabumbi"革退"；nakambi"退"。

nakcu：

　　"nakcu"是名词性词根，语义为"舅舅"，基于词根"nakcu"形成的单词整理如下：nakcu"舅舅"；nakcuta"众舅舅"。

nama：

　　"nama"是不完整词根，语义推测为"争添"，基于词根"nama"形成的单词整理如下：namarabumbi"使争添"；namarambi"争添"。

naman：

　　"naman"是名词性词根，语义为"针"，基于词根"naman"形成的单词整理如下：namalabumbi"使下针"；namalambi"下针"；

naman"针"。

nanda：

"nanda"是动词性词根，语义为"赖着要"，基于词根"nanda"形成的单词整理如下：nandabumbi"使赖着要"；nandambi"赖着要"。

nanggi：

"nanggi"是不完整词根，语义推测为"卖俏"，基于词根"nanggi"形成的单词整理如下：nanggišambi"卖俏"。

nantu：

"nantu"是不完整词根，语义推测为"污"，基于词根"nantu"形成的单词整理如下：nantuhūn"贪污"；nantuhūn"污秽"；nantuhūrabumbi"致污秽"；nantuhūrambi"做污秽事"。

nar：

"nar"是不完整词根，语义推测为"细"，基于词根"nar"形成的单词整理如下：narhūdambi"细吝"；narhūn"不离箭把"；narhūn"细"；narhūn"声细"；narhūn"细致"；narhūšabumbi"使机密"；narhūšambi"细刮"；narhūšambi"机密"；narhūšambi"细致"；narhūšambi"细作"。

nara：

"nara"是动词性词根，语义为"贪恋"，基于词根"nara"形成的单词整理如下：naracuka"可贪恋"；naracun"系恋"；narahūnjambi"只是贪恋"；narambi"贪恋"；naranggi"毕竟"；narašambi"只是贪恋"。

narga：

　　"narga"是名词性词根，语义为"耙"，基于词根"narga"形成的单词整理如下：narga "耙"；nargabumbi "使耙地"；nargambi "耙地"。

nasa：

　　"nasa"是动词性词根，语义为"叹惜"，基于词根"nasa"形成的单词整理如下：nasabumbi"致叹惜"；nasacuka"可叹"；nasacun"叹"；nasambi"叹惜"。

nashūn：

　　"nashūn"是名词性词根，语义为"机会"，基于词根"nashūn"形成的单词整理如下：nashūlabuha"凑巧"；nashūlabumbi"致逢机会"；nashūlambi"逢机会"；nashūn"机会"。

ne1：

　　"ne1"是形容词性词根，语义为"平"，基于词根"ne1"形成的单词整理如下：necihiyebumbi"使平抚"；necihiyebumbi"使平地面"；necihiyembi"平抚"；necihiyembi"平地面"；neciken"平坦些"；necin"平坦"；necin"平"；necin"和平"；nesuken"温良"。

ne2：

　　"ne2"是不完整词根，语义推测为"添加"，基于词根"ne2"形成的单词整理如下：nerebumbi"重射伤兽"；nerebumbi"使披衣服"；nerebumbi"加害"；nereku"斗篷"；nerembi"披衣服"。

neci：

　　"neci"是动词性词根，语义为"招惹"，基于词根"neci"形成的单词整理如下：necibumbi"使干犯"；necimbi"招人"；necimbi"干犯"；necinembi"去干犯"；necinjimbi"来干犯"。

nehū：

"nehū"是名词性词根，语义为"老婢"，基于词根"nehū"形成的单词整理如下：nehū"使婢"；nehūji"老婢"。

nei：

"nei"是动词性词根，语义为"开"，基于词根"nei"形成的单词整理如下：neibumbi"使开"；neilebun"发"；neilembi"开示"；neilen"启"；neimbi"开"。

neigen：

"neigen"是形容词性词根，语义为"匀"，基于词根"neigen"形成的单词整理如下：neigecilebumbi"使一样均匀"；neigecilembi"一样均匀"；neigelembi"均匀"；neigen"匀"；neigenjebumbi"使均匀"；neigenjembi"均匀"。

nekcu：

"nekcu"是名词性词根，语义为"舅母"，基于词根"nekcu"形成的单词整理如下：nekcu"舅母"；nekcute"众舅母"。

neke：

"neke"是不完整词根，语义推测为"薄"，基于词根"neke"形成的单词整理如下：nekeliyeken"略薄"；nekeliyen"薄"。

neku：

"neku"是不完整词根，语义为"乘机"，基于词根"neku"形成的单词整理如下：nekulembi"乘意"；nekulembi"幸灾"。

neme1：

　　"neme1"是动词性词根，语义为"加"，基于词根"neme1"形成的单词整理如下：nemebumbi"使串米"；nemebumbi"使增加"；nemehen"贴头"；nemembi"串米"；nemembi"增加"；nememe"愈加"；nemendumbi"齐加"；nemerhen"蓑衣"；nemerku"雨衣"；neme"加"；nemkibumbi"使纤"；nemkimbi"纤"；nemšeku"肯争"；nemselembi"只管加诶"；nemselembi"加怒"；nemselembi"添病"；nemselembi"多加"；nemšembi"争多"；nemšerakū"不多争"。

neme2：

　　"neme2"是不完整词根，语义为"娇嫩"，基于词根"neme2"形成的单词整理如下：nemeri"嫩"；nemeyen"柔顺"；nemgiyen"温和"。

nende：

　　"nende"是动词性词根，语义为"先于"，基于词根"nende"形成的单词整理如下：nende"使先"；nendembi"先之"；nenden"首先"。

nene：

　　"nene"是动词性词根，语义为"先于"，基于词根"nene"形成的单词整理如下：nene"使先"；nenehe"先前"；neneme"先"。

nengge：

　　"nengge"是不完整词根，语义推测为"支翘状"，基于词根"nengge"形成的单词整理如下：nenggelebumbi"支翘着"；nenggereshun"支翘"。

nicu：

　　"nicu"是动词性词根，语义为"闭（眼）"，基于词根"nicu"形成的单词整理如下：nicumbi"闭眼"；nicušambi"挤眼"。

nijara：

　　"nijara"是动词性词根，语义为"研碎"，基于词根"nijara"形成的单词整理如下：nijarabumbi"使研碎"；nijarakū"擂钵"；nijarambi"研碎"。

nikan：

　　"nikan"是名词性词根，语义为"汉人"，基于词根"nikan"形成的单词整理如下：nikacilambi"汉人气"；nikan"汉人"；nikarabumbi"使说汉话"；nikarambi"说汉话"。

nikca：

　　"nikca"是动词性词根，语义为"烂"，基于词根"nikca"形成的单词整理如下：nikcabumbi"弄碎烂"；nikcambi"糟给我"；nikcambi"烂"。

nike：

　　"nike"是动词性词根，语义为"倚靠"，基于词根"nike"形成的单词整理如下：nikebumbi"着落"；nikebumbi"使靠着"；nikebumbi"使倚着"；nikedembi"将就"；nikehebi"坐月子"；nikeku"依靠处"；nikembi"倚靠着"；nikembi"倚着"；niken"倚靠"；nikendumbi"相倚"；nikešembi"略瘸"；nikešembi"微瘸"。

nil：

　　"nil"是不完整词根，语义推测为"滑"，基于词根"nil"形成的

单词整理如下：nilgiyan"光滑"；nilgiyan"妇发光润"；nilhūdambi
"滑趾"；nilhūn"滑"；nilukan"柔和"；nilukan"滑溜"。

nila：

"nila"是动词性词根，语义为"铿"，基于词根"nila"形成的单词
整理如下：nilabumbi"使铿"；nilakū"轧子"；nilambi"铿"。

nilta：

"nilta"是动词性词根，语义为"擦破"，基于词根"nilta"形成的
单词整理如下：niltajabumbi"被擦破"；niltajambi"擦破"。

nima：

"nima"是不完整词根，语义为"雪"，基于词根"nima"形成的
单词整理如下：nimanggi"雪"；nimarambi"下雪"。

nimaha：

"nimaha"是名词性词根，语义为"鱼"，基于词根"nimaha"形
成的单词整理如下：nimaha"<u>鱼</u>"；nimahašambi"打鱼"。

nime：

"nime"是动词性词根，语义为"病"，基于词根"nime"形成的
单词整理如下：nimebu"痛打"；nimebumbi"通责打"；nimecuke
"利害"；nimeku"未完心病"；nimeku"病"；nimeku"疵病"；
nimekulehebi"成了病"；nimekungge"有病的"；nimembi"病了"；
nimembi"疼痛"；nimetembi"一齐患病"。

nincu：

"nincu"是形容词性词根，语义为"鱼肉腥"，基于词根"nincu"

形成的单词整理如下：nincuhūn"鱼肉腥"。

ninggun：

"ninggun"是数词性词根，语义为"六"，基于词根"ninggun"形成的单词整理如下：ninggun"六"；ninggunggeri"六次"；ninggute"各六"；ninju"六十"。

nio1：

"nio1"是不完整词根，语义推测为"绿"，基于词根"nio1"形成的单词整理如下：niohokon"水绿"；niohon"松绿"；niohon"气得脸青"；niohon"乙"；niohuken"沙绿"；niohun"豆绿"；niokji"水中石苔"；niokso"水上绵苔"；nioroko"好极了"；nioroko"脸青了"；nioroko"草木青了"；niorombumbi"矸亮"；niorumbi"青伤"。

nio2：

"nio2"是不完整词根，语义推测为"赤裸"，基于词根"nio2"形成的单词整理如下：niohušulebumbi"使光着身"；niohušulembi"光着身"。

niohu：

"niohu"是动词性词根，语义为"硪捣"，基于词根"niohu"形成的单词整理如下：niohubumbi"使硪捣"；niohubumbi"使筑土墙"；niohumbi"硪捣"；niohumbi"筑土墙"。

niol：

"niol"是不完整词根，语义推测为"放辔"，基于词根"niol"形成的单词整理如下：niolhucembi"怒气冲动"；niolhumbi"放辔"；niolhumbumbi"使放辔"。

niolo：

　　"niolo"是动词性词根，语义为"腻"，基于词根"niolo"形成的单词整理如下：niolocuka"可腻"；niolombi"腻住"。

niongga：

　　"niongga"是不完整词根，语义推测为"蹭破"，基于词根"niongga"形成的单词整理如下：nionggajambi"劗伤"；nionggajarahū"恐至伤"；nionggalabumbi"被劗破"；nionggalambi"劗破"。

niowa：

　　"niowa"是不完整词根，语义推测为"绿"，基于词根"niowa"形成的单词整理如下：niowanggiyakan"苹果绿"；niowanggiyan"甲"；niowanggiyan"绿"。

nirga：

　　"nirga"是形容词性词根，语义为"毛薄"，基于词根"nirga"形成的单词整理如下：nirga"毛薄"；nirgakan"毛略薄"。

niru：

　　"niru"是动词性词根，语义为"画"，基于词根"niru"形成的单词整理如下：niru"画"；nirubumbi"使绘画"；nirugan"画图"；nirumbi"绘画"。

niša：

　　"niša"是副词性词根，语义为"着实的"，基于词根"niša"形成的单词整理如下：niša"着实实的"；nišala"重打"；nišalambi"重责打"。

nisu：

　　"nisu"是动词性词根,语义为"溜冰",基于词根"nisu"形成的单词整理如下：nisukū"溜冰鞋"；nisumbi"出溜"；nisumbi"溜冰"；nisundumbi"一齐溜冰"；nisuri"箭溜子"。

nitan：

　　"nitan"是形容词性词根,语义为"淡、平",基于词根"nitan"形成的单词整理如下：nitan"酒淡"；nitarakabi"气平了"。

niya1：

　　"niya1"是不完整词根,语义推测为"初生的、嫩的",基于词根"niya1"形成的单词整理如下：niyada"不大长"；niyahan"狗崽"；niyahara"小根菜头"；niyahara"嫩叶"；niyaharnahabi"生出嫩叶"；niyarhoca"堪达汉羔"；niyarhūkan"略新鲜"；niyarhūlahabi"坐月子"；niyarhūn"新鲜"。

niya2：

　　"niya2"是不完整词根,语义推测为"脓",基于词根"niya2"形成的单词整理如下：niyaki"鼻涕"；niyaki"脓"；niyakinahabi"长脓"；niyakitu"流鼻涕小儿"；niyari"陷泥地"；niyasubumbi"使会脓"；niyasukabi"会脓了"。

niyakūra：

　　"niyakūra"是动词性词根,语义为"跪",基于词根"niyakūra"形成的单词整理如下：niyakūrabumbi"使跪"；niyakūrambi"跪"。

niyaman：

　　"niyaman"是名词性词根,语义为"心",基于词根"niyaman"

形成的单词整理如下：niyamalambi "亲亲"；niyaman "树心"；niyaman "心"；niyaman "亲"；niyamanahabi "饭有米心"；niyamangga "亲戚"；niyamarambi "有亲情"；niyamašan "两河中间"。

niyamniya：

"niyamniya" 是动词性词根，语义为 "射马箭"，基于词根 "niyamniya" 形成的单词整理如下：niyamniyabumbi "使射马箭"；niyamniyambi "马上射兽"；niyamniyambi "射马箭"；niyamniyan "马箭"；niyamniyanambi "去射马箭"；niyamniyandumbi "齐射马箭"；niyamniyanumbi "齐射马箭"。

niyanca：

"niyanca" 是动词性词根，语义为 "浆（衣服）"，基于词根 "niyanca" 形成的单词整理如下：niyancakū "棒槌"；niyancambi "浆"；niyancan "糨粉"；niyancangga "练长"；niyancangga "耐长"。

niyangniya：

"niyangniya" 是不完整词根，语义为 "裂嘴"，基于词根 "niyangniya" 形成的单词整理如下：niyangniyahūn "裂嘴"；niyangniyarakabi "裂着嘴"。

niye1：

"niye1" 是不完整词根，语义推测为 "碾"，基于词根 "niye1" 形成的单词整理如下：niyelebumbi "使轧场"；niyelejembi "碾伤"；niyeleku "碾子"；niyelembi "轧场"；niyelembi "碾米"；niyelembi "上碾光"。

niye2：

"niye2" 是不完整词根，语义推测为 "软"，基于词根 "niye2" 形成的单词整理如下：niyeniye"心活"；niyeniyehudembi"姑息"；niyeniyehun"心活无主"；niyeniyehunjembi"姑息"；niyeniyeršembi"怕嚼"；niyere "软弱"；niyere "绡薄"；niyereken "略软弱"；niyereme"单寒"。

niyece：

"niyece"是动词性词根，语义为"补"，基于词根"niyece"形成的单词整理如下：niyecebumbi"使补"；niyececun"裨益"；niyecembi"补"；niyecen"补丁"。

niyek：

"niyek"是不完整词根，语义推测为"薄"，基于词根"niyek"形成的单词整理如下：niyekse"单薄"；niyekseke"浮面微化"。

niyekden：

"niyekden"是动词性词根，语义为"变坏、变馊"，基于词根"niyekden"形成的单词整理如下：niyekdecuke"可嗔"；niyekdecuke"酷苛"；niyekdekebi"馊了"。

niyere：

"niyere"是动词性词根，语义为"牲口浮水"，基于词根"niyere"形成的单词整理如下：niyerebumbi"使牲口浮水"；niyerembi"牲口浮水"。

niyo：

"niyo"是动词性词根，语义为"刮骨上肉"，基于词根"niyo"形成的单词整理如下：niyobumbi"使刮骨上肉"；niyombi"刮骨上肉"。

nom：

　　"nom"是不完整词根，语义推测为"温和的"，基于词根"nom"形成的单词整理如下：nomhokon"略循良"；nomhon"循良"；nomhon"驯良"。

non：

　　"non"是名词性词根，语义为"妹"，基于词根"non"形成的单词整理如下：non"妹子"；nota"众妹子"。

nonggi：

　　"nonggi"是动词性词根，语义为"添"，基于词根"nonggi"形成的单词整理如下：nonggi"添"；nonggibumbi"使增添"；nonggibun"益"；nonggimbi"增添"；nongginambi"去添"；nonggindumbi"齐添"；nongginjimbi"来添"。

nora：

　　"nora"是名词性词根，语义为"木垛"，基于词根"nora"形成的单词整理如下：norambi"堆木垛"；noran"木垛"。

noro：

　　"noro"是动词性词根，语义为"停留"，基于词根"noro"形成的单词整理如下：norombi"栖止"；norombi"恋住"；noron"恋"。

nu：

　　"nu"是不完整词根，语义推测为"平坦、平和"，基于词根"nu"形成的单词整理如下：nuhakan"略从容些"；nuhaliyan"洼地"；nuhan"从容"。

nujan：

　　"nujan"是名词性词根，语义为"拳"，基于词根"nujan"形成的单词整理如下：nujalambi"拳打"；nujan"拳"；nujašambi"拳乱打"。

nuka：

　　"nuka"是动词性词根，语义为"刺"，基于词根"nuka"形成的单词整理如下：nukabumbi"被刺扎"；nukacuka"锋刺"；nukacuka"言语尖利"；nukajambi"眼扎着痛"；nukajambi"扎得荒"；nukambi"刺扎"。

nuki：

　　"nuki"是动词性词根，语义为"激"，基于词根"nuki"形成的单词整理如下：nukcikebi"贼已败"；nukcimbi"发激烈"；nukcishun"激烈"；nukibumbi"使激"；nukimbi"激"。

nukte：

　　"nukte"是动词性词根，语义为"游牧"，基于词根"nukte"形成的单词整理如下：nukte"游牧处"；nukte"行装"；nuktebumbi"使游牧"；nuktembi"游牧"；nuktendumbi"齐游牧"；nuktenembi"去游牧"；nuktenjimbi"来游牧"；nuktenumbi"齐游牧"。

nung：

　　"nung"是不完整词根，语义推测为"侵害"，基于词根"nung"形成的单词整理如下：nungnebumbi"使侵害"；nungneku"闹将"；nungnembi"惹人"；nungnembi"侵害"。

nungga：

　　"nungga"是不完整词根，语义为"绒毛"，基于词根"nungga"

形成的单词整理如下：nunggari"氄毛"；nunggari"毷毛"；
nunggasun"哆罗呢"。

8.15　o

o：

　　"o"是动词性词根，语义为"成为"，基于词根"o"形成的单词整理如下：obuhabi"已做为"；obumbi"做为"；oci"若是"；ocibe"虽则"；ofi"因为"；oha"依从了"；ohakū"没依从"；oho"已然词"；ohode"设若"；ojirakū"不可"；ojorakū"不可"；ombi"去得"；onggolo"预前"；onggolokon"预前些"；otolo"至于"。

　　"onggolo(预前)"的结构可以分析为"o＋nggolo"，"o"为动词词根"o-"，"onggolo"则是表达"将……的"屈折词尾"nggAlA"。

obo：

　　"obo"是动词性词根，语义为"洗"，基于词根"obo"形成的单词整理如下：obo"洗"；obobumbi"使洗濯"；obokū"洗脸盆"；obombi"洗濯"；obonggi"水沫"；obonggi"沫子"；obongginambi"成沫"；obonombi"去洗濯"。

oforo：

　　"oforo"是名词性词根，语义为"鼻"，基于词根"oforo"形成的单词整理如下：oforo"鼻"；oforodombi"划鼻子"；oforonggo"划鼻子的人"。

oholiyo：

　　"oholiyo"是动词性词根，语义为"捧"，基于词根"oholiyo"形成的单词整理如下：oholiyo"一捧"；oholiyo"合"；oholiyombi "捧着"。

oi：

"oi"是不完整词根，语义推测为"轻飘、浮"，基于词根"oi"形成的单词整理如下：oifo"虚飘"；oihori"忽略"；oihori"何等"；oihorilabumbi"被轻忽"；oihorilahabi"伤轻不得"；oihorilambi"轻忽"；oihorilambi"行事忽略"；oilo"浮面"；oilohodombi"举止轻浮"；oilohon"轻浮"；oilokon"略浮"；oilorgi"浮皮"；oilori"浮面上"。

okdo：

"okdo"是动词性词根，语义为"迎"，基于词根"okdo"形成的单词整理如下：okdombi"迎敌"；okdombi"迎接"；okdombi"迎"；okdomo"扯肚"；okdonjimbi"来迎"；okdonombi"去迎"。

okjiha：

"okjiha"是名词性词根，语义为"蒲"，基于词根"okjiha"形成的单词整理如下：okjiha"菖蒲"；okjihada"苍术"。

okso：

"okso"是动词性词根，语义为"迈步"，基于词根"okso"形成的单词整理如下：oksobumbi"使走"；oksombi"迈步"；oksombi"走"；okson"步"；okson"脚步"；oksonjombi"学迈步"。

okto：

"okto"是名词性词根，语义为"药"，基于词根"okto"形成的单词整理如下：okto"药"；oktolombi"用药"；oktosi"医生"；

oktosilabumbi"使人医"；oktosilambi"医"。

olho：

　　"olho"是动词性词根，语义为"干"，基于词根"olho"形成的单词整理如下：olhobumbi"使干"；olhokon"饥渴透了"；olhokon"略干燥"；olhombi"干"；olhon"干燥"。

oli：

　　"oli"是动词性词根，语义为"畏"，基于词根"oli"形成的单词整理如下：olhoba"慎"；olhocuka"可畏"；olhocun"畏"；olhombi"畏惧"；olhošombi"小心谨慎"；olhotun"三焦"；oliha"怯"；olihadambi"畏怯"；olhošombi"致慎"。

olji：

　　"olji"是动词性词根，语义为"掳来人"，基于词根"olji"形成的单词整理如下：olji"掳来人"；oljilambi"抢掳人口"。

olo：

　　"olo"是动词性词根，语义为"趟水"，基于词根"olo"形成的单词整理如下：olo"教蹚水"；olobumbi"使蹚水"；olombi"蹚水"；olosi"汊夫"；ološon"涉水皮叉裤"。

omi：

　　"omi"是动词性词根，语义为"饮"，基于词根"omi"形成的单词整理如下：omi"使饮"；omibumbi"给人饮"；omicambi"共饮"；omimbi"饮水"；ominambi"去饮"；omingga"饮"；ominjimbi"来饮"。

omila：

　　"omila"是动词性词根，语义为"骑马过渡"，基于词根"omila"形成的单词整理如下：omilabumbi"使骑马过渡"；omilambi"骑马过渡"。

omin：

　　"omin"是名词性词根，语义为"饥"，基于词根"omin"形成的单词整理如下：omiholobumbi"使挨饿"；omiholombi"挨饿"；omihon"饥饿"；omin"饥"。

onco：

　　"onco"是形容词性词根，语义为"宽"，基于词根"onco"形成的单词整理如下：onco"宽宏"；onco"宽"；oncodombi"宽宥"；oncohon"仰卧"；oncohon"傲慢"；oncohošombi"傲慢"；oncokon"略宽宏"。

onggo：

　　"onggo"是动词性词根，语义为"忘"，基于词根"onggo"形成的单词整理如下：onggobumbi"使忘怀"；onggombi"忘"；onggosu"忘性"。

ongton：

　　"ongton"是形容词性词根，语义为"见识少的"，基于词根"ongton"形成的单词整理如下：ongton"慊货"；ongtori"屯头"。

orho：

　　"orho"是名词性词根，语义为"草"，基于词根"orho"形成的单词整理如下：orho"草"；orhoda"人参"。

oron：

　　"oron"是动词性词根，语义为"结皮"，基于词根"oron"形成的单词整理如下：orobumbi"使结皮"；oroko"结了皮"；orolombi"顶缺"；orombi"结皮"；oromu"奶皮子"。

os：

　　"os"是不完整词根，语义推测为"虐"，基于词根"os"形成的单词整理如下：oshodombi"暴虐"；oshon"虐"。

oso：

　　"oso"是不完整词根，语义推测为"小"，基于词根"oso"形成的单词整理如下：osohokon"小些"；osohon"小"。

ošo：

　　"ošo"是名词性词根，语义为"爪"，基于词根"ošo"形成的单词整理如下：ošoho"爪指"；ošoholombi"用爪"；ošohonggo"有爪的"。

oyo：

　　"oyo"是动词性词根，语义为"撅弯"，基于词根"oyo"形成的单词整理如下：oyo"撅弯"；oyobumbi"使撅成弯"；oyombi"撅成弯"。

oyon：

　　"oyon"是动词性词根，语义为"抓紧"，基于词根"oyon"形成的单词整理如下：oyoki"不觉快自快"；oyokobi"很乏了"；oyokobi"过了大半"；oyokobi"眼下就完"；oyombumbi"能急撺"；oyomburakū"无紧要"；oyomburakū"没紧要"；oyonggon"要"。

8.16 p

parpa：

　　"parpa"是不完整词根，语义推测为"矮胖"，基于词根"parpa"形成的单词整理如下：parpanahabi"矮胖"。

peler：

　　"peler"是不完整词根，语义推测为"嘴飘"，基于词根"peler"形成的单词整理如下：pelerjembi"嘴飘"。

pi：

　　"pi"是不完整词根，语义推测为"批判"，基于词根"pi"形成的单词整理如下：pilembi"批判"。

　　推测词根"pi"借用自汉语词汇"批"。

pimpi：

　　"pimpi"是不完整词根，语义推测为"脸胖平了"，基于词根"pimpi"形成的单词整理如下：pimpinahabi"脸胖平了"。

pokco：

　　"pokco"是不完整词根，语义推测为"矬胖"，基于词根"pokco"形成的单词整理如下：pokcohon"矬胖"。

pokso：

　　"pokso"是不完整词根，语义推测为"小儿壮大"，基于词根"pokso"形成的单词整理如下：poksohon"小儿壮大"；poksohori"小儿壮大貌"。

pongto：

　　"pongto"是不完整词根，语义推测为"肥胖行动不便"，基于词根"pongto"形成的单词整理如下：pongtonohobi"臃肿"。

porpo：

　　"porpo"是不完整词根，语义推测为"胖笨"，基于词根"porpo"形成的单词整理如下：porponohobi"胖笨"。

8.17　s

sa1：

　　"sa1"是动词性词根，语义为"知道"，基于词根"sa1"形成的单词整理如下：sa"使知道"；saha"知道了"；sambi"知道"；sarasu"知"；sarkū"不知"。

sab：

　　"sab"是不完整词根，语义推测为"水点"，基于词根"sab"形成的单词整理如下：sabdambi"渗漏"；sabdambi"下雨点"；sabdan"雨点"；sabdan"水点"；sabarambi"抛撒"。

sabka：

　　"sabka"是名词性词根，语义为"筷子"，基于词根"sabka"形成的单词整理如下：sabka"箸"；sabkalambi"用箸夹"。

sabsi：

　　"sabsi"是动词性词根，语义为"刺字"，基于词根"sabsi"形成的单词整理如下：sabsibumbi"使刺字"；sabsibumbi"使实衲"；

sabsimbi"刺字"；sabsimbi"实衲"；sabsimbi"打鬃"。

sabu：

"sabu"是动词性词根，语义为"见"，基于词根"sabu"形成的单词整理如下：sabubumbi"使看见"；sabumbi"看见"；sabunambi"去见"；sabunjimbi"来见"。

saca：

"saca"是名词性词根，语义为"盔"，基于词根"saca"形成的单词整理如下：saca"盔"；sacalabumbi"使戴盔"；sacalambi"戴盔"；sacalandumbi"一齐戴盔"；sacalanumbi"一齐戴盔"。

saci：

"saci"是动词性词根，语义为"砍"，基于词根"saci"形成的单词整理如下：saci"砍"；sacibumbi"使砍去"；sacikū"钢錾"；sacikū"镢头"；sacima"糖缠"；sacimbi"砍"；sacimbi"砍去"；sacimbi"铲蹄"；sacindumbi"一齐砍"；sacinumbi"一齐砍"；sacirambi"乱砍"；sacirambi"剁"。

sacu：

"sacu"是名词性词根，语义为"荞麦、米心"，基于词根"sacu"形成的单词整理如下：sacu"荞麦糁"；sacurambi"下米心雪"；sacurambi"磨荞麦面"。

sadun：

"sadun"是名词性词根，语义为"亲家"，基于词根"sadun"形成的单词整理如下：sadulambi"结亲"；sadun"亲家"；sadusa"众亲家"。

saha1：

"saha1"是名词性词根，语义为"堆砌"，基于词根"saha1"形成的单词整理如下：saha"硌"；sahabumbi"使硌"；sahabumbi"使砌"；sahambi"硌"；sahambi"硌起"；sahambi"砌"；sahan"一硌"。

saha2：

"saha2"是不完整词根，语义推测为"黑"，基于词根"saha2"形成的单词整理如下：sahahūkan"墨色"；sahahūn"淡黑"；sahahūn"葵"；sahahūri"乌黑"；sahaliyakan"微黑"；sahaliyan"黑"；sahaliyan"壬"；saharabumbi"至于黑旧"；saharakabi"已黑旧"；saharambi"黑旧"。

sahi：

"sahi"是不完整词根，语义推测为"献媚"，基于词根"sahi"形成的单词整理如下：sahiba"献媚人"。

sai：

"sai"是动词性词根，语义为"咬"，基于词根"sai"形成的单词整理如下：saibumbi"被咬"；saimbi"咬"；saimengge"有嚼头儿"。

saifi：

"saifi"是名词性词根，语义为"匙子"，基于词根"saifi"形成的单词整理如下：saifi"匙子"；saifilambi"用匙舀"。

saihūwa：

"saihūwa"是名词性词根，语义为"荆条"，基于词根"saihūwa"形成的单词整理如下：saihūwa"荆条"；saihūwada"苔"；saihūwadalambi"笞责"。

sain：

"sain"是形容词性词根，语义为"吉"，基于词根"sain"形成的单词整理如下：saikan"美"；saikan"好好的"；saikan"好看"；sain"贤能"；sain"吉"；saisa"贤者"；saišabukū"讨好的"；saišabumbi"致夸奖"；saišacuka"可嘉"；saišakūšambi"讨好"；saišambi"夸奖"；saišandumbi"齐夸奖"；saišanumbi"齐夸奖"；saiyūn"好吗"。

sakda：

"sakda"是名词性词根，语义为"老"，基于词根"sakda"形成的单词整理如下：sakda"老"；sakdaka"老了"；sakdaki"老气"；sakdantala"到老"；sakdanumbi"老老"；sakdasa"众老者"。

saksa：

"saksa"是不完整词根，语义推测为"支架"，基于词根"saksa"形成的单词整理如下：saksahūn"支架"；saksalibumbi"支架着"；saksalikū"盒子灯架子"；saksan"面塔儿"；saksan"挂物叉子棍"。

sala：

"sala"是动词性词根，语义为"散给"，基于词根"sala"形成的单词整理如下：salabumbi"使散给"；salambi"散给"；salanambi"去散给"；salandumbi"一齐散给"；salanjimbi"来散给"；salanumbi"一齐散给"；salgabuhangge"造定"；salgabun"禀赋"。

sali1：

"sali1"是动词性词根，语义为"值、做主"，基于词根"sali1"形成的单词整理如下：salibumbi"估价"；salimbi"值"；salimbi"自专"；salimbi"执掌"；salingga"自专的人"；saliyahan"仅足"；saliyan"仅足"；saliyan"稍够"；salimbaharakū"不得主张"。

sali2：

　　"sali2"是不完整词根，语义为"略少些"，基于词根"sali2"形成的单词整理如下：saligan"略少些"。

salu：

　　"salu"是名词性词根，语义为"胡须"，基于词根"salu"形成的单词整理如下：salu"胡须"；salungga"有须人"。

saman：

　　"saman"是名词性词根，语义为"祝神人"，基于词根"saman"形成的单词整理如下：saman"祝神人"；samašambi"跳神占吉凶"。

samara：

　　"samara"是动词性词根，语义为"扬茶"，基于词根"samara"形成的单词整理如下：samarabumbi"使扬茶"；samarambi"扬茶"。

samsu：

　　"samsu"是不完整词根，语义推测为"錾花"，基于词根"samsu"形成的单词整理如下：samsulabumbi"使錾花"；samsulambi"錾花"。

san：

　　"san"是动词性词根，语义为"伸"，基于词根"san"形成的单词整理如下：sambi"伸开"；sampi"已伸"；sandalabuha"相隔"；sandalambi"叉腿坐立"；sandaršambi"叉腿走"；sangka"疏远"；sangkabi"离远了"；sangkabi"已伸"；saniyabumbi"准展限"；saniyabumbi"致伸"；saniyambi"展限"；saniyambi"伸放"；saniyan"伸"；saniyashūn"略伸"。

sangga：

"sangga"是名词性词根，语义为"窟窿"，基于词根"sangga"形成的单词整理如下：sangga "窟窿"；sanggata "有窟窿"；sanggatanambi"成窟窿"。

sanggū：

"sanggū"是动词性词根，语义为"趁愿"，基于词根"sanggū"形成的单词整理如下：sanggūšabumbi "被趁愿"；sanggūšambi "趁愿"。

sangsa：

"sangsa"是不完整词根，语义推测为"糟烂"，基于词根"sangsa"形成的单词整理如下：sangsarabumbi "至于糟烂"；sangsarakabi"已糟烂"；sangsarambi"房屋糟烂"。

sar：

"sar"是不完整词根，语义推测为"疏"，基于词根"sar"形成的单词整理如下：sargiyakan"略疏"；sargiyan"疏"；sarhiyan"网稀"；sarkiyabumbi"使分苗"；sarkiyambi"分苗"；sarkiyabumbi"使抄写"；sarkiyambi "抄写"；sarkiyambi "单开"；sarkiyan "录"；sarkiyanumbi"齐分苗"。

sara：

"sara"是不完整词根，语义推测为"散开"，基于词根"sara"形成的单词整理如下：sarahūn"舒展"；sarambi"簸碎米"；sarambi"展翅"；sarambi"打开"；sarambi"鞍心晃"；sarašambi"游玩"；sarašan"游"；sarabumbi"使打开"；sargašambi"游玩"；sarbahūn"枝叶散漫"；sarbahūn"伸腰拉胯卧"；sarbašambi"争拿"；

sarbašambi"强挣扎"。

sarin：

"sarin"是名词性词根，语义为"筵"，基于词根"sarin"形成的单词整理如下：sarin"筵"；sarilambi"筵宴"。

sarta：

"sarta"是动词性词根，语义为"误"，基于词根"sarta"形成的单词整理如下：sartabumbi"消遣"；sartabumbi"至于误"；sartacun"误处"；sartambi"误"；sartashūn"将误"。

sasa：

"sasa"是副词性词根，语义为"齐"，基于词根"sasa"形成的单词整理如下：sasa"齐"；sasari"一齐"。

se1：

"se1"是动词性词根，语义为"说"，基于词根"se1"形成的单词整理如下：seci"若说"；secibe"虽说"；sefi"已说未尽意"；sehe"已说"；sehebi"已说了"；sehengge"已说的"；sembi"说的口气"；seme"语助口气"；sere"说是"；serengge"承上接下口气"。

se2：

"se2"是名词性词根，语义为"年纪"，基于词根"se2"形成的单词整理如下：se"年纪"；sengge"长者"。

sebden：

"sebden"是名词性词根，语义为"斑驳状物（铁锈，背阴）"，基于词根"sebden"形成的单词整理如下：sebdekebi"铜铁锈了"；

sebden"铜铁锈"；sebderi"阴凉"；sebderilebumbi"使歇阴凉"；
sebderileku"轿上飞檐"；sebderilembi"歇阴凉"。

sebjen：

"sebjen"是名词性词根，语义为"乐"，基于词根"sebjen"形成的单词整理如下：sebjelebumbi"使快乐"；sebjelembi"快乐"；sebjelendumbi"共快乐"；sebjelenumbi"共快乐"；sebjen"乐"。

sebken：

"sebken"是副词性词根，语义为"稀疏"，基于词根"sebken"形成的单词整理如下：sebkelembi"间或吃"；sebken"行走稀疏"；sebkesaka"行走稀疏"。

sebsi：

"sebsi"是动词性词根，语义为"使有生气"，基于词根"sebsi"形成的单词整理如下：sebsibumbi"使抖跌昏迷人"；sebsihiyen"和气"；sebsimbi"抖跌昏迷人"；sebsingge"和气人"。

seci：

"seci"是动词性词根，语义为"划开"，基于词根"seci"形成的单词整理如下：secibumbi"使开垅"；secibumbi"使划开"；secimbi"开垅"；secimbi"划开"；secindumbi"齐开垅"；secindumbi"一齐划开"；secinumbi"一齐划开"；secinumbi"齐开垅"；secirembi"乱刺"。

sefere：

"sefere"是动词性词根，语义为"攥"，基于词根"sefere"形成的单词整理如下：sefere"一把子肉"；sefere"勺"；seferembi"撍"；seferešembi"只管撍"。

sehe：

　　"sehe"是不完整词根，语义推测为"竖立状"，基于词根"sehe"形成的单词整理如下：sehehun"须发乱乍"；sehehun"直竖着"；sehehuri"雄立状"；sehehuri"巉岩"。

sehere：

　　"sehere"是动词性词根，语义为"愤怒"，基于词根"sehere"形成的单词整理如下：sehercembi"揎拳"；seherembi"愤怒"；sersembi"怒欲即斗"。

seile：

　　"seile"是动词性词根，语义为"剌开煮"，基于词根"seile"形成的单词整理如下：seilebumbi"使剌开煮"；seilembi"剌开煮"。

sejen：

　　"sejen"是名词性词根，语义为"车"，基于词根"sejen"形成的单词整理如下：sejeci"车户"；sejen"车"；sejesi"车夫"。

sejile：

　　"sejile"是动词性词根，语义为"叹气"，基于词根"sejile"形成的单词整理如下：sejilembi"叹气"；sejilendumbi"一齐叹气"；sejilenumbi"一齐叹气"。

sekiye：

　　"sekiye"是动词性词根，语义为"控"，基于词根"sekiye"形成的单词整理如下：sekiye"浧"；sekiyebumbi"使浧淋"；sekiyeku"草帽"；sekiyembi"浧淋"；sekiyen"源"。

sekse：

"sekse"是不完整词根，语义推测为"脸色憔悴状"，基于词根"sekse"形成的单词整理如下：seksehun"憔悴"；seksehun"冻得脸白"。

sekte：

"sekte"是动词性词根，语义为"铺"，基于词根"sekte"形成的单词整理如下：sekte"铺"；sektebumbi"使铺垫"；sektefun"坐褥"；sektembi"铺垫"。

sektu：

"sektu"是形容词性词根，语义为"伶俐"，基于词根"sektu"形成的单词整理如下：sektu"灵透"；sektuken"略灵透"。

sela：

"sela"是动词性词根，语义为"畅快"，基于词根"sela"形成的单词整理如下：selabumbi"使畅快"；selabun"豫"；selaha"畅快了"；selambi"畅快"。

selbi：

"selbi"是动词性词根，语义为"划水"，基于词根"selbi"形成的单词整理如下：selbi"划子"；selbibumbi"使人浮水"；selbimbi"使划子"；selbimbi"人浮水"。

sele：

"sele"是名词性词根，语义为"铁"，基于词根"sele"形成的单词整理如下：sele"铁"；selekje"貘"；selekten"锈水"。

selgiye:

“selgiye”是动词性词根，语义为“传令”，基于词根“selgiye”形成的单词整理如下：selgiyembi“传令”；selgiyen“令”；selgiyesi“传宣”。

semi:

“semi”是动词性词根，语义为“纫”，基于词根“semi”形成的单词整理如下：semibumbi“使纫针”；semiku“纫头”；semimbi“纫针”。

sencehe:

“sencehe”是名词性词根，语义为“下颏”，基于词根“sencehe”形成的单词整理如下：sencehe“夹子腮”；sencehe“下颏”；senceheleku“兜口”。

sende:

“sende”是不完整词根，语义推测为“豁口”，基于词根“sende”形成的单词整理如下：sendejehe“刀刃磞了”；sendejembi“冲”；sendejembi“破成豁口”；sendelebumbi“使刨豁口”；sendelembi“掘开”；sendelembi“刨豁口”。

senggi:

“senggi”是名词性词根，语义为“血”，基于词根“senggi”形成的单词整理如下：sengi“血”；senggime“友爱”；senggime“亲睦”。

sengguwe:

“sengguwe”是动词性词根，语义为“惧”，基于词根“sengguwe”形成的单词整理如下：sengguwecembi“只是恐惧”；

sengguwecuke"可惧";sengguwembi"惧";sengguwembi"发忕";sengguwendumbi"一齐恐惧";sengguwenumbi"一齐恐惧"。

sengse：

"sengse"是动词性词根，语义为"微干"，基于词根"sengse"形成的单词整理如下：sengsebumbi"使微干";sengsembi"微干"。

sengser：

"sengser"是不完整词根，语义为"很爱"，基于词根"sengser"形成的单词整理如下：sengseršembi"很爱"。

seni：

"seni"是不完整词根，语义为"潮"，基于词根"seni"形成的单词整理如下：senihun"略潮"。

seole：

"seole"是动词性词根，语义为"思虑"，基于词根"seole"形成的单词整理如下：seoleku"小算人";seolembi"思虑";seolen"虑"。

sere：

"sere"是动词性词根，语义为"知觉"，基于词根"sere"形成的单词整理如下：serebe"惯提防";serebumbi"使知觉";serebun"觉";serecungge"有眼色";serehebi"知觉了";serehun"似睡不睡";serembi"知觉";seremšebumbi"使防护";seremšembi"防护"。

seri：

"seri"是形容词性词根，语义为"稀"，基于词根"seri"形成的单词整理如下：seri"稀";seriken"略稀"。

seiki：

　　"seiki"是名词性词根，语义为"报"，基于词根"seiki"形成的单词整理如下：serki"跑报人"；serkin"报"。

seru：

　　"seru"是不完整词根，语义为"凉"，基于词根"seru"形成的单词整理如下：serguwen"凉快"；serguwešebumbi"使乘凉"；serguwešembi"乘凉"；seruken"凉爽"。

ses：

　　"ses"是不完整词根，语义推测为"抖动"，基于词根"ses"形成的单词整理如下：seshebumbi"甚厌烦"；seshecuke"可厌烦"；seshembi"洒白面"；seshembi"厌烦"；seshembi"吃厌烦了"；sesheri"俗"；seshetebumbi"被抖擞"；seshetembi"抖擞"；seshetembi"摇头"；seshun"厌物"；sesukiyembi"打冷战"；sesulambi"惊讶"。

seye：

　　"seye"是动词性词根，语义为"怀恨"，基于词根"seye"形成的单词整理如下：seyembi"怀恨"；seyendumbi"一齐怀恨"；seyenumbi"一齐怀恨"。

si：

　　"si"是动词性词根，语义为"塞"，基于词根"si"形成的单词整理如下：sibumbi"塞住"；sibushūn"喉鼻紧塞"；simbi"补空"；simbi"塞"。

sibe：

　　"sibe"是名词性词根，语义为"莝草"，基于词根"sibe"形成的单词整理如下：sibe"堇草"；sibedembi"堇草打磨"。

sibere：

  "sibere"是动词性词根，语义为"捻"，基于词根"sibere"形成的单词整理如下：sibere"捻"；siberembi"搓饽饽条"；siberembi"捻线"；siberhen"捻子"。

sibi1：

  "sibi1"是动词性词根，语义为"拔、抽"，基于词根"sibi1"形成的单词整理如下：sibibumbi"使拔丝"；sibimbi"捋箭杆"；sibimbi"抽"；sibimbi"拔丝"；sibišambi"细捋箭杆"。

sibi2：

  "sibi2"是不完整词根，语义为"呆着脸看"，基于词根"sibi2"形成的单词整理如下：sibišambi"呆着脸看"。

sibiya：

  "sibiya"是名词性词根，语义为"木条"，基于词根"sibiya"形成的单词整理如下：sibiya"绞子"；sibiya"木塞子"；sibiyalakū"书别子"；sibiyalambi"掣签"。

sibke：

  "sibke"是名词性词根，语义为"穿钉"，基于词根"sibke"形成的单词整理如下：sibke"穿钉"；sibkele"两人抬"；sibkelebumbi"使两人抬"；sibkelehebi"两人抬着呢"；sibkelembi"两人抬着"。

sibki：

  "sibki"是动词性词根，语义为"穷究"，基于词根"sibki"形成的

单词整理如下：sibki"使穷究"；sibkibumbi"使人穷究"；sibkimbi
"穷究"；sibkimbi"详究"。

sibša：

"sibša"是副词性词根，语义为"很落后"，基于词根"sibša"形
成的单词整理如下：sibša"价很落"；sibša"很落后"；sibšalambi
"开除"。

sibsi：

"sibsi"是不完整词根，语义推测为"尖状"，基于词根"sibsi"形
成的单词整理如下：sibsihūn"脸下窄"；sibsihūn"下绺"；sibsika
"棍尖子"；sibsikalambi"打毛毡物"。

sida：

"sida"是不完整词根，语义推测为"舒展"，基于词根"sida"形
成的单词整理如下：sidarabumbi"致舒展"；sidarakabi"去远了"；
sidarambi"舒心"；sidarambi"舒展"。

siden：

"siden"是名词性词根，语义为"中间"，基于词根"siden"形成
的单词整理如下：sidehulebumbi"使插门"；sidehulembi"插门"；
sidehun"车底横撑"；sidehun"窗横梲"；sidehunjembi"间配录用"；
sidehunjembi"隔着放"；sidehunjembi"间隔着给与"；siden"中间"；
siden"干证"。

sidere：

"sidere"是动词性词根，语义为"绊"，基于词根"sidere"形成的
单词整理如下：siderebumbi"使绊马"；sidereku"铁拉扯"；

siderembi"绊马"；sideri"脚绊"；sideri"脚镯"；sideri"绊"；
sidershun"腿发绊"。

sifi：

"sifi"是动词性词根，语义为"戴簪"，基于词根"sifi"形成的单词整理如下：sifibumbi"使戴簪"；sifikū"簪子"；sifimbi"戴簪"。

siha1：

"siha1"是动词性词根，语义为"尾随"，基于词根"siha1"形成的单词整理如下：sihambi"尾追"；sihambi"究问"；sihabumbi"使尾追"。

siha2：

"siha2"是动词性词根，语义为"谢"，基于词根"siha2"形成的单词整理如下：sihambi"谢"；sihambi"凋零"。

sihe1：

"sihe1"是不完整词根，语义推测为"拦人好事"，基于词根"sihe1"形成的单词整理如下：sihelebumbi"好事被人拦"；sihelembi"拦人好事"。

sihe2：

"sihe2"是不完整词根，语义推测为"迎合状"，基于词根"sihe2"形成的单词整理如下：sihešembi"摇尾"；sihešembi"逢迎"。

siji1：

"siji1"是动词性词根，语义为"缉、密缝"，基于词根"siji1"形成的单词整理如下：sijibumbi"使缉"；sijigiyan"袍"；sijimbi"缉"；

sijin"钓鱼线";sijin"脚线"。

siji2：

"siji2"是不完整词根,语义为"直",基于词根"siji2"形成的单词整理如下：sijihūn"直站着";sijihūn"直板";sijirhūn"直"。

sikse：

"sikse"是名词性词根,语义为"昨日",基于词根"sikse"形成的单词整理如下：sikse"昨日";sikseri"将晚"。

sile1：

"sile1"是不完整词根,语义推测为"皮实、有耐性",基于词根"sile1"形成的单词整理如下：silemidembi"行事罢缓";silemin"耐长";silemin"皮";silemin"罢缓";silemin"皮辣";silemtu"无损"。

sile2：

"sile2"是不完整词根,语义推测为"露水",基于词根"sile2"形成的单词整理如下：silenggi"露";silenggi"露水";silenggišembi"垂涎"。

silga：

"silga"是动词性词根,语义为"拣选",基于词根"silga"形成的单词整理如下：silgambi"拣选";silgasi"贡生"。

silgiya：

"silgiya"是动词性词根,语义为"漱",基于词根"silgiya"形成的单词整理如下：silgiya"漱";silgiyabumbi"使洗漱";silgiyambi"洗漱";silgiyambi"漱口"。

silhi：

　　"silhi"是动词性词根,语义为"嫉妒",基于词根"silhi"形成的单词整理如下：silhidabumbi"被人嫉妒"；silhidambi"行嫉妒"；silhingga"嫉妒"。

sili：

　　"sili"是动词性词根,语义为"挑选",基于词根"sili"形成的单词整理如下：silimbi"挑选"；silin"精锐"。

silkan：

　　"silkan"是形容词性词根,语义推测为"滑",基于词根"silkan"形成的单词整理如下：silkabuhabi"油滑透了"；silkada"奸滑"；silkan"油滑"。

sima：

　　"sima"是不完整词根,语义推测为"冷清",基于词根"sima"形成的单词整理如下：simacuka"萧条"；simacuka"寥寥无几"；simeli"冷清"。

sime1：

　　"sime1"是动词性词根,语义为"润",基于词根"sime1"形成的单词整理如下：simebumbi"使润"；simehe"水渗"；simelen"泽"；simembi"润"；simen"液"。

sime2：

　　"sime2"是动词性词根,语义为"油",基于词根"sime2"形成的单词整理如下：simenggi"桐油"；simenggile"油"；simenggilebumbi"使上油"；simenggilembi"上油"。

simen：

　　"simen"是名词性词根，语义为"热闹"，基于词根"simen"形成的单词整理如下：simengge"人多热闹"。

simne：

　　"simne"是动词性词根，语义为"考"，基于词根"simne"形成的单词整理如下：simne"考"；simnebumbi"使考试"；simnembi"考试"；simnendumbi"一齐考试"；simnenembi"去考试"；simnenjimbi"来考试"；simnenumbi"一齐考试"；simnesi"童生"。

sin：

　　"sin"是名词性词根，语义为"你"，基于词根"sin"形成的单词整理如下：simbe"把你"；since"比你"；sinde"在你"；sini"你的"；siningge"是你的"。

sina：

　　"sina"是不完整词根，语义推测为"服丧"，基于词根"sina"形成的单词整理如下：sinagalambi"丁忧"；sinagan"丧服"；sinahi"孝衣"；sinahilambi"穿孝"。

sinda：

　　"sinda"是动词性词根，语义为"放"，基于词根"sinda"形成的单词整理如下：sinda"放下"；sindabumbi"使放"；sindambi"释放"；sindambi"补授"；sindambi"放"。

singge：

　　"singge"是动词性词根，语义为"渗入"，基于词根"singge"形成的单词整理如下：singgebumbi"使入已"；singgebumbi"使渗"；

singgebumbi"使融会"；singgeku"腑"；singgembi"入已"；singgembi"消化"；singgembi"渗"；singgetei"永远入已"。

singke：

"singke"是不完整词根，语义推测为"阴凉"，基于词根"singke"形成的单词整理如下：singkeyen"阴凉"。

sira：

"sira"是动词性词根，语义推测为"接续"，基于词根"sira"形成的单词整理如下：sirabumbi"使承袭"；sirakū"假发"；sirambi"承袭"；sirambi"接续"；siranduhai"相继"。

sirba：

"sirba"是不完整词根，语义推测为"摇、摆"，基于词根"sirba"形成的单词整理如下：sirbašambi"摆尾"；sirbašambi"强扎挣"。

sire：

"sire"是不完整词根，语义推测为"连续"，基于词根"sire"形成的单词整理如下：sirebun"行"；siremi"绩麻"；siren"瓜蔓"；sirenembi"响声接连"；sirentumbi"通线索"；siresi"纤手"；sirke"延缠"；sirke"黩"；sirkedembi"贪黩"。

sirge：

"sirge"是名词性词根，语义为"丝线"，基于词根"sirge"形成的单词整理如下：sirge"一条"；sirge"弦"；sirge"丝"；sirgelembi"劈肋条"；sirgeri"纺丝"。

siri：

"siri"是动词性词根，语义为"挤"，基于词根"siri"形成的单词

整理如下：siribumbi"使挤脓"；siribumbi"被究隐情"；siribumbi
"使挤水"；sirimbi"挤脓"；sirimbi"挤水"；siri"挤"。

sisa：

"sisa"是动词性词根，语义为"洒出"，基于词根"sisa"形成的
单词整理如下：sisabumbi"致洒出"；sisambi"洒出"。

sišari：

"sišari"是名词性词根，语义为"麻"，基于词根"sišari"形成的
单词整理如下：sišargan"麻雀"；sišari"苎麻"。

sise：

"sise"是动词性词根，语义为"绷、筛"，基于词根"sise"形成的
单词整理如下：sisebumbi"使绷"；siseku"筛箩"；sisembi"筛"；
sisembi"绷"；sisetembi"约略办理"；sisetembi"起荒蕽"。

sisi：

"sisi"是动词性词根，语义为"攮塞"，基于词根"sisi"形成的单
词整理如下：sisimbi"插撒袋"；sisimbi"攮塞"；sisin"攮塞得多"；
sisingga"攮塞得多"。

sita1：

"sita1"是动词性词根，语义为"迟"，基于词根"sita1"形成的单
词整理如下：sitabumbi"至于迟"；sitambi"迟"；sitashūn"迟慢"。

sita2：

"sita2"是不完整词根，语义推测为"寡、少"，基于词根"sita2"
形成的单词整理如下：sitahūn"寡少"；sitashūn"清苦"。

site：

　　"site"是动词性词根，语义为"撒尿"，基于词根"site"形成的单词整理如下：siteku"尿精"；sitembi"出小恭"。

so1：

　　"so1"是形容词性词根，语义为"奇怪的"，基于词根"so1"形成的单词整理如下：so1"怪征"；sonihon"奇"；soningga"新鲜话"；soningga"很新鲜东西"；sonio"奇"；soroki"忌较"；sorombi"忌讳"。

so2：

　　"so2"是动词性词根，语义为"撒"，基于词根"so2"形成的单词整理如下：so2"撒去"；sombi"撒"。

so3：

　　"so3"是名词性词根，语义为"腖子"，基于词根"so3"形成的单词整理如下：sonahabi"成了腖子"；sonambi"起腖子"。

so4：

　　"so4"是不完整词根，语义推测为"黄"，基于词根"so4"形成的单词整理如下：sohohūri"焦黄"；sohokoliyan"黄黄的"；sohokon"黄香色"；sohon"葵黄"；sohon"已"；soroko"脸黄了"；sorokobi"须发黄了"；sorombi"叶黄"。

sofin：

　　"sofin"是形容词性词根，语义为"马唡气"，基于词根"sofin"形成的单词整理如下：sofidambi"站立不定"；sofin"马唡气"。

sok：

　　"sok"是不完整词根，语义推测为"吞声哭状"，基于词根"sok"

形成的单词整理如下：soksimbi"吞声哭"。

sokso1：

"sokso1"是不完整词根，语义为"烦闷不安状"，基于词根"sokso1"形成的单词整理如下：soksohon"恼闷坐立状"；soksohori"众人安坐"。

sokso2：

"sokso2"是副词性词根，语义推测为"忽然"，基于词根"sokso2"形成的单词整理如下：soksori"忽站忽出"。

sokto：

"sokto"是动词性词根，语义为"醉"，基于词根"sokto"形成的单词整理如下：soktobumbi"使醉"；soktokū"贪酒人"；soktombi"醉"。

soli：

"soli"是动词性词根，语义为"请"，基于词根"soli"形成的单词整理如下：soli"请"；solibumbi"使请"；solimbi"请人"；solinambi"去请"；solinjimbi"来请"。

somi：

"somi"是动词性词根，语义为"藏"，基于词根"somi"形成的单词整理如下：somi"藏"；somibumbi"使藏躲"；somimbi"葬埋"；somimbi"藏躲"；somindumbi "齐藏躲"；sominumbi "齐藏躲"；somishūn"隐"；somitambi"藏藏躲躲"。

songgo：

"songgo"是动词性词根，语义为"哭"，基于词根"songgo"形成的单词整理如下：songgobumbi"使哭"；songgocombi"齐哭"；songgombi"哭"；songgombi"水鸮鸟鸣"；songgotu"肯哭"。

songko：

"songko"是动词性词根，语义为"遵照"，基于词根"songko"形成的单词整理如下：songko"照样"；songkolobumbi"使遵照"；songkolombi"遵照"。

sonjo：

"sonjo"是动词性词根，语义为"选"，基于词根"sonjo"形成的单词整理如下：sonjo"选"；sonjobumbi"使拣选"；sonjoku"可挑叱处"；sonjombi"拣选"；sonjondumbi"一齐拣选"；sonjonumbi"一齐拣选"；sonjosi"贡士"。

sori：

"sori"是动词性词根，语义为"乱动"，基于词根"sori"形成的单词整理如下：soriganjambi"敌乱动"。

soriha：

"soriha"是名词性词根，语义为"马尾上栓的绸条"，基于词根"soriha"形成的单词整理如下：soriha"马尾上栓的绸条"；sorihalambi"拴绸条"。

sosa：

"sosa"是动词性词根，语义为"抢掳"，基于词根"sosa"形成的单词整理如下：sosambi"抢掳"；sosandumbi"一齐抢掳"；sosanumbi"一齐抢掳"。

sosoro：

　　"sosoro"是动词性词根，语义为"退缩"，基于词根"sosoro"形成的单词整理如下：sosorcombi"只管退缩"；sosorobumbi"使爬拉草"；sosorokobi"退缩了"；sosorombi"爬拉草"；sosorombi"退缩"；sosorombi"倒退"。

su1：

　　"su1"是不完整词根，语义推测为"空、清"，基于词根"su1"形成的单词整理如下：subuhen"解"；subuhūn"清醒"；subumbi"解冤"；subumbi"使脱"；subumbi"酒醒"；subun"辨"；suhen"疏"；sukiya"倒涳"；sukiyabumbi"使倒涳干"；sukiyambi"倒涳干"；sula"闲散"；sula"松闲"；sulabu"留着空"；sulabumbi"留空"；sulaha"略睡即醒"；sulakan"略松闲"；sulambi"遗留"；sulfa"自然"；sulfa"舒裕"；sulfakan"略舒裕"；sulfangga"舒展"；sure"聪明"；sureke"没了困了"；sureken"略聪明"；susultungga"聪慧人"。

su2：

　　"su2"是不完整词根，语义为"米色"，基于词根"su2"形成的单词整理如下：suhuken"牙色"；suhun"米色"。

sube：

　　"sube"是名词性词根，语义为"筋"，基于词根"sube"形成的单词整理如下：sube"筋"；subehe"绣的带子"；subehe"枝梢"；subehe"孝带子"；subeliyen"绒"；suberhe"苗子"；suberi"绫子"；subetungge"有筋力"；subsi"久病不见好"；subsi"琐碎"。

subke：

　　"subke"是不完整词根，语义推测为"抽丝"，基于词根"subke"

形成的单词整理如下：subkejehebi"脱絮了"；subkejembi"绌丝脱絮"；subkele"绌纸子"；subkelebumbi"使拆绌布纸子"；subkelembi"拆绌布纸子"；subkeri"拖边孝衣"。

suci：

"suci"是名词性词根，语义为"兽胎"，基于词根"suci"形成的单词整理如下：suci"兽胎"；sucilehebi"兽怀胎"；sucilembi"打包"。

sucu：

"sucu"是动词性词根，语义为"冲"，基于词根"sucu"形成的单词整理如下：sucumbi"冲阵"；sucunambi"去冲阵"。

suha：

"suha"是不完整词根，语义推测为"垂头状"，基于词根"suha"形成的单词整理如下：suharakabi"穗子下垂"；suharakabi"醉得垂了头"。

suhe：

"suhe"是名词性词根，语义为"斧"，基于词根"suhe"形成的单词整理如下：suhe"斧子"；suhecen"小斧子"；suhelembi"用斧劈"；suhešembi"用斧乱劈"。

sui1：

"sui1"是动词性词根，语义为"和（面）、研墨"，基于词根"sui1"形成的单词整理如下：sui"和"；suibumbi"使和面"；suimbi"和面"；suimbi"研墨"。

sui2：

　　"sui2"是不完整词根，语义推测为"锥"，基于词根"sui2"形成的单词整理如下：suifulembi"锥"；suifun"锥子"；suihon"解锥"。

sui3：

　　"sui3"是不完整词根，语义推测为"醉"，基于词根"sui3"形成的单词整理如下：suihumbi"醉闹"；suihutu"醉闹人"。

sui4：

　　"sui4"是动词性词根，语义为"罪"，基于词根"sui4"形成的单词整理如下：suilabumbi"苦累"；suilacuka"可劳苦的"；suilacun"劳苦"；suilambi"艰苦"；suilambi"劳"；suilashūn"累"；suingga"遭孽"；suisimbi"受罪"；suisiru"作孽的"。

suihe：

　　"suihe"是名词性词根，语义为"绥"，基于词根"suihe"形成的单词整理如下：suihe"绥"；suihe"穗子"；suihe"鞭绦"；suihe"带穗子"；suihenembi"秀穗"。

suita：

　　"suita"是动词性词根，语义为"灌"，基于词根"suita"形成的单词整理如下：suita"灌"；suitabumbi"使灌水"；suitakū"奠池"；suitambi"灌水"。

suja：

　　"suja"是动词性词根，语义为"支"，基于词根"suja"形成的单词整理如下：suja"支"；sujabumbi"使挂着"；sujabumbi"使支着"；

sujahan"支杆"；sujakū"支棍"；sujambi"支持"；sujambi"挂着"；sujambi"支着"；sujanaha"土内发芽"。

suju：

"suju"是动词性词根，语义为"跑"，基于词根"suju"形成的单词整理如下：sujubumbi"使跑"；sujumbi"跑"；sujutembi"一齐跑"。

suksan：

"suksan"是动词性词根，语义为"开垦"，基于词根"suksan"形成的单词整理如下：suksalabumbi"使开垦"；suksalambi"开垦"；suksalanambi"去开垦"；suksalandumbi"齐开垦"；suksalanjimbi"来开垦"；suksalanumbi"齐开垦"；suksan"新开地"。

suksu1：

"suksu1"是不完整词根，语义推测为"（毛发、面貌等）蓬乱状"，基于词根"suksu1"形成的单词整理如下：suksubumbi"使簌"；suksuhun"气得发乍"；suksumbi"簌"；suksurekebi"牙花面目微肿"；suksureku"扇车"；suksurembi"鸟松毛"。

suksu2：

"suksu2"是不完整词根，语义推测为"飞下击物"，基于词根"suksu2"形成的单词整理如下：suksuhu"鱼鹰"；suksurembi"飞下击物"。

suman：

"suman"是名词性词根，语义为"烟气"，基于词根"suman"形成的单词整理如下：sumakabi"烟气浮布"；suman"烟气"。

sun：

　　"sun"是动词性词根，语义为"寒气凝结"，基于词根"sun"形成的单词整理如下：sumbi"寒气凝结"；sunembi"酿雨"；sungkebi"寒气着物凝结"。

sunja：

　　"sunja"是数词性词根，语义为"五"，基于词根"sunja"形成的单词整理如下：sunja"五"；sunjanggeri"五次"；sunjata"各五"。

sunta：

　　"sunta"是名词性词根，语义为"袋状物"，基于词根"sunta"形成的单词整理如下：sunta"网兜"；sunta"小肉袋"；suntanahabi"腹大下垂"；suntanahabi"口袋鼓膨"。

sunte：

　　"sunte"是动词性词根，语义为"杀绝"，基于词根"sunte"形成的单词整理如下：suntebumbi"杀绝"；suntehe"杀绝了"。

sura：

　　"sura"是动词性词根，语义为"淘米"，基于词根"sura"形成的单词整理如下：sura"使淘米"；surambi"淘米"；suran"泔水"。

surte：

　　"surte"是动词性词根，语义为"争跑"，基于词根"surte"形成的单词整理如下：surtembi"众人争跑"；surtenumbi"奔竞"；surtenumbi"一齐争跑"。

suse：

　　"suse"是名词性词根，语义为"和泥的草"，基于词根"suse"形成的单词整理如下：suse"穰秸草"；suse"和泥的草"；suse"草率"；susedembi"草率作"。

susu：

"susu"是不完整词根，语义为"毁坏"，基于词根"susu"形成的单词整理如下：susubumbi"毁坏"；susunggiyambi"遭害"。

suwa：

"suwa"是不完整词根，语义推测为"黄"，基于词根"suwa"形成的单词整理如下：suwayakan"微黄"；suwayan"黄"；suwayan"戊"。

suwaliya：

"suwaliya"是动词性词根，语义为"搀杂"，基于词根"suwaliya"形成的单词整理如下：suwaliya"搀"；suwaliyaganjambi"掺杂"；suwaliyambi"搀上"；suwaliyasun"作料"；suwaliyata"杂"。

suwangkiya：

"suwangkiya"是动词性词根，语义为"啃草"，基于词根"suwangkiya"形成的单词整理如下：suwangkiyabumbi"使啃草"；suwangkiyambi"啃草"；suwangkiyandumbi"齐啃草"。

suwele：

"suwele"是动词性词根，语义为"搜"，基于词根"suwele"形成的单词整理如下：suwele"搜"；suwelebumbi"使搜检"；suwelembi"搜检"；suwelenembi"去搜检"；suwelenjimbi"来搜检"。

suwen：

　　"suwen"是名词性词根，语义为"你们"，基于词根"suwen"形成的单词整理如下：suwembe"把你们"；suwenci"比你们"；suwende"在你们"；suweni"你们的"；suweningge"是你们的"。

8.18　š

ša1：

　　"ša1"是动词性词根，语义为"瞧"，基于词根"ša1"形成的单词整理如下：ša"使瞧"；šacambi"眼乱瞧"；šacambi"肯旁看"；šambi"瞧"；šanumbi"同瞧"。

ša2：

　　"ša2"是不完整词根，语义为"白"，基于词根"ša2"形成的单词整理如下：šahūkan"微带白"；šahūn"辛"；šahūn"淡白"；šahūrabumbi"使冷着"；šahūrabumbi"着凉"；šahūraka"冷了"；šahūrakabi"凉着了"；šahūrakabi"感冒"；šahūrambi"冷着"；šahūrambi"凉"；šahūrun"寒"；šahūrun"冷"；šalibuhabi"脸发白了"；šanyakan"微白"；šanyan"庚"；šanyan"白"；šanyan"伏"；šarakabi"须发全白了"；šaribumbi"使化铁"；šarimbi"化铁"；šaringgiyabumbi"洗冤"；šaringgiyambi"打磨见新"；šaringgiyambi"雪冤"；šarinjambi"翻白眼看"；šarišambi"鱼翻白"。

　　分布在词根"ša2"当中的部分词汇表达"冷"的语义。

šada：

　　"šada"是动词性词根，语义为"疲乏"，基于词根"šada"形成的单词整理如下：šadabumbi"使乏"；šadacuka"劳神"；šadahabi"乏了";šadambi"乏";šadashūn"略乏"。

šajin:

"šajin"是名词性词根,语义为"禁约",基于词根"šajin"形成的单词整理如下:šajilaha"禁约过";šajin"禁约"。

šaka:

"šaka"是名词性词根,语义为"叉状物",基于词根"šaka"形成的单词整理如下:šaka"叉";šaka"字撇";šakalambi"横击";šakalambi"用叉叉";šakalambi"插话";šakanaha"冰冻裂";šakari"果叉";šakašabumbi"致拥集";šakašambi"拥集";šakašambi"穷诘";šakšahalambi"从旁截杀"。

šakša:

"šakša"是不完整词根,语义为"露齿状",基于词根"šakša"形成的单词整理如下:šakšahūn"露齿";šakšaljambi"只是呲着牙笑";šakšari"呲着牙笑";šakšarjambi"只是呲着牙笑"。

šampi:

"šampi"是名词性词根,语义为"鞴",基于词根"šampi"形成的单词整理如下:šampi"坐秋";šampilabumbi"使带纣棍";šampilambi"带纣棍"。

šang:

"šang"是不完整词根,语义为"赏",基于词根"šang"形成的单词整理如下:šangnahan"赏";šangnambi"赏赐"。

推测认为词根"šang"借自汉语词汇"赏"。

šangga：

"šangga"是动词性词根，语义为"成全"，基于词根"šangga"形成的单词整理如下：šanggabumbi"使成全"；šanggambi"乐成"；šanggambi"成全"；šanggan"成"；šanggatai"竟然"。

šanggiyan：

"šanggiyan"是名词性词根，语义为"烟"，基于词根"šanggiyan"形成的单词整理如下：šanggiyakū"狼烟"；šanggiyambi"炕烟"；šanggiyan"烟"；šanggiyari"熏蚊烟"。

šaša：

"šaša"是动词性词根，语义为"搅混"，基于词根"šaša"形成的单词整理如下：šašabumbi"被搅混"；šašahabi"搅混住了"；šašambi"搅混"；šašan"豆泥酸菜汤"；šasihan"羹"。

šasiha：

"šasiha"是不完整词根，语义推测为"掌嘴"，基于词根"šasiha"形成的单词整理如下：šasihalabumbi"使掌嘴"；šasihalambi"掌嘴"；šasihašambi"连掌嘴"。

šatu：

"šatu"是动词性词根，语义为"将物体磨光或镀光"，基于词根"šatu"形成的单词整理如下：šatubumbi"使煤炸"；šatumbi"打磨弓面"；šatumbi"煤炸"；šaturnahabi"雪上微冻"。

šayo：

"šayo"是名词性词根，语义为"吃斋"，基于词根"šayo"形成的单词整理如下：šayo"吃斋人"；šayolambi"持斋"。

še1：

"še1"是不完整词根，语义为"白、亮"，基于词根"še1"形成的单词整理如下：šehuken"厂亮些"；šehun"厂亮"；šerekebi"白净"；šerembi"烧红"；šerembumbi"使烧红"；šeringgiyembi"煅炼"；šeyeken"略白"；šeyen"雪白"。

词根"še1"与词根"ša2"存在元音交替关系。

še2：

"še2"是不完整词根，语义为"舍"，基于词根"še2"形成的单词整理如下：šelembi"舍"。

šejile：

"šejile"是动词性词根，语义为"背书"，基于词根"šejile"形成的单词整理如下：šejilebumbi"使背"；šejilembi"背书"。

šeke：

"šeke"是动词性词根，语义为"湿透、冻僵"，基于词根"šeke"形成的单词整理如下：šekebumbi"被雨淋透了"；šekehe"尸挺了"；šekembi"雨淋透了"；šekembi"淋透"。

šempi：

"šempi"是名词性词根，语义为"绿斜皮"，基于词根"šempi"形成的单词整理如下：šempi"绿斜皮"；šempilembi"夹斜皮"。

推测认为词根 šempi 借用自汉语词汇"斜皮"。

šeo：

"šeo"是不完整词根，语义为"绣"，基于词根"šeo"形成的单词整理如下：šeolebumbi"使绣"；šeolembi"绣"。

推测认为词根 šeo 借用自汉语词汇"绣"。

šeri：

"šeri"是动词性词根,语义为"讹诈",基于词根"šeri"形成的单词整理如下：šeribumbi"被讹诈"；šerimbi"讹诈"；šerinju"讹头"。

šo1：

"šo1"是动词性词根,语义为"刮",基于词根"šo1"形成的单词整理如下：šo"刮"；šobumbi"使刮毛"；šombi"刮毛"；šombi"刮"；šonumbi"一齐刮毛"；šokū"炙刨子"。

šo2：

"šo2"是不完整词根,语义为"烧肉",基于词根"šo2"形成的单词整理如下：šolo"烧"；šolobumbi"使烧炙"；šolombi"烧炙"。

推测认为词根"šo2"借用自汉语词汇"烧"。

šobko：

"šobko"是不完整词根,语义为"用手抓着吃状、不体面状",基于词根"šobko"形成的单词整理如下：šobkošome"很没体面"；šobkošome"抓着吃"。

šodo1：

"šodo1"是动词性词根,语义为"兜网中鱼",基于词根"šodo1"形成的单词整理如下：šodobumbi"使兜网中鱼"；šodokū"鱼兜子"；šodombi"兜网中鱼"。

šodo2：

"šodo2"是动词性词根,语义为"闲逛、颠走",基于词根"šodo2"

形成的单词整理如下：šodobumbi"使大颠"；šodokū"好闲走人"；šodombi"闲走"；šodombi"大颠"。

šofo：

"šofo"是不完整词根，语义为"心胸狭窄的"，基于词根"šofo"形成的单词整理如下：šofoyon"窄迫"。

šoforo：

"šoforo"是动词性词根，语义为"抓"，基于词根"šoforo"形成的单词整理如下：šofor"徒忙"；šoforo"撮"；šoforobumbi"使抓"；šoforombi"抓"；šoforombi"抓住"；šoforšombi "乱抓"。

šohan：

"šohan"是名词性词根，语义为"拉套"，基于词根"šohan"形成的单词整理如下：šohadambi"靠人做事"；šohadambi"拉套"。

šokšo：

"šokšo"是不完整词根，语义为"尖状"，基于词根"šokšo"形成的单词整理如下：šokšohon"尖峰"；šokšohon"�‍着嘴"；šokšolime"尖量"。

šolo：

"šolo"是名词性词根，语义为"空闲"，基于词根"šolo"形成的单词整理如下：šolo"闲空"；šolonggo"从容"；šolonggo"做事快完者"。

šongkon：

"šongkon"是名词性词根，语义为"海青"，基于词根"šongkon"

形成的单词整理如下：šongkon"海青"；šongkoro"海东青"。

šorgi：

"šorgi"是动词性词根，语义为"锥"，基于词根"šorgi"形成的单词整理如下：šorgi"使催"；šorgibuha"被水冲涮了"；šorgibumbi"被水冲涮"；šorgibumbi"使人催"；šorgibumbi"使锥眼"；šorgimbi"箭箭中一处"；šorgimbi"催"；šorgimbi"锥眼"；šorginambi"去催"；šorgindumbi"一齐催"；šorginjimbi"来催"；šorginumbi"一齐催"。

基于词根"šorgi"形成的词在语义表达上较为多样，这些词在语义上的共性是"集中力量对某处用力"，因此将符合该语义的物理性质的"锥"作为基本语义。

šošo：

"šošo"是动词性词根，语义为"束"，基于词根"šošo"形成的单词整理如下：šošobumbi"使扎头发"；šošohon"总数"；šošokū"鬏髻"；šošombi"扎头发"；šošombi"鹰打条"；šošombi"会数"；šošon"鹰鸟"；šošon"匝髻"。

šoyo：

"šoyo"是动词性词根，语义为"收缩"，基于词根"šoyo"形成的单词整理如下：šoyobumbi"使抽纵"；šoyohobi"抽抽了"；šoyombi"抽纵"；šoyoshūn"略抽纵"。

šu1：

"šu1"是名词性词根，语义为"文"，基于词根"šu1"形成的单词整理如下：šu"文"；šudembi"舞文"；šudesi"书吏"。

šu2：

　　"šu2"是名词性词根，语义为"税"，基于词根"šu2"形成的单词整理如下：šulebumbi"使征收"；šulehelembi"赋敛"；šulehen"赋"；šulembi"征收"。

　　推测认为词根"šu2"借用自汉语词汇"税"。

šubur：

　　"šubur"是不完整词根，语义为"收缩、退缩"，基于词根"šubur"形成的单词整理如下：šuburekebi"蹄缩"；šuburembi"晒蔫"；šuburi"委随人"；šuburšembi"恐怕怎么样了"；šuburšembi"委随"。

　　词根"šubur"语义由"收缩"引申出了"小心"的语义。其中，"小心"语义的产生可以认为经历了"收缩＞退缩＞胆怯、小心"的变化过程。

šudu：

　　"šudu"是动词性词根，语义为"铲"，基于词根"šudu"形成的单词整理如下：šudu"铲"；šudubuha"划伤"；šudubumbi"使铲皮板"；šudubumbi"使铲"；šudumbi"铲皮板"；šudumbi"铲"。

šufa：

　　"šufa"是动词性词根，语义为"凑、敛"，基于词根"šufa"形成的单词整理如下：šufa"攒"；šufabumbi"使攒"；šufambi"攒"；šufambi"叮"；šufan"折子"；šufan"皱纹"；šufanahabi"有了皱纹"；šufari"包头"。

šugi：

　　"šugi"是名词性词根，语义为"津液、汁液"，基于词根"šugi"形成的单词整理如下：šugi"蜜饯果泥"；šugi"树津"；šugi"津液"；
šugi"清脓"；šugile"漆"；šugilebumbi"使上漆"；šugilembi"上漆"；
šugin"漆水"。

šuki：

"šuki"是动词性词根，语义为"顶、撞"，基于词根"šuki"形成的
单词整理如下：šukibumbi"使倾害"；šukilabumbi"使拳捣"；
šukilambi"拳捣"；šukilambi"顶"；šukimbi"倾害"；šukišambi"拳乱
捣"；šukišambi"相顶"。

šuli：

"šuli"是不完整词根，语义为"尖状"，基于词根"šuli"形成的单
词整理如下：šulihun"头尖"；šulihun"尖"。

šulu：

"šulu"是动词性词根，语义为"折磨"，基于词根"šulu"形成的
单词整理如下：šulubuha"受折夺了"；šulubumbi"受折夺"；
šulumbi"折夺"。

šun：

"šun"是动词性词根，语义为"打通"，基于词根"šun"形成的单
词整理如下：šuci"充知道的"；šucilembi"充知道"；šudembi"穿
凿"；šungkebi"出调了"；šungkebi"文理大通"。

šungku：

"šungku"是动词性词根，语义为"塌陷"，基于词根"šungku"
形成的单词整理如下：šungku"唇下洼处"；šungkubumbi"使塌
陷"；šungkulu"髭须"；šungkumbi"塌陷"；šungkutu"洼苤眼"。

名词"šungku"与动词词干"šungku"形态相同,两者可看作零派生关系。

šurde：

"šurde"是动词性词根,语义为"旋转",基于词根"šurde"形成的单词整理如下：šurdebuku"滑车"；šurdebumbi"使旋转"；šurdeku"转轴"；šurdeku"带圈"；šurdeku"大水漩处"；šurdembi"转迷卧兽"；šurdembi"旋转"；šurdembi"字头圈圈"。

šurga：

"šurga"是名词兼动词性词根,语义为"风搅沙雪",基于词根"šurga"形成的单词整理如下：šurga"风搅起的沙雪"；šurgambi"风搅沙雪"。

名词"šurga"与动词词干"šurga"形态相同,两者可看作零派生关系。

šurge：

"šurge"是动词性词根,语义为"打颤",基于词根"šurge"形成的单词整理如下：šurgebumbi"致打战"；šurgecembi"打战"；šurgecembi"打颤"；šurgembi"战"。

šuru：

"šuru"是动词性词根,语义为"旋",基于词根"šuru"形成的单词整理如下：šuru"旋"；šurubumbi"使旋做"；šuruci"水手"；šuruku"旋床"；šurukū"篙"；šurumbi"使篙"；šurumbi"旋做"。

šusiha：

"šusiha"是名词性词根,语义为"鞭子",基于词根"šusiha"形成的单词整理如下：šusiha"鞭子"；šusihalabumbi"使鞭打"；
šusihalambi"打鞭"；šusihalambi"鞭打"；šusihašambi"用鞭乱打"。

šusi：

"šusi"是不完整词根，语义为"凿"，基于词根"šusi"形成的单
词整理如下：šusihe"牌子"；šusihiyebumbi"使挑唆"；šusihiyembi
"挑唆"；šusilembi"凿"；šusin"凿子"。

šuwarkiyan：

"šuwarkiyan"是名词性词根，语义为"杖、荆条"，基于词根
"šuwarkiyan"形成的单词整理如下：šuwarkiyalambi"杖责"；
šuwarkiyan"荆条棍"；šuwarkiyan"杖"。

8.19　t

ta1：

"ta1"是不完整词根，语义为"支撑、存留"，基于词根"ta1"形成
的单词整理如下：tahabi"打住了"；tahalabumbi"使钉铁蹄"；
tahalambi"钉铁蹄"；tahan"木屐"；tahan"高底"；tahan"脚踏石"；
tahan"铁蹄子"。

可以认为词根"ta1"与表示"坐"的词根"te"之间存在元音交替
关系。

ta2：

"ta2"是不完整词根，语义为"摊"，基于词根"ta2"形成的单词
整理如下：tala"摊"；talabumbi"使摊"。

推测认为词根"ta2"借用自汉语词汇"摊"。

tab：

"tab"是不完整词根，语义为"言语粗鲁状"，基于词根"tab"形成的单词整理如下：tabsitambi"强词"；tabtašambi"言语粗鲁"。

taba：

"taba"是不完整词根，语义为"错谬"，基于词根"taba"形成的单词整理如下：tabarambi"错谬"。

tabcin：

"tabcin"是名词性词根，语义为"抢夺"，基于词根"tabcin"形成的单词整理如下：tabcilabumbi"弓弦打脸打袖"；tabcilambi"放抢"；tabcilanambi"去抢"；tabcilandumbi"一齐抢"；tabcilanumbi"一齐抢"；tabcin"抢"。

tabu：

"tabu"是动词性词根，语义为"勾、牵扯"，基于词根"tabu"形成的单词整理如下：tabukū"小铲子"；tabumbi"支打牲器"；tabumbi"上弓"；tabumbi"勾"；tabumbi"缂"；tabumbi"笼住"；tabume"牵扯"；tabušambi"乱牵扯"；tabušambi"缝联"。

taci：

"taci"是动词性词根，语义为"学习"，基于词根"taci"形成的单词整理如下：tacibukū"教习"；tacibumbi"指教"；tacihabi"惯了"；tacihiyabumbi"使教训"；tacihiyambi"教训"；tacihiyambi"训练马"；tacihiyan"训"；tacihiyan"教"；tacikū"学"；tacimbi"学习"；tacimsi"监生"；tacin"习俗"；tacin"学"；tacinambi"去学"；tacindumbi"一齐学"；tacinjimbi"来学"；tacinumbi"一齐学"；tacinun"风"；tacinun"风气"。

tadu：

　　"tadu"是动词性词根，语义为"揪扯"，基于词根"tadu"形成的单词整理如下：tadumbi"扯断"；tadurambi"揪扯嚷闹"。

tafan：

　　"tafan"是动词性词根，语义为"上高"，基于词根"tafan"形成的单词整理如下：tafambi"上高"；tafambumbi"使上高"；tafanambi"去上高"；tafandumbi"一齐上"；tafanjimbi"来上高"；tafanumbi"一齐上"。

tafu：

　　"tafu"是动词性词根，语义为"上高"，基于词根"tafu"形成的单词整理如下：tafukū"阶级"；tafumbi"上高"。

　　词根"tafu"和"tafa"存在同源的可能，它们在形态上的分化类似"yabumbi"和"yafaha"之间的关系。

tafula：

　　"tafula"是动词性词根，语义为"劝谏"，基于词根"tafula"形成的单词整理如下：tafula"劝"；tafulabumbi"使谏劝"；tafulambi"谏劝"；tafulan"谏"。

tafur：

　　"tafur"是不完整词根，语义为"发奋状"，基于词根"tafur"形成的单词整理如下：tafuršambi"很发奋"。

taji：

　　"taji"是形容词性词根，语义为"淘气"，基于词根"taji"形成的单词整理如下：taji"淘气"；tajirambi"淘气"。

taka1：

　　"taka1"是动词性词根，语义为"认识"，基于词根"taka1"形成的单词整理如下：taka"认"；takabumbi"使认"；takambi"认得"；takanambi"去认"；takandumbi"一齐认"；takanjimbi"来认"；takanumbi"一齐认"。

taka2：

　　"taka2"是副词性词根，语义为"暂且"，基于词根"taka2"形成的单词整理如下：taka"暂且"；takasu"且住"；takūlu"且住"。

takūra：

　　"takūra"是动词性词根，语义为"差遣"，基于词根"takūra"形成的单词整理如下：takūrabumbi"奉差"；takūrakū"大使"；takūrambi"差遣"；takūran"差使"；takūrandumbi"互相遣人"；takūršabumbi"被使唤"；takūršambi"使唤"；takūrsi"承差"。

tala：

　　"tala"是动词性词根，语义为"抄、没收"，基于词根"tala"形成的单词整理如下：talabumbi"使抄没"；talambi"抄没"。

talgi：

　　"talgi"是动词性词根，语义为"铡皮"，基于词根"talgi"形成的单词整理如下：talgibumbi"使铡皮"；talgikū"熟皮木铡刀"；talgimbi"铡皮"；talgimbi"愚弄"。

tali：

　　"tali"是不完整词根，语义为"不定状"，基于词根"tali"形成的单词整理如下：talihūn"荒唐"；talihūnjambi"不定"；tališambi"回光乱动";tališambi"眼珠乱转";talkiyambi"打闪";talkiyan"电"。

"talkiya-"和词根"tali"的关系可通过《女真译语》中的女真语资料以及其他通古斯语得到确认。但"tali"在清代共时满语中不具备独立词汇的资格,只能将其判断为不完整词根。

talman:

"talman"是名词性词根,语义为"雾",基于词根"talman"形成的单词整理如下:talmahan"游";talmaka"下雾";talman"雾"。

tama:

"tama"是动词性词根,语义为"盛、装",基于词根"tama"形成的单词整理如下:tama"盛(命令式)";tamabumbi"使盛着";tamambi"捡收";tamambi"收拢";tamambi"盛着"。

tami:

"tami"是不完整词根,语义为"吧嗒嘴状",基于词根"tami"形成的单词整理如下:tamišambi"吧嗒嘴尝"。

tang:

"tang"是不完整词根,语义为"连续做事状",基于词根"tang"形成的单词整理如下:tangsimbi"连击";tangsime"熟快"。

tanggi:

"tanggi"是动词性词根,语义为"搭、垫",基于词根"tanggi"形成的单词整理如下:tanggibumbi"搁着";tanggikū"弓拿子";tanggilakū"弹弓";tanggilambi"打弹弓";tanggilambi"掸脑壳";tanggime"借词遮饰"。

tanggiya：

"tanggiya"是动词性词根，语义为"重新油漆"，基于词根"tanggiya"形成的单词整理如下：tanggiya"重漆油"；tanggiyabumbi"使重罩漆油"；tanggiyambi"重罩漆油"。

tangsu：

"tangsu"是形容词性词根，语义为"娇"，基于词根"tangsu"形成的单词整理如下：tangsu"娇"；tangsulambi"娇养"。

tanta：

"tanta"是动词性词根，语义为"打"，基于词根"tanta"形成的单词整理如下：tanta"打"；tantabumbi"被打"；tantabūmbi"转使人打"；tantambi"责打"；tantanumbi"相打"。

tar：

"tar"是不完整词根，语义为"肥胖"，基于词根"tar"形成的单词整理如下：tarhūhabi"胖了"；tarhūhabi"上了膘"；tarhūkan"略肥"；tarhūlambi"使上膘"；tarhūn"肥"；tarhūn"肥胖"。

targa：

"targa"是动词性词根，语义为"戒"，基于词根"targa"形成的单词整理如下：targabumbi"禁令"；targabun"箴"；targabun"规戒"；targacun"戒"；targacun"诫"；targambi"戒"；targangga"戒"。

tari：

"tari"是动词性词根，语义为"种"，基于词根"tari"形成的单词整理如下：taribumbi"使种"；tarimbi"种"；tarinambi"去种"；tarinjimbi"来种"；tarinumbi"齐种"。

tarni：

　　"tarni"是名词性词根，语义为"咒"，基于词根"tarni"形成的单词整理如下：tarni"咒"；tarnilambi"念咒"。

tarun：

　　"tarun"是形容词性词根，语义为"冒失的"，基于词根"tarun"形成的单词整理如下：tarudambi"说话冒撞"；tarun"冒撞"。

tašan：

　　"tašan"是名词性词根，语义为"错"，基于词根"tašan"形成的单词整理如下：tašan"虚"；tašarabumbi"致错"；tašarambi"错"。

tasga：

　　"tasga"是动词性词根，语义为"炒"，基于词根"tasga"形成的单词整理如下：tasga"干炒"；tasgabumbi"使干炒着"；tasgambi"干炒着"。

tata：

　　"tata"是动词性词根，语义为"拉"，基于词根"tata"形成的单词整理如下：tata"住下"；tata"抽"；tatabuhabi"衣服揪揪着"；tatabuhabi"冒失人"；tatabumbi"使住"；tatakū"抽屉"；tatakū"柳罐"；tatala"债多"；tatambi"拉弓"；tatambi"拉"；tatambi"住"；tatambi"抽取"；tatan"下处"；tatanambi"去住"；tatandumbi"齐住"；tatanjimbi"来住"；tatanumbi"齐住"；tatarabumbi"使扯烂"；tatarambi"对拉"；tatarambi"双刀刺羊肉"；tatarambi"扯烂"；tatašambi"顿"；tathūnjacuka"可犹豫"；tathūnjambi"犹豫"。

　　这些词的语义整体可以分为两类：一类的语义核心是"拉扯"，另一类的语义核心是"住"。猜测认为语义"住"引申自语义

"拉"。《御制增订清文鉴》中"tatambi（住）"的满语词条如下：
"tuleri yabure niyalma tatara bade ebure be tatambi sembi（使在
外行走的人入住将要留宿的地方称作 tatambi）。""tatambi"在表
达"住"的同时也蕴含着使人不继续远走的语义，这种语义理解与
"拉"的语义相关，而这种语义变化可以通过隐喻的机制来理解。
当然这一观点暂时还缺乏历时方面的证据。

te1：

　　"te1"是动词性词根，语义为"居住、存留"，基于词根"te1"形成
的单词整理如下：tebumbi"造酒"；tebumbi"使坐"；tebunebumbi
"使驻防"；tebunembi"驻防"；tebunumbi"齐栽"；tece"众坐"；
tecebumbi"使同坐"；tecembi"同坐着"；tecendumbi"共相坐"；
tecenumbi"共相坐"；tehe"竹马架"；tehe"存水"；tehe"机"；tehe"架
子"；tehen"高跷"；teku"座位"；tembi"澄下去"；tembi"坐着"；
tembi"居住"；tenembi"去坐"；tenembi"去居住"；tenjimbi"来坐"；
tenjimbi"来居住"；tenumbi"同坐着"；tetun"器"；tetun"棺"；
tetušembi"器使"。

　　词根"te1"同词根"ta1"存在元音交替关系。

te2：

　　"te2"是不完整词根，语义为"那"，基于词根"te2"形成的单词
整理如下：tenteke"那样"；tentekengge"那样的"；tere"那个"；
tereci"从彼"；tereingge"那个人的"；tese"那们"；teseingge"那些人
的"；tetendere"既然"。

te3：

　　"te3"是名词性词根，语义为"现今"，基于词根"te3"形成的单
词整理如下：te"今"；tetele"迄今"。

tebe：

　　"tebe"是不完整词根，语义为"抱"，基于词根"tebe"形成的单词整理如下：tebeliyebumbi"使抱着"；tebeliyeku"刀鞘中束"；tebeliyembi"抱住"；tebeliyembi"抱着"；tebeliyen"抱"。

tehere：

　　"tehere"是动词性词根，语义为"相等、相称"，基于词根"tehere"形成的单词整理如下：teherebubumbi"使用天平兑"；teherebuku"天平"；teherebumbi"使价值相等"；teherebumbi"天平兑"；teherembi"价值相等"；teherembi"相称"；teheren"相等"；teheršembi"相等"。

teisu：

　　"teisu"是名词性词根，语义为"相对"，基于词根"teisu"形成的单词整理如下：teisu"相当"；teisu"相对"；teisulebumbi"逢得着"；teisulebumbi"相称"；teisulembi"逢"；teisungge"恰相当的"。

tekden：

　　"tekden"是动词性词根，语义为"升起"，基于词根"tekden"形成的单词整理如下：tekdebumbi"焚化纸钱"；tekdeke"避讳性死语"；tekdembi"衣袖上窜"。

　　"tekden"同"mukden"的语义和词形高度相关。

teksin：

　　"teksin"是形容词性词根，语义为"整齐的"，基于词根"teksin"形成的单词整理如下：teksiken"略齐"；teksilebumbi"使整齐"；teksilembi"整齐"；teksilembi"均齐"；teksilgan"打号"；teksin"齐截"；teksin"齐"。

tele：

　　"tele"是动词性词根，语义为"撑"，基于词根"tele"形成的单词整理如下：tele"撑"；telejen"鼓彭"；telejen"厂院子"；telembi"撑皮"。

teliye：

　　"teliye"是不完整词根，语义为"蒸"，基于词根"teliye"形成的单词整理如下：teliyebumbi"蒸热"；teliyebumbi"使蒸"；teliyeku"蒸笼"；teliyembi"蒸"。

teme：

　　"teme"是不完整词根，语义为"蚜虫"，基于词根"teme"形成的单词整理如下：temenehebi"生腻虫"。

temen：

　　"temen"是名词性词根，语义为"骆驼"，基于词根"temen"形成的单词整理如下：temen"驼"；temeri"驼色"。

temgetu：

　　"temgetu"是名词性词根，语义为"标记"，基于词根"temgetu"形成的单词整理如下：temgetu"钤记"；temgetulembi"旌表"；temgetulebumbi"受旌表"。

temše：

　　"temše"是动词性词根，语义为"竞争"，基于词根"temše"形成的单词整理如下：temšebumbi"使争竞"；temšembi"争竞"；temšen"争"；temšendumbi"齐争竞"。

tenggel：

　　"tenggel"是不完整词根,语义为"震动状",基于词根"tenggel"形成的单词整理如下：tenggeljeku"颤动地"；tenggeljembi"颤动"。

tengki：

　　"tengki"是动词性词根,语义为"撤",基于词根"tengki"形成的单词整理如下： tengkicuke"切实"；tengki"撤下去"；tengkibumbi"使撤"；tengkimbi"撤"。

teni：

　　"teni"是副词性词根,语义为"才",基于词根"teni"形成的单词整理如下：teni"才"；teniken"将才"。

teode：

　　"teode"是动词性词根,语义为"运转",基于词根"teode"形成的单词整理如下： teodebumbi"使转运"；teodembi"转运"；teodenjembi"挪移"。

terki：

　　"terki"是动词性词根,语义为"跃升",基于词根"terki"形成的单词整理如下：terkimbi"跳高"；terkin"台阶"。

tesu：

　　"tesu"是动词性词根,语义为"充足",基于词根"tesu"形成的单词整理如下：tesubumbi"使足"；tesumbi"足"。

teye：

　　"teye"是动词性词根,语义为"歇息",基于词根"teye"形成的单词整理如下：teye"歇着"；teyebumbi"使歇息"；teyehe"已歇息"；teyehun"安逸"；teyembi"歇息"；teyenderakū"总不歇息"；teyendumbi"一齐歇息"；teyenembi"去歇息"；teyenjimbi"来歇息"；teyenumbi"一齐歇息"；teyerakū"不歇息"。

to：

"to"是不完整词根，语义为"安稳状"，基于词根"to"形成的单词整理如下：tohoroko"安抚了"；tohorombumbi"安抚"；torombu"解劝"；torombumbi"劝慰"；tomobumbi"使栖处"；tomohonggo"镇定"；tomombi"栖息"；tomombi"栖处"；tomon"穴"。

tobgiya：

"tobgiya"是名词性词根，语义为"膝盖"，基于词根"tobgiya"形成的单词整理如下：tobgiya"膝盖骨"；tobgiyalambi"搬上弓"。

tofohon：

"tofohon"是数词性词根，语义为"十五"，基于词根"tofohon"形成的单词整理如下：tofohon"十五"；tofohonggeri"十五次"；tofohoto"各十五"。

tohi：

"tohi"是不完整词根，语义为"哀求"，基于词根"tohi"形成的单词整理如下：tohišambi"滥求"。

toho：

"toho"是动词性词根，语义为"套"，基于词根"toho"形成的单词整理如下：tohoma"鞴"；tohombi"穿网绳"；tohombi"套"；tohombi"备马"；tohomimbi"扣钮子"；tohon"钮子"。

toiloko：

　　"toiloko"是不完整词根，语义为"东张西望状"，基于词根"toiloko"形成的单词整理如下：toilokošombi"东张西望"。

toiton：

　　"toiton"是名词性词根，语义为"布谷鸟"，基于词根"toiton"形成的单词整理如下：toiton"布谷鸟"；toiton"积猾"；toitonggo"积猾人"。

tok：

　　"tok"是不完整词根，语义为"敲击声"，基于词根"tok"形成的单词整理如下：toksikū"小锤子"；toksimbi"敲"；toksin"枂"；toksitu"木鱼"。

toko：

　　"toko"是动词性词根，语义为"扎"，基于词根"toko"形成的单词整理如下：tokobumbi"扎着疼"；tokombi"扎"。

tokso：

　　"tokso"是名词性词根，语义为"村庄"，基于词根"tokso"形成的单词整理如下：tokso"庄屯"；toksorome"下屯去"。

tokto：

　　"tokto"是动词性词根，语义为"定"，基于词根"tokto"形成的单词整理如下：toktobumbi"安定"；toktobumbi"定着"；toktobumbi"安珠宝"；toktoho"安定了"；toktombi"定准"；toktonombi"水流渟处"。

tolgin：

　　"tolgin"是名词性词根，语义为"梦"，基于词根"tolgin"形成的单词整理如下：tolgimbi"做梦"；tolgin"梦"；tolgišambi"胡梦"；tolgišambi"做梦呢"。

tolhon：

　　"tolhon"是名词性词根，语义为"桦皮"，基于词根"tolhon"形成的单词整理如下：tolholombi"裹桦皮"；tolholombi"画桦皮"；tolhon"桦皮"。

tomi：

　　"tomi"是不完整词根，语义为"分派"，基于词根"tomi"形成的单词整理如下：tomilabumbi"使派"；tomilambi"派"；tomilandumbi"一齐分派"。

tomor1：

　　"tomor1"是不完整词根，语义为"清楚"，基于词根"tomor1"形成的单词整理如下：tomorhon"清楚"。

tomor2：

　　"tomor2"是不完整词根，语义为"正中"，基于词根"tomor2"形成的单词整理如下：tomortai"正中"。

tomso：

　　"tomso"是动词性词根，语义为"收捡"，基于词根"tomso"形成的单词整理如下：tomsobumbi"使收捡"；tomsombi"收捡"；tomsombi"捡骨殖"。

ton：

"ton"是名词性词根，语义为"数目"，基于词根"ton"形成的单词整理如下：tolobumbi"使数"；tolombi"数"；tome"每个"；ton"数目"。

tondo：

"tondo"是形容词性词根，语义为"直"，基于词根"tondo"形成的单词整理如下：tondo"公"；tondo"忠"；tondo"直"；tondokon"忠的"；tondolombi"直走"。

tonggoli：

"tonggoli"是动词性词根，语义为"翻跟斗"，基于词根"tonggoli"形成的单词整理如下：tonggolibumbi"使翻筋斗"；tonggolikū"筋斗"；tonggolimbi"打筋斗"；tonggolimbi"翻筋斗"。

tongki：

"tongki"是名词性词根，语义为"圈、点"，基于词根"tongki"形成的单词整理如下：tongki"凿"；tongki"字点"；tongkimbi"凿头"；tongkišakū"点子"；tongkišambi"连凿"；tongkišambi"轻击"。

tongsi：

"tongsi"是不完整词根，语义为"念诵"，基于词根"tongsi"形成的单词整理如下：tongsimbi"念诵"；tongsirambi"说书"。

tonio：

"tonio"是名词性词根，语义为"围棋"，基于词根"tonio"形成的单词整理如下：toniku"棋盘"；tonio"大棋"。

too：

　　"too"是动词性词根,语义为"骂",基于词根"too"形成的单词整理如下：too"骂"；toobumbi"使人骂"；toombi"骂人"；toonumbi"相骂"。

tooda：

　　"tooda"是动词性词根,语义为"返还",基于词根"tooda"形成的单词整理如下：toodabumbi"使还"；toodambi"还"。

tooka：

　　"tooka"是动词性词根,语义为"延误",基于词根"tooka"形成的单词整理如下：tookabumbi"解释"；tookabumbi"至于误了"；tookaha"误了"；tookambi"迟误"；tookanjambi"迟延"；tookarakū"不误"。

　　基于词根"tooka"形成的"tookabu-"还发展出了"使放松""排除"等语义。可认为其语义历经了"使延误＞使减弱＞使消除"的变化过程。其中在表达使情绪减弱时,可理解为"使放松"的语义。

toose：

　　"toose"是名词性词根,语义为"权力",基于词根"toose"形成的单词整理如下：toose"铊"；toose"权"；toose"线砣落"；tooselambi"权变"；tooselambi"砣落打线"。

tori：

　　"tori"是动词性词根,语义为"漂流",基于词根"tori"形成的单词整理如下：toribuhangge"惯嫁人投主子的"；toribumbi"常漂流"；torimbi"漂流"。

toso：

"toso"是动词性词根，语义为"防备"，基于词根"toso"形成的单词整理如下：toso"预先防备"；tosobumbi"使防备"；tosombi"防备"；tosombi"截路"。

词基"toso"在表达"防备"语义的同时还表达"截路"的语义，推测认为"截路"语义引申自"防备"，两者的关联在于"防备"是"截路"的前置条件。

tū：

"tū"是动词性词根，语义为"捶打"，基于词根"tū"形成的单词整理如下：tū"打"；tūbumbi"使打场"；tūbumbi"使锤打"；tūmbi"打场"；tūmbi"打"；tūmbi"锤打"；tūku"连枷"；tūku"木榔头"。

tu1：

"tu1"是不完整词根，语义为"那"，基于词根"tu1"形成的单词整理如下：tuba"彼处"；tubaingge"彼处的"；tutala"那些"；tuttu"所以"；tuttusi"往那边些"。

词根"tu1"与词根"te2"在形态和语义上高度相似。

tu2：

"tu2"是不完整词根，语义为"外"，基于词根"tu2"形成的单词整理如下：tuku"衣面"；tukulembi"盖面子"；tule"外"；tulergi"外面"；tuleri"外边"；tulesi"向外"；tulgiyen"以外"；tulgiyen"另外"。

tubi：

"tubi"是名词性词根，语义为"罩子"，基于词根"tubi"形成的单词整理如下：tubi"鱼罩"；tubi"鸡罩"；tubilembi"罩鱼"；tubilembi"罩鸡"。

tuci：

"tuci"是动词性词根，语义为"出"，基于词根"tuci"形成的单词整理如下：tucibumbi"出殡"；tucibumbi"使出去"；tucibumbi"现出"；tucibun"跋"；tucimbi"长出"；tucimbi"出去"；tucin"原由"。

tugi：

"tugi"是名词性词根，语义为"云"，基于词根"tugi"形成的单词整理如下：tugi"云"；tugi"背云"；tugitu"凭霄"；tugitun"朵云"。

tuhan：

"tuhan"是名词性词根，语义为"倒下的树桩、独木桥"，基于词根"tuhan"形成的单词整理如下：tuhan"倒的树桩"；tuhan"独木桥"；tuhašambi"走独木桥"。

tuhe：

"tuhe"是动词性词根，语义为"倒下、下垂"，基于词根"tuhe"形成的单词整理如下：tuhebuku"坠角"；tuhebuku"千斤栈"；tuhebuku"垂旒"；tuhebumbi"使跌倒"；tuhebumbi"定拟"；tuhebumbi"陷害"；tuhebumbi"使倒"；tuhebun"剥"；tuhembi"跌倒"；tuhembi"倒"；tuhen"归着"；tuhenjimbi"从上吊下"；tuhete"衣边搭拉"。

tui：

"tui"是不完整词根，语义为"煺"，基于词根"tui"形成的单词整理如下：tuilebumbi"使煺毛"；tuilembi"煺毛"；tuilendumbi"齐煺毛"；tuilenumbi"齐煺毛"。

推测认为词根"tui"借用自汉语词汇"煺"。

tuiba：

　　"tuiba"是不完整词根，语义为"推刨"，基于词根"tuiba"形成的单词整理如下：tuibalabumbi"使刨"；tuibalakū"推刨"；tuibalambi"刨"。

　　推测认为词根"tuiba"借用自汉语词汇"推刨"。

tuk：

　　"tuk"是不完整词根，语义为"心跳状"，基于词根"tuk"形成的单词整理如下：tuksicuke"可畏"；tuksimbi"惶恐"；tuksimbi"肷跳"；tuksitembi"心内动"。

　　由"心跳状"语义引申出"惊恐"语义。

tukiye：

　　"tukiye"是动词性词根，语义为"抬、举"，基于词根"tukiye"形成的单词整理如下：tukiye"抬"；tukiyebumbi"使抬"；tukiyebumbi"使举献"；tukiyebumbi"出色"；tukiyebumbi"使称扬"；tukiyeceku"夸张人"；tukiyecembi"赞扬"；tukiyecembi"夸张"；tukiyecembi"扬茶水"；tukiyecun"颂"；tukiyehebi"抬着呢"；tukiyembi"抬着"；tukiyembi"举献"；tukiyembi"举用"；tukiyembi"称扬"；tukiyembi"抬"；tukiyeshūn"略仰些"；tukiyesi"举人"。

tul：

　　"tul"是不完整词根，语义为"阴"，基于词根"tul"形成的单词整理如下：tulhun"阴"；tulhušembi"阴了"。

tulbi：

　　"tulbi"是动词性词根，语义为"揣度"，基于词根"tulbi"形成的单词整理如下：tulbimbi"揆度"；tulbin"揆"。

tule：

　　"tule"是动词性词根，语义为"下网"，基于词根"tule"形成的单词整理如下：tulembi"下网套"；tulebumbi"使下网套"。

tuli：

　　"tuli"是动词性词根，语义为"逾期"，基于词根"tuli"形成的单词整理如下：tulibumbi"致逾限"；tulimbi"逾限"。

tunggiye：

　　"tunggiye"是不完整词根，语义为"捡起"，基于词根"tunggiye"形成的单词整理如下：tunggiyebumbi"使捡起"；tunggiyembi"捡起"；tunggiyembi"收捡骨殖"。

tungga：

　　"tungga"是不完整词根，语义为"遇见"，基于词根"tungga"形成的单词整理如下：tunggalabumbi"无心撞见"；tunggalambi"轮着"；tunggalambi"撞见"。

tungni：

　　"tungni"是动词性词根，语义为"烧柳枝熨伤"，基于词根"tungni"形成的单词整理如下：tungnibumbi"使烧柳枝熨疮"；tungnimbi"烧柳枝熨疮"；tungnimbi"烧柳汁熨伤处"。

tur：

　　"tur"是不完整词根，语义为"急状"，基于词根"tur"形成的单词整理如下：turgen"急溜"；turgen"暴病"；turgen"跑得快"。

tura：

　　"tura"是动词性词根，语义为"澄、倾倒"，基于词根"tura"形成的单词整理如下：tura"澄"；turabumbi"使澄汤水"；turakū"瀑布"；turambi"澄汤水"。

ture：

　　"ture"是名词性词根，语义为"鞦子"，基于词根"ture"形成的单词整理如下：ture"靴鞦子"；turemimbi"上鞦子"。

turga：

　　"turga"是形容词性词根，语义为"瘦"，基于词根"turga"形成的单词整理如下：turga"瘦"；turgatu"瘦人"。

turi：

　　"turi"是动词性词根，语义为"租"，基于词根"turi"形成的单词整理如下：turigen"租子"；turimbi"租"；turibumbi"使租"。

turu：

　　"turu"是名词性词根，语义为"心法"，基于词根"turu"形成的单词整理如下：turu"心法"；turulabumbi"使倡率"；turulambi"倡率"。

tusa：

　　"tusa"是名词性词根，语义为"利益"，基于词根"tusa"形成的单词整理如下：tusa"利益"；tusangga"有益"。

tuša：

　　"tuša"是动词性词根，语义为"遭遇"，基于词根"tuša"形成的单词整理如下：tušambi"遭际"；tušan"职任"。

　　"tušan"的语义"任职"被认为是源自"遭遇"的引申义。

tuta：

"tuta"是动词性词根，语义为"落后"，基于词根"tuta"形成的单词整理如下：tuta"存下"；tutabumbi"使存住"；tutambi"落后"；tutambi"存住"。

作为动词词干的"tuta-"既表达"落后"语义又表达"存在"语义。本书认为"落后"为其本意。

tuwa：

"tuwa"是动词性词根，语义为"看"，基于词根"tuwa"形成的单词整理如下：tuwabumbi"引见"；tuwabumbi"览"；tuwabumbi"使看"；tuwabun"景致"；tuwabunambi"给看去"；tuwabungga"榜"；tuwakiyabumbi"使看守"；tuwakiyambi"看守"；tuwakiyanambi"去看守"；tuwakiyandumbi"一齐看守"；tuwakiyanjimbi"来看守"；tuwakiyanumbi"一齐看守"；tuwakū"榜样"；tuwakūn"观"；tuwambi"看"；tuwamehangga"可观"；tuwanabumbi"使去看"；tuwanambi"去看"；tuwanggimbi"使人往看"；tuwanjimbi"来看"；tuwanumbi"同看"；tuwašambi"照管"；tuwašambi"看顾"；tuwašatabumbi"使照看"；tuwašatambi"照看"。

tuwam：

"tuwam"是不完整词根，语义为"正"，基于词根"tuwam"形成的单词整理如下：tuwamgiya"端直"；tuwamgiyabumbi"改正"；tuwamgiyabumbi"使端直"；tuwamgiyambi"端弓"；tuwamgiyambi"改正"；tuwamgiyambi"端直着"；tuwancihiya"拨正"；tuwancihiyabumbi"使拨正"；tuwancihiyakū"庶子"；tuwancihiyambi"端箭杆"；tuwancihiyambi"拨正"；tuwancihiyambi"拨正着"；tuwancihiyan"征"。

tuwele：

  "tuwele"是动词性词根，语义为"贩、运"，基于词根"tuwele"形成的单词整理如下：tuwelebumbi"使贩卖"；tuwelembi"贩卖"；tuwelembi"递运"；tuwelesi"贩子"。

tuya：

  "tuya"是动词性词根，语义为"撅"，基于词根"tuya"形成的单词整理如下：tuya"橛"；tuyabuha"手足刌了"；tuyabumbi"使撅折"；tuyambi"往后撅"；tuyambi"撅折"。

tuye：

  "tuye"是动词性词根，语义为"露"，基于词根"tuye"形成的单词整理如下：tuyebumbi"使铳铁眼"；tuyeku"铳子"；tuyembi"专攻一处"；tuyembi"铳铁眼"；tuyembi"射透甲叶"；tuyembumbi"露穷"；tuyembumbi"显露"。

8.20　u

u：

  "u"是不完整词根，语义为"u"，基于词根"u"形成的单词整理如下：uba"这里"；ubaingge"这里的"；utala"这些"；uthai"即刻"；uttu"如此"；uttusi"往这里些"。

  在清代共时满语中不存在语素"e（这）"、"te（那）"同"ba（地方）"的结合，因此，语义相似的"u（这）"、"tu（那）"可能是语素"e（这）"、"te（那）"在某些分布环境下的变体。

uban：

  "uban"是动词性词根，语义为"变、翻"，基于词根"uban"形成的单词整理如下：ubakabi"伤热坏了"；ubaliyambi"更变"；ubaliyambumbi"翻译"；ubašabumbi"使耕"；ubašabumbi"使叛"；ubašakū"麻花"；ubašakū"反复人"；ubašambi"耕"；ubašambi"叛"；ubašambi"翻过来"；ubašatambi"反复"。

根据以上词汇的语义可知，词根"uban"的语义具有更直接的物理属性，更为基础。

ubiya：

"ubiya"是动词性词根，语义为"厌恶"，基于词根"ubiya"形成的单词整理如下：ubiyabumbi"惹人恶"；ubiyaburu"讨人嫌"；ubiyacuka"可恶"；ubiyacun"可恶的"；ubiyada"厌恶"；ubiyambi"恶"。

ucara：

"ucara"是动词性词根，语义为"相遇"，基于词根"ucara"形成的单词整理如下：ucarabumbi"遇得着"；ucarabun"际遇"；ucarambi"相遇"；ucaran"遇"。

ucu：

"ucu"是动词性词根，语义为"拌"，基于词根"ucu"形成的单词整理如下：ucu"拌"；ucubumbi"使拌上"；ucudambi"只管拌"；ucumbi"拌上"。

ucun：

"ucun"是名词性词根，语义为"歌曲"，基于词根"ucun"形成的单词整理如下：uculebumbi"使歌唱"；uculembi"歌唱"；uculen"词"；uculesi"歌童"；ucun"歌"。

uda：

　　"uda"是动词性词根，语义为"买"，基于词根"uda"形成的单词整理如下：udabumbi"使买"；udambi"买"；udanambi"去买"；udanjimbi"来买"；udanumbi"齐买"。

uden：

　　"uden"是名词性词根，语义为"中伙"，基于词根"uden"形成的单词整理如下：udelembi"打中伙"；uden"中伙处"。

udu：

　　"udu"是疑问词性词根，语义为"几、多少"，基于词根"udu"形成的单词整理如下：udu"几个"；udu"虽然"；uduci"第几"；ududu"许多"；udunggeri"几次"；udute"每几个"。

ufa：

　　"ufa"是名词性词根，语义为"面"，基于词根"ufa"形成的单词整理如下：ufa"面"；ufabumbi"使磨面"；ufambi"磨面"。

ufara：

　　"ufara"是动词性词根，语义为"错、失"，基于词根"ufara"形成的单词整理如下：ufarabumbi"致失利"；ufarabumbi"致失错"；ufaracun"失"；ufaraha"亡"；ufaraki"微失"；ufarambi"失利"；ufarambi"失错"。

ufi：

　　"ufi"是动词性词根，语义为"缝"，基于词根"ufi"形成的单词整理如下：ufibumbi"使缝"；ufimbi"缝"。

uhe：

　　"uhe"是形容词性词根，语义为"共"，基于词根"uhe"形成的单词整理如下：uhe"同"；uhelembi"相共"；uheri"共"；uherilembi"统共"。

uhū：

　　"uhū"是动词性词根，语义为"剜"，基于词根"uhū"形成的单词整理如下：uhūbumbi"使剜"；uhūkū"剜刀"；uhūmbi"剜"；uhūyan"挖的洼处"。

uhu1：

　　"uhu1"是不完整词根，语义为"软"，基于词根"uhu1"形成的单词整理如下：uhukedembi"露软"；uhukeliyan"略软"；uhuken"弓软"；uhuken"软"；uhuken"柔和"。

uhu2：

　　"uhu2"是动词性词根，语义为"包"，基于词根"uhu2"形成的单词整理如下：uhu"包"；uhubumbi"使包裹"；uhumbi"包裹"；uhutu"手卷"。

uihe：

　　"uihe"是名词性词根，语义为"角"，基于词根"uihe"形成的单词整理如下：uihe"角"；uihengge"有角的"。

uile：

　　"uile"是动词性词根，语义为"侍奉"，基于词根"uile"形成的单词整理如下：uilembi"侍亲"；uilen"侍奉"。

ujen：

　　"ujen"是形容词性词根，语义为"重"，基于词根"ujen"形成的单词整理如下：ujeken"略沉重"；ujelebumbi"使人重待"；ujelehebi"病重"；ujelembi"重待"；ujen"沉重"；ujen"重"。

uji：

　　"uji"是动词性词根，语义为"养"，基于词根"uji"形成的单词整理如下：ujibumbi"使养"；ujibun"颐"；ujima"牲畜"；ujimbi"养"；ujin"家生子"；ujin"家生驹"；ujinambi"去养"；ujindumbi"共养"；ujinumbi"共养"。

uju：

　　"uju"是名词性词根，语义为"头"，基于词根"uju"形成的单词整理如下：ujulabumbi"使领头"；ujulambi"领头"；uju"佛头"；uju"头"；uju"第一"。

ukan：

　　"ukan"是动词性词根，语义为"逃"，基于词根"ukan"形成的单词整理如下：ukambi"逃"；ukambumbi"使逃"；ukambumbi"藏埋"；ukanju"逃人"。

ukca：

　　"ukca"是动词性词根，语义为"脱离"，基于词根"ukca"形成的单词整理如下：ukcabumbi"使脱开"；ukcaha"脱离了"；ukcambi"脱开"。

ukiye：

　　"ukiye"是动词性词根，语义为"喝"，基于词根"ukiye"形成的

单词整理如下：ukiye"喝"；ukiyebumbi"使喝粥"；ukiyembi
"喝粥"。

uksa：

　　"uksa"是副词性词根，语义为"脱开的状态"，基于词根"uksa"
形成的单词整理如下：uksa"顿然"；uksala"解脱"；uksalabumbi
"使解脱开"；uksalambi"撒放"；uksalambi"开脱"；uksalambi"解
脱开"。

uksin：

　　"uksin"是名词性词根，语义为"盔甲"，基于词根"uksin"形成
的单词整理如下：uksilebumbi"使穿甲"；uksilembi"穿甲"；
uksilendumbi"一齐穿甲"；uksilenumbi"一齐穿甲"；uksin"甲"；
uksin"马甲"。

uksun：

　　"uksun"是名词性词根，语义为"宗室"，基于词根"uksun"形
成的单词整理如下：uksun"宗室"；uksungga"族党众多"；uksura
"一支"。

uku1：

　　"uku1"是不完整词根，语义为"放帽檐"，基于词根"uku1"形
成的单词整理如下：ukulebumbi"使放帽檐"；ukulembi"放帽檐"。

uku2：

　　"uku2"是动词性词根，语义为"环拱"，基于词根"uku2"形成
的单词整理如下：ukumbi"环拱"；ukundumbi"一齐环拱"；
ukunjimbi"来环拱"。

ula：

　　"ula"是动词性词根，语义为"传"，基于词根"ula"形成的单词整理如下：ulabumbi"使传授"；ulabun"传"；ulambi"传授"；ulambi"传说"；ulambi"传递"；ulan"传"；ulandumbi"相传"；ulandusi"提塘"。

ulden：

　　"ulden"是名词性词根，语义为"晨光"，基于词根"ulden"形成的单词整理如下：uldeke"晨光现出"；ulden"晨光"。

　　"uldeke"的词干可构拟为"ulden-"，和名词"ulden"为零派生关系。

ule1：

　　"ule1"是名词性词根，语义为"食物"，基于词根"ule1"形成的单词整理如下：ulebumbi"给吃"；ulebumbi"饴笔"；ulebumbi"喂养"；ulebusi"牛羊吏"。

　　表示"食物"语义的名词"ule"可见于《大清全书》中记录的"ule ulebumbi(喂饲，与人吃也，待客，食之)"。因此，"ulebumbi"不是动词词干"ule-"接附派生词缀"-bu"形成的，而是由词组"ule bu-"词汇化发展而来的。

ule2：

　　"ule2"是动词性词根，语义为"缝"，基于词根"ule2"形成的单词整理如下：ulebumbi"使直针串缝"；ulembi"直针串缝"。

ule3：

　　"ule3"是不完整词根，语义为"坍塌"，基于词根"ule3"形成的单词整理如下：ulejembi"坍塌"。

相似情况的词根往往存在接附词缀"-lA"形成的单词,但词根"ule3"并没有。

ulga：

"ulga"是动词性词根,语义为"蘸水",基于词根"ulga"形成的单词整理如下:ulgabumbi"使蘸水";ulgambi"蘸水"。

ulgiyan：

"ulgiyan"是名词性词根,语义为"猪",基于词根"ulgiyan"形成的单词整理如下:ulgiyaci"猪皮";ulgiyan"猪";ulgiyan"亥"。

ulhi1：

"ulhi1"是动词性词根,语义为"知晓",基于词根"ulhi1"形成的单词及相关的屈折词形整理如下:ulhibumbi"使晓得";ulhibun"诰";ulhicun"灵性";ulhicungga"有悟性";ulhihebi"晓得了";ulhimbi"晓得";ulhingge"懂脉";ulhinjembi"约略晓得";ulhisu"颖悟"。

ulhi2：

"ulhi2"是名词性词根,语义为"袖子",基于词根"ulhi2"形成的单词整理如下:ulhi"袖";ulhilembi"袖物";ulhitun"甲袖";ulhitun"套袖"。

uli：

"uli"是动词性词根,语义为"穿绳",基于词根"uli"形成的单词整理如下:ulibumbi"使穿绳";ulimbi"领";ulimbi"穿绳"。

ulin：

"ulin"是名词性词根,语义为"钱财",基于词根"ulin"形成的单词整理如下：ulin"货财"；ulintumbi"行贿"。

考虑到古代的铜钱可以串起来的特性，"ulin"的形成可能源自表示"串"的"ulimbi"，但还需要进一步的证据。

um：

"um"是不完整词根，词根共享的语义为"柔软的内容物"，基于词根"um"形成的单词整理如下：umgan"骨髓"；umhan"蛋"；umriha"嫩皮"。

umer：

"umer"是不完整词根，语义为"猪肥不下崽"，基于词根"umer"形成的单词整理如下：umerlehebi"猪肥了不下崽"；umerlembi"猪肥不下崽"。

umesi：

"umesi"是副词性词根，语义为"很、非常"，基于词根"umesi"形成的单词整理如下：umesi"着实"；umesi"很"；umesilebumbi"使着实的"；umesilembi"着实的"；umesilembi"实落"。

umiya：

"umiya"是不完整词根，语义为"聚集状"，基于词根"umiya"形成的单词整理如下：umiyaha"虫"；umiyahalambi"打结子"；umiyahanaha"果生虫"；umiyahanambi"物生虫"。

词根"umiya"可看作语素"imiya"在历时上产生的变体，因此，将"umiya"分析为词根并判断为表达"聚集状"的语义。

umiye：

"umiye"是不完整词根，语义为"束带"，基于词根"umiye"形成的单词整理如下：umiyelebumbi"使系带"；umiyelembi"系带"；umiyesun"腰带"。

unca：

"unca"是动词性词根，语义为"卖"，基于词根"unca"形成的单词整理如下：uncabumbi"使卖"；uncambi"卖"；uncanambi"去卖"；uncanjimbi"来卖"；uncanumbi"齐卖"。

undan：

"undan"是名词性词根，语义为"春雪上的薄冰"，基于词根"undan"形成的单词整理如下：undan"春雪凝冻"；undanahabi"雪浮冻"；undašambi"春雪上赶兽"。

unde：

"unde"是不完整词根，语义推测为"木板"，基于词根"unde"形成的单词整理如下：undehele"使打板"；undehelembi"打板子"；undehen"木板"；undehen"板子"。

une：

"une"是不完整词根，语义推测为"真诚"，基于词根"une"形成的单词整理如下：unenggi"诚"；unenggilembi"竭诚"。

ung：

"ung"是不完整词根，语义为"俯身"，基于词根"ung"形成的单词整理如下：ungkebumbi"使叩着"；ungkembi"叩着"；ungkeshūn"圭腰"。

ungga：

"ungga"是名词性词根，语义为"长辈"，基于词根"ungga"形成

的单词整理如下：ungga"长辈"；ungganumbi"长长"；unggašambi
"敬长"。

unggi：

"unggi"是动词性词根，语义为"差遣"，基于词根"unggi"形成
的单词整理如下：unggi"遣去"；unggi"遣"；unggibumbi"使差遣"；
unggimbi"遣致"；unggimbi"差遣"；unggindumbi"一齐差遣"。

untu：

"untu"是不完整词根，语义为"空"，基于词根"untu"形成的单
词整理如下：untuhuken"空空的"；untuhulebumbi"使空过"；
untuhulebumbi"使空着"；untuhulembi"空过"；untuhulembi"空
着"；untuhun"空"；untuhuri"徒然"。

unu：

"unu"是动词性词根，语义为"背负"，基于词根"unu"形成的
单词整理如下：unu"背负"；unubumbi"移债他人"；unuhabi"背负
着呢"；unun"一负"。

ura：

"ura"是动词性词根，语义为"回响"，基于词根"ura"形成的单
词整理如下：urambi"余韵"；uran"韵"；uran"山谷应声"。

urahi：

"urahi"是不完整词根，语义推测为"探听"，基于词根"urahi"
形成的单词整理如下：urahilabumbi"使探听"；urahilambi"探听"。

"urahi"的形成猜测可能基于词根"ura"，引申自"ura"的"回
响"语义，表达"风声"，进而形成"urahilambi"表达"打探"。

uran：

"uran"是动词性词根，语义为"淤血"，基于词根"uran"形成的单词整理如下：urakabi"血晕了"；urakabi"血洇了"；urambi"血洇"。

ure：

"ure"是动词性词根，语义为"熟"，基于词根"ure"形成的单词整理如下：urebumbi"使熟"；urebumbi"折挫不了"；urebumbi"练丝"；urebumbi"温习"；urehe"熟了"；urehe"伤透了"；urehebi"熟练（弓艺熟练）"；urehebi"熟了（对内容）"；urehebi"熟了（人之间熟络）"；urembi"熟（粮食成熟）"；urembi"熟（煮熟或果实成熟）"；urembi"伤透"；ureshūn"熟（所学技能熟练或与人熟络）"。

urgan：

"urgan"是名词性词根，语义为"套马杆"，基于词根"urgan"形成的单词整理如下：urgalabumbi"使套马"；urgalambi"套马"；urgan"套马杆"。

urgun：

"urgun"是名词性词根，语义为"喜悦"，基于词根"urgun"形成的单词整理如下：urgun"喜"；urgunjebumbi"悦亲"；urgunjebumbi"使喜悦"；urgunjembi"喜悦"；urgunjembi"兑"；urgunjen"兑"；urgunjendumbi"共喜悦"；urgunjenumbi"共喜悦"。

urhu：

"urhu"是形容词性词根，语义为"偏"，基于词根"urhu"形成的单词整理如下：urhu"偏"；urhubumbi"使偏"；urhuhebi"偏僻"；urhumbi"偏"；urhušembi"蹁跹"；urhutu"一顺歪"。

形容词"urhu"与动词词干"urhu-"形态相同,可看作零派生关系。

urhū:

"urhū"是动词性词根,语义为"眼岔",基于词根"urhū"形成的单词整理如下:urhūmbi"眼岔";urhūtu"眼岔马"。

urkin:

"urkin"是名词性词根,语义为"响声",基于词根"urkin"形成的单词整理如下:urkilambi"作响声";urkilambi"随同眼岔随同撒尿";urkin"响声";urkin"随声附和";urkingga"响亮";urkingge"响亮"。

ursan:

"ursan"是名词性词根,语义为"二茬苗、再生的枝杈",基于词根"ursan"形成的单词整理如下:ursan"二茬苗";ursan"砍后复生枝杈";ursanambi"生二茬苗"。

uru:

"uru"是名词性词根,语义为"是、正确",基于词根"uru"形成的单词整理如下:uru"是";urui"尽着";urušembi"为是"。

urulde:

"urulde"是动词性词根,语义为"赛马",基于词根"urulde"形成的单词整理如下:uruldebumbi"使试演马";uruldembi"试跑等第"。

urun1:

"urun1"是动词性词根,语义为"饿",基于词根"urun1"形成的单词整理如下：urukebi"饿了"；urumbi"饿"。

urun2：

"urun2"是名词性词根，语义为"媳妇"，基于词根"urun2"形成的单词整理如下：urun"媳妇"；urušambi"妇尽孝道"。

uša：

"uša"是动词性词根，语义为"抓、拉、拖"，基于词根"uša"形成的单词整理如下：ušabumbi"挂误"；ušabun"连累"；ušabun"累（被牵制）"；ušaburakū"不为所累"；ušakū"难勒的马"；ušambi"抓"；ušambi"拉车"；ušatabumbi"被拖累"；ušatambi"拖累"。

usan：

"usan"是动词性词根，语义为"心灰"，基于词根"usan"形成的单词整理如下：usabumbi"使伤悼"；usabumbi"使心灰"；usacuka"可伤"；usacun"伤"；usambi"心灰"；usambi"伤悼"；usandumbi"一齐伤悼"；usanumbi"一齐伤悼"。

use：

"use"是名词性词根，语义为"种子"，基于词根"use"形成的单词整理如下：use"籽粒"；usebumbi"使下种"；useku"耧斗"；usembi"下种"；usenembi"去下种"；usenumbi"齐下种"；useri"石榴"。

名词"use"与动词"usembi"可看作零派生关系。

uše：

"uše"是名词性词根，语义为"带子"，基于词根"uše"形成的单词整理如下：uše"皮条"；uše"带子"；ušebumbi"使衲"；ušembi

"衲"；ušengge"嚼着皮"。

usha：

　　"usha"是动词性词根，语义为"恼"，基于词根"usha"形成的单词整理如下：ushabumbi"被人恼"；ushacun"恼"；ushambi"嗔恼"；ushandumbi"齐恼"；ushanumbi"齐恼"；ushatambi"微恼"。

usihi：

　　"usihi"是动词性词根，语义为"湿"，基于词根"usihi"形成的单词整理如下：usihibumbi"使湿"；usihiken"微湿"；usihimbi"水湿"；usihin"湿"。

usihiye：

　　"usihiye"是动词性词根，语义为"喝"，基于词根"usihiye"形成的单词整理如下：usihiye"喝"；usihiyebumbi"使喝粥"；usihiyembi"喝粥"。

usin：

　　"usin"是名词性词根，语义为"田地"，基于词根"usin"形成的单词整理如下：usin"田地"；usisi"农夫"。

usu：

　　"usu"是动词性词根，语义为"顺流而下"，基于词根"usu"形成的单词整理如下：usucilembi"作厌恶事"；usukan"略觉厌恶"；usumbi"顺流下"；usun"厌恶"；usun"气息"；usuršebumbi"惹人憎"；usuršecuke"可憎"；usuršecuke"味变难吃"；usuršembi"憎"。

　　词根"usu"由物理性质的语义引申出"厌恶""憎恶"等语义，其语义变化的机制是隐喻，词根"usu"的语义及其语义变化与词根

"eye"相似。

uyan：

"uyan"是形容词性词根，语义为"稀、软"，基于词根"uyan"形成的单词整理如下：uyaljambi"曲动"；uyakan"略稀"；uyan"稀"；uyan"稀软的人"；uyan"马腰软"；uyašan"泥鳅"。

uye：

"uye"是动词性词根，语义为"熟（皮）、使物体柔和"，基于词根"uye"形成的单词整理如下：uye"熟（命令式）"；uyebumbi"使熟皮"；uyembi"揉面"；uyembi"熟皮"；uyembi"盘揉马"。

词根"uye"语义上高度相关，与词根"uyan"疑似存在元音交替关系。"uye"为动词性词根，"uyan"则为形容词性词根，可能是词性上的分化进而导致了词形上的分化。

uyun：

"uyun"是数词性词根，语义为"九"，基于词根"uyun"形成的单词整理如下：uyulembi"罚九数"；uyulembi"九日登高"；uyun"九"；uyunggeri"九次"；uyunju"九十"；uyute"各九"。

8.21　w

wa1：

"wa1"是名词性词根，语义为"味道"，基于词根"wa1"形成的单词整理如下：wa"气味"；wadambi"狗嗅寻牲"；wahūn"臭"；wahūnda"臭根菜"；wangga"香"；wanggari"香橼"；wanggiyanahabi"伤风"；wangkiya"闻"；wangkiyambi"闻味"；warukabi"略有气味了"。

wa2：

　　"wa2"是动词性词根，语义为"杀"，基于词根"wa2"形成的单词整理如下：waburu"砍头的"；wambi"杀"；wandumbi"乱杀"。

　　其中副词"watai"的语义从"杀"的基本语义派生而来。

wa3：

　　"wa3"是不完整词根，语义为"下"，基于词根"wa3"形成的单词整理如下：wala"下首"；waliya"撂下"；waliyabumbi"使撂"；waliyabumbi"丢了"；waliyaha"完了"；waliyaha"笑人没干"；waliyambi"上坟"；waliyambi"吐出"；waliyambi"撂"；waliyan"弃"；waliyatai"舍命"；waliyatambi"乱撂"；wargi"西"；wasihūn"往西"；wasihūn"往下"；wasikabi"瘦了"；wasikabi"衰败了"；wasikabi"价落了"；wasikabi"已溜膘"；wasimbi"从高处下"；wasimbi"溜膘"；wasinjimbi"从高处下来"；wasibumbi"降"；wasibumbi"使从高处下来"。

　　基于词根"wa3"形成的单词数量较多，虽然很多词的语义和"下"相比表现出了诸多变化，但这些语义都和词根"wa3"的语义相关。比如"wasikabi"表达"衰败了"或"价落了"，这些语义可以通过隐喻来理解，即"状态的衰败"或"价格的下降"对应物理上高度的下降。这些词汇当中，词根"wa3"或像"wasimbi"一样，和派生词缀结合进一步形成词干；或像"wala"一样，直接和派生词缀结合形成单词。

waci：

　　"waci"是不完整词根，语义为"结束"，基于词根"waci"形成的单词整理如下：wacihiya"结"；wacihiyabumbi"使完结"；wacihiyambi"完结"；wacihiyame"尽"。

　　将词形"wacihiya-"分析为"waci-"和"-hiyA"的结合是考虑到

"waci-"和"waji-"的相关性。本书认为"waci-"和"waji-"是相同的词根,历时上的音系变化导致了它们词形的分离,因此,"wacihiya-"当中"hiyA"可认为起到了"使动"的作用。这一点在第六章中也有详细的讨论。词根"waci-"中辅音"c"的存留也和词缀"hiya"的辅音"h"相关,但对两者的关系还有待进一步的挖掘。

wai:

"wai"是不完整词根,语义为"歪、舀",基于词根"wai"形成的单词整理如下:waida"舀";waidabumbi"使舀";waidambi"舀东西";waidanambi"去舀";waidanjimbi"来舀";waidanumbi"一齐舀";waihū"歪";waihūdambi"行事歪";waihūngga"歪人";waiku"歪";waikurabumbi"使歪着";waikurambi"歪着";waikuršambi"歪着走";wainahabi"歪斜了";waitukū"把桶"。

"wai"借自于汉语词汇"歪",词根"wai"不仅对应"歪"表达"歪斜"的语义,同时还包括该词汇在北方方言中表达"舀水"的语义。本书第四章中也有相应的讨论。

waji:

"waji"是动词性词根,语义为"完",基于词根"waji"形成的单词整理如下:wajiha"完了";wajima"末尾";wajimbi"完毕";wajin"完";wajinggala"话语将完";wajitala"直到完"。

在"waci"的部分谈到了它们之间的同源性,区别在于"waji-"作为动词词干,而"waci-"作为不完整词根。

waka:

"waka"是名词性词根,语义为"错误",基于词根"waka"形成的单词整理如下:waka"非";wakalabumbi"使怪不是";wakalambi"参";wakalambi"怪不是";wakalan"过错";wakašabumbi"使怪";

wakašambi"怪不是"；wakašambi"怪"。

wakja：

　　"wakja"是不完整词根，语义为"肚子大"，基于词根"wakja"形成的单词整理如下：wakjahūn"腹大"；wakjanahabi"肚子大了"。

　　"wakja"作为不完整词根出现在"wakjahūn"和"wakjana-"当中，它的语义用于表达一种物理的状态，具有摹拟性，满语中有较多这样用于表达摹拟性的不完整词根。

walgiya：

　　"walgiya"是动词性词根，语义为"晒"，基于词根"walgiya"形成的单词整理如下：walgiya"晒"；walgiyabumbi"使晒着"；walgiyambi"晒着"。

wali：

　　"wali"是名词性词根，语义为"戏法"，基于词根"wali"形成的单词整理如下：wali"戏法"；walingga"利子"。

wara：

　　"wara"是动词性词根，语义为"捞出"，基于词根"wara"形成的单词整理如下：warabumbi"使捞出"；warambi"捞出"；wardabumbi"使挖"；wardambi"狗刨儿"；wardambi"挖"；wardašambi"手足急忙"。

　　判定这些词形成于同一词根缺少非常明确的证据。如果该判断是正确的，那么可以认为词根"wara"的语义是对用手挖的动作的摹拟，"wara-"和"warda-"都是词根语义的实词化表现。

waša：

　　"waša"是动词性词根，语义为"抓"，基于词根"waša"形成的单词整理如下：wašakū"刮皮刨子"；wašambi"抓"。

wase：

　　"wase"是疑问词性词根，语义为"瓦"，基于词根"wase"形成的单词整理如下：wase"瓦"；waselabumbi"使宽瓦"；waselambi"宽瓦"。

　　词根"wase"借自汉语词汇"瓦子"。

wasiha：

　　"wasiha"是名词性词根，语义为"爪子"，基于词根"wasiha"形成的单词整理如下：wasiha"爪"；wasihalabumbi"使挠"；wasihalambi"挠"；wasihalambi"抓"；wasihašambi"乱挠"；wasihašambi"爪刨地"。

　　词根"wasiha"和动词性词根"waša"可能为同源关系，"sh"和"š"的历时关系可以在一些词汇中观察到。

we1：

　　"we1"是名词性词根，语义为"谁"，基于词根"we1"形成的单词整理如下：we"谁"；webe"把谁"；weci"自谁"；wede"向谁"；weingge"谁的"；weke"叫人忘名口气"；weke"谁呀"。

　　"weke（谁呀）"的结构为"疑问词＋kA"，属于该结构的词还包括"aika""yaka"，这个结构中"kA"的来源有待进一步挖掘。"maka""aimaka"也疑似属于该结构，但"ma"的词源有待确认。

we2：

　　"we2"是不完整词根，语义为"上"，基于词根"we2"形成的单词整理如下：wehiyebumbi"使扶助"；wehiyembi"扶助"；wehiyendumbi"一齐扶助"；wehiyenumbi"一齐扶助"；wesibumbi"升用"；wesibun"升"；wesihulebumbi"使人尊重"；wesihulembi

"尊亲"；wesihulembi"尊重"；wesihun"往东"；wesihun"崇高"；wesihun"贵"；wesiku"仙桥"；wesimbi"升"；wesimbumbi"奏"；wesinembi"升上去"。

wece：

　　"wece"是动词性词根，语义为"祭祀"，基于词根"wece"形成的单词整理如下：weceku"神祇"；wecembi"祭神"；wecen"祭"。

wei：

　　"wei"是不完整词根，语义为"轻"，基于词根"wei"形成的单词整理如下：weihukelebumbi"被轻慢"；weihukelembi"轻慢"；weihuken"轻（性格轻狂）"；weihuken"轻（重量轻）"；weihun"活的"；weijuhe"活了"；weijuhebi"活了"。

　　语义"轻（重量）"较语义"活"更接近基础的物理性语义，因此将"轻"判定为词根"wei"的本义。

weile：

　　"weile"是动词性词根，语义为"做"，基于词根"weile"形成的单词整理如下：weile"罪"；weilebumbi"徒"；weilebumbi"使做工"；weilembi"做工"；weilen"工程"；weilendumbi"齐做工"；weilengge"犯人"；weilenumbi"齐做工"。

　　这些词汇当中"weile（罪）"和"weilengge（犯人）"的语义较其他词汇的语义有一定的距离。本书认为"weile"由"工作、行为"的语义发展至"罪行"的语义，其语义历经了"工作、行为＞不好的行为＞罪行"的变化过程。

welmiye：

　　"welmiye"是动词性词根，语义为"钓鱼"，基于词根"welmiye"

形成的单词整理如下：welmiyeku"钓鱼竿"；welmiyembi"钓鱼"。

wen：

"wen"是动词性词根，语义为"化"，基于词根"wen"形成的单词整理如下：wembi"融化"；wembumbi"化导"；wembumbi"使化"；wembumbi"熔化"；wempi"感化"；wen"化"；wenehe"化动了"；wengke"感化了"；wengke"冰融化了"；weniyembi"熟练"；werukebi"冻肉化了"。

这些词汇的语义实现了多样的具体化，但其语义核心依旧没有脱离"化（即从一种状态向另一种状态的变化）"的基本语义。

wenje：

"wenje"是动词性词根，语义为"温着"，基于词根"wenje"形成的单词整理如下：wenje"温"；wenjebumbi"使温着"；wenjehebi"蹄跑热了"；wenjehun"富裕"；wenjembi"温着"；wenjembi"发烧"。

虽然词根"wenje"和《御制增订清文鉴》中给出的汉语释义"温着"在语义和发音上都高度相似，但本书没有将其视作汉语借用成分，也没有对"wenje"进行进一步的拆分，原因在于汉语词汇"温着"包含实意语素"温"以及表达句法功能的语素"着"，将这样一个词组作为词根来借用，并且是直接作为动词的词干，在满语中还没有其他先例被证实。因此，暂时将"wenje"处理为非借用性质的动词性词根。

were1：

"were1"是动词性词根，语义为"淘"，基于词根"were1"形成的单词整理如下：were"淘砂子"；werebumbi"使淘去砂子"；werembi"淘金"；werembi"淘去砂子"；werešebumbi"使访察"；

werešembi"访察"。

其中"werešembi(访察)"可看作是由"淘"发展而来的引申义。

were2:

"were2"是动词性词根,语义为"冰镇",基于词根"were2"形成的单词整理如下：were"追"；werebumbi"使冰追"；werembi"冰追"。

weri:

"weri"是动词性词根,语义为"存留",基于词根"weri"形成的单词整理如下：weri"存留下"；weribumbi"使存留"；werimbi"存留"。

8.22 y

ya:

"ya"是疑问词性词根,语义为"哪个",基于词根"ya"形成的单词整理如下：ya"那个"；yabe"把那个"；yabsi"怎么说"；yaci"从那个"；yade"向那个"；yaka"寻觅下人口气"；yaka"那个"；yamaka"好像是"。

依据本书的观点,这些词主要通过词汇化的方式形成,即句法结构的词汇化。作为疑问词性词根,"ya"参与形成的单词与"ai"参与形成的单词具有高度的平行关系,每一个词都有对应的"ai"参与形成的词。

yabi:

"yabi"是名词性词根,语义是"望板",基于词根"yabi"形成的单词整理如下：yabi"望板"；yabilabumbi"使铺望板"；yabilambi "铺望板"。

yabu：

"yabu"是动词性词根，语义是"行走"，基于词根"yabu"形成的单词及屈折词形整理如下：yabubumbi"准行"；yabubumbi"使行走"；yabumbi"行走"；yabundumbi"一齐行走"；yabundumbi"彼此来往"；yabunumbi"一齐行走"。

yacin：

"yacin"是形容词性词根，语义是"青色"，借用自汉语词汇"鸦青"，基于词根"yacin"形成的单词整理如下：yaciha"都咸子"；yacikan"微青"；yacike"黑靛颏"；yacin"青"；yacisu"乌鬼"。

yada：

"yada"是动词性词根，语义是"软弱、贫穷"，基于词根"yada"形成的单词整理如下：yadahūn"贫"；yadahūn"花儿穷"；yadahūšambi"饿"；yadalinggū"虚弱"；yadalinggū"弱"；yadalinggū "软"；yadambi"弓半边软"；yadambi"贫穷"。

词根"yada"基于"弱"这样的语义派生出的词汇产生了较为多样的语义，其中既包含物理性的（如 yadambi"弓半边软"）、生理性的（如 yadahūšambi"饿"），也包含情感性的（yadalinggū"弱"）、社会性的（yadambi"贫穷"）。

yafaha：

"yafaha"是名词性词根，语义是"步行"，基于词根"yafaha"形成的单词整理如下：yafahalabumbi"使步行"；yafahalambi "步行"。

参照朝克(2014：421)的内容，其他几个通古斯语当中对应"yafahalambi"的单词在形态上都与"yabu-"相关。可以推测"yafaha"和"yabu"实际上具有相同的词源。

yafan：

"yafan"是名词性词根，语义是"园子"，基于词根"yafan"形成的单词整理如下：yafan"园"；yafasi"园户"。

yaha：

"yaha"是名词性词根，语义是"炭"，基于词根"yaha"形成的单词整理如下：yaha"无焰火"；yahana"稔头"；yahanahabi"黑疸"；yahanahabi"火炭子"。

yaki：

"yaki"是名词性词根，语义是"箭罩"，基于词根"yaki"形成的单词整理如下：yaki"箭罩"；yakilambi"罩箭罩"。

yaksi：

"yaksi"是动词性词根，语义是"关闭"，基于词根"yaksi"形成的单词整理如下：yaksibumbi"使闭"；yaksigan"托梁"；yaksikū"门闩"；yaksimbi"闭"；yaksin"否"；yaksitai"决意"。

yali：

"yali"是动词性词根，语义是"肉"，基于词根"yali"形成的单词整理如下：yali"肉"；yalici"猪肉子"；yalihangga"富态"；yalingga"富态"；yalitu"胖子"。

这些词汇语义从"肉"到"富态"的变化可以通过隐喻的机制来理解。

yalu：

　　"yalu"是动词性词根，语义是"骑"，基于词根"yalu"形成的单词及其相关的屈折词形整理如下：yalu"骑"；yalubumbi"使骑牲口"；yalumbi"骑牲口"；yalunambi"去骑"；yalundumbi"齐骑"；yalunumbi"齐骑"。

yamji：

　　"yamji"是名词性词根，语义是"夜晚"，基于词根"yamji"形成的单词整理如下：yamji"晚"；yamjidari"每晚"；yamjiha"天晚"；yamjishūn"傍晚"；yamjitala"直至晚"。

　　前面提到满语的词根在很多时候具备兼词的特性。虽然将"yamji"判断为名词性词根，但在词形"yamjiha（天晚）"里"yamji"实际上可以被看作动词词干，它们之间形成零派生关系，也可以说"yamji"具备兼词的特性。

yamtun：

　　"yamtun"是名词性词根，语义是"吼病"，基于词根"yamtun"形成的单词整理如下 yamtun"吼病"；yamtungga"吼病人"。

yamun：

　　"yamun"是名词性词根，语义是"衙门"，基于词根"yamun"形成的单词整理如下：yamulabumbi"使上衙门"；yamulambi"上衙门"；yamulanjimbi"来上衙门"；yamun"衙门"。

　　推测词根"yamun"借用自汉语词汇"衙门"。

yandu：

　　"yandu"是动词性词根，语义是"请托"，基于词根"yandu"形成的单词整理如下：yandubumbi"使请托"；yandugan"请托的"；

yandumbi"请托"。

yanggi：

　　"yanggi"是名词性词根，语义是"调戏的行为"，基于词根"yanggi"形成的单词整理如下：yanggilambi"调戏"；yanggilandumbi"彼此调戏"。

　　根据"yanggimbi"的语义特性以及派生词缀"-lA"的特性分析词根为"yanggi"，但还缺少其他支持性的证据。

yangsa：

　　"yangsa"是动词性词根，语义是"耘草"，基于词根"yangsa"形成的单词及相关的屈折词形整理如下：yangsabumbi"使耘草"；yangsambi"耘草"；yangsanambi"去耘草"；yangsanumbi"齐耘草"。

yangšan：

　　"yangšan"是形容词性词根，语义是"唠叨"，基于词根"yangšan"形成的单词整理如下：yangšan"小儿病"；yangšan"聒噪"；yangšan"唠叨"；yangšarambi"小儿发赖"；yangšarambi"只管唠叨"。

　　这些词汇的语义主要可以看作两类，其中"yangšarambi"表示"小儿发赖"的语义时，其病症的特征包含"哭闹"，因此猜测和"唠叨"的语义可能出自同一词根。

yangse：

　　"yangse"是名词性词根，语义是"文采"，基于词根"yangse"形成的单词整理如下：yangse"文采"；yangsangga"有文采"；yangselambi"文饰"。

yargiyan：

　　"yargiyan"是形容词性词根，语义是"真实的"，基于词根"yargiyan"形成的单词整理如下：yargiyala"使验实"；yargiyalabuhabi"讳言人阵上中伤语"；yargiyalabumbi"使人验实"；yargiyalahabi"讳言阵上中伤语"；yargiyalambi"验实"；yargiyan"真实"；yarhiyAn"实"。

　　"yargiyan"在结构上看起来似乎可以分析为"yar+-giyan"，但缺少支持这样分析的证据。

yaru：

　　"yaru"是动词性词根，语义是"引"，基于词根"yaru"形成的单词及相关的屈折词形整理如下：yarhūdabumbi"使牵领"；yarhūdai"向导"；yarhūdambi"引导"；yarhūdambi"牵领"；yarhūdan"导"；yarkiyabumbi"使诱战"；yarkiyambi"诱战"；yarkiyambi"引诱"；yarkiyan"诱"；yarkiyandumbi"彼此引诱"；yarubumbi"使引行"；yarumbi"引行"；yarumbi"引"；yarun"引"。

　　考虑词干"yarhūda-""yarkiya-""yaru-"在形态和语义上的相似性，本书认为它们共享相同的词根。

yasa：

　　"yasa"是名词性词根，语义是"眼睛"，基于词根"yasa"形成的单词整理如下：yasa"网眼"；yasa"眼"；yasalabumbi"被看见"；yasalambi"经眼看"；yasatabumbi"熬鹰"；yasha"跌包"；yasha"檐网"；yashalabumbi"使拴榍子眼"；yashalambi"拴榍子眼"。

　　"yasa"作为名词表达"网眼"和"眼睛"两个语义，其余词汇的语义则基于这样两个近义派生而来。

yatara：

　　"yatara"是动词性词根，语义是"打火"，基于词根"yatara"形成的单词整理如下：yatarakū"火燫"；yatarambi"打火"。

yebe：

"yebe"是形容词性词根，语义是"好"，基于词根"yebe"形成的单词整理如下：yebcungge"丽"；yebelerakū"不悦"；yebešerakū"不悦"。

"yebe"作为形容词也可单独使用，它的语义虽然和"sain"有些相近，但使用频率和范围都远小于"sain"。

yende：

"yende"是动词性词根，语义是"兴旺"，基于词根"yende"形成的单词及相关的屈折词形整理如下：yendebumbi"使旺"；yendebun"兴"；yendehe"兴隆"；yendembi"火旺"。

yerte：

"yerte"是动词性词根，语义是"羞愧"，基于词根"yerte"形成的单词及相关的屈折词形整理如下：yertebumbi"使愧"；yertecuke"可愧"；yertecun"惭愧"；yertehe"愧了"；yertembi"愧"；yertešembi"羞愧"。

yo：

"yo"是动词性词根，语义是"行走"，基于词根"yo"形成的单词及相关的屈折词形整理如下：yo"使行"；yombi"同行"。

在词源上，"yombi"可能与"yabumbi"是相同的，其变化主要是词中辅音"b"的弱化，但在形态上已经分化，因此没有将"yombi"和"yabumbi"判断为出自同一个词根。

yobo：

"yobo"是形容词性词根，语义是"戏谑的"，基于词根"yobo"形成的单词整理如下：yobo"戏谑"；yobodobumbi"使说戏话"；
yobodombi"说戏话"。

yohi：

"yohi"是形容词性词根，语义是"全的"，基于词根"yohi"形成
的单词整理如下：yohi"部"；yohi"全的"；yohibun"略"；
yohindarakū"藐视"；yohingga"成套"。

yohon：

"yohon"是名词性词根，语义是"沟"，基于词根"yohon"形成
的单词整理如下：yohon"浍"；yohoron"山沟"。

yon：

"yon"是不完整词根，语义是"全"，基于词根"yon"形成的单词
整理如下：yondombi"容得下"；yongkiyabumbi"使完全"；
yongkiyambi"全备"；yongkiyan"全"；yooni"全"。

从"yooni"来看，词根"yon"可能经历过词中辅音的脱落。

yonggan：

"yonggan"是名词性词根，语义是"沙子"，基于词根
"yonggan"形成的单词整理如下：yonggan"沙"；yonggari"沙果"。

yoo：

"yoo"是名词性词根，语义是"疮"，基于词根"yoo"形成的单词
整理如下：yoo"疮"；yoonambi"生疮"。

yoro：

"yoro"是名词性词根，语义是"骲头"，基于词根"yoro"形成的

单词整理如下：yordombi"射骟头"；yoro"骟头"。

"yordombi"当中词基"yoro"的元音"o"脱落。

yoose：

"yoose"是名词性词根，语义是"锁"，基于词根"yoose"形成的单词整理如下：yoose"锁"；yooselabumbi"使锁住"；yooselambi"锁住"。

yoyon：

"yoyon"是形容词性词根，语义是"穷困"，基于词根"yoyo"形成的单词及相关的屈折词形整理如下：yoyo"笑人无能"；yoyohobi"穷甚"；yoyokobi"穷惰颓"。

从"yoyokobi"里的"-hA"实现为"ko"来看，动词的词干是"yoyon"，属于 n 型词干，"yoyo"和下文的"yuyu"成元音交替关系。

yun：

"yun"是动词性词根，语义是"溺"，基于词根"yun"形成的单词及相关的屈折词形整理如下：yumbi"溺"；yumbi"容得下"；yumbumbi"使滋进"；yumbumbi"诱哄"；yumpi"贪溺"；yungkebi"贪溺了"；yungkebi"染透"。

"yun"属于 n 型词干，其特征反映在"yumbumbi""yungkebi"等几个屈折词形当中。

yuyun：

"yuyun"是名词性词根，语义是"饥馑"，基于词根"yuyun"形成的单词及相关的屈折词形整理如下：yuyumbi"饥馁"；yuyun"馑"。

"yuyun"和上文的"yoyo"成元音交替关系。

参 考 文 献

安双成:《满汉大辞典》,辽宁人民出版社,1993 年。

安双成:《满语构词法》,《韩国阿尔泰学》1999 年总第 9 期。

敖特根其其格:《满语复合名词的构词特点》,《满语研究》2005 年第 2 期。

朝克:《满通古斯语族语言词汇比较》,中国社会科学出版社,2014 年。

崔鹤根:《满语的未完成过去语尾:对-fi(-mpi,-pi)的讨论》,《语学研究》1975 年第 2 期。

崔鹤根:《满语构词法研究》,《语学研究》1973 年。

戴光宇:《满语的语音屈折构词和词族》,《满学论丛》2012 年总第 3 辑。

杜佳烜、唐千航:《满语截搭构词法研究》,《吉林师范大学学报》2021 年第 2 期。

哈斯巴特尔:《满语动词词缀-bu 的构词意义和使动意义——以〈满洲实录〉为例》,《满语研究》2012 年第 1 期。

胡凝:《〈御制增订清文鉴〉分类格局及词汇研究》,厦门大学硕士论文,2017 年。

胡增益:《满语缩合词研究》,《民族语文》2004 年第 3 期。

胡增益:《新满汉大辞典》,商务印书馆,2020 年。

季永海、刘景宪、屈六生:《满语语法》,民族出版社,1986 年。

季永海：《满语语法》（修订本），中央民族大学出版社，2011 年。

江桥：《康熙〈御制清文鉴研究〉》，北京燕山出版社，2009 年。

江桥：《御制五体清文鉴研究》，北京燕山出版社，2017 年。

金亮镇：《满语构词法研究——以〈御制清文鉴〉词汇为中心》，《民族文化研究》2016 年总第 73 期。

金启孮：《女真语辞典》，文物出版社，1984 年。

兰司铁：《阿尔泰语言学导论》，陈伟、沈成明译，中国社会科学出版社，1981 年。

力提甫·托乎提：《阿尔泰语言学导论》，山西教育出版社，2004 年。

刘景宪、赵阿平、赵金纯：《满语研究通论》，黑龙江朝鲜民族出版社，1997 年。

陆晨：《满语动词附加成分-bu 的语义及句法研究》，中央民族大学硕士论文，2018 年。

朴恩用：《满洲语文语研究（一）》，萤雪出版社，1969 年。

朴恩用：《满洲语文语研究（二）》，萤雪出版社，1973 年。

上原久：《满文》，《满洲实录の研究》，1960 年。

双山：《满语构词词缀-rgi 探源》，《内蒙古民族师范学院》1997 年第 3 期。

唐千航：《〈同文类解〉中韩语满语词组搭配比较研究》，庆熙大学硕士论文，2017 年。

唐千航：《满语"n 型词干"词法研究》，《阿尔泰学报》2021 年第 31 期。

文旁：《满语构词法研究》，黑龙江大学硕士论文，2017 年。

乌拉熙春：《满语语法》，内蒙古人民出版社，1983 年。

晓春：《从〈大清全书〉看满语名词的构词方法》，《满学论丛》2018 年总第 8 辑。

长山、季永海：《满语元音交替构词法》，《民族语文》2017 年第 4 期。

长山：《满语词源及文化研究》，社会科学文献出版社，2014 年。

长山：《满语方位词词缀-la/-le/-lo 探源》,《满语研究》2008 年第
　1 期。

长山：《五体清文鉴满语词汇特点》,《满语研究》2010 年第 1 期。

赵阿平、尹鹏阁：《满语词汇语义及文化研究》,社会科学文献出版
　社,2022 年。

赵阿平：《论满语词汇的特点》,《满语研究》1990 年第 1 期。

赵阿平：《论满语的构成》,《满语研究》1989 年第 2 期。

赵阿平：《满语词汇语义研究》,《西北民族研究》2015 年第 1 期。

赵阿平：《试论满语词的组合类型》,《满语研究》1989 年第 1 期。

赵杰：《现代满语研究》,民族出版社,1989 年。

Anttila, Raimo. *Historical and Comparative Linguistics*. (Current
　Issues in Linguistic Theory, 6.) Amsterdam and Philadelphia：
　John Benjamins, 2nd edn, 1989[1972].

Bauer, Laurie. *English Word Formation*. (Cambridge Textbooks in
　Linguistics.) Cambridge, UK：Cambridge University Press, 1983.

Brinton L. J., Traugott E. C. *Lexicalization and Language
　Change*. Cambridge University Press, 2005.

Bybee J. *Morphology. A Study of the Relation between Meaning
　and Form*. Amasterdam：John Benjamins, 1985.

Fandrych I. *Submorphemic Elements in the Formation of
　Acronyms, Blends and Clippings*. Lexis. Journal in English
　Lexicology, 2008(2).

Gabelentz, H. C. von der. *Beiträge zur Mandschuischen
　Conjugationslehre*. Zeitschrift der Deutschen Morgenländischen
　Gesellschaft. XⅧ. Leipzig, 1864：202－219.

Givón T. *Syntax: an Introduction*. Volume II. John Benjamins, 2001.

Gorelova L. M. *Manchu Grammar*. Brill Academic Publishers,
　2002.

Haspelmath M., Sims A. D. *Understanding Morphology*. Routledge, 2013.

Hauer E., Corff O. *Handwörterbuch der Mandschusprache*. Otto Harrassowitz Verlag, 2007.

Hengeveld, Kees. *Non-verbal Predication: Theory, Typology, Diachrony*. (Functional Grammar Series 15.) Berlin: Mouton de Gruyter, 1992.

Lehmann, Christian. *New Reflections on Grammaticalization and Lexicalization*. In Wischer and Diewald, eds, 2002: 1 - 18.

Möllendorff, P. G. von. *A Manchu Grammar: With Analysed Texts*. Shanghai: American Presbyterian mission Press, 1892.

Starostin S. A., Dybo A. V., Mudrak O., et al. *Etymological Dictionary of the Altaic Languages*. Leiden: Brill, 2003.

后　　记

　　本书以《御制增订清文鉴》里收录的词条作为研究对象，对满语的构词法进行了相对全面的讨论。讨论过程中可能存在诸多疏漏和不当之处，但我们希望本书的讨论能够为满语的构词法研究添砖加瓦，同时也希望对满语感兴趣的人能从本书中有所收获，并助力满语及其他相关学科的研究。

　　整体来看，本书以《御制增订清文鉴》的词条为准，对词条进行各方面的整理时沿用了《御制增订清文鉴》中收录的汉语对译。虽然书中将这些汉语释义整体调整为现代汉语通用字，但由于这些词汇本身和现代汉语之间存在差异，多少会给读者带来一些阅读上的不便。在对一些词根进行梳理时，理应参照更多的历时方面的资料，比如其他通古斯语的相关研究资料，因能力所限还没有覆盖至此，因此导致对一些词根的归并，以及对词根语义的归纳上存在或多或少的疏漏。

　　纵然书中不乏遗憾，依旧希望书中的内容能些许拓展满语构词法研究的深度，我们将充分收集学术同仁和读者对本书的反馈和批评，力求日后提高学术水平、拓展知识视野、强化知识结构，写出质量更好的作品。